Sommaire

Aude BELLA

Word, Excel et PowerPoint 2007 POUR LES NULS

(livre personnel)

Word, Excel et PowerPoint 2007 POUR LES NULS

Dan gookin, Greg Harvey et Doug Lowe

FIRST
> Interactive

Word, Excel et PowerPoint 2007 Pour les Nuls

Cet ouvrage comporte des extraits de Word 2007 Pour les Nuls, Excel 2007 Pour les Nuls et Power-Point 2007 Pour les Nuls.

Publié par Wiley Publishing, Inc.
111 River Street
Hoboken, NJ 07030-5774

Copyright © 2007 Wiley Publishing, Inc.

Pour les Nuls est une marque déposée de Wiley Publishing, Inc.
For Dummies est une marque déposée de Wiley Publishing, Inc.

Edition française publiée en accord avec Wiley Publishing, Inc.
© 2007 Éditions First
2 Ter rue des Chantiers
75005 Paris - France
Tél. 01 45 49 60 00
Fax 01 45 49 60 01
E-mail : firstinfo@efirst.com
Web : www.efirst.com

ISBN : 978-2-7540-1365-9
Dépôt légal : 2e trimestre 2009

Collection dirigée par Jean-Pierre Cano
Edition : Pierre Chauvot
Traduction : Philip Escartin, Philippe Reboul et Daniel Rougé
Adaptation : Véronique Congourdeau

Imprimé en France

Introduction

Bienvenue dans *Word, Excel et PowerPoint 2007 pour les Nuls*, où vous allez découvrir les folies des deux logiciels bureautiques les plus en vogue !

Word, Excel et PowerPoint sont des programmes de grande taille, avec une histoire impressionnante. Il fait bien plus que traiter simplement du texte, des chiffres et des diapositives. Avez-vous besoin de tout savoir de ce qu'ils faont ? Non ! Il n'est pas nécessaire de tout savoir de Word pour s'en servir. Il y a une meilleure question : *voulez-vous* tout savoir sur eux ? Sans doute pas. Vous ne voudrez pas connaître toutes les options des commandes, ni toutes les fioritures, ni même toutes ces fonctions spéciales dont vous connaissez l'existence mais qui vous font peur. Tout ce que vous voulez, c'est la réponse à une question simple. Une fois que vous l'avez, vous pouvez fermer le livre l'esprit tranquille et vous mettre au travail. Si c'est bien ce que vous voulez, vous avez trouvé le livre qu'il vous faut.

Word, Excel et PowerPoint 2007 pour les Nuls expose aussi toutes les techniques fondamentales que vous devez connaître pour créer, modifier, mettre en forme et imprimer vos propres feuilles de calcul avec Excel 2007, créer des textes impeccables avec Word et impressionner votre auditoire avec Power-Pont.

Ce livre est fait pour informer et pour amuser, et il a un sérieux problème avec le sérieux. Dans le fond, je n'ai pas l'intention de vous apprendre à aimer Word, Exel et PowerPoint. Attendez-vous plutôt à rencontrer des informations pratiques et utiles (dans une forme compréhensible) sur la manière d'accomplir une tâche.

À propos de ce livre

Je ne vous demande pas de lire ce livre de la première à la dernière page. Ce n'est pas un roman, et ça vaut mieux parce que s'il l'était je tuerais tout le monde à la fin et ce serait sinistre. Ce livre est plutôt une référence. Chaque chapitre traite d'une tâche ou d'un thème particulier, et vous y trouverez des

sections autosuffisantes, chacune d'elles expliquant comment accomplir une tâche particulière ou obtenir un résultat. Vous pouvez ainsi rencontrer des sections comme :

- Enregistrer votre travail.

- Couper et coller un bloc.

- Aller rapidement où vous voulez.

- Aligner des paragraphes.

Il n'y a pas de clés à retenir, pas de codes secrets, pas de tours de passe-passe, pas de dioramas. Chaque section donne les explications nécessaires sur un sujet, comme si c'était la première chose que vous lisiez dans le livre. Je ne présuppose rien, et tout ce qui peut faire l'objet d'une référence croisée est indiqué. Les indications techniques sont signalées par une icône dans la marge, ce qui vous permet d'éviter de les lire si elles ne vous intéressent pas. Le principe est que rien ne vous oblige à tout apprendre. Ce livre est fait pour vous permettre de trouver facilement ce qui vous intéresse, comprendre comment ça marche et vous remettre au travail.

Comment utiliser ce livre

Ce livre a pour but de vous aider quand vous ne savez pas quoi faire dans Word, Excel, ou PowerPoint 2007. Je pense que c'est une chose qui arrive à tout le monde beaucoup trop souvent. Par exemple, si vous appuyez sur Ctrl+F9, Word affiche { } dans votre texte. Je n'ai aucune idée de ce que ça signifie et je ne veux pas le savoir. Ce que je sais, c'est que je peux appuyer sur Ctrl+Z pour le faire disparaître. C'est le genre de connaissances utiles que vous allez trouver dans ce livre.

Pour accomplir quelque chose dans Word ou Excel, on utilise la souris et les menus, c'est-à-dire ce qu'on est en droit d'attendre sous Windows, bien que des *combinaisons de touches*, ou *raccourcis clavier* (plusieurs touches à presser ensemble ou l'une après l'autre), soient parfois nécessaires. Vous trouverez dans ce livre des raccourcis clavier et des commandes de menu.

Voici un raccourci clavier :

Ctrl+Maj+P

Il signifie que vous devez presser et maintenir enfoncées en même temps les touches Ctrl et Maj, appuyer sur la touche P, puis relâcher les trois.

Les commandes de menu sont indiquées de cette façon :

Fichier/Ouvrir

Cette commande signifie que vous devez ouvrir le menu Fichier (avec la souris ou avec le clavier), puis sélectionner la commande Ouvrir. Les lettres que vous voyez soulignées dans les menus sont les "touches d'activation" utilisées par Windows. Vous pouvez utiliser la combinaison de touches Alt+F pour accéder au F de Fichier, puis appuyer sur O (la touche Alt étant maintenue enfoncée) pour accéder au O de Ouvrir.

Notez que sous Windows vous aurez peut-être à appuyer d'abord sur la touche Alt (seule) pour activer les touches de commande des menus, pour utiliser ensuite celles-ci pour accéder aux commandes des menus et des boîtes de dialogue.

Si je décris un message ou un autre élément que vous voyez à l'écran, il pourra ressembler à ceci :

```
Le lecteur sélectionné n'est pas en service.
```

Si pour utiliser votre ordinateur vous avez besoin d'une aide supplémentaire ou d'une bonne référence générale, je me permets de vous conseiller mon livre, *le PC pour les Nuls*, publié par les Éditions First. Il contient de nombreuses informations utiles en plus de ce que vous trouverez dans ce livre.

Ce que vous n'avez pas forcément besoin de lire

Ce livre est truffé de sections techniques spéciales, encadrées et tramées. Elles contiennent des informations techniques aussi ennuyeuses qu'interminables, des descriptions de méthodes avancées ou de commandes alternatives qu'il n'est vraiment pas indispensable de connaître, bien qu'elles soient parfois utiles. La lecture de tout ce qui est indiqué de cette manière n'est pas indispensable.

Comment ce livre est organisé

Ce livre contient trois livrets principaux, chacun d'eux étant divisé en plusieurs chapitres. Les chapitres eux-mêmes sont divisés en sections modulaires, plus petites. Vous pouvez ouvrir le livre à n'importe quelle section, et la lire sans nécessairement connaître ce qui a déjà été traité dans le reste du livre. Vous pouvez commencer où vous voulez.

Les icônes utilisées dans ce livre

 Cette icône signale des conseils ou des raccourcis utiles.

 Cette icône est là pour vous rappeler de faire quelque chose.

 Cette icône est là pour vous rappeler de ne pas faire quelque chose.

 L'information distillée ici est d'ordre technique.

Livre I

Word 2007

Première partie
Bien le bonjour mister Word !

Dans cette partie...

Un jour, le poète Homère raconta *L'Iliade* à des Grecs très attentifs. L'un d'eux fut tellement pris par cette histoire qu'il s'écrira : "Ce récit est génial ! Si seulement nous pouvions le garder en mémoire !"

Irrité par cette interruption, Homère répliqua : "Pourquoi ne pas l'écrire ?"

Les Grecs furent estomaqués.

Homère expliqua : "Je suis aveugle. Je dois donc tout mémoriser. Vous, vous voyez. Vous pouvez donc écrire ce que vous entendez. Bien entendu, ce serait super si je possédais un traitement de texte qui facilite la saisie des mots, leur mise en forme, et l'impression des pages. Mais cela ne sera inventé que dans quelques milliers d'années. Voici mon conseil : commencez par inventer un alphabet. Mieux encore, vous les Grecs, volez-en un."

Et la longue quête commença. De l'alphabet grec aux tables de marbre en passant par le crayon, puis la machine à écrire, nous possédons désormais un outil exceptionnel : le logiciel de traitement de texte que je vous présente dans les chapitres de cette première partie.

Chapitre 1
Vue panoramique

C e chapitre est une introduction à Word 2007. Je vais entrebâiller la porte pour que vous jetiez un coup d'œil et que vous voyiez où vous mettez les pieds. Il n'y a rien d'effrayant ni de dangereux. En tout cas, rien de très dangereux. Peut-être simplement des choses qui vous sont un peu étrangères. Ce chapitre a pour but de vous les rendre familières.

Comment entrer dans Word ? Laissez-moi vous dévoiler ses portes d'accès

Il y a probablement une bonne dizaine de manières différentes d'entrer dans Word. Je ne les présenterai pas toutes, seulement celles qui me semblent les meilleures et les plus évidentes, en terminant par celles que je préfère.

Méthode classique pour lancer Word

La manière la plus fiable de lancer Word est encore d'utiliser le bon vieux bouton Démarrer de Windows. Suivez ces étapes :

1. **Cliquez sur le bouton Démarrer.**

À l'aide de la souris, cliquez sur ce bouton situé dans le coin inférieur gauche de l'interface de Windows.

2. **Sélectionnez Tous les programmes/Microsoft Office/Microsoft Word 2007.**

La meilleure manière de lancer Word

Ma manière favorite de lancer Word consiste à utiliser une icône de raccourci placée sur le *bureau* (le bureau est le fond de l'écran quand vous utilisez Windows), ou à cliquer sur un bouton dans la palette de lancement rapide. L'une et l'autre méthode sont plus directes que d'utiliser le menu Démarrer, et la palette de lancement rapide est la plus pratique, car elle ne nécessite qu'un simple clic.

Que vous mettiez une icône de raccourci vers Word sur le bureau ou dans la palette de lancement rapide, la première étape est la même : créer l'icône du raccourci. Cette opération peut être un peu technique, suivez avec soin ces étapes :

1. **Localisez l'icône de Word dans Tous les programmes ou le dossier Microsoft Office.**

   Ne lancez pas Word maintenant ! Placez simplement le pointeur de la souris sur l'icône de Word.

2. **Cliquez du bouton droit de la souris sur ladite icône.**

   Un sous-menu apparaît.

3. **Cliquez sur Envoyer vers/Bureau (créer un raccourci).**

   Et voilà ! Un raccourci de Word est maintenant sur le bureau.

4. **Cliquez sur le bureau avec la souris.**

   Un clic sur le bureau fait disparaître le menu Démarrer.

5. **Localisez l'icône du raccourci.**

Microsoft Office
Word 2007

   Elle représente un gros W bleu avec en légende Microsoft Office Word 2007.

Vous pouvez maintenant utiliser cette icône pour lancer Word sans avoir à passer par le menu Démarrer.

Le meilleur moyen de démarrer Word consiste à lancer son icône dans la *barre de lancement rapide*.

Si vous préférez avoir Word dans la barre de lancement rapide, faites glisser avec la souris l'icône Word de raccourci du bureau et déposez-la dans la palette de lancement rapide, puis relâchez le bouton de la souris pour y déposer l'icône, comme représenté sur la Figure 1.1 (il vous faudra peut-être redimensionner la barre de lancement rapide pour que l'icône de Word soit visible). Vous n'êtes plus maintenant qu'à un clic de votre traitement de texte.

Figure 1.1
Mettre Word
dans la barre de
lancement
rapide.

Démarrer Word en ouvrant un document

Tout document Word est un fichier stocké sur le disque dur de votre ordinateur. Comme tout fichier, il est identifié par une icône. Chaque fois que vous double-cliquez sur cette icône, le document correspondant s'ouvre directement dans Word. Voici comment procéder :

1. **Double-cliquez sur le dossier Mes documents.**

   Le dossier Mes documents est l'emplacement de stockage par défaut de vos fichiers Word.

2. **Localisez un document Word.**

   Il s'identifie par l'icône d'une feuille cornée sur laquelle est imprimé un W bleu.

3. **Double-cliquez sur l'icône du document Word.**

   Cette action démarre Word dans lequel s'affiche le document. Au travail !

Word à l'écran

Comme n'importe quel autre programme, Word apparaît à l'écran dans sa propre fenêtre totalement relookée. Regardez la Figure 1.2 : Word a subi un lifting généreux qui révolutionne notre approche ancestrale du traitement de texte.

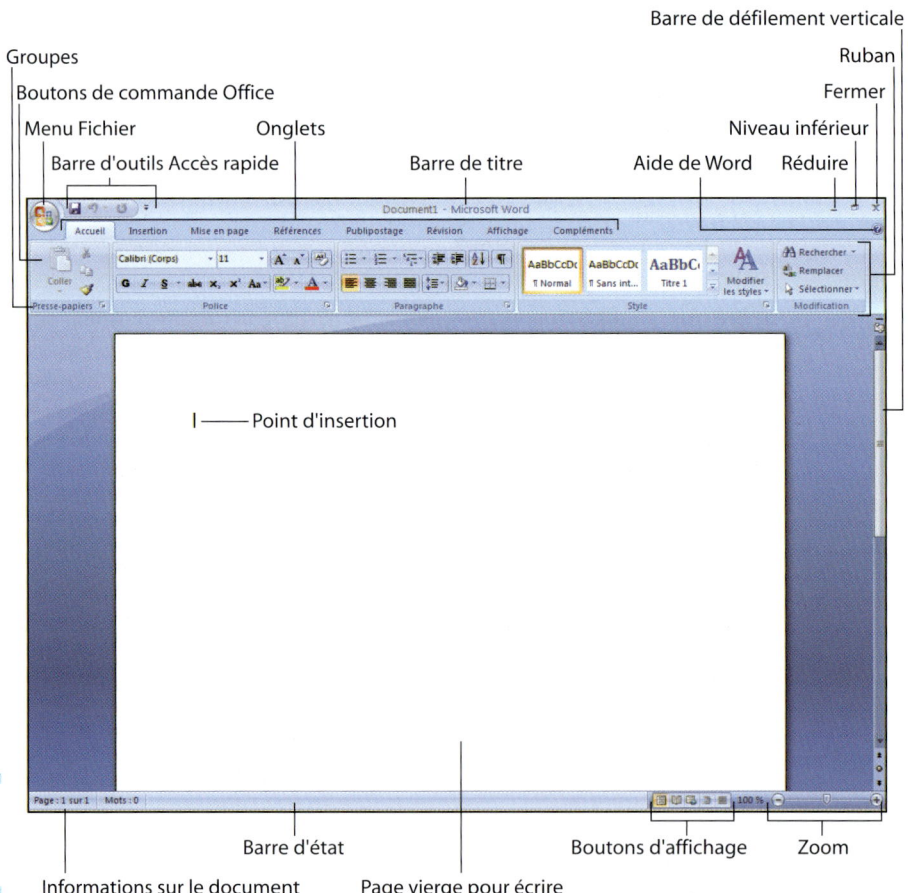

Figure 1.2
Attaquer Word
de front.

✔ Pas de contestation possible. Word 2007 marque une avancée majeure dans le domaine du traitement de texte. Fini les menus et les barres d'outils qui dominent le monde informatique depuis des décennies. Désormais vous voyagez dans des onglets au sein d'une interface évolutive en fonction de vos différents besoins. Intimidante de prime abord, vous aurez tôt fait d'en maîtriser tous les aspects.

✔ La première fois que vous entrez dans Word, quelques questions peuvent vous être posées : votre nom, vos initiales, la configuration de la sécurité de Word et des options de mise à jour de Microsoft. Je recommande ces fameux *updates*.

Agrandir la fenêtre de Word

Juste après avoir lancé Word, je choisis d'agrandir la fenêtre afin qu'elle occupe tout l'écran.

 Pour que la fenêtre de Word occupe tout l'écran, cliquez sur le bouton Agrandir dans le coin supérieur droit de la fenêtre (celui du milieu). Si la fenêtre a déjà la taille maximale, ce bouton contient deux carrés superposés. Dans ce cas, il est inutile de cliquer dessus.

Gadgets etc.

Écrire est la tâche principale de Word, bien que ce ne soit pas au sens d'Alexandre Dumas. Il s'agit de traiter du texte. C'est pourquoi la majeure partie de la fenêtre de Word sert à afficher du texte.

Autour de la zone d'affichage du texte, vous pouvez voir toutes sortes de boutons, listes déroulantes et menus, dont certains, je vous l'accorde, seraient plus attirants s'ils étaient comestibles. Un des avantages avec Word et que vous avez la possibilité de personnaliser tout cela (mieux vaut savoir de quoi il s'agit avant d'envisager de changer quoi que ce soit) :

✔ **La barre de titre** est l'endroit où apparaît `Document 1 - Microsoft Word` jusqu'à ce que vous ayez enregistré votre document sur le disque (voir le Chapitre 9).

✔ **Le bouton Office** remplace le traditionnel menu Fichier de la plupart des programmes Windows. Cliquez sur ce bouton pour accéder à une liste de commandes qui gèrent vos documents.

✔ **Les onglets** regroupent les différentes commandes et fonctions de Word. Ils apparaissent et disparaissent selon le travail effectué dans le programme.

> ✔ **Groupes et boutons de commande** aident à conserver l'organisation des commandes des divers onglets. Chaque groupe contient des boutons de commande qui exécutent des tâches spécifiques sur votre texte.

> ✔ **La règle** permet de définir les marges et les tabulations. Elle peut être ou non visible.

Au-dessous de la zone d'affichage du texte, figurent trois éléments :

> ✔ **Les informations sur le document** répertorient des données spécifiques mais facultatives à propos de votre document.

> ✔ **Les boutons d'affichage**, situés à gauche de la barre de défilement horizontal, permettent de contrôler l'affichage de votre document.

> ✔ **Le zoom** détermine la taille d'affichage du document à l'écran sans incidence sur sa taille d'impression bien évidemment.

Ne vous inquiétez pas ! Pour le moment, il vous suffit de connaître le nom de chaque chose pour ne pas risquer d'être perdu par la suite.

> ✔ Les onglets, les groupes, et les boutons de commande changent en fonction de votre activité dans Word. Bien que cela puisse vous perturber au départ, vous en mesurerez rapidement l'utilité.

> ✔ Vous pouvez masquer le *Ruban* pour disposer de plus de place pour écrire et afficher le document. Effectuez un clic droit sur le Ruban. Dans le menu contextuel, choisissez Réduire le ruban. Pour afficher de nouveau le ruban, faites un clic droit sur n'importe quel onglet, et choisissez de nouveau Réduire le ruban pour décocher cette option.

> ✔ Une autre section de la fenêtre qui n'est pas illustrée sur la Figure 1.2 est le *volet office*. Il affiche des informations, des commandes, et des options.

La page blanche sur laquelle vous écrivez

Pour écrire dans Word, le point de départ est le point d'insertion clignotant. C'est ce I clignotant dans votre texte qui montre à quel endroit apparaîtra à l'écran ce que vous allez taper avec le clavier.

> ✔ **Page :** cliquez sur ce bouton pour afficher la page tel qu'elle s'imprimera. Les images, les graphiques, et toute autre sorte d'éléments sont

visibles. Vous voyez les bords de la page et un espace vide entre chaque page.

 ↙ **Brouillon :** cliquez sur ce bouton pour afficher la page dans le mode préféré des rédacteurs. Vous n'êtes embarrassé par rien d'autre que le texte. Dans ce mode, vous voyez le texte mais pas les graphiques fantaisistes, les colonnes, les en-têtes, les pieds de page, c'est-à-dire toutes ces choses qui apparaissent en mode Page.

Vous pouvez aussi afficher votre document en mode Lecture plein écran, Web, et Plan.

↙ Lorsque c'est nécessaire, Word bascule automatiquement en mode Page ou Brouillon. Donc, lorsque vous travaillez en affichage Brouillon et que vous désirez éditer un en-tête ou insérer une image, le mode Page s'active. Vous devez manuellement revenir au mode Brouillon.

↙ En mode Brouillon, chaque séparation de page est identifiée par une ligne horizontale. Ce n'est pas le cas en mode Page où les pages sont séparées par un espace vide. En mode Brouillon, sous le point d'insertion vous observez la présence d'un épais trait noir. Il désigne la fin du document.

↙ Le mode Brouillon se nommait *Normal* dans les précédentes versions de Word.

↙ Écrire (ou saisir) est traité au Chapitre 2.

↙ Tous les signes curieux que vous pouvez voir à l'écran (par exemple le signe ¶) sont les symboles secrets de Word. Le Chapitre 2 vous dira pourquoi il peut être utile de les afficher et comment les masquer s'ils vous perturbent.

Le pointeur de la souris dans Word

Le traitement de texte est affaire de clavier. Cependant, dans certaines circonstances, la souris est d'une grande aide. Dans Word, vous utiliserez le pointeur de la souris pour choisir des commandes et vous déplacer dans le texte à modifier.

Le pointeur change d'aspect selon la tâche effectuée dans le programme :

↙ Pour saisir ou modifier du texte, il prend la forme d'un I majuscule appelé point d'insertion.

- Pour choisir des éléments, le pointeur standard est utilisé.

- Pour sélectionner des lignes de texte, un autre pointeur standard est affiché.

Il n'est pas essentiel de mémoriser ces aspects du pointeur. Gardez juste à l'esprit que le pointeur peut changer d'aspect pendant l'utilisation de Word.

- Vous pouvez utiliser le pointeur de la souris pour connaître la fonction d'un bouton : placez le pointeur sur ce dernier, en quelques secondes une info-bulle apparaît sous le pointeur indiquant la fonction de l'élément désigné.

- Le Chapitre 4 explique comment utiliser le pointeur de la souris pour déplacer le point d'insertion, permettant ainsi de modifier différentes parties de votre texte.

Demandez à Word de vous aider

Il y a de nombreux moyens d'obtenir de l'aide dans Word, dont le plus simple est d'appuyer sur la touche F1. Vous accédez à une aide générale ou à une aide contextuelle, c'est-à-dire en fonction de ce que vous réalisez dans Word.

Dans tous les cas de figure, vous accédez à une fenêtre de programme séparée appelée Word-Aide, (voir la Figure 1.3). Vous tapez un sujet, un nom de commande, ou une question dans le champ Rechercher, ou bien consulter la table des matières de l'aide.

- Vous pouvez également cliquer sur le point d'interrogation situé dans le coin supérieur droit de la fenêtre de Word.

- L'aide de Word est plus efficace si vous êtes connecté à Internet. Il est recommandé de disposer d'une connexion permanente de type ADSL ou câble.

- Si vous disposiez d'une ancienne version de Word, vous constatez la disparition du Compagnon Office.

- Finalement, est-ce que ce livre n'est pas la meilleure aide que vous puissiez obtenir sur Word ? Mais face à un programme aussi complet il est difficile de donner une solution à tout. Nous irons donc à l'essentiel...

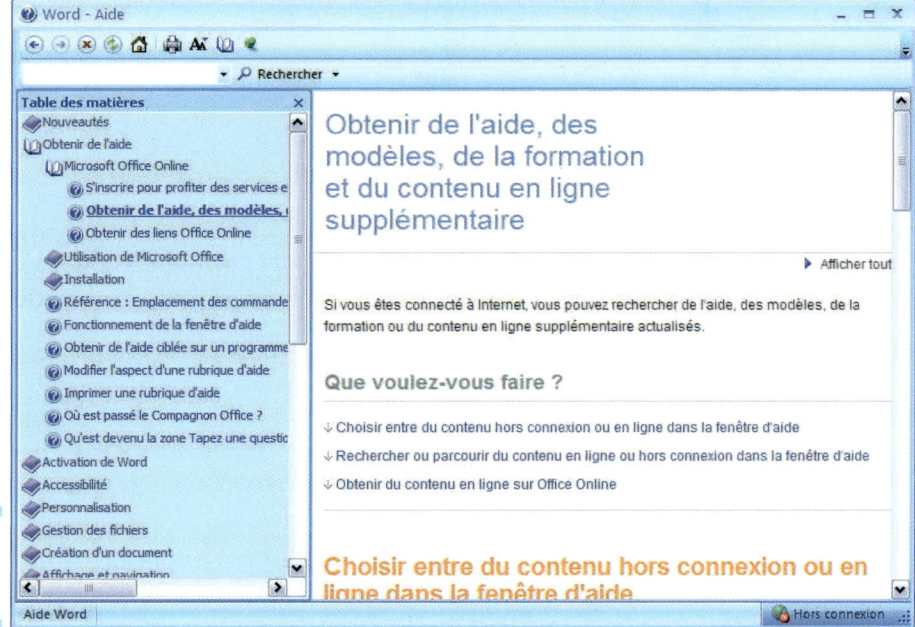

Figure 1.3
Word cherche à
vous aider.

Lorsque vous avez fini

L'un des aspects importants du savoir-vivre est de trouver à quel moment prendre congé. Parfois il est même préférable de ne pas se montrer. Mais Word se fiche complètement de ces considérations. Une fois que vous avez saisi ce que vous aviez à écrire, le moment est venu de quitter Word.

Quitter Word

1. **Cliquez sur le bouton Office, et choisissez Quitter Word.**

2. **Enregistrez tout fichier encore ouvert, si Word vous propose de le faire.**

   Avant de se fermer, Word vous prévient toujours : si vous avez un fichier ouvert non enregistré depuis les dernières modifications, il vous propose de l'enregistrer. Vous voyez apparaître un avertissement sur l'écran, semblable à celui de la Figure 1.4.

Figure 1.4
Il est préférable
de cliquer sur
Oui.

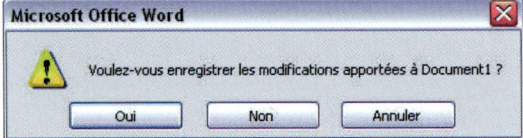

- ✔ Pour enregistrer votre fichier, cliquez sur Oui. Si vous ne l'avez pas déjà fait, il vous sera demandé de lui donner un nom (le Chapitre 3 vous dit comment procéder).

- ✔ Si vous ne voulez pas conserver ce que vous venez de taper, cliquez sur Non.

- ✔ Si vous changez d'avis, vous pouvez cliquer sur Annuler pour abandonner la commande Quitter, et retourner dans Word.

Chapitre 2
Le clavier, mon ami

Malgré la souris, Word est avant tout un programme qui requiert le clavier. Pour profiter au maximum de Word, vous devez bien le maîtriser. Cela signifie que vous devez non seulement savoir où se trouvent les touches, mais aussi comment les utiliser et/ou les associer pour obtenir l'action désirée. Ce chapitre livre tous ces secrets.

Un coup d'œil à votre clavier

La Figure 2.1 présente le clavier type d'un PC, tel qu'il est utilisé au début du troisième millénaire.

Remarquez que le clavier est divisé en zones distinctes, chacune ayant une fonction particulière. Dans Word, vous pouvez utiliser chaque touche de ces différents groupes, soit seule, soit en combinaison avec d'autres touches :

✔ **Les touches de fonction :** ces touches, de F1 à F12, sont situées dans la rangée supérieure du clavier. Elles peuvent être utilisées seules ou en combinaison avec les touches Ctrl, Alt et Maj.

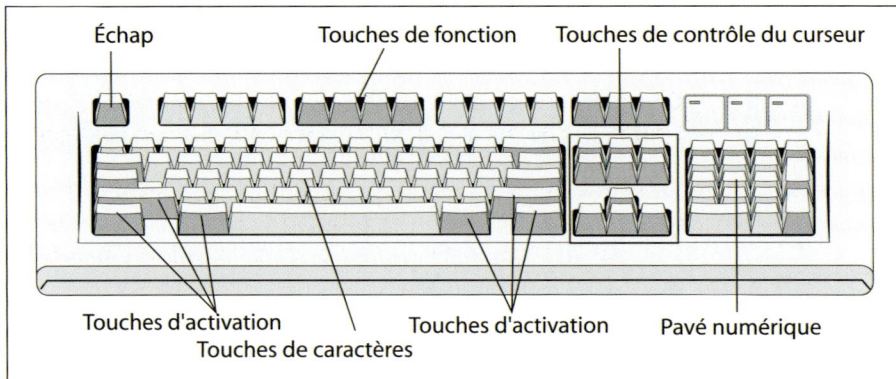

Figure 2.1
Les célèbres
atouts du clavier
du PC.

- **Les touches de machine à écrire :** ce sont les touches alphanumériques standard que l'on trouve sur toutes les machines à écrire. De A à Z et de 0 à 9, plus les symboles et autres caractères "exotiques".

- **Les touches directionnelles :** ces touches permettent de déplacer le curseur en forme de I sur l'écran. On trouve également les touches Début, Fin, PgPr (Page précédente), PgSv (Page suivante), Insertion et Suppression, sans oublier les touches Plus et Moins du pavé numérique.

- **Pavé numérique :** la double fonction de chaque touche est évidente, puisqu'on y voit apparaître un chiffre et un symbole. Ainsi, en fonction du verrouillage ou non du pavé numérique, soit vous saisissez des chiffres, soit vous déplacez le point d'insertion, les touches devenant alors des flèches directionnelles. Le voyant lumineux associé à la touche Verrouillage numérique indique que le pavé numérique est actif (il permet de saisir des chiffres). Si le voyant n'est pas allumé, ce sont les touches directionnelles qui sont actives.

- **Les touches d'activation :** ces touches, Maj, Ctrl et Alt, utilisées seules ne font rien de spécial, il faut les combiner avec d'autres touches.

Voici quelques touches élémentaires :

- **Entrée :** indiquée par le mot Entrée et parfois identifiée par une flèche coudée pointant vers la gauche (↵), cette touche permet d'ajouter un paragraphe dans votre texte.

- **Echap :** la touche "échappe" n'exécute pas vraiment une action dans Word. Toutefois, lorsqu'une boîte de dialogue apparaît, il suffit d'appuyer sur cette touche pour la fermer sans exécuter la moindre commande. Cela revient à cliquer sur le bouton Annuler de ladite boîte.

✏ **Barre d'espace :** c'est la seule touche sur laquelle n'apparaît aucun symbole. Elle permet d'insérer des espaces dans le texte.

✏ **Tab :** insère un caractère de tabulation, qui aligne le texte auquel il s'applique sur le repère de tabulation suivant. C'est une touche de mise en forme intéressante et d'usage parfois délicat (mais très précisément décrite au Chapitre 13).

✏ **Retour arrière :** c'est votre touche de retour en arrière et d'effacement. Très pratique.

✏ **Suppression :** souvent nommée Suppr, elle efface le caractère qui se trouve juste après le curseur, et ne fait donc pas revenir en arrière celui-ci. Nous en dirons plus à son sujet au Chapitre 5.

Chaque touche que vous pressez génère un caractère à l'écran.

✏ La touche Maj est utilisée pour créer des majuscules, exactement comme sur une bonne vieille machine à écrire.

✏ Ctrl se prononce "contrôle".

✏ La touche de verrouillage des majuscules fonctionne aussi comme celle des anciennes machines à écrire. Dès que cette touche est enfoncée, la diode *Caps Lock* du clavier est allumée, et tout ce que vous saisissez apparaît en MAJUSCULE.

Taper sur le clavier

Oubliez tous les gadgets et les trucs amusants. La majeure partie du temps que vous allez passer dans Word va être consacrée à taper.

Popopoc, popopoc, popopoc.

Allez-y, tapez ! Laissez vos doigts danser sur les touches ! Tout ce que vous frappez apparaît sur l'écran, caractère par caractère, même si cela consiste à dire du mal de votre ordinateur (votre PC s'en moque, mais n'en concluez pas que Word manque de sensibilité).

Suivez le curseur qui clignote

La clé d'une bonne saisie dans Word est de ne pas perdre des yeux le point d'insertion. Il a l'aspect d'une barre verticale qui clignote :

Le texte que vous tapez vient s'insérer juste avant le curseur clignotant. Vous pouvez par exemple taper ceci :

```
L'agriculture est le plus vieux métier du monde.
```

Pour modifier cette phrase, placez le point d'insertion juste après "le". Tapez une espace, puis le texte suivant :

```
second
```

Le nouveau texte est inséré au fur et à mesure que vous le saisissez, et tout ce qui se trouve après lui est décalé en conséquence vers la droite (et éventuellement sur la ligne suivante) pour faire de la place.

Nous obtenons donc la nouvelle phrase :

```
L'agriculture est le second plus vieux métier du monde.
```

Le Chapitre 4 traite en détail du déplacement du point d'insertion.

Quand appuyer sur la touche Entrée ?

N'appuyez sur la touche Entrée que lorsque vous avez atteint la fin d'un paragraphe.

À titre d'exemple, tapez le texte suivant (tapez-le d'un bout à l'autre, sans jamais appuyer sur la touche Entrée) :

```
Dans le but de trouver les meilleurs virtuoses du clavier de la galaxie, la
Fédération vient d'embaucher l'instructeur de première classe Maxime
Kornhieser. Dans ses recherches à travers la galaxie, M. Kornhieser a presque
trouvé les candidats parfaits : avec leurs douze doubles doigts à chaque main,
les Doublezons de Plantax 9 sont capables de taper à une vitesse vertigineuse.
Hélas, ils sont dépourvus de toute colonne vertébrale, et M. Kornhieser les a
disqualifiés pour position non réglementaire.
```

Avez-vous remarqué comment le texte *passe à la ligne suivante* ? Ce qui dépasse la fin d'une ligne passe automatiquement à la ligne. Pas de "ding !", et pas la peine d'appuyer sur Entrée à la fin de chaque ligne. N'appuyez sur Entrée qu'à la fin d'un paragraphe.

- Cette fonction s'appelle *retour à la ligne automatique*.

- Pour marquer la fin d'un paragraphe, certains appuient deux fois sur la touche Entrée, et certains une fois. Si vous voulez un espace plus grand entre les paragraphes, il est préférable d'utiliser les commandes de mise en forme de paragraphe de Word, que je décris au Chapitre 12.

- Les commandes de mise en forme de paragraphe permettent aussi d'obtenir un double interligne dans un paragraphe. Si c'est ce que vous voulez, n'utilisez pas pour ce faire la touche Entrée ! Pour en savoir plus à ce sujet, consultez le Chapitre 12.

- Si vous voulez mettre en retrait le paragraphe suivant, appuyez sur la touche Tab après avoir appuyé sur la touche Entrée.

Quand appuyer sur la barre d'espace ?

La *barre d'espace* sert à insérer des espaces entre les mots ou les phrases. Sanselleletexteseraitdifficileàlire.

La seule chose exaspérante avec la barre d'espace est que beaucoup trop de gens s'en servent pour essayer d'aligner des colonnes ou pour mettre du texte en retrait. Non ! Vous ne devez appuyer sur la barre d'espace qu'une seule fois entre chaque mot !

- Pour insérer des espaces entre les mots et les phrases, utilisez la barre d'espace.

- Il est inutile de mettre plus d'une espace entre deux phrases. Chaque fois que vous pensez avoir besoin de plus d'une espace, par exemple

> pour disposer du texte dans des colonnes ou pour aligner du texte, utilisez plutôt la touche Tab (voyez le Chapitre 13).

Les touches Retour arrière et Suppression

Si vous faites une faute de frappe ou toute autre erreur typographique, appuyez sur la touche Retour arrière du clavier. Elle permet de supprimer le ou les caractères situés à gauche du point d'insertion. Pour supprimer ceux situés à sa droite, appuyez sur la touche Suppr.

✔ Pour plus d'informations sur l'effacement du texte avec les touches Retour arrière et Suppr, consultez le Chapitre 5.

✔ La touche Retour arrière se nomme ainsi car elle agit sur les caractères situés derrière le point d'insertion. Cette touche est bien plus puissante que sur une machine à écrire car elle revient en arrière tout en effaçant les caractères.

Faites correctement vos 1 et vos O, vos L et vos O

Si vous vous êtes formé à la machine à écrire c'est que vous avez une quarantaine d'années ! Passer au traitement de texte n'est pas un défi, c'est une adaptation très facile à faire. Voici quelques conseils :

✔ N'utilisez pas le L minuscule ou le I majuscule pour vos chiffres. Appuyez sur le 1.

✔ N'utilisez pas le O (lettre) pour vos zéros. Appuyez sur la touche 0 (zéro).

Je sais qu'il est difficile de perdre ses habitudes. Cependant, en informatique, l'exactitude est de mise !

Choses à remarquer pendant que vous tapez

Il se passe beaucoup de choses intéressantes pendant que vous saisissez du texte, dont certaines peuvent vous intriguer, d'autres vous agacer, et d'autres encore vous consterner.

Touches rémanentes !

Vos doigts ne suivent pas toujours le mouvement de votre esprit, ou du moins son rythme. Alors que vous appuyez sur la touche Maj, vous voyez surgir le message "touches rémanentes !" En effet, si vous pressez cinq fois de suite Maj, Ctrl, ou Alt, vous activez la fonction Touches rémanentes de Windows XP. C'est un outil qui permet de mieux utiliser le clavier d'un ordinateur. Mais voilà, cette attitude de Windows vous perturbe.

Ne paniquez pas ! Il est très facile de désactiver les touches rémanentes : ouvrez le Panneau de configuration et cliquez sur Options d'accessibilité. Dans la boîte de dialogue, décochez l'option Utiliser les touches rémanentes. Cliquez sur OK. Vous ne serez plus jamais ennuyé.

Le côté gauche de la barre d'état

On l'appelle *barre d'état* car elle donne des informations sur l'état d'avancement de votre document au fur et à mesure que vous tapez, comme représenté sur la Figure 2.2.

Figure 2.2
Les éléments de
la barre d'état
qui évoluent.

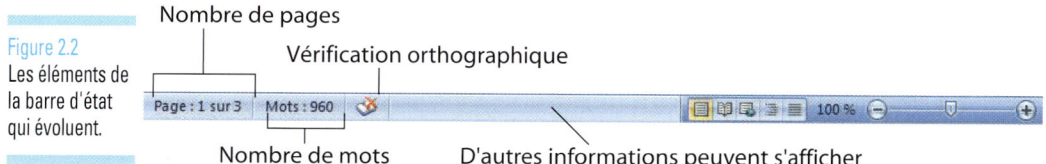

Nombre de pages

Vérification orthographique

Nombre de mots

D'autres informations peuvent s'afficher

Le type d'informations affichées dépend de la configuration de Word.

- La barre d'état affiche des informations lorsque vous ouvrez un document, comme son nom et le nombre de caractères. Cette information disparaît d'ailleurs très rapidement.

- Lorsqu'un document est en cours d'enregistrement, la barre d'état en montre la progression. Souvent, l'enregistrement est si rapide que vous n'avez pas le temps de la voir.

La vie secrète des pages

Pour vous permettre de savoir où commence la page suivante, Word vous offre deux indices visuels selon l'*affichage* en cours.

En mode Page (qui montre la présentation véritable de la page telle qu'elle sera imprimée), les contours des pages apparaissent à l'écran. La Figure 2.3 illustre cette séparation entre deux pages. Les pages sont blanches, et l'espace qui les sépare est gris-bleu.

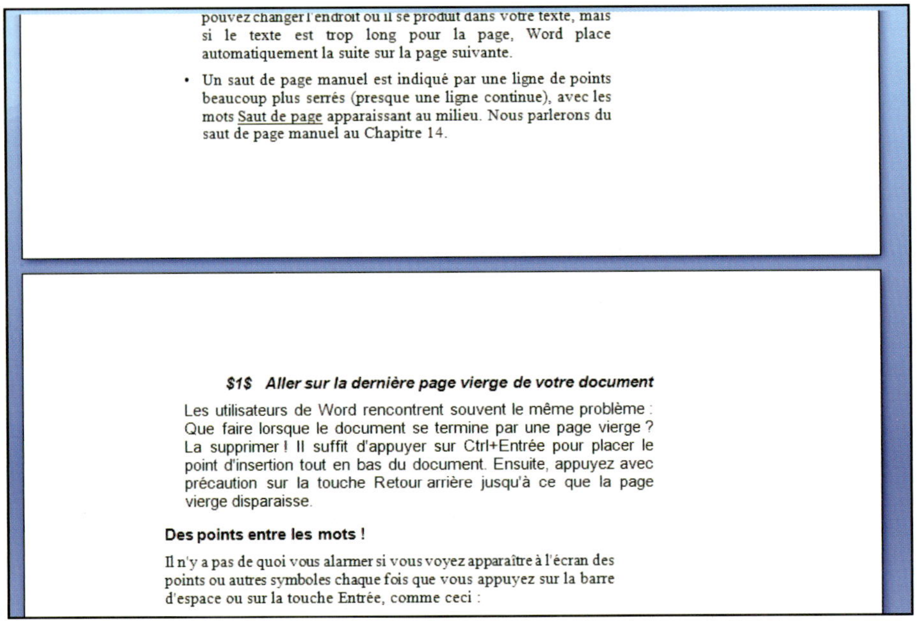

pouvez changer l'endroit où il se produit dans votre texte, mais si le texte est trop long pour la page, Word place automatiquement la suite sur la page suivante.

- Un saut de page manuel est indiqué par une ligne de points beaucoup plus serrés (presque une ligne continue), avec les mots Saut de page apparaissant au milieu. Nous parlerons du saut de page manuel au Chapitre 14.

1 *Aller sur la dernière page vierge de votre document*

Les utilisateurs de Word rencontrent souvent le même problème : Que faire lorsque le document se termine par une page vierge ? La supprimer ! Il suffit d'appuyer sur Ctrl+Entrée pour placer le point d'insertion tout en bas du document. Ensuite, appuyez avec précaution sur la touche Retour arrière jusqu'à ce que la page vierge disparaisse.

Des points entre les mots !

Il n'y a pas de quoi vous alarmer si vous voyez apparaître à l'écran des points ou autres symboles chaque fois que vous appuyez sur la barre d'espace ou sur la touche Entrée, comme ceci :

Figure 2.3
La séparation entre deux pages en mode Page.

En mode Brouillon, que j'utilise volontiers moi-même, chaque saut de page apparaît comme une colonne de fourmis traversant l'écran. *Ne leur faites pas de mal !*

- Un saut de page manuel est indiqué par une ligne de points beaucoup plus serrés (presque une ligne continue), avec les mots <u>Saut de page</u> apparaissant au milieu. Nous parlerons du saut de page manuel au Chapitre 14.

1 *Aller sur la dernière page vierge de votre document*

Les utilisateurs de Word rencontrent souvent le même problème : Que faire lorsque le document se termine par une page vierge ? La supprimer ! Il suffit d'appuyer sur Ctrl+Entrée pour placer le point d'insertion tout en bas du document. Ensuite, appuyez avec précaution sur la touche Retour arrière jusqu'à ce que la page vierge disparaisse.

Voilà comment se présente un saut de page en mode Brouillon. Le texte que vous voyez au-dessus des fourmis (les points) est dans la page précédente, et le texte que vous voyez au-dessous est dans la page suivante.

- Pour connaître la différence entre les modes Page et Brouillon, reportez-vous au Chapitre 1.

- On ne peut pas supprimer un saut de page automatique. Vous pouvez changer l'endroit où il se produit dans votre texte, mais si le texte est trop long pour la page, Word place automatiquement la suite sur la page suivante.

- Un saut de page manuel est indiqué par une ligne de points beaucoup plus serrés (presque une ligne continue), et les mots Saut de page apparaissent au milieu. Nous parlerons du saut de page manuel au Chapitre 14.

 En mode Page vous pouvez ajuster l'espace entre les pages. Il suffit de placer le pointeur de la souris sur l'espace. Quand il prend la forme ci-contre, double-cliquez. L'espace est réduit au maximum, comme si les pages se suivaient sans interruption.

 Regardez le décompte des pages dans le coin inférieur gauche de la barre d'état pour savoir sur quelle page vous êtes en train d'écrire. Notez que le numéro de page change quand vous passez d'une page à une autre.

Des points entre les mots !

Il n'y a pas de quoi vous alarmer si vous voyez apparaître à l'écran des points ou autres symboles chaque fois que vous appuyez sur la barre d'espace ou sur la touche Entrée, comme ceci :

```
Ceci•peut•être•très•agaçant.
```

Ce qui se produit est simplement que Word affiche les caractères *non-imprimables*. Word utilise différents symboles pour représenter les choses que vous ne voyez pas en temps normal : les espaces, les tabulations et la touche Entrée.

À quoi ça sert ? En affichant les caractères non-imprimables, vous pouvez facilement identifier des choses qui perturbent votre mise en forme, mais qui seraient difficiles à voir autrement. Par exemple, deux taquets de tabulation sur une même ligne peuvent désorganiser votre texte. La seule manière de savoir qu'il y a deux tabulations sur une ligne est d'afficher les caractères non-imprimables.

🗸 Pour masquer les caractères non-imprimables, appuyez sur la combinaison de touches Ctrl+Maj+8 (pour les faire réapparaître, effectuez cette même combinaison). Utilisez le 8 du clavier principal et non celui du pavé numérique.

🗸 Vous pouvez aussi cliquer sur le bouton illustré ci-contre pour afficher ou masquer les caractères non-imprimables.

🗸 Ces symboles apparaissent à l'écran mais pas dans le document imprimé.

Soulignements et ondulations

Il est simple comme bonjour de souligner du texte dans Word. Le Chapitre 11 vous dit tout à ce sujet. Il arrive aussi que Word souligne lui-même certaines choses, en rouge, en vert ou en violet, avec des ondulations ou des pointillés. Ces soulignements servent à vous avertir de certaines particularités du texte concerné.

Ondulations rouges : les fautes d'orthographe sont signalées par un soulignement ondulé rouge, quand la vérification d'orthographe au cours de la frappe est en action. Reportez-vous au Chapitre 8.

Ondulations vertes : les fautes de grammaire sont signalées par un souligne-ment ondulé vert. Ces indications sont parfois intempestives. Consultez le Chapitre 8.

Ondulations bleues : souligne une importante erreur grammaticale. Ici encore voir le Chapitre 8.

Points violets : la fonction balises actives utilise des pointillés violets pour mettre en évidence des informations comme les noms, les dates, les lieux, et des données similaires qui peuvent être partagées par d'autres programmes Microsoft Office.

Soulignements bleus : Word souligne en bleu les adresses de pages Web. Pour accéder à la page, appuyez sur Ctrl et cliquez sur le *lien*.

Textes et soulignements en couleurs : lorsque votre texte s'affiche en couleur et souligné, ou bien barré, je présume que vous n'avez pas configuré les options de mise en forme, ou que vous les avez modifiées sans vous en rendre compte. Je suppose également que, sans le savoir, vous avez activé la fonction de *Suivi des modifications*.

Word propose du texte à votre place !

Parfois, en écrivant, un texte apparaît en surimpression. Il vous invite à appuyer sur la touche Entrée pour terminer la saisie automatiquement comme illustré par la Figure 2.4.

Figure 2.4
Word suppose que vous voulez saisir ce qu'il affiche au-dessus de vos mots.

lundi 16 octobre 2006 (Appuyez sur ENTRÉE pour insérer)

Aujourd'hui, · lundi · ¶

Pour accepter la proposition de Word, appuyez sur Entrée. Si la supposition de Word est erronée, ignorez-la en continuant votre saisie.

Chapitre 3
Aperçu de Word (pour les impatients)

I l est bien connu que les utilisateurs de logiciels se contentent du minimum vital. De ce fait, ils n'utilisent un programme qu'à environ 10 % de ses capacités. L'objectif de ce chapitre est de vous montrer rapidement tout ce que peut faire un logiciel de traitement de texte de manière à ce que vous connaissiez son potentiel, et que vous cherchiez à votre tour à mieux l'exploiter.

Vue d'ensemble

En bref, voici comment se décompose une utilisation de base du traitement de texte dans Word :

1. **Ouvrir un nouveau document dans Word.**

2. **Saisir le texte.**

3. **Mettre en forme.**

   4. **Enregistrer.**

   5. **Afficher l'aperçu (facultatif).**

   6. **Imprimer.**

   7. **Enregistrer et fermer.**

Commencer un nouveau document

Si vous avez besoin de créer un nouveau document, procédez comme suit :

   1. **Cliquez sur le bouton Office, et choisissez Nouveau.**

   La fenêtre Nouveau document s'ouvre. Elle propose plusieurs options de création d'un nouveau document, comme vous pouvez le voir à la Figure 3.1.

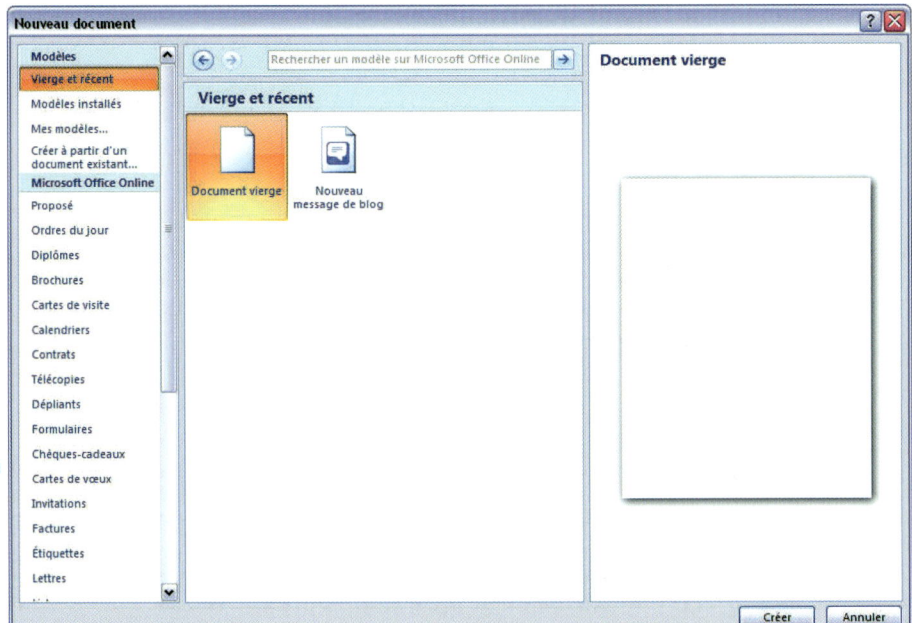

Figure 3.1
Les options de création d'un nouveau document.

   2. **Cliquez sur le bouton Créer pour commencer un document vierge.**

L'option Document vierge est sélectionnée par défaut. Donc, cliquez sur Créer ou appuyez sur Entrée. Vous voici prêt à saisir du texte.

Répétez ces étapes aussi souvent que vous avez besoin de créer un nouveau document. Word permet de travailler avec plusieurs documents ouverts simultanément.

Saisir le texte

De toutes les choses insolites que vous pouvez faire avec un ordinateur, "taper" est sans doute la plus sensée (c'est-à-dire qu'il est très facile de taper sur un ordinateur récalcitrant car l'informatique nous fait très vite perdre notre *self control*). Non, plus sérieusement, rappelez-vous que le texte que vous saisissez dans Word s'affiche sur l'écran de votre ordinateur. Il ne s'imprime pas directement, caractère par caractère sur une feuille insérée dans votre imprimante.

- Pour des conseils et des suggestions de saisie, reportez-vous au Chapitre 2.

- Saisir dans Word nécessite souvent le déplacement du curseur dans diverses parties de votre document. Bien que beaucoup d'utilisateurs maîtrisent rapidement le point d'insertion, je conseille de lire le Chapitre 4 pour bien en comprendre le comportement.

Mettre en forme votre document

La mise en forme est ce qui donne une présentation professionnelle à votre document. Il y a différentes choses que l'on peut mettre en forme dans un document :

- les caractères ;

- les paragraphes ;

- les tabulations ;

- les pages ;

- les colonnes ;

- les en-têtes et les pieds de page ;

    ✔ tout le document.

Votre premier travail de traitement de texte est la saisie du texte. À partir de là, vous pouvez y revenir pour le mettre en forme, ajuster les marges ou changer le style. Tout cela est décrit dans la deuxième partie.

Enregistrez votre travail !

Il existe deux phases d'enregistrement :

    ✔ La première fois que vous enregistrez votre document, vous devez lui donner un nom, ou plutôt *un nom de fichier*. C'est ce nom qui va permettre d'identifier le document quand vous verrez son icône dans Windows. Le nom doit vous aider à identifier le contenu du document.

    ✔ Après le premier enregistrement d'un document, vous n'allez sans doute pas arrêter de le mettre à jour. Comment ? Eh bien en saisissant du texte supplémentaire. Dans ce cas, vous allez de nouveau enregistrer très régulièrement le document. Comme vous lui avez déjà donné un nom, il est inutile de lui en donner un nouveau. Word va tout simplement "écraser" l'ancienne version de votre fichier par la nouvelle, et ainsi actualiser le contenu de ce fichier à chaque enregistrement.

Pour effectuer un premier enregistrement, cliquez sur le bouton Office, et choisissez Enregistrer. Une boîte de dialogue éponyme apparaît. Elle ressemble à celle de la Figure 3.2. Dans le champ Nom de fichier, saisissez le nom de votre document. Ici j'écris un texte sur les forêts, alors je nomme tout simplement le document La forêt. Dans la liste Enregistrer dans, choisissez le dossier et/ou le disque dur dans lequel vous désirez enregistrer ce document. Enfin cliquez sur le bouton Enregistrer.

Pour enregistrer un document sur lequel vous travaillez, et qui a déjà été enregistré au moins une fois, choisissez Enregistrer dans le bouton Office, ou appuyez sur Ctrl+S. Word actualise alors le contenu du fichier en sauvegardant sa nouvelle version, c'est-à-dire le document en cours avec vos rajouts.

    ✔ Le nom de fichier vous permettra d'identifier votre fichier par la suite, lorsque vous voudrez le modifier ou l'imprimer à nouveau. Il est important de choisir un nom pertinent, qui permette d'identifier aisément le fichier recherché.

    ✔ Une fois un fichier enregistré, la manière la plus rapide de l'enregistrer à nouveau consiste à utiliser le clavier. La séquence de touches correspondant à la commande Enregistrer est Ctrl+S. Tout en maintenant

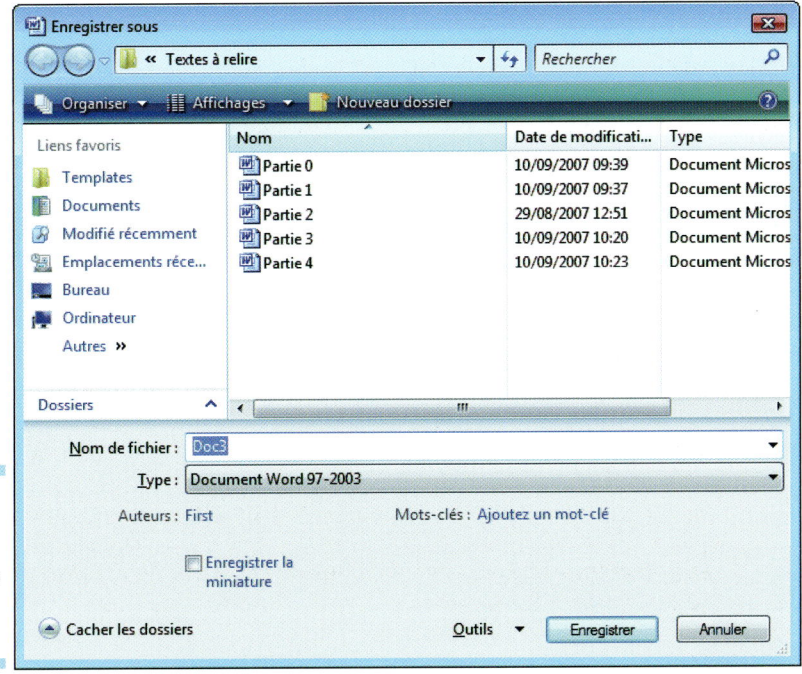

enfoncée la touche Ctrl, appuyez sur la touche S (vous pouvez aussi utiliser Maj+F12).

✔ Une fois le document enregistré, son nom est affiché dans la barre de titre de la fenêtre de Word, ceci indique que le fichier a été correctement enregistré sur le disque.

Terminer un document

La dernière chose que vous ayez à faire est de terminer votre travail. La phase ultime est souvent l'impression. En effet, aujourd'hui encore les textes rédigés sous traitement de texte sont imprimés. Mais avant d'en arriver là, je conseille le respect de ces trois étapes :

✔ Vérification.

✔ Aperçu.

✔ Impression.

Vérifier le travail

Ce n'est pas parce que vous utilisez un logiciel de traitement de texte qui offre une belle mise en page, et des graphiques soigneusement agencés que votre travail est parfait. Non ! Il faut impérativement vérifier votre document avant de l'imprimer.

Vérifier signifie *relire*. La vérification inclut aussi celle de l'orthographe et de la grammaire que nous abordons au Chapitre 8.

Aperçu avant impression

Pour voir à quoi votre document va ressembler à la sortie de l'imprimante et afin de ne pas gaspiller de papier, utilisez la commande Aperçu avant impression. Dans le bouton Office, cliquez sur Imprimer/Aperçu avant impression. Votre document est affiché exactement comme il sera imprimé, y compris les images, les en-têtes et les pieds de page, ou tout autres éléments qui peuvent ne pas être affichés correctement dans les autres modes. Vous pouvez effectuer un zoom avant ou arrière, et même procéder à des modifications, même si cela est déconseillé.

Pour quitter l'aperçu, cliquez sur le bouton Fermer l'aperçu avant impression. Vous retournez dans votre document pour y faire quelques ajustements. Si votre document semble parfait, cliquez sur le bouton Imprimer du groupe Imprimer.

Imprimer un document

Pour imprimer votre document dans Word :

1. **Assurez-vous que votre imprimante est en marche et prête à imprimer.**

2. **Cliquez sur le bouton Office puis sur Imprimer/Imprimer, ou bien sur le bouton Imprimer de l'aperçu avant impression.**

   La boîte de dialogue Imprimer s'affiche. C'est là qu'apparaissent tous les paramètres qui permettent de contrôler l'impression.

3. **Cliquez sur le bouton OK.**

   Le document sort de l'imprimante.

✔ Consultez le Chapitre 10 pour plus d'informations sur la préparation de votre imprimante.

 ✔ Pour imprimer rapidement un document, cliquez sur l'icône Impression rapide de la barre d'outils Accès rapide.

Remarquez qu'il est préférable d'enregistrer avant d'imprimer. C'est une précaution et non une obligation, mais on ne répétera jamais assez qu'il faut enregistrer son document.

Fermez-moi ça !

Office, puis sur Fermer, ou bien exécutez le raccourci clavier Ctrl+W.

Lorsque le document est fermé, il n'est plus affiché à l'écran, c'est-à-dire dans l'interface de Word. À partir de cet instant, vous pouvez quitter Word, créer un nouveau document, ouvrir un document existant, ou fermer Word et commencer une partie de solitaire.

✔ Reportez-vous au Chapitre 1 pour connaître les options de fermeture.

✔ Vous n'êtes pas obligé de choisir la commande Fermer. Vous pouvez tout bonnement quitter Word avec la commande éponyme. Dans ce cas, Word se comporte comme si vous fermiez le document, c'est-à-dire qu'il affiche un message d'enregistrement si vous n'avez pas sauvegardé vos dernières modifications.

Deuxième partie
Les bases du traitement de texte

"Ils sont forts quand il s'agit d'enrichir du texte chez Microsoft !"

Dans cette partie...

Dès qu'ils le purent, les ordinateurs furent spécialisés en *traitement de texte*. Leurs fonctions étaient rudimentaires et se limitaient au remplacement du texte, à l'insertion, au copier, au couper, et au coller.

Très rapidement, l'ordinateur fut de mieux en mieux maîtrisé. Tout naturellement, le traitement de texte qui était la seule chose que l'on pouvait faire de vraiment abordable sur un PC donna lieu à une concurrence effrénée entre les éditeurs de logiciels. Une des premières fonctions qui apporta un intérêt significatif au traitement de texte fut la mise en forme des paragraphes, la numérotation des pages, et le vérificateur d'orthographe.

Au début des années 1990, on peut dire que tout ce qu'il y a aujourd'hui (désormais en mieux), dans un logiciel de traitement de texte avait déjà fait son apparition. Ses fonctions purement basiques vous sont détaillées tout au long de cette partie captivante.

Chapitre 4

Les mouvements
de base

crire signifie souvent *réécrire*, ce qui veut dire que bien des fois on ne fait que relire son document pour le modifier. Word dispose de commandes de base des mouvements du curseur qui vous permettent de faire défiler votre texte, de le relire ou de le modifier, beaucoup plus facilement qu'en faisant tourner un rouleau. Voilà de l'action, du mouvement et du sport !

Faire défiler un document

L'écran d'un ordinateur et la fenêtre de Word ne sont pas assez grands pour exposer la totalité de vos documents. Donc, pour parcourir leur contenu, vous devez utiliser la souris et *la barre de défilement verticale*.

La barre de défilement verticale

Sur le côté droit de votre document vous apercevez la barre de défilement verticale (Figure 4.1). Elle fonctionne comme n'importe quelle autre barre de ce type d'un programme Windows :

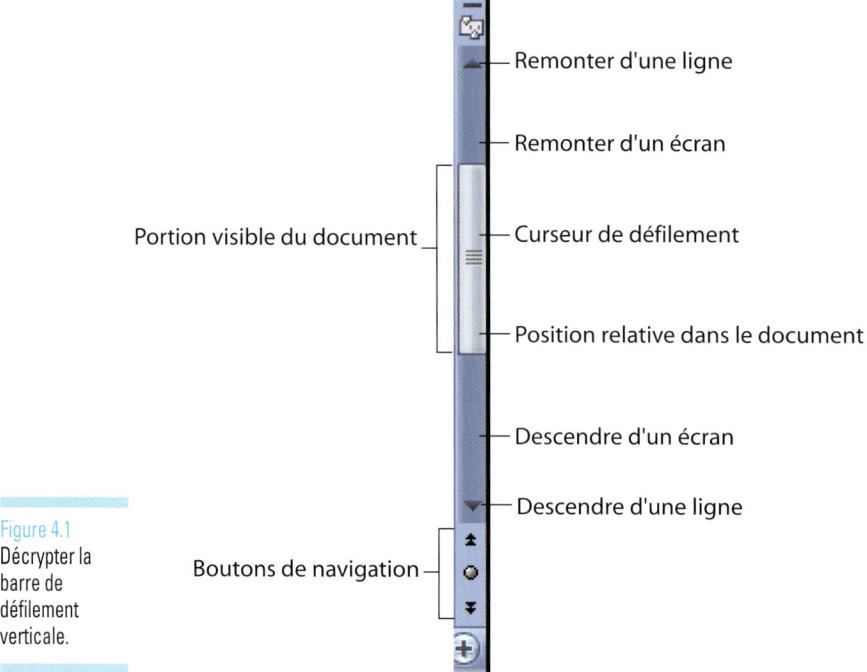

Remonter d'une ligne

Remonter d'un écran

Portion visible du document

Curseur de défilement

Position relative dans le document

Descendre d'un écran

Descendre d'une ligne

Boutons de navigation

Figure 4.1
Décrypter la
barre de
défilement
verticale.

▱ Cliquez sur les deux boutons situés en haut et en bas de la barre de défilement pour faire défiler le contenu de votre document vers le haut ou le bas. Le document défile à la cadence d'une ligne de texte par clic.

▱ Un *curseur de défilement* apparaît sur la barre. Cliquez dessus et, sans relâcher le bouton de la souris, faites-le monter ou descendre pour parcourir le document.

▱ Vous pouvez cliquer au-dessus ou en-dessous du curseur de défilement pour parcourir le document à la cadence d'un écran par clic.

La taille du curseur de défilement indique la partie du document que vous pouvez voir à l'écran. Lorsque le curseur est invisible ou désactivé, tout le document est visible. Sinon, sachez que plus ce curseur est petit, plus le document est grand.

Lorsque vous faites glisser le curseur de défilement certaines informations s'affichent. Ainsi, sur la Figure 4.2, le numéro de la page visible ainsi que le titre de la section (qui se situe au niveau du curseur de défilement) s'affichent.

Figure 4.2
Des informations
sur le numéro de
la page et le titre
en cours.

Parcourir ainsi le document ne déplace pas le point d'insertion. Si vous commencez à taper ne soyez pas surpris d'atteindre instantanément l'emplacement actuel du point d'insertion.

🖝 Faire défiler le contenu d'un document ne déplace pas le point d'insertion.

🖝 Reportez-vous à la section Utiliser les boutons de navigation, plus loin dans ce chapitre, pour obtenir des informations complémentaires sur ces boutons localisés sous la barre de défilement verticale.

La barre de défilement horizontale

La barre de défilement horizontale apparaît juste au-dessus de la barre d'état c'est-à-dire dans la partie inférieure de la fenêtre de Word. Elle ne s'affiche que si le document est trop large pour occuper toute la fenêtre. Grâce à elle, vous naviguez sur la largeur du document.

Utiliser la souris pour vous déplacer

Si votre PC est équipé d'une souris à molette, comme la souris IntelliMouse de Microsoft, vous pouvez faire défiler votre document en l'utilisant :

🖝 Pour faire défiler votre document vers le haut ou vers le bas, faites tourner la molette dans l'une ou l'autre direction. La vitesse de défilement (le nombre de lignes par "pas" de la molette) peut être définie dans le Panneau de configuration de Windows en double-cliquant sur l'icône Souris.

🖝 Utilisée comme un bouton, la molette de votre souris vous donne un contrôle du défilement de votre document : si vous cliquez avec la molette comme avec un bouton (il est inutile de la maintenir enfoncée), vous pouvez régler la vitesse de défilement en déplaçant votre souris plus ou moins vers le haut, vers le bas, vers la gauche ou vers la droite par rapport à l'endroit où vous avez cliqué.

✔ Pour mettre fin à cet effet, cliquez en un endroit quelconque avec le bouton gauche de la souris.

Déplacer le point d'insertion

Quand vous écrivez sur une feuille de papier, il est difficile de vous perdre. Et au bon vieux temps des machines à écrire, ce sur quoi on écrivait ne pouvait dépasser la taille d'une feuille de papier standard. Mais avec Word, vos documents peuvent devenir véritablement énormes. Malheureusement, ce n'est qu'une petite partie de cet imposant document qui apparaît sur l'écran. Pour aller d'un endroit à un autre, il ne suffit pas d'appuyer sur une touche du curseur. Il vous faut donc en savoir un peu plus sur les touches de navigation et autres commandes spéciales de Word.

Commander le point d'insertion à la souris

Le moyen le plus simple pour placer le point d'insertion exactement où vous le souhaitez et de cliquer sur le texte. Pointez, cliquez, et voilà ! Le point d'insertion est en place.

Petits déplacements (les touches directionnelles)

La manière la plus courante de vous déplacer dans votre document consiste à utiliser les touches du pavé directionnel (celles qui portent une flèche), que l'on appelle aussi *touches de contrôle du curseur* parce qu'elles permettent de contrôler les déplacements de ce dernier sur l'écran.

Les quatre touches de base déplacent le curseur vers le haut, vers le bas, vers la droite et vers la gauche :

Touche	Effet
↑	Déplace le curseur d'une ligne vers le haut.
↓	Déplace le curseur d'une ligne vers le bas.
→	Déplace le curseur d'un caractère vers la droite.
←	Déplace le curseur d'un caractère vers la gauche.

Déplacer le point d'insertion n'efface pas les caractères. Le Chapitre 5 explique comment supprimer des informations.

Si vous maintenez enfoncée la touche Ctrl en appuyant sur une touche du curseur, vous passez en mode accéléré. Le curseur survitaminé bondit à une vitesse folle dans les quatre directions :

Touches	Effet
Ctrl+↑	Place le curseur au début du paragraphe précédent.
Ctrl+↓	Place le curseur au début du paragraphe suivant.
Ctrl+←	Place le curseur au début du mot précédent (juste avant la première lettre).
Ctrl+→	Place le curseur au début du mot suivant (juste avant la première lettre).

Si vous utilisez les touches du curseur du pavé numérique, assurez-vous que le voyant Verr num (ou *Num Lock*) est éteint. S'il est allumé, appuyez sur la touche Verr num pour l'éteindre. Sans cette vérification, vous verrez apparaître des chiffres dans votre texte au lieu de voir se déplacer le curseur, comme ceci.

Le début et la fin

Il arrive que l'on ait simplement besoin d'aller directement au début ou à la fin d'une ligne de texte ou de tout un document. Voici les touches qui permettent de le faire :

Touche(s)	Effet
Fin	Envoie le curseur à la fin de la ligne de texte dans laquelle il se trouve.
Début	Envoie le curseur au début de la ligne de texte dans laquelle il se trouve.
Ctrl+Fin	Envoie le curseur tout à fait à la fin de votre document (juste après le dernier caractère).
Ctrl+Début	Envoie le curseur tout à fait au début de votre document (juste avant le premier caractère).

Le cas très particulier des touches PgPr et PgSv

En langage "clavier", PgSv signifie Page suivante et PgPr Page précédente. Un clavier standard de 102 touches dispose de deux emplacements pour ces touches PgSv et PgPr : soit sur le pavé numérique, soit sur la zone du curseur (à gauche du pavé numérique). Certains imaginent que la touche PgSv déplace le document vers le haut de la page suivante et la touche PgPr vers le haut de la page précédente. Eh bien non ! Ces touches vous permettent de vous déplacer dans le document de l'équivalent d'un écran (et non d'une page) vers le bas ou vers le haut, d'où leur appellation (Page précédente et Page suivante).

Touche	Effet
PgPr	La touche PgPr déplace le curseur vers le haut d'un écran (la hauteur du texte affiché dans la fenêtre). Si vous êtes en haut de votre document, cette touche place le curseur tout en haut de l'écran.
PgSv	La touche PgSv déplace le curseur d'un écran vers le bas du document. Si vous êtes en bas du document, elle place le curseur tout en bas de l'écran.

Si vous voulez seulement placer le curseur en haut ou en bas de l'écran (le texte affiché dans la fenêtre du document), utilisez ces combinaisons de touches :

Touches	Effet
Ctrl+Alt+PgPr	Place le curseur en haut de la portion de texte affichée dans la fenêtre.
Ctrl+Alt+PgSv	Place le curseur en bas de la portion de texte affichée dans la fenêtre.

Ctrl+PgPr et Ctrl+PgSv sont utilisées par Word, mais ne donnent pas du tout l'effet que vous espérez. Lisez la prochaine section pour plus de détails.

Utiliser les boutons de navigation

Regardez en bas de la barre de défilement verticale. Vous voyez trois boutons illustrés dans la marge des paragraphes suivants. Ces boutons facilitent la navigation dans vos documents.

Le bouton du haut, avec deux chevrons, nommé *Page précédente,* équivaut au raccourci clavier Ctrl+PgPr.

Le bouton du bas, avec deux chevrons, nommé *Page suivante,* équivaut au raccourci clavier Ctrl+PgSv.

Le bouton du centre est un peu la réponse à la question : "Mais qu'est-ce que je cherche après tout ?" Son raccourci clavier est Ctrl+Alt+Origine.

Lorsque vous cliquez sur ce bouton central, vous ouvrez la palette représentée à la Figure 4.3. Placez le pointeur de la souris sur n'importe quel élément et vous en verrez la description dans la partie inférieure de la palette.

Figure 4.3
Plusieurs
méthodes de
navigation.

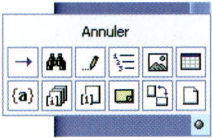

Chaque fois que vous choisissez une option dans cette palette de navigation, son bouton change de couleur. Quand il est noir, vous effectuez une navigation par page. Quand il est bleu, vous effectuez un autre type de navigation.

Chapitre 5
Modifier le texte

Dans ce chapitre :

▶ Effacer du texte avec les touches Retour arrière et Suppression.

▶ Effacer des lignes, des phrases et des paragraphes.

▶ Scinder et réunir des paragraphes.

▶ Annuler vos erreurs.

*M*odifier le texte : voilà un programme intéressant ! Au premier abord, c'est beau et c'est facile, mais la vérité est beaucoup moins rose. Modifier, ça commence par détruire.

Effacer du texte

L'avènement des logiciels de traitement de texte a rendu encore plus populaire les possibilités de suppression diverses et variées. Aujourd'hui, l'effacement fait partie du processus de création car il permet de mieux reconstruire. Écrire. Effacer. Réécrire. Réeffacer. Ainsi va la vie de l'utilisateur d'un traitement de texte.

Vos touches d'effacement de base : Retour arrière et Suppression

La création et la destruction du texte passent par l'utilisation des touches du clavier. La grande majorité de ces touches sert à créer, à composer du texte. Seules deux touches servent à le détruire : Retour arrière et Suppr (Suppression). Le fonctionnement de ces touches dépend de la manière dont vous les utilisez (quel scoop !).

Effacer un seul caractère

Pour effacer du texte caractère par caractère, vous pouvez utiliser deux touches de votre clavier :

- **La touche Retour arrière :** Elle efface le caractère situé à gauche du curseur.

- **La touche Suppression :** Elle efface le caractère situé à droite du curseur.

Dans l'exemple ci-après, le curseur "clignote" (je veux dire qu'il clignoterait s'il était sur un écran) entre le *n* et le *i* d'*Annie*. En appuyant sur la touche Retour arrière, vous effacez le *n*. En appuyant sur la touche Suppression, vous effacez le *i*.

```
Le réfrigérateur d'Ann|ie était rempli d'échantillons.
```

- Après l'effacement d'un caractère, tout le texte qui se trouve à droite ou au-dessous de celui-ci se déplace d'un cran pour remplir l'espace laissé libre.

- La touche Retour arrière ne fonctionne pas comme sur une machine à écrire. La différence est que, dans Word, non seulement le curseur revient en arrière, mais il efface les caractères sur lesquels il passe (l'équivalent de la touche Retour arrière d'une machine à écrire est, dans Word, la touche de déplacement vers la gauche du curseur).

Effacer un mot

Pour effacer un mot complet, Word dispose de deux commandes :

Touche(s)	Effet
Ctrl+Retour arrière	Efface le mot qui se trouve juste avant le curseur (à sa gauche).
Ctrl+Suppression	Efface le mot qui se trouve juste après le curseur (à sa droite).

Pour effacer un mot en utilisant Ctrl+Retour arrière, placez le curseur juste après la dernière lettre de ce mot. Appuyez sur Ctrl+Retour arrière : le mot disparaît. Le curseur se trouve alors juste après le dernier caractère du mot précédent ou au début de la ligne (dans le cas où vous avez effacé le premier mot d'un paragraphe).

Pour effacer un mot en utilisant Ctrl+Suppression, placez le curseur juste avant la première lettre de ce mot. Appuyez sur Ctrl+Suppression : le mot disparaît. Le curseur se trouve alors juste avant le premier caractère du mot suivant ou à la fin de la ligne (si vous avez effacé le dernier mot d'un paragraphe).

Effacer des lignes, des phrases et des paragraphes

Dans Word, il y a une différence entre une ligne de texte, une phrase et un paragraphe. Ne perdez pas de vue ces définitions :

- Une **ligne de texte** n'est rien d'autre qu'une ligne sur la page (ce n'est pas une entité grammaticale).

- Une **phrase** est de nature grammaticale : elle commence par une majuscule et se termine par un point, un point d'interrogation ou un point d'exclamation. Je suppose que vous avez appris cela à l'école.

- Un **paragraphe** est une portion de texte commençant juste après un *retour chariot* et se terminant par un autre retour chariot. Un paragraphe peut donc être composé d'une simple ligne, d'une phrase ou de plusieurs phrases.

- Une **page** est tout le texte compris entre le début et la fin de la page.

Word sait aussi effacer des *blocs* de texte. Vous en saurez davantage à ce sujet en consultant le Chapitre 7.

Effacer une ligne de texte

La méthode la plus simple pour effacer une ligne de texte consiste à utiliser la souris :

1. **Placez le pointeur de la souris dans la marge gauche de votre document.**

   Le pointeur prend la forme d'une flèche pointant vers le haut et vers la droite.

2. **Placez le pointeur devant la ligne de texte que vous voulez supprimer.**

3. **Cliquez sur le bouton gauche de la souris.**

   La ligne de texte est sélectionnée et apparaît en surbrillance.

4. **Appuyez sur la touche Suppression ou sur la touche Retour arrière pour supprimer la ligne sélectionnée.**

Effacer une phrase

Effacer une phrase est un jeu d'enfant :

1. **Placez le curseur dans la phrase à supprimer.**

2. **Appuyez sur Ctrl et cliquez sur le bouton de la souris.**

   La phrase est sélectionnée.

3. **Appuyez sur la touche Suppression.**

   La phrase disparaît.

Effacer un paragraphe

La méthode la plus rapide pour effacer un paragraphe :

1. **Placez le pointeur de la souris sur le paragraphe.**

2. **Cliquez trois fois sur le bouton gauche de la souris.**

   Le paragraphe est sélectionné.

3. **Appuyez sur la touche Suppression.**

   Le paragraphe disparaît.

Si cliquer trois fois vous pose problème, placez le pointeur de la souris dans la marge gauche du paragraphe à supprimer. Quand le pointeur prend la forme d'une flèche pointant vers le haut et vers la droite, cliquez deux fois. Le paragraphe est sélectionné. Appuyez sur Suppr pour l'effacer.

Effacer une page

La page n'est pas traitée avec désinvolture par Word. En réalité, une page correspond à une feuille imprimée. Virtuelles dans Word, les pages n'en demeurent pas moins des éléments que vous pouvez supprimer :

1. **Placez-vous en haut de la page que vous désirez effacer.**

   Pour plus d'informations sur la commande Atteindre, reportez-vous au Chapitre 4. Dans la boîte de dialogue Atteindre, indiquez le numéro de la page à effacer.

2. **Appuyez sur la touche F8.**

   Cette touche est utilisée pour entrer dans un mode de sélection spécial qui est étudié au Chapitre 7.

3. **Appuyez sur Ctrl+PgSv.**

   Le point d'insertion va en bas de la page.

4. **Appuyez sur Suppr.**

   La page disparaît.

Séparer et grouper

L'édition d'un texte conduit à la séparation d'un paragraphe en plusieurs autres, ou au regroupement de plusieurs paragraphes en un seul.

Créer deux paragraphes à partir d'un seul

Pour diviser un paragraphe en deux paragraphes distincts, localisez le point où vous désirez créer cette séparation. En générale, il se situe entre deux phrases, c'est-à-dire au début de l'une et à la fin de l'autre. Ensuite, appuyez sur la touche Entrée. Vous disposez ainsi de deux paragraphes.

En fonction de la position du point d'insertion, vous devrez peut-être effacer une espace vide qui apparaît au début du second paragraphe ou à la fin du premier.

Créer un paragraphe à partir de deux

Pour regrouper deux paragraphes, vous devez supprimer la marque de paragraphe qui les sépare. Pour cela, placez le point d'insertion au début du second paragraphe et appuyez sur la touche Retour arrière. Voilà ! Les deux paragraphes n'en forment plus qu'un.

Séparer des lignes avec un retour à la... ligne

Ce retour à la ligne est principalement utilisé pour les titres et les en-têtes. Par exemple, lorsque vous avez un long titre que vous souhaitez présenter sur deux lignes, appuyez sur Maj+Entrée. Par exemple, saisissez cette ligne :

```
Filbert & Hazel
```

Appuyez sur Maj+Entrée. Vous commencez une nouvelle ligne. Saisissez :

```
Un couple d'imbéciles
```

Le retour à la ligne conserve le texte de ce titre regroupé (dans le même paragraphe), mais sur des lignes séparées.

Annuler vos erreurs

Il ne faut jamais avoir peur de faire quelque chose dans Word. Jamais ! Pourquoi ? Parce que Word dispose d'une commande Annulation. Celle-ci se souvient de tout ce que vous venez de faire, d'ajouter ou de supprimer, et peut facilement démêler vos erreurs. De plus, il existe également une commande Répéter, qui permet l'annulation de la dernière annulation.

La magie de la commande Annuler

Si vous venez d'effacer accidentellement du texte, formater un paragraphe de manière hasardeuse, ou saisir des mots que vous regrettez, faites l'une des opérations ci-après pour le faire réapparaître :

- Appuyez sur Ctrl+Z.
- Cliquez sur le bouton Annuler dans la barre d'outils Accès rapide.

Personnellement, je préfère le raccourci Ctrl+Z. Toutefois, le bouton Annuler déroule une liste qui permet de choisir l'annulation simultanée de plusieurs commandes.

- La commande Annuler est pratique mais elle ne doit pas vous laisser aller à une certaine négligence lors de la saisie de votre texte.
- Si vous cliquez sur la flèche pointant vers le bas à côté du bouton Annuler de la barre d'outils Accès rapide, vous voyez apparaître la liste

des dernières actions que vous avez effectuées dans Word. Vous pouvez y sélectionner l'action que vous voulez où l'ensemble de la liste (en faisant glisser la souris sur la liste) pour annuler d'un clic ce que vous désirez.

🖚 Parfois la commande Annuler ne fonctionne pas. Avant que cela n'arrive, Word vous lance un message du type "Mémoire insuffisante pour annuler cette opération, voulez-vous continuer ?" Poursuivez à vos risques et périls.

Chapitre 6
Chercher et remplacer

Chercher et remplacer est une fonction basique des traitements de texte. Dans Word, cette fonction permet deux choses : de chercher du texte vers le haut ou le bas du document, et de remplacer ce texte par un autre.

Le plaisir de la recherche

Word peut localiser rapidement toute portion de texte où qu'elle soit dans votre document, du discours le plus grandiloquent au plus petit caractère. La commande utilisée à cette fin s'appelle Rechercher, et vous l'exécutez depuis le ruban de Word 2007 (Figure 6.1).

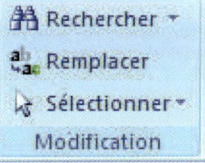

Figure 6.1
Le groupe de commandes Modification.

Mais où te caches-tu ?

Localiser du texte dans un document est une tâche très simple à réaliser :

1. **Dans l'onglet Accueil, cliquez sur le bouton Rechercher.**

   Reportez-vous à la Figure 6.1. Parfois vous devrez cliquer sur Modification pour afficher ce bouton. Si vous n'y parvenez pas, appuyez simplement sur Ctrl+F.

   Cliquer sur le bouton Rechercher permet d'ouvrir la boîte de dialogue Rechercher et remplacer illustrée par la Figure 6.2.

Figure 6.2
La boîte de dialogue Rechercher et remplacer.

2. **Dans le champ Rechercher, saisissez le texte à rechercher.**

   Par exemple : plomb. Tapez-le exactement sous la forme voulue.

3. **Pour commencer la recherche, cliquez sur le bouton Suivant.**

   Vous pouvez également appuyer simplement sur Entrée.

Rechercher avec plus de précision

Pour faire apparaître les options supplémentaires de la boîte de dialogue Rechercher et remplacer, commencez par la faire apparaître en appuyant sur Ctrl+F, puis cliquez sur le bouton Plus. La boîte de dialogue s'agrandit vers le bas, faisant apparaître un certain nombre d'options et de boutons supplémentaires (Figure 6.3).

Les sections suivantes détaillent ces options.

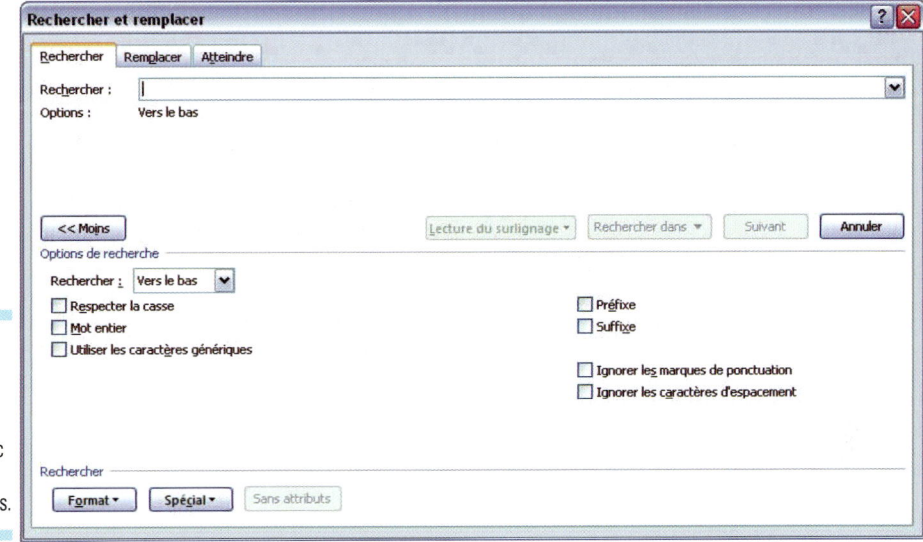

Figure 6.3
La boîte de dialogue Rechercher et remplacer, avec ses options supplémentaires.

Chercher un fragment de texte

Il y a une différence entre *Sylvestre* et *sylvestre*. Le premier est un prénom, le second un adjectif. Pour trouver l'un et pas l'autre en utilisant la commande Rechercher, cochez la case Respecter la casse dans la zone Options de la boîte de dialogue. Ainsi, si vous avez tapé *Sylvestre* dans le champ Rechercher, cette recherche ne trouvera que les occurrences du mot *Sylvestre* commençant par une majuscule, le reste du mot étant en minuscules.

Rechercher un mot entier

L'option Mot entier permet de rechercher des mots comme *droit* ou *sur*, en évitant de vous arrêter inutilement sur des mots comme *endroit* ou *surprise*.

Rechercher vers le haut, vers le bas ou les deux

Janus était, pour les Romains, le dieu des commencements et des fins. Il était doté de deux visages regardant dans deux directions opposées, ce qui est très pratique pour regarder un match de tennis ou pour retrouver vos clés quand vous ne savez plus ce que vous en avez fait. La commande Rechercher est comme Janus car elle recherche toutes les occurrences d'un élément dans tout le texte, sauf si vous lui indiquez d'effectuer une recherche dans une direction spécifique. Pour cela, cliquez sur le bouton Plus, puis déroulez la liste Sens. Vous accédez aux options suivantes :

   ✔ **Tous.** Avec cette option, la recherche s'effectue dans tout le document quelle que soit la position du point d'insertion.

   ✔ **Vers le bas.** La recherche part de la position du point d'insertion et s'arrête à la fin du document.

   ✔ **Vers le haut.** La recherche part de la position du point d'insertion et s'arrête au début du document.

Vous pouvez utiliser les boutons de navigation pour répéter la commande Rechercher vers le haut ou le bas, selon que vous cliquez sur Précédent/ Atteindre ou Suivant/Atteindre.

Rechercher des caractères que vous ne pouvez pas taper

Il y a des caractères que l'on ne peut pas taper avec le clavier dans le champ Rechercher. Ce sont des caractères spéciaux, non imprimables. C'est le cas par exemple du Tab. Essayez d'appuyer sur la touche Tab après avoir cliqué dans le champ Rechercher : il ne se passe rien. Pour rechercher un caractère de tabulation, ainsi que quelques autres, il faut l'indiquer à la fonction Rechercher au moyen d'un code spécial.

Pour insérer le code correspondant à l'un de ces caractères spéciaux, cliquez sur le bouton Plus pour faire apparaître le volet des options supplémentaires de la boîte de dialogue Rechercher et remplacer, puis cliquez sur le bouton Spécial (Figure 6.4).

Voici quelques-uns des caractères spéciaux les plus utiles que vous trouverez dans la liste du bouton Spécial de la boîte de dialogue Rechercher et remplacer :

   ✔ **Tout caractère, Tout chiffre** et **Toute lettre :** Permettent de représenter à peu près n'importe quoi. Ce sont des caractères génériques qui permettent de trouver toutes sortes de choses.

   ✔ **Signe ^ :** Permet de rechercher le symbole (^), autrement dit l'accent circonflexe quand il n'est pas sur une lettre, qui est un caractère spécial. Si vous tapez le signe ^ lui-même dans le champ Rechercher, il sera interprété par Word comme indiquant un autre caractère spécial.

   ✔ **Marque de paragraphe (¶) :** Permet de rechercher dans votre document le caractère qui indique la fin de chaque paragraphe.

| Marque de paragraphe |
| Tabulation |
| Tout caractère |
| Tout chiffre |
| Toute lettre |
| Signe ^ |
| § Caractère de section |
| ¶ Caractère de paragraphe |
| Saut de colonne |
| Tiret cadratin |
| Tiret demi-cadratin |
| Appel de note de fin |
| Champ |
| Appel de note de bas de page |
| Graphisme |
| Saut de ligne manuel |
| Saut de page manuel |
| Trait d'union insécable |
| Espace insécable |
| Trait d'union conditionnel |
| Saut de section |
| Espace |

Figure 6.4
Rechercher des
caractères que
vous ne pouvez
pas taper.

✔ **Tabulation :** Permet de rechercher le caractère Tab.

✔ **Espace :** Il ne s'agit pas nécessairement d'une espace obtenu en appuyant sur la barre d'espace du clavier, mais de tout caractère se traduisant par un espace blanc sur l'écran (par exemple, un Tab).

Choisissez un des éléments dans la liste. Dès que c'est fait, une suite de symboles étranges apparaît dans le champ Rechercher comme ^t si vous cherchez des tabulations. Cliquez sur Suivant pour trouver ce symbole dans votre document.

✔ Si vous recherchez le caractère spécial ¶, cliquez sur Spécial et sélectionnez Caractère de paragraphe, car l'option Marque de paragraphe renvoie à toutes les marques de paragraphe créées quand vous appuyez sur Entrée.

✔ Vous pouvez combiner ces caractères spéciaux entre eux et avec tous ceux que vous désirez. Si vous voulez trouver un Tab suivi par le mot *Chasseur*, utilisez le bouton Spécial pour insérer le code du Tab (^t), puis tapez Chasseur dans le champ Rechercher en utilisant le clavier. Vous verrez donc :

```
^tChasseur
```

🖝 Si vous avez mémorisé le code du caractère spécial que vous voulez, vous n'avez pas besoin de passer par la liste du bouton Spécial. Vous pouvez utiliser le clavier pour saisir le code dans le champ Rechercher. C'est ce que je fais en général. Comme je sais que ^p est le code correspondant à la touche Entrée (le caractère de fin de paragraphe), je n'ai pas besoin de cliquer sur le bouton Plus et sur le bouton Spécial. Au cas où vous voudriez faire de même, voici la liste des codes des caractères spéciaux les plus utilisés :

Marque de paragraphe	^p
Tab	^t
Tout caractère	^?
Tout chiffre	^#
Toute lettre	^$
Signe ^	^^
Tiret cadratin	^+
Tiret demi-cadratin	^=
Saut de ligne manuel	^l
Saut de page manuel	^m
Espace	^w

Rechercher une mise en forme

Pour rechercher une mise en forme dans un document, utilisez la zone des options supplémentaires de la boîte de dialogue Rechercher et remplacer. Cliquez sur le bouton Format pour faire apparaître la liste des options de mise en forme que vous pouvez rechercher (Figure 6.5). La sélection de chacun des éléments de cette liste affiche la boîte de dialogue de mise en forme correspondante de Word. Dans cette boîte de dialogue, vous pouvez sélectionner les attributs de mise en forme que vous désirez rechercher.

Revenons à notre **baratin** en gras, vous désirez le trouver dans votre document. Suivez ces étapes :

1. **Faites apparaître la boîte de dialogue Rechercher et remplacer.**

   Appuyer sur Ctrl+F est la manière la plus directe de procéder.

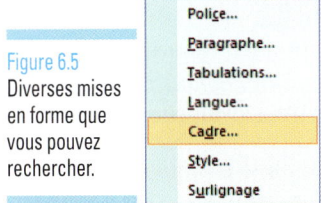

2. **Dans le champ Rechercher, saisissez le mot baratin.**

   Vous souhaitez trouver les occurrences de ce mot écrites en gras. Vous devez préciser cette information à Word.

3. **Cliquez sur le bouton Plus pour afficher la partie inférieure de la boîte de dialogue Rechercher et remplacer.**

4. **Si le bouton Sans attributs est actif, cliquez dessus.**

   Ce bouton permet d'annuler tous les formats d'une recherche antérieure.

5. **Cliquez sur le bouton Format.**

6. **Dans la liste, sélectionnez Police.**

   La boîte de dialogue Police apparaît. Vous y contrôlez les divers aspects de la police des caractères d'un document.

7. **Dans la liste Style de police, sélectionnez Gras.**

8. **Cliquez sur OK.**

   La boîte de dialogue Police se ferme, et vous revenez dans la boîte de dialogue Rechercher et remplacer.

   Vous constatez que sous le champ Rechercher est indiqué `Mise en forme : Police : Gras`.

9. **Cliquez sur le bouton Suivant.**

   Word trouve la prochaine occurrence du texte désigné, avec la mise en forme spécifiée.

Rechercher et remplacer

Imaginons maintenant que vous vouliez remplacer le mot *cochon* par le mot *porc*. Ils ont le même sens, mais selon le contexte on peut préférer utiliser l'un plutôt que l'autre.

1. **Dans l'onglet Accueil, cliquez sur la commande Remplacer du groupe Modification.**

   La boîte de dialogue Rechercher et remplacer apparaît (Figure 6.6). Elle s'ouvre sur l'onglet Remplacer.

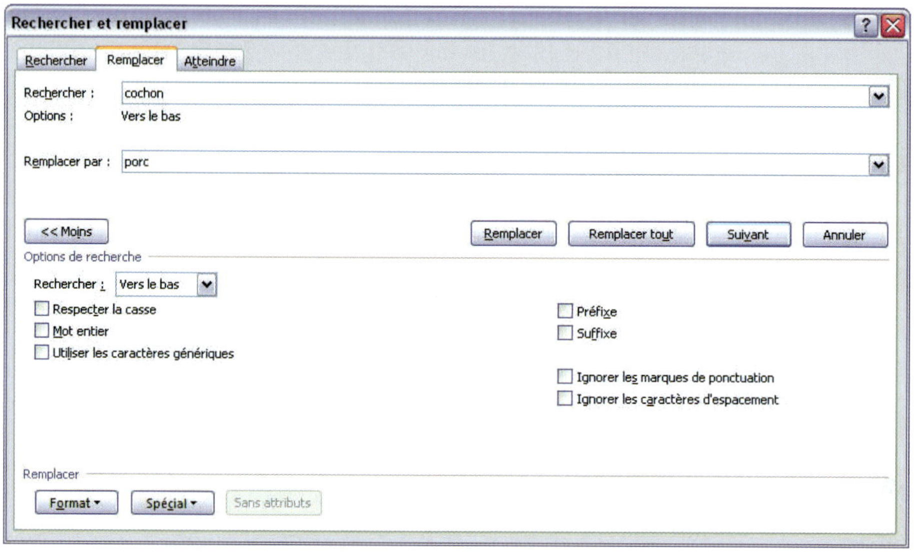

Figure 6.6
L'onglet Remplacer de la boîte de dialogue Rechercher et remplacer.

2. **Dans le champ Rechercher, saisissez le texte à rechercher.**

   C'est le texte que vous voulez remplacer par autre chose, par exemple *cochon*.

   Après avoir tapé le texte voulu, appuyez sur Tab.

3. **Dans le champ Remplacer par, tapez le texte que vous voulez substituer au texte recherché.**

   Dans notre exemple, tapez le mot *porc*.

4. **Cliquez sur Suivant.**

    Word s'arrête à chaque occurrence du mot *cochon*. Dès que le texte est trouvé, passez à l'étape 5.

5. **Cliquez sur le bouton Remplacer.**

    Word remplace le mot *cochon* par le mot *porc*, et s'arrête à l'occurrence suivante. Répétez cette étape pour remplacer chaque occurrence, ou uniquement certaines d'entre-elles. Dans ce cas, cliquez sur Suivant au lieu de Remplacer.

6. **Lisez le résumé.**

    Une fois les remplacements terminés, Word affiche des statistiques sur son travail indiquant le nombre de mots remplacés par rapport à ceux qui ont été trouvés.

7. **Cliquez sur le bouton de fermeture de la boîte de dialogue (la croix – X).**

Vous avez fini !

✏ Toutes les restrictions, options, et règles appliquées à la commande Rechercher valent pour la commande Remplacer.

✏ La commande Remplacer dispose aussi d'un bouton Plus qui peut être utilisé comme celui de la commande Rechercher (voir plus haut dans ce chapitre).

✏ Il peut arriver que Word trouve votre texte, par exemple *mer*, dans un autre mot comme *arrimer*. Pour éviter cela, cliquez sur le bouton Plus et cochez la case Mots entiers.

✏ Attention ! N'oubliez pas de taper quelque chose dans le champ Remplacer par. Si ce champ reste vide, la commande Remplacer ne se transforme pas pour autant en commande Rechercher. Au contraire, Word suppose que vous voulez remplacer par *rien* le texte recherché, autrement dit le supprimer. Comme c'est plutôt dangereux, soyez prudent lorsque vous utilisez la commande Remplacer, et utilisez dans la mesure du possible le bouton Suivant, pour avancer pas à pas, plutôt que le bouton Remplacer tout.

✏ Si vous faites une erreur lors de votre opération de remplacement, la commande Annuler restaure votre document dans son état antérieur.

Le miraculeux bouton Remplacer tout

Les étapes de la précédente section fonctionnent très bien. Cependant, il peut s'avérer fastidieux de cliquer des dizaines de fois sur le bouton Remplacer. Pour cette raison, la boîte de dialogue Rechercher et remplacer propose le bouton Remplacer tout.

Ce bouton exécute exactement ce que l'on suppose de sa fonction. Il va remplacer toutes les occurrences du texte par le nouveau. Donc, lorsque vous êtes certain de vouloir remplacer un mot par un autre dans tout le document, cliquez sur Remplacer tout au lieu de Remplacer.

Chercher et remplacer une mise en forme

Imaginons que vous vouliez remplacer toutes les occurrences d'un texte souligné par un texte en italique. Le procédé consiste à rechercher le texte souligné, et à indiquer à Word d'annuler le soulignement et d'appliquer le style Italique. Voici comment faire :

1. **Appuyez sur Ctrl+H pour ouvrir la boîte de dialogue Rechercher et remplacer.**

2. **Cliquez sur le bouton Plus (si besoin).**

3. **Cliquez dans le champ Rechercher, et effacez le mot éventuellement présent. Pour cela, appuyez sur la touche Retour arrière.**

4. **Cliquez sur le bouton Format. Dans la liste, choisissez Police.**

   Cette action ouvre la boîte de dialogue Police.

5. **Dans la boîte de dialogue Police, déroulez la liste Soulignement, et choisissez le soulignement simple, c'est-à-dire le trait placé en haut de la liste.**

6. **Cliquez sur OK.**

   Revenu dans la boîte de dialogue Rechercher et remplacer, vous notez la présence de l'indication `Mise en forme : Soulignement` juste en dessous du champ Rechercher.

7. **Si nécessaire, sélectionnez le texte du champ Remplacer, et appuyez sur Retour arrière pour l'effacer.**

8. **Dans la liste Format, choisissez Police.**

9. **Dans la liste Style de police de la boîte de dialogue Police, choisissez Italique.**

10. **Cliquez sur OK pour fermer cette boîte de dialogue.**

    Sous le champ Remplacer vous lisez `Mise en forme : Police : Italique.`

11. **Cliquez sur le bouton Remplacer tout.**

    Word remplace tous les soulignements par des italiques !

12. **Quand les remplacements sont terminés, cliquez sur OK.**

Chapitre 7

Travailler avec des blocs de texte

Comment pourrait-on écrire sans *blocs* ? Je ne parle pas de blocs de papier, ni du vertige de la page blanche, ni de la crampe de l'écrivain. Je parle de *blocs de texte*. Grâce aux blocs, vous pouvez faire des manipulations de texte incroyables que je vous propose de découvrir tout au long de ce chapitre. Oui, croyez-moi, l'heure est venue de travailler avec des blocs.

Qu'est-ce qu'un bloc de texte ?

Vous créez des blocs par *sélection* du texte. La sélection est une opération qui se fait au clavier ou à la souris. Les techniques de sélection du texte sont traitées dans ce chapitre.

À l'écran, un bloc de texte sélectionné apparaît en surbrillance (Figure 7.1).

En marquant ainsi du texte en tant que bloc, vous pouvez réaliser certaines actions, ou exécuter diverses commandes de Word qui n'affecteront que le bloc. Vous pouvez également copier ou déplacer les blocs de texte. Toutes ces tâches sont étudiées dans ce chapitre et dans diverses sections de ce livre.

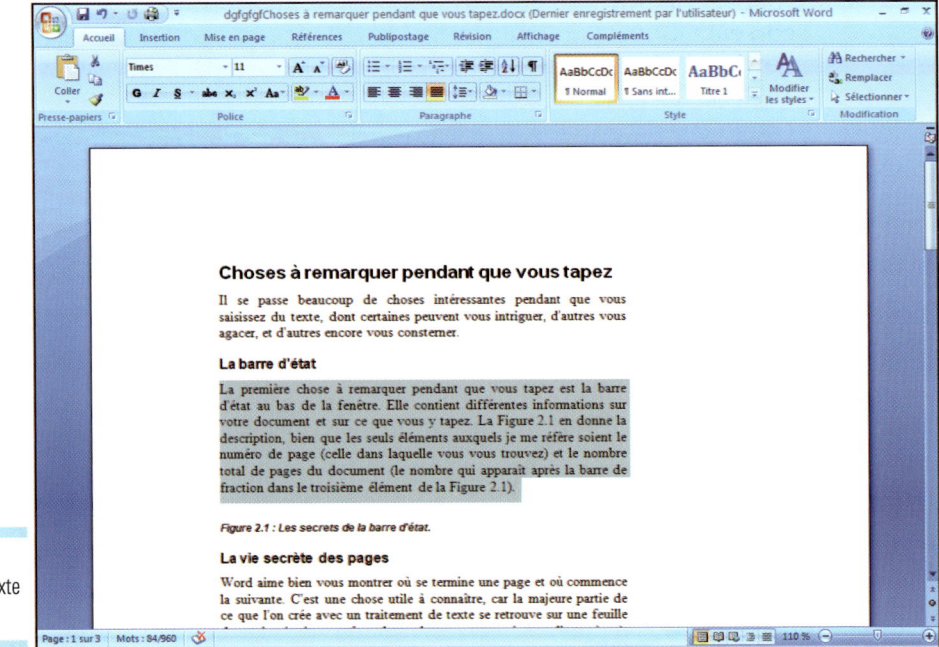

Figure 7.1
Un bloc de texte
sélectionné.

> ✔ Sélectionner du texte signifie aussi sélectionner des caractères comme les tabulations et les marques de fin de paragraphe. Pour éviter de sélectionner la marque de fin de paragraphe, ne sélectionnez pas l'espace vide situé derrière le dernier mot du bloc.

Sélectionner des blocs de texte

Word vous permet de faire toutes sortes de manipulations avec des blocs de texte. Et vous n'avez pas à vous préoccuper de triple interligne, de taper sur du papier très épais, et encore moins de vous ruiner en colle à papier. Il vous faut plutôt savoir comment sélectionner un bloc, et, comme d'habitude, Word vous offre de nombreux moyens de le faire. Je vais en décrire quelques-uns, plus ou moins appropriés selon la taille du bloc.

Sélectionner du texte au clavier

Pour sélectionner rapidement une petite quantité de texte (un mot, une ligne ou un paragraphe), vous pouvez utiliser la touche Maj en combinaison avec l'une ou l'autre des touches du pavé directionnel (les touches de contrôle du curseur). C'est la technique recommandée pour sélectionner une petite portion de texte, entièrement visible à l'écran. Laissez-vous guider par le Tableau 7.1.

Tableau 7.1 : Sélectionner avec la touche Maj.

Touche(s)	Effet
Maj+→	Sélectionne caractère par caractère vers la droite du point d'insertion.
Maj+←	Sélectionne caractère par caractère vers la gauche du point d'insertion.
Maj+Fin	Sélectionne le texte compris entre le point d'insertion et la fin de la ligne.
Maj+Début	Sélectionne le texte compris entre le point d'insertion et le début de la ligne.
Maj+↑	Sélectionne le texte compris entre le point d'insertion et la même position du point d'insertion dans la ligne du dessus .
Maj+↓	Sélectionne le texte compris entre le point d'insertion et la même position du point d'insertion dans la ligne du dessous.

Vous pouvez utiliser n'importe quelle commande de déplacement du point d'insertion (voir le Chapitre 4), mais je conseille la méthode impliquant la touche Maj lorsque vous devez sélectionner peu de texte.

N'importe quelle touche Maj fera l'affaire. Toutefois, je préconise l'emploi de la touche Maj de gauche de manière à manipuler avec la main droite les touches du pavé directionnel.

Marquer un bloc avec la souris

Mickey est peut-être venu au monde pour gouverner un empire, mais votre souris est venue au monde pour sélectionner du texte. Plus sérieusement, en dehors de ses capacités graphiques, la souris est une virtuose de la sélection de texte.

Faire glisser pour sélectionner

Pour sélectionner un bloc de texte avec votre souris, suivez ces étapes :

1. **Placez le pointeur à l'endroit où vous voulez commencer la sélection.**

2. **Tout en maintenant enfoncé le bouton gauche de la souris, faites glisser le pointeur sur votre texte.**

   Au fur et à mesure que vous faites glisser le pointeur, le texte est mis en surbrillance (sélectionné), comme l'illustre la Figure 7.1. Faites glisser le pointeur du début à la fin du bloc de texte que vous désirez sélectionner.

3. **Quand le pointeur est à la fin du bloc à sélectionner, relâchez le bouton de la souris.**

La souris vous permet de sélectionner un bloc de texte de taille quelconque.

Techniques de sélection rapide par clic

Le Tableau 7.2 explique comment tirer le meilleur parti de votre robot-rongeur pour sélectionner tel ou tel type de bloc de texte.

Tableau 7.2 : Sélection de texte par clic.

Pour	Faites comme ceci
Sélectionner un mot	Placez le pointeur sur le mot et double-cliquez.
Sélectionner une ligne	Placez le pointeur dans la marge gauche, devant la ligne à sélectionner. Le pointeur prend la forme d'une flèche pointant vers le haut et vers la droite. Cliquez pour sélectionner la ligne, ou faites glisser en maintenant enfoncé le bouton gauche de la souris pour sélectionner plusieurs lignes.
Sélectionner une phrase	Placez le pointeur sur la phrase, et faites Ctrl+clic (maintenez enfoncée la touche Ctrl et cliquez). La phrase est sélectionnée.
Sélectionner un paragraphe	Placez le pointeur sur le paragraphe et faites un triple clic.

Sélectionner un bloc par Maj+clic

La technique la plus radicale que j'utilise pour sélectionner un bloc de texte est ce que j'appelle le "zyeuter-cliquer" :

1. **Commencez par placer le pointeur au début du bloc de texte à sélectionner.**

2. **Faites défiler votre document en utilisant la barre de défilement.**

   Utilisez bien la barre de défilement et non les touches de contrôle du point d'insertion. Si vous utilisiez celles-ci, le point d'insertion sera déplacé par la même occasion, et ce n'est pas ce que nous voulons.

3. **Pour marquer la fin du bloc, maintenez enfoncée la touche Maj et cliquez avec la souris à l'endroit précis où se termine le bloc à sélectionner.**

   Le bloc de texte compris entre la position initiale du point d'insertion et l'endroit où vous avez cliqué en maintenant enfoncée la touche Maj est sélectionné.

Sélectionner un bloc en utilisant la talentueuse touche F8

Je me demande quel genre de personnage a bien pu avoir l'idée saugrenue d'assigner la touche F8 à la sélection de texte. Probablement la même bande d'énergumènes de Microsoft, ivre de *stock-options*, qui inventa jadis l'utilisation de la touche F12.

Quoi qu'il en soit, si vous trouvez dans votre cerveau assez de place pour vous souvenir de la touche F8, vous pouvez en faire bon usage. F8 sélectionne du texte par blocs de différents types, ce qu'aucune autre commande ne permet d'obtenir. Ce qui suit n'est qu'un modeste échantillon de ce qu'elle peut faire :

1. **Placez le point d'insertion au début du bloc de texte.**

2. **Appuyez sur F8.**

   La touche F8 dépose un point d'ancrage et des marques à une extrémité du bloc.

3. **Utilisez les touches du pavé directionnel pour sélectionner le bloc de texte.**

   Ces touches sont étudiées au Chapitre 4.

Vous pouvez appuyer sur la touche d'une lettre. Par exemple, si vous appuyez sur N, vous sélectionnez tout le texte compris entre le point d'insertion et la première lettre N rencontrée.

Word place en surbrillance le texte depuis le point d'ancrage défini par la touche F8 jusqu'au nouvel emplacement du point d'insertion.

4. **Manipulez le bloc de texte sélectionné.**

   Word reste en mode de sélection étendue jusqu'à ce que vous utilisiez le bloc sélectionné.

Pour annuler la sélection étendue, appuyez sur la touche Échap. Le bloc de texte reste sélectionné (voir aussi la section Désélectionner un bloc).

✔ Vous pouvez utiliser la souris et la touche F8. Placez le point d'insertion au début ou à la fin du bloc que vous souhaitez sélectionner, et appuyez sur F8. Ensuite, placez le point d'insertion à l'autre extrémité du bloc, et appuyez sur le bouton gauche de la souris. Tout ce qui est compris entre ces deux points est sélectionné.

✔ Appuyer deux fois de suite sur la touche F8 sélectionne le mot dans lequel se trouve le curseur. C'est l'équivalent avec la souris de double-cliquer sur le mot pour le sélectionner.

✔ Pour sélectionner la phrase dans laquelle se trouve le point d'insertion, appuyez trois fois de suite sur F8.

✔ Placez le point d'insertion dans le paragraphe, et appuyez quatre fois de suite sur F8 pour le sélectionner en entier.

✔ Appuyer cinq fois de suite sur F8 sélectionne tout le document.

Sélectionner tout le document

Pour sélectionner tout votre document, choisissez Édition/Sélectionner tout. Le raccourci clavier correspondant est Ctrl+A. Dans Word, vous pouvez aussi utiliser l'obscur raccourci Ctrl+5 (le 5 du pavé numérique), ou appuyer cinq fois de suite sur la touche F8. Il est également possible de cliquer sur Sélectionner/Sélectionner tout dans le groupe Modification de l'onglet Accueil.

Honnêtement, le plus efficace est d'appuyer sur Ctrl+A.

Désélectionner un bloc

Voici quelques moyens pratiques de désélectionner votre bloc :

- ← Cette action désélectionne le bloc et ramène le point d'insertion au début de celui-ci, ou au début de votre document si vous l'aviez sélectionné en entier. Cette technique fonctionne si vous avez utilisé la souris ou la touche Maj pour la sélection.

- **Cliquer avec la souris.** Cette action désélectionne le bloc et place le point d'insertion à l'endroit où vous avez cliqué. Cette technique fonctionne si vous avez utilisé la souris ou la touche Maj pour la sélection.

- ← Cette méthode est à utiliser lorsque vous êtes encore en mode de sélection étendue, pour en sortir (vous vous souvenez ? La touche F8 ou le bouton EXT dans la barre d'état).

- **N'oubliez pas la commande Maj+F5 !** Non seulement ce raccourci clavier désélectionne le bloc (que vous l'ayez sélectionné avec la souris, la touche Maj ou la touche F8), mais il vous ramène aussi à l'endroit où vous étiez avant la sélection. Admirable !

Vous avez sélectionné un bloc, et puis après ?

Si vous sélectionnez un bloc c'est pour atteindre un objectif particulier. En règle générale, un bloc de texte est sélectionné pour le copier ou le déplacer. C'est un des atouts majeurs du traitement de texte.

Cette section traite de la copie, du déplacement, et de la duplication des blocs de texte. Si vous savez copier, couper, et coller dans Windows, vous n'aurez aucun mal à le faire dans Word. Voici ce qu'il est possible de faire avec un bloc de texte :

- Le supprimer en appuyant sur Retour arrière ou Suppr.

- Utiliser les commandes Rechercher et Remplacer pour limiter votre action au bloc sélectionné (Chapitre 6).

- Vérifier l'orthographe et la grammaire du bloc (Chapitre 8).

- L'imprimer (Chapitre 10).

✔ Le mettre en forme. Les diverses commandes de mise en forme sont traitées dans la troisième partie de ce livre.

La commande que vous utilisez affecte uniquement le bloc de texte.

Copier un bloc

Une fois un bloc sélectionné, vous pouvez le copier pour le coller à n'importe
quel autre endroit de votre document. Le bloc original n'est pas altéré par cette
opération. Suivez ces étapes :

1. **Sélectionnez le bloc.**

   La première partie de ce chapitre contient des instructions détaillées
   pour accomplir cette tâche.

2. **Dans le groupe Presse-papiers de l'onglet Accueil, cliquez sur l'outil
   Copier.**

   Il ne se passe rien de visible à l'écran car la copie laisse l'élément à sa
   place.

3. **Placez le point d'insertion où vous désirez coller le bloc à copier.**

4. **Cliquez sur le bouton Coller du groupe Presse-papiers.**

   Le bloc apparaît au point d'insertion (voir la section Options de collage
   du texte plus loin dans ce chapitre pour comprendre les diverses
   commandes du bouton Coller).

✔ Dans Word (et plus généralement dans Windows), le raccourci clavier de
la commande Copier est Ctrl+C.

✔ Le raccourci clavier de la commande Coller est Ctrl+V.

✔ Après avoir copier un bloc, vous pouvez le coller dans votre document
une seconde fois. Chaque fois qu'un texte est copié ou coupé, Word le
garde bien au chaud dans le Presse-papiers. Il est donc réutilisable par
simple collage via Ctrl+V ou clic sur le bouton Coller.

Déplacer un bloc

Le déplacement d'un bloc de texte est une opération identique à la copie d'un bloc de texte, à ceci près que l'on utilise la commande Ctrl+X (ou Édition/ Coller) au lieu de Ctrl+C, et que le bloc de texte disparaît (en fait, il est placé dans le Presse-Papiers). À partir de là, vous pouvez coller ce bloc de texte où vous voulez dans votre document.

Options de collage du texte

 Lorsque vous collez du texte dans Word, l'icône Options de collage (voir ci-contre) apparaît à la fin du texte que vous venez de coller. Elle vous permet de sélectionner la mise en forme que vous souhaitez appliquer au texte collé, car sa mise en forme initiale ne correspond plus forcément à ce que vous désirez pour cet endroit choisi.

L'utilisation de l'icône Options de collage n'est en rien obligatoire. En fait, il vous suffit de continuer à utiliser Word comme si de rien n'était pour qu'elle disparaisse instantanément. Mais si vous voulez modifier la mise en forme du texte collé, suivez ces étapes :

1. **Placez la souris sur l'icône Options de collage.**

   Une flèche pointant vers le bas apparaît à droite de l'icône.

2. **Cliquez sur la flèche pointant vers le bas.**

   Un menu apparaît dans lequel vous pouvez sélectionner différentes options de mise en forme (Figure 7.2).

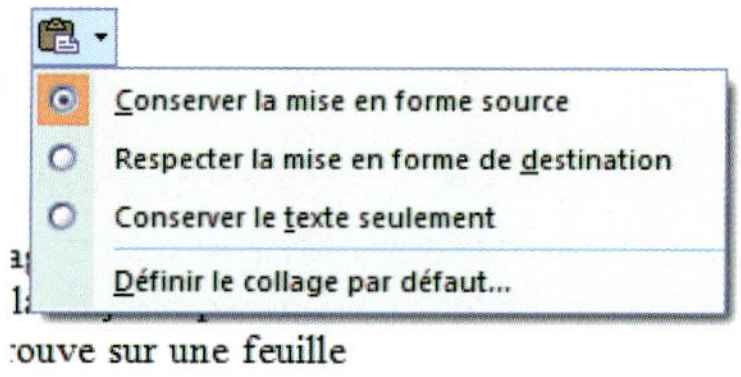

Figure 7.2
Les options de mise en forme du texte collé.

- Conserver la mise en forme source
- Respecter la mise en forme de destination
- Conserver le texte seulement
- Définir le collage par défaut...

Voici un bref résumé des options disponibles :

⮕ **Conserver la mise en forme source** : Ne fait rien car la mise en forme vous convient.

⮕ **Respecter la mise en forme de destination** : Applique au bloc la mise en forme du texte dans lequel il a été collé.

⮕ **Conserver le texte seulement** : Ne colle que le texte, en éliminant les mises en forme particulières qu'il pouvait contenir.

⮕ **Définir le collage par défaut** : Ouvre une boîte de dialogue où vous définissez les options de collage de Word.

Sélectionnez l'option qui correspond à ce que vous voulez faire.

Collage spécial !

Lorsque Word colle du texte dans votre document, il le fait en conservant les mises en forme particulières qu'il contient. L'icône Options de collage vous permet de faire un autre choix de mise en forme pour le texte collé. Vous pouvez également indiquer à Word comment coller votre texte avant la manipulation, en utilisant la commande Collage spécial du bouton Coller du groupe Presse-papiers, comme illustré par la Figure 7.3.

Figure 7.3
Utiliser la commande Collage spécial.

Si vous sélectionnez Collage spécial, la boîte de dialogue correspondante apparaît, contenant une liste d'options pour coller le texte préalablement copié ou coupé : Document Microsoft Office Word Objet ; Texte mis en forme ; Texte sans mise en forme ; Image ; etc. Chacune de ces options indique à Word la manière de coller l'élément concerné. Pour savoir ce que fait chacune d'elles, cliquez dessus dans la liste et lisez la description qui apparaît dans la zone Résultats de la boîte de dialogue.

Copier ou déplacer un bloc avec la souris

Pour déplacer avec la souris n'importe quel bloc de texte sélectionné, placez le pointeur dessus, appuyez sur le bouton gauche de la souris et maintenez-le enfoncé, déplacez le pointeur jusqu'à l'endroit où vous souhaitez placer le bloc, puis relâchez le bouton de la souris. Vous venez d'effectuer une opération glisser-déplacer.

Copier un bloc avec la souris fonctionne de la même manière que pour le déplacer, avec pour seule différence qu'il faut maintenir enfoncée la touche Ctrl tout en faisant glisser. Un signe + apparaît alors à côté du pointeur. Il indique que le bloc sera copié et non déplacé.

- L'icône Options de collage apparaît une fois que vous avez déposé le bloc de texte. Pour en savoir plus sur cette icône, reportez-vous à la section précédente.

- Lorsque vous faites glisser un bloc de texte avec la souris, celui-ci n'est pas collé dans le Presse-Papiers. Vous ne pouvez pas utiliser la commande Coller (Ctrl+V) pour le coller à nouveau.

Copier et déplacer avec la touche F2

Voici une autre méthode pour déplacer ou copier un bloc de texte :

1. **Sélectionnez un bloc de texte.**

2. **Appuyez sur la touche F2.**

   La barre d'état affiche le message "Déplacer vers où ?".

3. **Placez le point d'insertion à l'endroit où vous souhaitez coller le texte.**

   Utilisez les touches directionnelles ou la souris.

4. **Appuyez sur Entrée.**

   Le bloc est déplacé.

Pour effectuer une copie, appuyez sur Maj+F2 à l'étape 2.

Le miracle du Presse-papiers

L'une des fonctions les plus sympathiques de Word, qui fait défaut dans de nombreuses applications Windows, est la possibilité de stocker plusieurs éléments copiés ou HTML collés dans le Presse-Papiers. Vous pouvez ainsi couper ou copier différentes choses à la suite, puis choisir parmi les objets stockés dans le Presse-Papiers celui que vous voulez coller à tel ou tel endroit. Je peux vraiment affirmer que cette fonction est la bienvenue, mais elle nécessite quelques explications.

Un coup d'œil au Presse-papiers

Vous pouvez à tout moment voir ce que contient le Presse-papiers spécial de Word. Il suffit pour cela de cliquer sur la toute petite flèche située dans le coin inférieur droit du groupe Presse-papiers. Un volet apparaît alors sur la gauche de l'interface de Word, semblable à celui de la Figure 7.4.

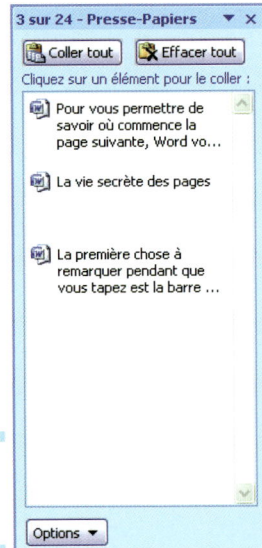

Figure 7.4
Le volet Presse-papiers.

La liste du volet Presse-papiers est celle des différents éléments que vous avez copiés ou coupés non seulement dans Word, mais dans n'importe quelle autre application.

Nous parlerons dans la section suivante de la manière de coller des éléments du Presse-papiers.

- ✒ Le Presse-papiers de Word peut contenir jusqu'à 24 éléments. Si vous copiez ou collez un élément alors qu'il y en a déjà 24 dans le Presse-papiers, le plus ancien de ces éléments est éliminé pour laisser la place au nouveau. C'est la logique "premier entré, premier sorti". Le nombre d'éléments stockés dans le Presse-papiers est affiché en haut du volet Presse-papiers.

- ✒ Ce Presse-papiers spécial est également utilisé par d'autres applications d'Office (Excel et PowerPoint, par exemple).

- ✒ Une fois que vous n'avez plus besoin du Presse-papiers, vous pouvez fermer le volet Office. Cliquez sur le X dans le coin supérieur droit du volet.

Coller à partir du Presse-papiers

Pour coller un bloc de texte placé dans le Presse-papiers, cliquez dessus dans le volet Presse-papiers. Il est aussitôt inséré à l'endroit où se trouve le point d'insertion dans votre document.

Chaque fois que vous collez un élément, l'icône Options de collage apparaît à la fin du texte que vous venez de coller. Pour savoir ce que vous pouvez en faire, reportez-vous à la section Coller un bloc, plus haut dans ce chapitre.

- ✒ Pour coller d'un coup tous les éléments contenus dans le Presse-papiers, cliquez sur le bouton Coller tout.

- ✒ Cliquez une seule fois ! Si vous double-cliquez, vous insérez deux copies du texte.

Vider le Presse-Papiers

Le volet Presse-papiers vous donne la possibilité de le vider de tout son contenu. Pour en supprimer un élément particulier, placez le pointeur sur cet élément et cliquez sur la flèche pointant vers le bas. Sélectionnez Supprimer dans le menu local, et l'élément disparaît de la liste.

Pour faire disparaître d'un coup tous les éléments stockés dans le Presse-papiers, cliquez sur le bouton Effacer tout en haut du volet Presse-papiers. C'est ce que je fais quand je veux collecter plusieurs éléments pour les coller ensuite tous ensemble. Par exemple, je commence par cliquer sur Effacer tout, puis je vais copier individuellement tous les éléments souhaités. Je place ensuite le curseur à l'endroit où je veux coller le tout, et je clique enfin sur le bouton Coller tout. Et le tour est joué !

Notez que vous ne pouvez pas annuler une opération de suppression de quoi que ce soit dans le Presse-papiers. Soyez prudent.

Chapitre 8

Vérifier votre document : orthographe et grammaire

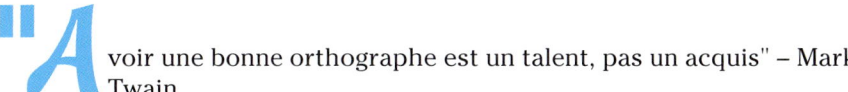

voir une bonne orthographe est un talent, pas un acquis" – Mark
Twain

Ce chapitre traite des incroyables outils de vérification de Word. Il s'agit des
vérificateurs orthographiques et grammaticaux, ainsi que d'outils et de fonctions qui aident à trouver le mot juste (et pas juste un mot), à l'utiliser, et à le
corriger correctement.

Vérifiez votre orthographe

Le correcteur orthographique intégré de Word entre en action dès que vous saisissez des mots.

Vérifier signifie corriger de deux manières. Tout d'abord, Word souligne en ondulations rouges tout mot qu'il ne connaît pas. Ensuite et enfin, Word sait corriger automatiquement les erreurs. Cette fonction de correction automatique est traitée un peu plus loin dans ce chapitre.

La crainte du soulignement ondulé rouge

Word possède une bibliothèque interne composée de dizaine de milliers de mots, tous correctement orthographiés. Dès que vous saisissez un mot qui ne se trouve pas dans cette bibliothèque, Word le suspecte d'être mal orthographié. Par conséquent, il le souligne avec des ondulations rouges, comme à la Figure 8.1.

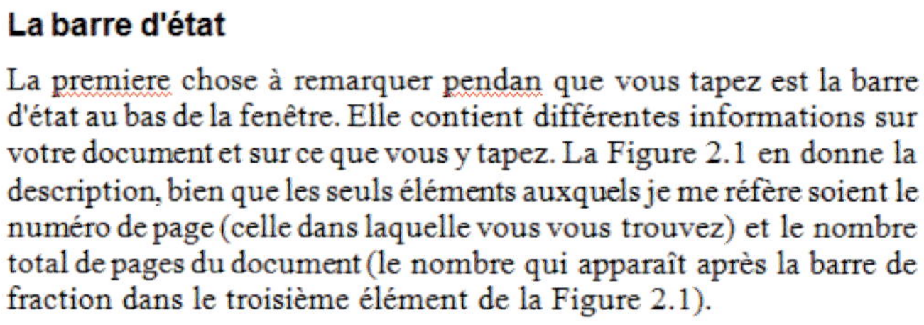

Figure 8.1
Les mots "premiere" et "pendan" sont indiqués comme des fautes d'orthographe.

La barre d'état

La première chose à remarquer pendan que vous tapez est la barre d'état au bas de la fenêtre. Elle contient différentes informations sur votre document et sur ce que vous y tapez. La Figure 2.1 en donne la description, bien que les seuls éléments auxquels je me réfère soient le numéro de page (celle dans laquelle vous vous trouvez) et le nombre total de pages du document (le nombre qui apparaît après la barre de fraction dans le troisième élément de la Figure 2.1).

Mon conseil : continuez à saisir le texte. Ne vous laissez pas perturber par les ondulations rouges. Il est plus important de penser à ce que vous écrivez que de corriger instantanément les inévitables fautes de frappe.

Une fois que vous avez l'esprit disponible, vous pouvez revenir en arrière et corriger vos erreurs. Je fais cela en général tous les deux ou trois paragraphes.

1. **Cherchez un mot mal orthographié.**

   Ils sont reconnaissables au soulignement rouge ondulé.

2. **Cliquez du bouton droit de la souris sur le mot mal orthographié.**

   Un menu déroulant apparaît, semblable à celui de la Figure 8.2.

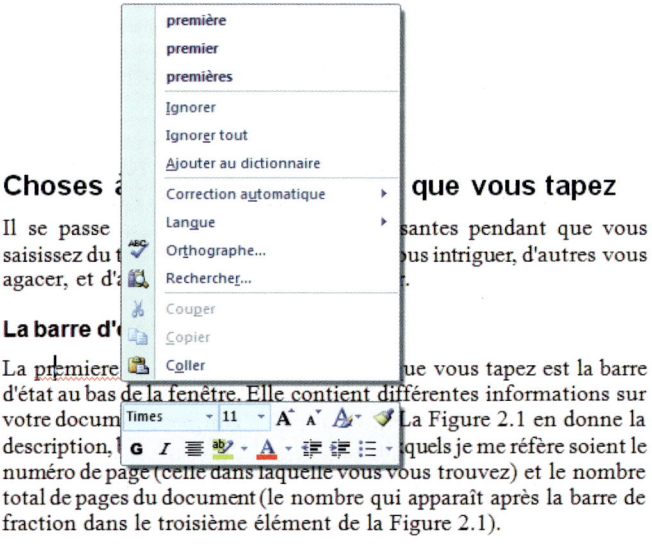

Figure 8.2
Sélectionnez
dans la liste le
mot correct.

3. **Choisissez dans la liste le mot que vous vouliez écrire.**

Dans la Figure 8.2, c'est le mot *première*. Cliquez dessus : il se substitue automatiquement dans votre document au mot erroné.

Que faire quand le vérificateur se trompe ?

Le vérificateur orthographique ne doit pas être pris au mot. (Ah ! Quel humour !) En d'autres termes, il peut se tromper. En effet, le programme ne repère que les mots qui sont répertoriés dans son dictionnaire. Par conséquent, si vous écrivez un mot particulier, non-inscrit dans le dictionnaire de Word, le programme le considère comme mal orthographié. Cliquez dessus avec le bouton droit de la souris et, dans la boîte de dialogue du vérificateur, vous constaterez la présence des options Ignorer tout et Ajouter au dictionnaire :

Ignorer tout. Ignore un mot absent du dictionnaire dans le document en cours, et seulement dans celui-ci. Si vous voulez que le mot ne soit jamais considéré comme une faute dans aucun document, sélectionnez Ajouter au dictionnaire dans le menu de correction.

Ajouter au dictionnaire. Cette commande ajoute au dictionnaire les mots qui n'y sont pas stockés. À partir de cet ajout, le programme connaît le mot. Il ne le considère plus comme mal orthographié, voire inconnu.

✔ Si le mot semble correctement orthographié mais est quand même souligné en rouge, c'est peut-être qu'il est répété, car les occurrences sont indiquées de la même manière que les fautes d'orthographe. Vous pouvez supprimer l'un des deux ou l'ignorer si vous estimez que ce n'est pas une faute.

✔ Word ignore certains types de mots. Il s'agit en général de mots contenant des chiffres ou des termes écrits en majuscules et qui sont souvent des abréviations.

Annuler la commande Ignorer tout

Lorsque vous choisissez d'exécuter la commande Ignorer tout, vous indiquez à Word que le mot souligné est correct dans tout le document en cours. Pour Word, il s'agit d'une vérité absolue que vous validez en enregistrant le document. Quand vous le rouvrirez, la faute ne sera plus mentionnée. Mais si c'est vous qui vous êtes trompé ! Voici ce que vous devez faire :

1. **Dans le bouton Office, cliquez sur Options Word.**

   La boîte de dialogue éponyme apparaît.

2. **Dans le volet gauche, cliquez sur Vérification.**

3. **Si nécessaire, faites défiler le contenu de cette fenêtre jusqu'à ce que vous voyiez le bouton Revérifier le document. Cliquez dessus.**

   Un message vous signale que la liste des mots ignorés va être détruite.

4. **Cliquez sur Oui.**

5. **Cliquez sur Ok pour revenir au document.**

Ces étapes demandent en fait à Word d'ignorer ce qu'il a ignoré. Ceci concerne également la grammaire. Vous ne pouvez pas annuler une _revérification_ de l'orthographe.

Retirer des mots du dictionnaire

Avec le temps, vous finirez par ajouter pas mal de mots au dictionnaire. Ce sont des mots dont vous savez qu'ils sont correctement orthographiés mais qui ne figurent pas dans le répertoire de Word. C'est le cas pour beaucoup de noms propres : de personnes, de villes, de rues, etc. Word place les mots ajoutés dans ce qu'il appelle un "dictionnaire personnel".

Si vous ajoutez accidentellement des mots, il vous faut accéder au dictionnaire personnel pour les supprimer. Voici comment faire :

1. **Cliquez sur le bouton Office et choisissez Options Word.**

2. **Dans le volet gauche, choisissez Vérification.**

3. **Cliquez sur le bouton Dictionnaires personnels.**

   La boîte de dialogue Dictionnaires personnels apparaît, contenant la liste de tous vos dictionnaires personnels. Selon toute vraisemblance, vous n'en avez qu'un : PERSO.DIC.

4. **Sélectionnez le fichier PERSO.DIC.**

   C'est probablement le seul élément de la liste.

5. **Cliquez sur le bouton Modifier la liste des mots.**

   Vous voyez une liste de mots que vous avez volontairement ou acciden-tellement ajoutés à ce dictionnaire.

6. **Localisez le mot à retirer de ce dictionnaire.**

7. **Cliquez sur le bouton Supprimer.**

8. **Répétez les étapes 6 et 7 pour supprimer du dictionnaire tout autre mot indésirable.**

9. **Cliquez sur OK pour terminer la modification du dictionnaire.**

Correction instantanée avec la Correction automatique

La réalité est qu'il est impossible de faire certaines fautes d'orthographe dans Word. En principe, il ne faut jamais écrire *jamias*. Essayez ! Word corrige automatiquement cette faute de frappe aussitôt que vous appuyez sur la barre d'espace ou que vous tapez un signe de ponctuation. Un autre atout de la correction automatique est que vous pouvez ajouter vos propres corrections automatiques à la liste standard de Word.

Créez vos propres entrées de correction automatique

Pour en arriver à ce qui est expliqué précédemment, vous devez enrichir vous-mêmes la fonction de correction automatique de Word. Par exemple, si vous savez que vous écrivez systématiquement *cauchemard* au lieu de *cauchemar*, voici ce que vous devez faire pour que Word corrige automatiquement cette faute :

1. **Effectuez un clic-droit sur le mot mal orthographié.**

2. **Dans le menu contextuel, choisissez Correction automatique.**

3. **Dans le sous menu, sélectionnez le mot correctement orthographié, comme à la Figure 8.3.**

À partir de cet instant, dès que vous écrirez le mot avec cette même faute, Word le corrigera tout seul comme un grand dès que vous appuierez sur la touche espace.

Annuler une correction automatique

Si Word fait une correction automatique dont vous ne voulez pas, vous pouvez l'annuler. En général, il suffit d'appuyer sur Ctrl+Z (le raccourci de la commande Annuler) juste après le remplacement automatique. Dans certains cas, vous pouvez aussi appuyer sur la touche Retour arrière pour obtenir le même résultat.

Lorsque vous placez le curseur dans un mot corrigé automatiquement, vous voyez apparaître au-dessous un petit rectangle bleu. Placez le pointeur sur ce rectangle, et vous verrez surgir l'icône Options de correction automatique. Si

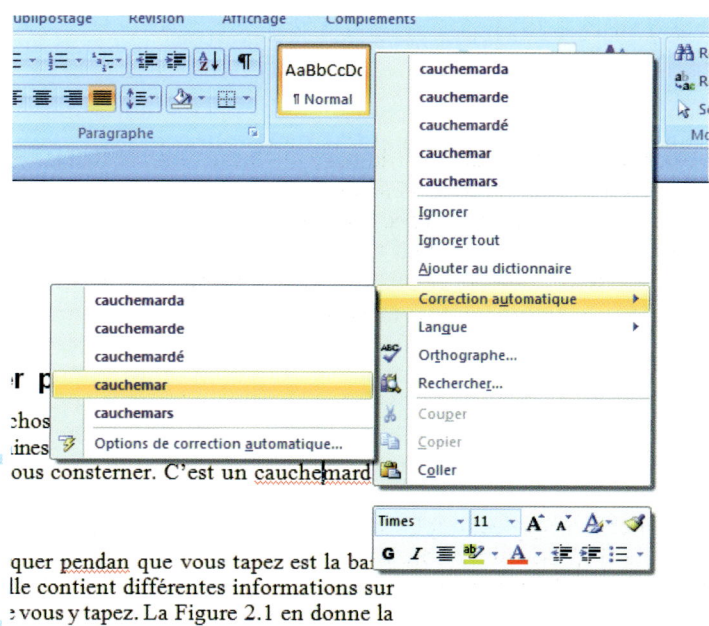

Figure 8.3
Correction
automatique
d'une faute
systématique.

vous cliquez sur la flèche pointant vers le bas, un menu vous propose différentes options (Figure 8.4), car Word se demande pourquoi vous voulez modifier la correction automatique.

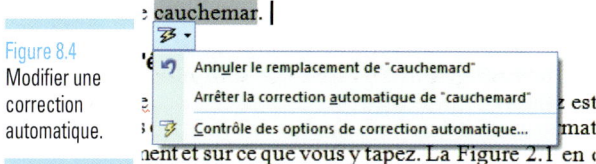

Figure 8.4
Modifier une
correction
automatique.

> ✔ **Annuler le remplacement de <votre mot> :** Vous pouvez annuler le remplacement automatique en sélectionnant la première option du menu, Annuler le remplacement de [mot].

> ✔ **Arrêter la correction automatique de <votre mot> :** La sélection de cette deuxième option du menu supprime le mot de la liste des corrections automatiques.

  ✔ **Contrôle des options de correction automatique :** La dernière option du menu affiche la boîte de dialogue Correction automatique.

Vous n'êtes pas obligé d'utiliser les Options de correction automatique. Dans ce cas, appuyez sur Ctrl+Z ou sur la touche Retour arrière.

Que ma grammaire soit immaculée !

Si l'orthographe est quelque peu arbitraire, la grammaire est un mythe. Je pourrais en parler pendant des heures. Dans toutes les langues du monde, il y a toujours de nombreux moyens de formuler ce que l'on veut dire.

Quelle que soit mon opinion à ce sujet, Word dispose d'une fonction de vérification grammaticale, qui identifie par un soulignement vert ondulé ce qui lui paraît douteux dans votre texte. C'est le signe que vous avez offensé la sensibilité grammaticale de Word.

  ✔ Le vérificateur grammatical semble parfois détecter des fautes qui n'en sont pas. Ne concluez pas trop vite et examinez soigneusement votre phrase. La faute n'est pas forcément dans le mot souligné.

Vérifier tout le document en une seule opération

Avant l'instauration de cette fonction de vérification et de correction automatique, la vérification s'effectuait une fois le document entièrement écrit. Word parcourait la totalité du texte et s'arrêtait sur tout ce qui lui semblait incorrect. Vous pouvez toujours procéder de la sorte. Voici comment faire :

1. **Cliquez sur l'onglet Révision.**

2. **Dans le groupe Vérification, cliquez sur le bouton Grammaire & orthographe.**

   La boîte de dialogue éponyme apparaît (Figure 8.5). Elle affiche une section du texte dans laquelle une erreur a été identifiée par Word.

Voici ce que vous pouvez faire :

  ✔ Pour corriger l'erreur, saisissez le texte directement dans la zone de texte de la boîte de dialogue.

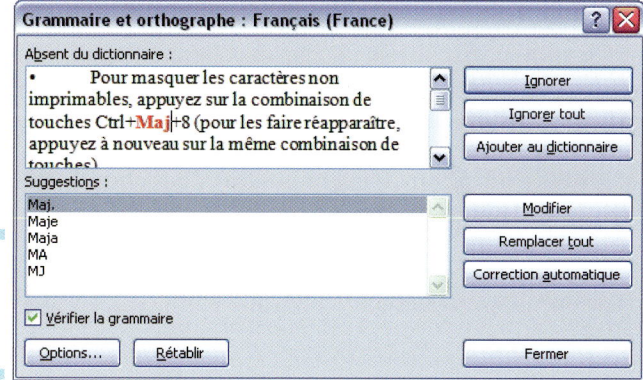

Figure 8.5
Vérifier un
document faute
par faute.

➤ Cliquez sur le bouton Ignorer pour passer sur cette erreur, ou bien cliquer sur le bouton Phrase suivante (quand il est présent) pour continuer la vérification du document.

➤ Choisir le mot correctement orthographié dans la liste Suggestions.

3. Continuez à vérifier le document jusqu'à ce que Word vous en indique la fin.

➤ N'oubliez pas le bouton Annuler ! Il permet de revenir en arrière, et de modifier des éléments auxquels vous n'aviez pas fait attention.

➤ La méthode la plus simple pour vérifier tout le document consiste à cliquer sur l'icône ci-contre de la barre d'état. À chaque clic sur ce bouton, Word s'arrête sur la faute repérée et affiche une liste de propositions.

Personnaliser les options de vérification

Toutes les options et les paramètres de vérification des documents sont groupés dans un seul emplacement :

1. Dans le bouton Office, cliquez sur Options Word.

2. Dans le volet gauche, choisissez Vérification.

Le volet de droite affiche les options et les paramètres de vérification du document.

Diverses options sont activées ou désactivées. L'activation s'identifie par une case cochée. Par exemple :

- Pour désactiver la vérification en cours de frappe, décochez la case Vérifier l'orthographe au cours de la frappe.

- Pour éviter la vérification de la grammaire, décochez Vérifier la grammaire au cours de la frappe.

- Cliquez sur le bouton Paramètres à droite de la liste Règle de style pour définir des exceptions grammaticales que Word ne devra pas prendre en compte.

Voici d'autres choses que vous pouvez effectuer :

- Cliquez sur le bouton Options de correction automatique pour accéder à la boîte de dialogue éponyme. Là, vous paramétrez la correction automatique, ajoutez de nouvelles entrées, en supprimez, ou en modifiez.

Cliquez sur OK pour quitter la fenêtre des options de Word.

Documents et fichiers

Dès que vous avez commencé à saisir du texte, vous devez enregistrer votre document. Ce chapitre explique dans un premier temps comment enregistrer un document, puis comment ouvrir un document déjà enregistré sur le disque. Je vais également vous apprendre à insérer un document dans un autre.

Créer un document

Un document est une sorte de feuille blanche. La grande différence avec celles qui sortent de votre imprimante est que celle-ci est virtuelle. Sa nature est électronique, impalpable. Elle est créée dans Word. Avant d'en arriver là, vous devez savoir quelques petites choses sur les documents Word :

> ✔ Les documents Word ne sont pas limités en taille. Cependant, le texte est l'élément informatique qui occupe le moins de place sur un disque dur. À titre d'exemple, si l'on réunissait toutes les œuvres de William Shakespeare dans un seul document Word, il ne pèserait pas plus de 5 Mo. Cela vous laisse une sacré marge de création par document !

✔ Pour une question évidente de rapidité, je conseille de créer de petits documents. Ainsi, lorsque vous écrivez un livre, enregistrez chaque chapitre sous la forme d'un seul document.

✔ Lorsque vous écrivez de longs documents, c'est-à-dire de plus de 100 pages, Word a la fâcheuse tendance à désactiver la fonction de vérification automatique de l'orthographe et de la grammaire, l'aperçu des images, et d'autres choses dont je vous laisse la surprise car elles peuvent être complètement aléatoires.

Vite ! Une feuille blanche !

L'avantage d'un logiciel de traitement de texte est que vous n'avez pas besoin de courir acheter des feuilles chez votre libraire pour commencer à travailler :

1. **Dans le bouton Office, cliquez sur Nouveau.**

   La boîte de dialogue Nouveau document apparaît. Elle est débordante de possibilités.

2. **Dans le volet central, vérifiez que Document vierge est bien sélectionné.**

3. **Cliquez sur Créer.**

Et voilà ! Une feuille blanche s'affiche dans Word.

✔ Une méthode plus rapide pour créer un document ? Appuyez sur Ctrl+N.

✔ Lorsque vous désirez créer un document, inutile de quitter Word. Cliquez sur Nouveau, ou appuyez sur Ctrl+N.

Utiliser un modèle

Un modèle est un type de document spécial. Il contient des informations prédéfinies et surtout des styles, c'est-à-dire une mise en forme des caractères et des paragraphes. Par exemple, un modèle peut inclure l'en-tête de votre société.

Utiliser un modèle pour créer un document est certainement la méthode la plus simple pour obtenir un texte parfaitement bien mis en page. Vous trouverez des modèles dans la boîte de dialogue Nouveau document. Voici ce qu'elle permet :

✔ Pour réutiliser un modèle récemment employé, cliquez dessus dans la section Modèles récemment utilisés. Ensuite, cliquez sur le bouton Créer. Le document est alors reproduit à partir de ce modèle.

✔ Pour afficher tous les modèles que vous avez créés, cliquez sur Mes modèles dans le volet gauche de la boîte de dialogue. Ensuite, dans la boîte de dialogue Nouveau, choisissez le modèle qui vous intéresse, et cliquez sur OK.

✔ Vous pouvez sélectionner un modèle sur le site Microsoft Online. Il suffit de cliquer sur une catégorie affichée sous Microsoft Office Online. Ensuite, dans la section centrale, choisissez le modèle qui vous intéresse, et cliquez sur Télécharger.

Enregistrer un document

La chose la plus importante pour un document est de l'enregistrer. Vous créez une copie permanente de ce que vous avez sous les yeux. Sinon, à la fermeture de Word ou à l'extinction de votre ordinateur, tout ce qui aura été écrit sera à tout jamais perdu. Tout document enregistré sur un disque dur peut être réutilisé. Vous en ferez aussi des copies sur CD-R, l'enverrez par e-mail, ou le garderez pour de pures raisons sentimentales. Dans tous les cas, le mot d'ordre est : Enregistrer !

Premier enregistrement d'un document

Ne croyez pas qu'il faille attendre d'avoir terminé un document pour l'enregistrer sur le disque. En fait, le mieux est de l'enregistrer aussitôt que vous le créez. N'attendez pas, c'est une question de sécurité.

Pour enregistrer sur le disque un document qui ne l'a pas encore été, suivez ces étapes :

1. **Dans le bouton Office, cliquez sur Enregistrer.**

   La boîte de dialogue Enregistrer sous de Windows XP apparaît (Figure 9.1). Sous Vista, cette boîte de dialogue a une autre allure.

   Si elle ne s'affiche pas, c'est que votre document a déjà été enregistré. Cette fois, vous n'avez fait que l'enregistrer à nouveau. C'est très bien.

2. **Dans le champ Nom de fichier, saisissez un nom pour votre document.**

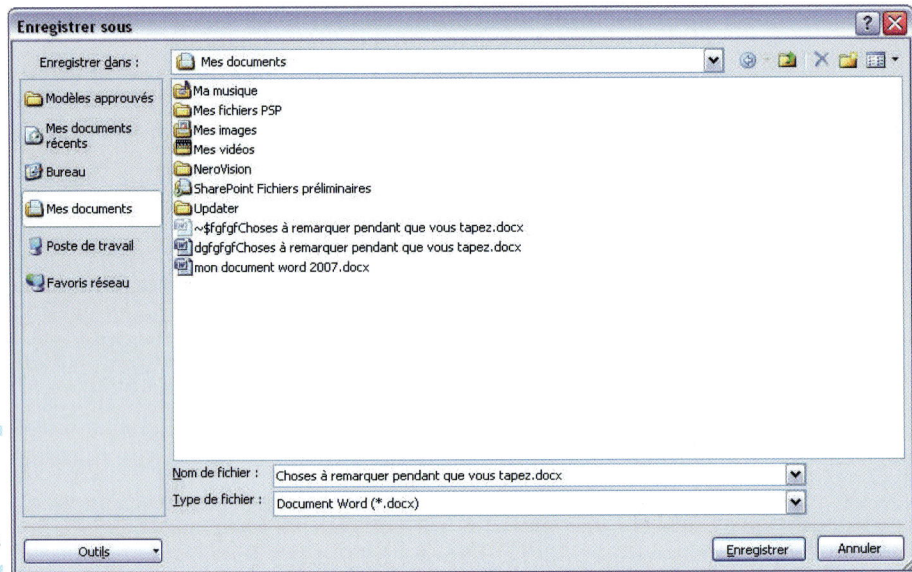

Figure 9.1
La boîte de
dialogue
Enregistrer sous.

3. **Vous pouvez, mais rien ne vous y oblige, sélectionner un disque dur et un dossier dans la liste Enregistrer dans.**

Par défaut, Word suppose que vous centralisez tous vos fichiers Word dans le dossier Mes documents. Si vous vous êtes organisé autrement, par exemple en créant un dossier Bureautique sur un autre disque dur, rien ne vous empêche de le choisir.

4. **Cliquez sur le bouton Enregistrer.**

Si tout se passe normalement, après quelques secondes, le fichier est enregistré et son nom apparaît dans la barre de titre de la fenêtre de Word.

À compter de cet instant, vous pouvez continuer votre travail. N'hésitez pas à enregistrer régulièrement toutes vos modifications, c'est-à-dire saisie d'un nouveau texte, ou suppression d'un ancien.

✔ Ce n'est pas parce que vous avez enregistré un document que vous êtes obligé de quitter Word.

✔ La seule fois où la boîte de dialogue Enregistrer sous apparaît est lorsque vous sauvegardez un document pour la première fois. Par la suite, la commande Enregistrer suffit.

> ✔ Vous savez que le document a été correctement enregistré quand le nom de son fichier apparaît dans la barre de titre de Word.

Problèmes avec l'enregistrement d'un document sur disque

Bien enregistrer un document impose une parfaite connaissance de Word et de Windows. Voici les situations auxquelles vous devrez parfois faire face :

```
Le fichier existe déjà
```

Trois choix se présentent à vous :

> ✔ **Remplacer le fichier existant :** Non !

> ✔ **Enregistrer les modifications sous un autre nom :** Oui !

> ✔ **Fusionner les modifications dans le fichier existant :** Non !

Dès que vous avez activé la deuxième option, saisissez un nom de fichier différent dans la boîte de dialogue Enregistrer sous.

Un autre problème communément rencontré est celui du message :

```
Le nom du fichier, son type ou son emplacement <nom du fichier> n'est pas
valide...
```

Cela signifie que vous avez assigné un nom farfelu aux caractères refusés par Word. Cliquez sur OK, et attribuez un nouveau nom.

Enregistrer un document qui a déjà été enregistré

Pour enregistrer un document qui a déjà été enregistré (ce que nous avons décrit dans la section précédente), cliquez sur le bouton Office, puis sur Enregistrer. Pendant un court instant, la barre d'état prend une allure différente, indiquant que le document est en cours d'enregistrement. Cette fois, la boîte de dialogue Enregistrer sous n'apparaît pas.

✔ La méthode la plus rapide pour enregistrer un document est d'appuyer sur Ctrl+S.

✔ Vous pouvez cliquer sur l'icône Enregistrer de la barre d'outils Accès rapide.

✔ La commande d'enregistrement la plus étrange est Maj+F12.

Enregistrer quand vous avez terminé

Votre travail s'achève. Vos doigts se crispent sur le clavier, vos yeux sont fatigués, vous avez bien mérité un peu de repos. Vous quittez Word, mais un message surgit (Figure 9.2) :

Figure 9.2
Dernière chance de sauvegarde.

Oui : Enregistre le document. Toutes les modifications apportées depuis votre dernière sauvegarde sont enregistrées.

Non : Le document n'est pas enregistré. Toute modification apportée depuis la dernière sauvegarde est perdue.

Annuler : Vous décidez de ne pas quitter Word. Vous revenez à votre document.

Choisissez, mais choisissez en toute connaissance de cause. Je conseille l'option *Oui*.

✔ Pour fermer le document sans quitter Word, appuyez sur Ctrl+W, ou cliquez sur le bouton Office, puis sur Fermer.

✔ Il n'y a aucune raison de quitter Word et de le relancer pour commencer à travailler dans un nouveau fichier ou dans un fichier existant.

Ouvrir un document

Enregistrer un document sur le disque signifie stocker un fichier Word facile à retrouver afin d'y poursuivre son travail. Il existe plusieurs manières d'ouvrir un document. Cette section les présente.

Utiliser la commande Ouvrir traditionnel

Pour ouvrir un document enregistré sur le disque, on utilise la commande Ouvrir. Celle-ci ouvre le document dans une fenêtre qui vous permet de travailler avec toutes les commandes de Word.

Suivez ces étapes :

1. **Cliquez sur le bouton Office, puis sur Ouvrir.**

    La boîte de dialogue Ouvrir apparaît (Figure 9.3). Ici vous voyez l'aspect qu'elle revêt sous Windows XP.

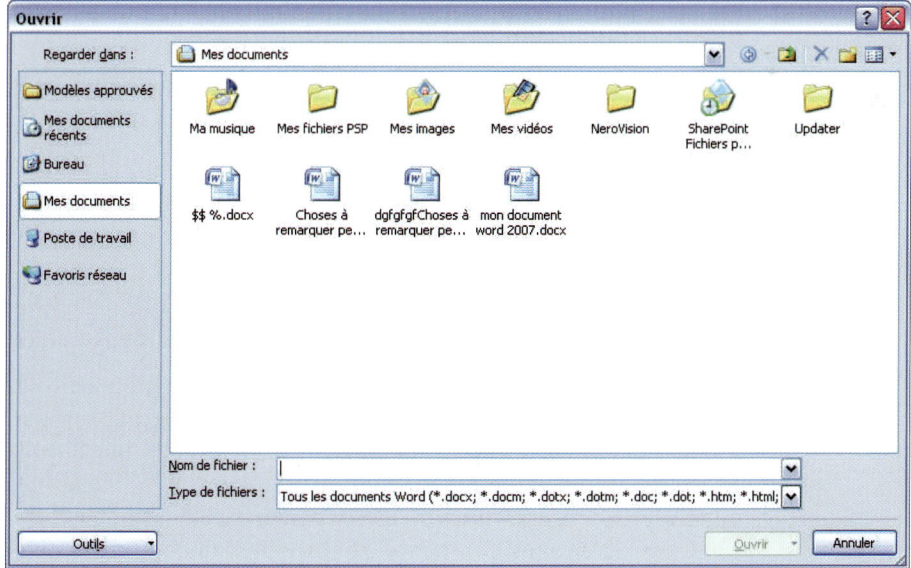

Figure 9.3
La boîte de dialogue Ouvrir.

2. **Cliquez sur le nom du document.**

La boîte de dialogue Ouvrir affiche une liste de documents déjà enregistrés sur le disque, comme le montre la Figure 9.3. Vous devez y trouver celui que vous désirez ouvrir.

3. **Cliquez sur le bouton Ouvrir.**

   - Word ouvre le fichier dans une fenêtre de document.

   - Ouvrir un document ne l'efface pas du disque dur.

   - Ouvrir un document est l'une des premières choses que vous avez à faire en commençant une journée de travail avec Word.

   - Quand vous ouvrez un document, enregistrez-le par la commande Enregistrer ou par Ctrl+S. Inutile de recourir à la boîte de dialogue Enregistrer sous.

   - Le raccourci pour ouvrir un document est Ctrl+O.

   - Vous pouvez ouvrir un document en double-cliquant sur son icône dans l'Explorateur Windows.

Une fois qu'un document est ouvert, vous pouvez le modifier, le lire, l'imprimer ou même méditer à son sujet.

Une manière pratique d'ouvrir un fichier récent

Word se souvient des derniers fichiers sur lesquels vous avez travaillé. Il en affiche même la liste dans le bouton Office. Comme il y a de fortes chances que celui que vous voulez ouvrir soit l'un d'entre eux, le sélectionner dans ce bouton est un moyen pratique pour l'ouvrir rapidement.

Vous notez la présence d'épingles à droite du nom du fichier. Si vous cliquez dessus elles deviennent vertes. Cela indique que le fichier restera en permanence dans le bouton Office. Pour annuler cet affichage permanent, cliquez de nouveau sur l'épingle.

Ouvrir un document dans un autre

Pour insérer le contenu d'un document dans un autre, suivez ces étapes :

1. **Placez le curseur à l'endroit où vous voulez insérer le document.**

   Cette étape fonctionne de la même manière que pour coller à l'emplacement du curseur un bloc précédemment copié. Le texte inséré va apparaître à l'endroit où vous voyez clignoter le curseur.

2. **Cliquez sur l'onglet Insertion.**

3. **Dans le groupe Texte, cliquez sur Objet/Texte d'un fichier.**

   Une boîte de dialogue semblable à la boîte de dialogue Ouvrir apparaît (voir la Figure 9.3).

4. **Sélectionnez l'icône du document à insérer.**

5. **Cliquez sur le bouton Insérer.**

Le document ainsi inséré devient partie intégrante du document de destination, comme si vous aviez tapé le texte au clavier.

- Les deux documents combinés portent alors le même nom, c'est-à-dire celui du document de destination.

- Vous pouvez sélectionner plusieurs documents à insérer en une seule opération.

- Vous pouvez ainsi préparer, sous forme de documents, des bribes de texte que vous insérez régulièrement dans vos fichiers.

Une manière pratique d'ouvrir un fichier récent

Word se souvient des derniers fichiers sur lesquels vous avez travaillé. Il en affiche même la liste dans le bouton Office (Figure 9.4). Comme il y a de bonnes chances que celui que vous voulez ouvrir soit l'un d'entre eux, le sélectionner dans ce bouton est un moyen pratique de l'ouvrir rapidement.

Vous notez la présence d'épingles à droite du nom du fichier. Si vous cliquez dessus elles deviennent vertes. Cela indique que le fichier restera en permanence dans le bouton Office. Pour annuler cet affichage permanent, cliquez de nouveau sur l'épingle.

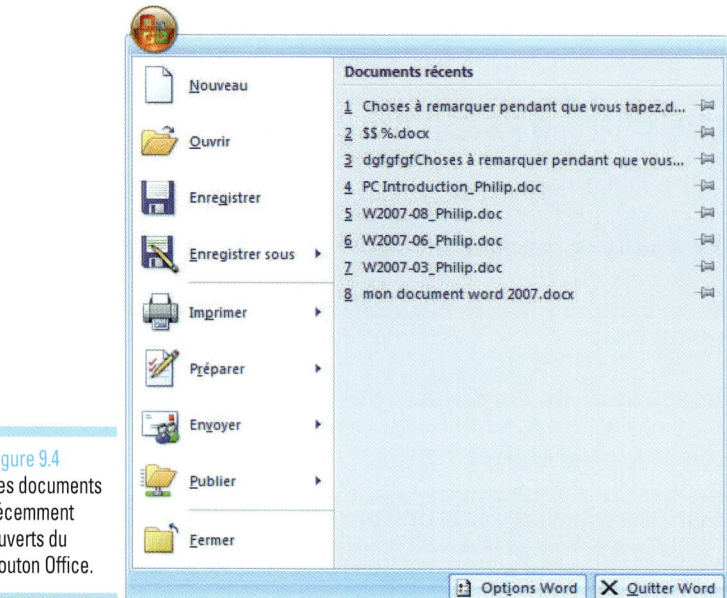

Figure 9.4
Les documents
récemment
ouverts du
bouton Office.

Chapitre 10

Imprimer vos documents sur papier

C e chapitre concerne l'étape finale à laquelle vous aboutirez nécessairement après avoir créé votre chef-d'œuvre. Ne vous emballez pas, il ne
s'agit pas encore de publier ! Avant d'envoyer votre manuscrit à un éditeur, est-
ce qu'il ne vous reste pas encore quelque chose à faire ? Ah, oui ! Imprimer.

Préparer l'imprimante

Avant d'imprimer, vous devez vous assurer que votre imprimante est prête à
fonctionner. Vérifiez les quelques points suivants :

1. **Assurez-vous que votre imprimante est branchée sur le secteur et
   correctement connectée à votre ordinateur.**

2. **Assurez-vous que votre imprimante dispose de suffisamment de toner
   ou d'encre, ou d'un ruban en bon état.**

Une imprimante laser doit contenir une cartouche de toner. Si l'imprimante dispose d'un indicateur de quantité et que celui-ci signale qu'il ne reste plus assez de toner, changez la cartouche.

3. **Vérifiez que l'imprimante contient du papier.**

   L'alimentation en papier peut se faire par l'arrière, par un bac à papier, ou manuellement une feuille à la fois. Quel que soit le mode d'alimentation de votre imprimante, assurez-vous qu'elle dispose d'assez de papier avant de lancer l'impression.

4. **Avant d'imprimer quoi que ce soit, votre imprimante doit être _en ligne_ (_online_) ou _sélectionnée._**

   Curieusement, certaines imprimantes peuvent être en marche, mais pas pour autant prêtes à imprimer. L'imprimante est sous tension et allumée, mais à moins qu'elle ne soit en ligne ou sélectionnée, elle ignore l'ordinateur. Pour qu'elle consente à l'écouter, vous devez appuyer sur un bouton qui s'appelle généralement Online, Select ou quelque chose de semblable.

Dès que vous êtes certain que l'imprimante est prête, vous pouvez lancer la procédure d'impression depuis Word.

Voir l'aperçu avant impression

Word reproduit à l'écran l'aspect exacte de votre document. Si vous affichez l'aperçu avant impression, vous voyez votre document exactement comme il sera imprimé : en-têtes, pieds de page, images, sauts de page, etc. Grâce à cet aperçu, vous gagnez beaucoup de temps car il évite d'imprimer un contenu qui, au final, ne rend pas l'effet souhaité sur papier.

Pour afficher l'aperçu avant impression de votre document, cliquez sur le bouton Office, puis sur Imprimer/Aperçu avant impression. Votre document apparaît dans une présentation un peu différente, comme l'illustre la Figure 10.1.

Examinez la manière dont se présente le texte sur la page. Regardez les marges. Si vous utilisez des en-têtes, des pieds de page ou des notes de bas de page, voyez comment ils se présentent. Le principe est ici d'identifier ce qui ne va pas, pour y remédier _avant_ d'imprimer.

Une fois votre inspection terminée, cliquez sur le bouton Fermer pour revenir à l'affichage précédent.

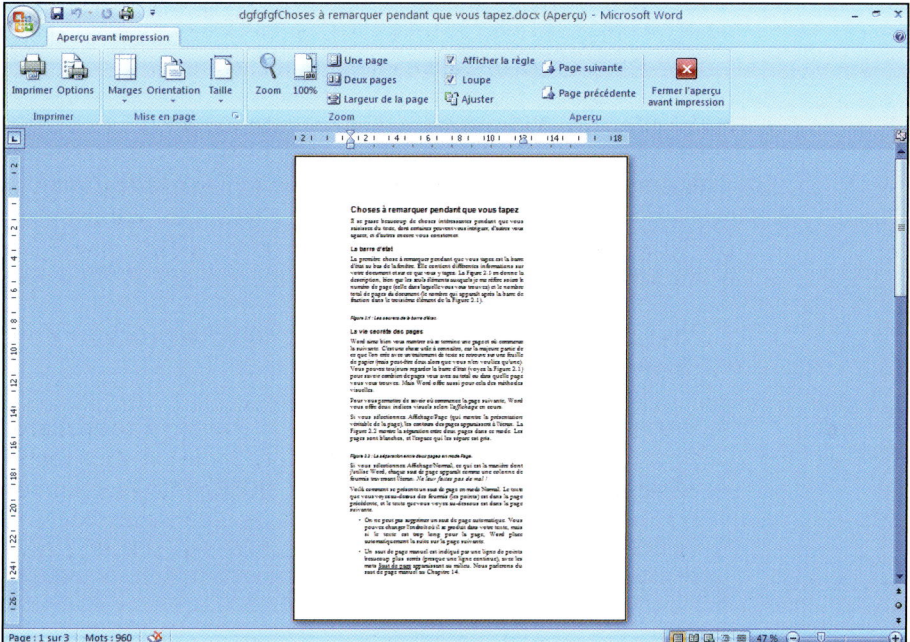

Figure 10.1
Un document en
mode Aperçu
avant
impression.

Ou alors, si tout vous paraît parfait, cliquez sur le bouton Imprimer pour imprimer aussitôt votre document.

- Pour voir d'autres pages de votre document, utilisez les barres de défilement.

- Si vous avez une souris à molette, comme la souris IntelliMouse de Microsoft, tournez la molette pour faire défiler votre document vers le haut ou vers le bas.

- Si vous n'avez pas de molette, vous pouvez utiliser les touches PgPr est PgSv pour examiner les différentes pages de votre document.

- Pour agrandir votre document sur l'écran, cliquez dessus avec la souris. Pour revenir à la taille précédente, cliquez à nouveau. Si cela ne fonctionne pas, cliquez sur le bouton Loupe dans la barre d'outils, et essayez à nouveau.

- L'outil Zoom de la barre d'état peut également être utilisé pour grossir ou réduire l'affichage de l'aperçu.

Imprimer la totalité d'un document

L'auteur d'une peinture rupestre n'avait pas droit à plusieurs brouillons. Nous autres, hommes et femmes du XXIe siècle, disposons du luxe d'écrire, de réécrire et de mettre en forme autant de fois que nous le désirons sur l'écran. Une fois que vous êtes prêt à peindre sur la pierre (à imprimer), suivez ces étapes :

1. **Assurez-vous que l'imprimante est en ligne et prête à imprimer.**

   Voyez la première section Préparer l'imprimante de ce chapitre, (commencez par là !).

2. **Enregistrez votre document.**

3. **Dans le bouton Office, cliquez sur Imprimer.**

   Vous accédez à la boîte de dialogue Imprimer (Figure 10.2) dont les sections principales sont étudiées plus loin dans ce chapitre.

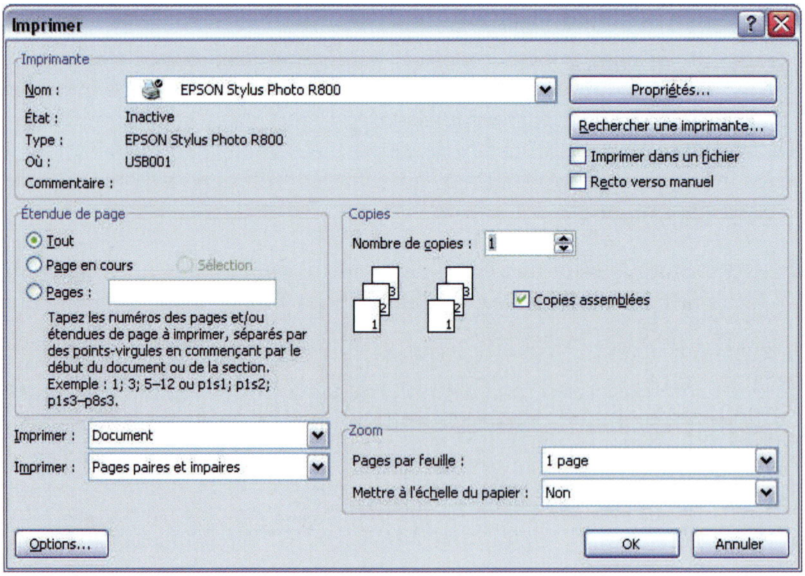

Figure 10.2
La boîte de dialogue Imprimer.

4. **Cliquez sur le bouton OK.**

Le document commence à sortir page par page de votre imprimante.

> ✔ La méthode la plus rapide pour afficher la boîte de dialogue Imprimer est d'appuyer sur Ctrl+P.

> ✔ Si rien ne s'imprime, ne répétez pas la commande Imprimer ! Il n'y a sans doute aucun problème. L'ordinateur est probablement encore en train de préparer l'impression ou d'envoyer (de télécharger) du texte vers l'imprimante. Si vous ne voyez pas apparaître de message d'erreur, il est vraisemblable que l'impression ne tarde pas à commencer.

> ✔ La manière la plus rapide de procéder est de cliquer sur le bouton Imprimer de la barre d'outils Accès rapide. L'impression de votre document commence aussitôt. C'est facile et rapide, mais vous ne pouvez changer aucun paramètre.

> ✔ Pour n'imprimer qu'une seule page, un bloc de texte, ou d'autres parties du document, consultez la section Imprimer des morceaux petits et gros, plus loin dans ce chapitre.

> ✔ Lorsque votre document est mis en forme pour une taille de papier spécifique, l'imprimante peut vous demander de charger cette taille particulière. Vous pouvez paramétrer la taille du papier comme partie intégrante de la mise en forme d'un document Word. Reportez-vous au Chapitre 14.

Supprimer la page blanche à la fin du document

Parfois, vous pouvez être surpris de voir sortir une page blanche à la fin de l'impression.

Pour éviter ce désagrément, appuyez sur Ctrl+Fin. Le point d'insertion apparaît en toute fin de votre document. Maintenez la touche d'espacement enfoncée jusqu'à ce que la page vierge disparaisse. Comment être certain de sa disparition ? Regardez le total des pages dans la barre d'état, il devrait être réduit d'une unité.

Imprimer en ordre inverse

Imprimer les pages dans l'ordre où elles se présentent, c'est-à-dire de la première à la dernière, vous oblige à les réorganiser. En effet, la première page se retrouve tout en bas de la pile des pages imprimées. Pour éviter ce travail fastidieux, procédez comme suit :

1. **Ouvrez la boîte de dialogue Imprimer.**

   Il suffit de cliquer sur la commande du même nom dans le bouton Office.

2. **Cliquez sur le bouton Propriétés.**

   Vous accédez à la boîte de dialogue éponyme de votre imprimante, ce que l'on appelle le *pilote d'impression*.

3. **Cochez l'option Ordre inverse.**

4. **Cliquez sur OK.**

5. **Cliquez de nouveau sur OK pour imprimer le document.**

   L'impression se fait de la dernière à la première page, c'est-à-dire dans l'ordre inverse de lecture du document, mais qui organise vos pages dans le bon ordre.

Imprimer rapidement un document

Pour imprimer un document sans passer par la boîte de dialogue Imprimer, cliquez sur le bouton Office, puis sur Imprimer/Impression rapide.

Rapide est très relatif. L'appellation Impression rapide ne veut pas dire que la vitesse d'impression augmente. Non ! Cela signifie simplement que la procédure amenant à l'impression est plus rapide.

Sélectionner une autre imprimante

Plusieurs imprimantes peuvent être connectées à votre ordinateur. Dans certaines entreprises, même modestes, les ordinateurs sont en réseau et partagent la même imprimante. Vous devez passer par la boîte de dialogue Imprimer pour choisir l'imprimante à utiliser, c'est-à-dire une imprimante qui n'est pas définie comme imprimante par défaut.

Dans la boîte de dialogue Imprimer, déroulez la liste Nom de la section Imprimante, et sélectionnez celle que vous désirez utiliser pour imprimer votre document (Figure 10.3).

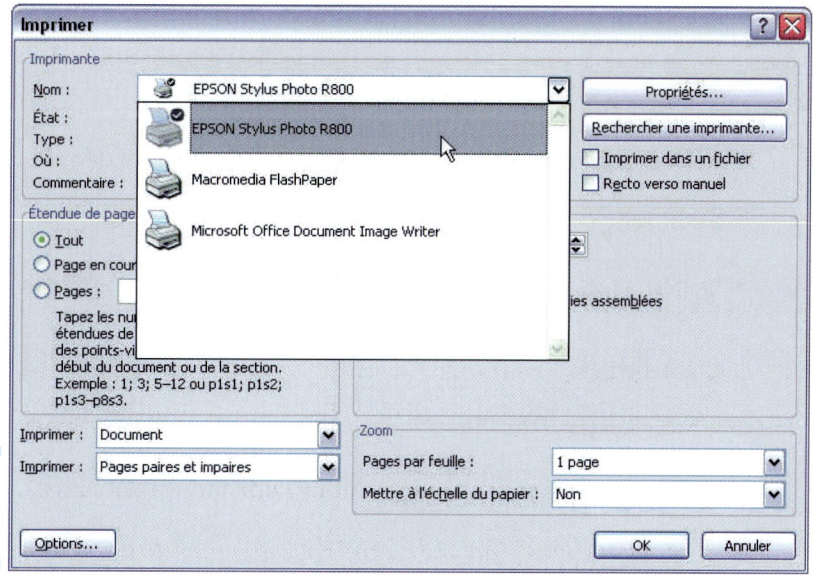

Choisissez une imprimante dans la liste. Cliquez sur le bouton OK.

> ✔ Vous devez vérifier que l'imprimante choisie est allumée, alimentée en papier, et prête pour l'impression.

> ✔ L'installation et la configuration d'une imprimante s'effectue sous Windows et non dans Word.

> ✔ Pour plus d'informations sur l'impression et la télécopie, je recommande la lecture du *PC pour les nuls* publié aux éditions First Interactive.

Imprimer des parties du document de tailles diverses

Rien ne vous oblige à imprimer la totalité de votre document chaque fois que vous voulez en imprimer une partie. Word vous permet d'imprimer une page, une plage de pages ou un bloc de texte sélectionné. Tout cela se définit dans la zone curieusement nommée Plusieurs pages de la boîte de dialogue Imprimer (à gauche, à mi-hauteur).

Les sections suivantes supposent que votre imprimante est allumée et prête à imprimer.

Imprimer une page spécifiée

Pour imprimer seulement une page de votre document, suivez ces étapes :

1. **Placez le curseur à un endroit quelconque dans la page que vous voulez imprimer.**

   Vérifiez le numéro de page dans le coin inférieur gauche de la fenêtre du document (dans la barre d'état) pour vous assurer que vous êtes bien dans la page souhaité.

2. **Cliquez sur le commande Imprimer du bouton Office, ou appuyez sur Ctrl+P.**

3. **Dans la zone Étendue de page de la boîte de dialogue Imprimer, sélectionnez Page en cours.**

4. **Cliquez sur OK.**

   La boîte de dialogue Imprimer se ferme, et la page est imprimée (il peut falloir un peu de temps à Word pour en venir à bout).

Imprimer une plage de pages

Word vous permet d'imprimer une seule page, une plage de pages, ou même une liste quelconque de pages de votre document, sans qu'elles aient besoin de se suivre. Pour imprimer une plage ou un groupe de pages, suivez ces étapes :

1. **Ouvrez la boîte de dialogue Imprimer.**

2. **Dans la zone Étendue de page activez l'option Pages.**

3. **Dans le champ qui suit, tapez les numéros et les plages de numéros de pages à imprimer.**

   Pour imprimer les pages 3 à 5, tapez **3-5**.

   Pour imprimer les pages 1 à 7, tapez **1-7**.

   Pour imprimer les pages 2 et 6, tapez **2;6**.

4. Cliquez sur OK.

Les pages que vous avez spécifiées – et seulement celles-ci – sont imprimées.

Pour imprimer toutes les pages impaires et toutes les pages paires, déroulez la seconde liste Imprimer située dans le coin inférieur gauche de la boîte de dialogue. Là, optez pour Pages impaires ou Pages paires. J'utilise généralement cette option pour imprimer les pages recto-verso. Ainsi, j'imprime d'abord les pages impaires, puis je retourne mon paquet de feuilles que j'insère dans le bac de l'imprimante, et j'imprime les pages paires.

Imprimer un bloc

Après avoir sélectionné un bloc de texte à l'écran, vous pouvez demander à Word d'imprimer ce bloc et lui seul. Voici comment :

1. Sélectionnez le bloc de texte à imprimer.

Pour tout savoir sur la sélection d'un bloc de texte, reportez-vous au Chapitre 7.

2. Sélectionnez Fichier/Imprimer.

3. Dans la zone Étendue de page, activez l'option Sélection.

L'option Sélection n'est disponible que quand un bloc de texte est sélectionné. Vous indiquez ainsi à Word que vous ne voulez imprimer que ce bloc.

4. Cliquez sur le bouton OK.

Après quelques instants (parfois un peu longs), le résultat sort de votre imprimante.

Le bloc sélectionné est imprimé à la même position sur la page, accompagné du même en-tête et du même pied de page que si vous aviez imprimé tout le document.

Imprimer plusieurs exemplaires d'un document

Pour imprimer plusieurs exemplaires d'un document, suivez ces étapes :

1. **Exécutez la commande Imprimer du bouton Office.**

2. **Dans le champ Nombre de copies, saisissez le nombre d'exemplaires voulus.**

    Si vous voulez trois exemplaires d'un document, tapez 3 dans le champ Nombre de copies.

3. **Cliquez sur OK pour imprimer les exemplaires demandés.**

Annuler une commande d'impression

Comme tôt ou tard vous aurez probablement besoin d'annuler rapidement une commande d'impression, voici comment procéder :

1. **Double-cliquez sur l'icône de l'imprimante à côté de l'horloge dans la barre des tâches.**

    La fenêtre de l'imprimante s'ouvre (Figure 10.4) et affiche la liste des documents de la file d'attente d'impression.

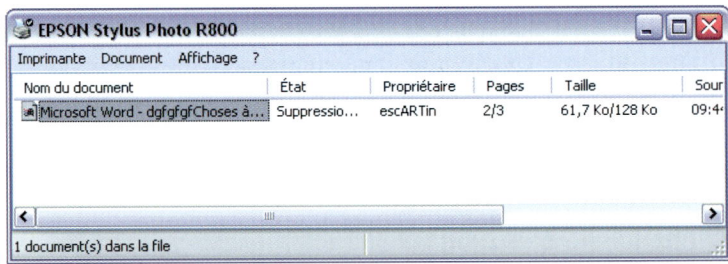

Figure 10.4
Document dans la file d'attente d'impression.

2. **Dans la liste de la file d'attente, cliquez sur le nom du document dont vous voulez annuler l'impression.**

3. **Dans la fenêtre de l'imprimante, sélectionnez Documents/Annuler.**

4. **Cliquez sur Oui pour terminer le travail d'impression.**

    Dans certaines versions de Windows, il peut s'agir de la commande OK.

5. **Fermez la fenêtre de l'imprimante une fois que vous avez terminé.**

Cliquez sur Imprimante/Fermer.

✔ Vous pouvez annuler plusieurs travaux d'impression. Il suffit de répéter les étapes 2 à 4 pour chaque travail d'impression affiché dans la fenêtre.

✔ Pour annuler tous les travaux d'impression en cours, cliquez sur Imprimante/Annuler tous les documents.

✔ L'annulation d'une impression est l'acte d'une personne désespérée. Pour faciliter votre existence, Word décourage l'annulation en multipliant les avertissements. Plutôt que d'être obligé d'annuler, vérifiez bien au préalable tous vos paramètres dans la boîte de dialogue Imprimer.

Troisième partie
La mise en forme

"Crois-tu que ce soit la meilleure façon d'insérer un point ?"

Dans cette partie...

La mise en forme est l'aspect le plus artistique du traitement de texte. Elle donne à votre document un caractère résolument professionnel. En appliquant une mise en forme soignée à votre texte, vos phrases, vos paragraphes, et vos pages, vous placez votre document à un niveau supérieur de qualité que vous n'imaginiez même pas.

La mise en forme est la tâche qui consiste à rendre un document plus présentable qu'il ne l'est à l'état brut. Vous y procédez après avoir saisi votre texte au kilomètre. En revanche, si vous maîtrisez les concepts de *styles* et de *modèles*, vous pouvez *formater* lors de la saisie. Les chapitres de cette partie démontrent que la mise en forme permet de faire pratiquement tout ce que vous désirez dans Word.

Chapitre 11

Mettre en forme texte, caractères et polices

Un *caractère* est le plus petit élément que l'on puisse mettre en forme dans un document. Ce peut être une lettre, un chiffre ou un symbole.

Un caractère peut être mis en gras ou en italique. Vous pouvez le souligner, en changer la taille, la police ou la couleur. Word vous offre un grand contrôle sur la présentation de votre texte. Ce chapitre explore en détails toutes ces possibilités.

Comment mettre en forme votre texte

Vous avez deux manières de changer la mise en forme de votre texte :

✔ Sélectionner une commande de mise en forme, puis taper le texte. Tout le texte que vous tapez apparaît avec la mise en forme préalablement sélectionnée.

✔ Saisir le texte, puis sélectionner le bloc et lui appliquer la mise en forme voulue. Cette technique est plus indiquée lorsque vous êtes concentré sur une idée. Vous pouvez mettre en forme votre texte après l'avoir saisi.

Vous pouvez utiliser ces deux méthodes pour composer votre texte dans votre document. Il est vrai qu'il est parfois pratique de choisir une commande de mise en forme et de taper le texte dans ce format.

Mise en forme élémentaire

Word regroupe les commandes de mises en forme standard dans le groupe Police (rien à voir avec Sting !), comme vous le voyez à la Figure 11.1.

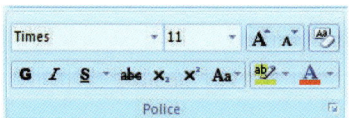

Figure 11.1
Mises en forme
standard via le
groupe Police.

✔ Le texte peut aussi être formaté à l'aide de la minibarre d'outils qui apparaît chaque fois que vous sélectionnez du texte (voir le Chapitre 7).

✔ Le groupe Police accélère la mise en forme appliquée au texte. Par exemple, vous voyez que le texte où se trouve actuellement le point d'insertion utilise la police Times. Le chiffre 11 en identifie la taille exprimée en points. Si le bouton G était actif, cela signifierait que le texte est en gras (toutes ces mises en forme sont expliquées ci-après).

Changer la police

L'un des côtés amusants de Word est sa capacité à utiliser un grand nombre de polices différentes. Bien sûr, vous pouvez mettre du texte en gras ou en italique, le souligner, en changer la taille, etc., mais la possibilité de choisir la police au gré de votre fantaisie porte votre liberté d'expression à un tout autre niveau. Pour choisir une police, suivez ces étapes :

1. **Dans le groupe Police, cliquez sur la flèche pour afficher toutes les polices disponibles.**

Une liste apparaît (Figure 11.2).

Figure 11.2
La liste
déroulante
Police.

La partie supérieure présente les polices associées au document sous l'appellation *Polices de thème*. La section suivante affiche les dernières polices utilisées. Enfin, tout le reste concerne des polices installées sur votre système d'exploitation Windows.

2. **Faites défiler la liste jusqu'à la police que vous souhaitez.**

Les polices apparaissent par nom, affiché dans le style de la police correspondante, et elles sont triées par ordre alphabétique.

3. **Cliquez sur une police pour la sélectionner.**

Mise en forme élémentaire des caractères

Une fois que vous avez choisi une police, les mises en forme les plus élémentaires que vous pouvez appliquer à votre texte sont **Gras**, *Italique* et Souligné. Elles sont rendues particulièrement faciles à utiliser par des boutons dans la barre d'outils et des raccourcis clavier.

G Pour mettre du texte en **gras**, appuyez sur Ctrl+G ou utilisez le bouton Gras.

Utilisez le **gras** pour le texte que vous voulez faire ressortir sur la page (par exemple pour les titres et les légendes) ou pour mettre en évidence ce qui a une importance particulière.

I Pour mettre du texte en _italique_, appuyez sur Ctrl+I ou utilisez le bouton Italique.

L'_italique_ est un autre moyen de mettre du texte en évidence, aujourd'hui préféré au soulignement. L'italique est léger, il a quelque chose de poétique et d'aérien.

S Pour souligner du texte, appuyez sur Ctrl+U ou utilisez le bouton Souligné. Le texte souligné est un héritage de l'époque des machines à écrire. Dans la plupart des cas, le soulignement peut être avantageusement remplacé par l'italique. On dira ce qu'on voudra, _Crime et Châtiment_ c'est mieux que Crime et Châtiment.

abc Barrer un texte se fait par un clic sur le bouton Barré. Ici, il n'y a pas de raccourci clavier.

x₂ Mettez le texte en indice en appuyant sur Ctrl+=, ou en cliquant sur le bouton Indice.

L'indice apparaît sous la ligne comme dans H_2O.

x² Mettez le texte en exposant en appuyant sur Ctrl+Maj++, ou en cliquant sur le bouton Exposant.

Grandes lettres, petites lettres : la taille du texte

Avant d'entrer dans le vif du sujet, vous devez connaître l'unité de mesure typographique officielle pour la taille du texte : c'est le _point_. C'est l'unité qu'utilise Word. Un point vaut 1/72 pouce, soit 0,3528 mm, sachant qu'un pouce vaut 25,4 mm.

- Plus la taille exprimée en points est grande, plus le texte est grand.

- Le texte d'usage courant a généralement une taille de 10 à 12 points.

- Les titres ont généralement une taille de 14 à 24 points.

🖙 La majeure partie des polices peut recevoir une taille allant de 1 à 1 638 points. Les caractères de taille inférieure à 6 points sont généralement trop petits pour qu'une personne d'acuité visuelle normale puisse les lire.

🖙 Une taille de 72 points correspond à des caractères de un pouce de haut (25,4 mm).

Spécifier la taille de votre texte

La taille du texte se définit dans le champ Taille de la police du groupe Police (onglet Accueil). Cliquez sur la flèche pointant vers le bas dans ce champ : une liste de tailles apparaît (Figure 11.3).

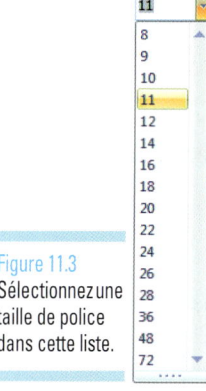

Figure 11.3
Sélectionnez une taille de police dans cette liste.

Vous pouvez prévisualiser une taille en plaçant le pointeur de la souris sur un chiffre et en observant l'effet obtenu directement sur le mot ou le bloc de texte sélectionné. Dès qu'une taille vous convient, cliquez pour l'appliquer. Sinon, appuyez sur Échap.

Si la taille que vous désirez appliquer n'est pas dans la liste, tapez-la ! Si vous avez besoin d'une taille de 11.5, saisissez 11.5 dans la liste et validez en appuyant sur Entrée.

Rendre le texte plus grand ou plus petit

La taille du texte peut varier au sein d'un même bloc. Pour vous aider à travailler plus vite, Word met à votre disposition des outils dont deux se situent dans le groupe Police.

Pour augmenter la taille du texte, appuyez sur Ctrl+ Maj+>, ou cliquez sur le bouton Agrandir la police.

Pour réduire la taille du texte, appuyez sur Ctrl+ <, ou cliquez sur le bouton Réduire la police.

La commande Réduire la police passe directement à la taille inférieure à celle utilisée actuellement par le texte. Ainsi, si votre texte a une taille de 14, le réduire le fera passer à 12.

Le monde merveilleux de la couleur

Vous appliquez une couleur au texte en cliquant sur le bouton Couleur de police. Le trait placé sous la lettre A informe de la couleur qui sera utilisée.

Vous pouvez choisir une autre couleur en cliquant sur la flèche associée au bouton A. Vous accédez à un nuancier représenté à la Figure 11.4. Lorsque vous placez le pointeur de la souris sur un carré de couleur, le texte sélectionné s'affiche temporairement dans cette teinte pour vous donner un aperçu de ce que sera le texte. Si elle vous convient, cliquez sur le carré pour appliquer la teinte.

Figure 11.4
Sélectionner une couleur pour le texte.

Bien entendu, le texte ne s'imprime en couleur que si vous disposez d'assez d'encre dans l'imprimante. Pour en savoir plus à ce sujet, reportez-vous au Chapitre 10.

- Cliquez sur Autres couleurs pour ouvrir la boîte de dialogue Couleurs où vous définissez de nouvelles teintes.

- Le terme Automatique se réfère à la couleur définie pour le style que vous utilisez.

- La commande Couleur de police n'affecte que le texte. L'arrière-plan reste intact. Pour modifier la couleur de fond, c'est-à-dire de la page, utilisez la commande Trame.

Annuler un ensemble de mises en forme

Il pourra vous arriver d'alourdir votre texte avec tant de commandes de mise en forme que l'annulation de toutes ces commandes l'une après l'autre serait un exercice remarquablement fastidieux. Plutôt que d'effacer votre texte et de tout recommencer, vous pouvez utiliser une commande d'annulation de mise en forme simple et globale. Cette commande s'appelle Effacer la mise en forme, et son raccourci clavier est Ctrl+Barre d'espace.

Ainsi, si une mise en forme vous paraît trop lourde, sélectionnez le texte correspondant et appuyez sur Ctrl+Barre d'espace, ou cliquez sur le bouton Effacer la mise en forme du groupe Police. Toute la mise en forme disparaît d'un coup, et le texte se retrouve dans le style de paragraphe appliqué au départ.

- Il y a pour cette commande un autre raccourci clavier facile à retenir : Ctrl+Maj+Z. Vous vous souvenez sans doute que Ctrl+Z est le raccourci de la commande Annuler. Il ne reste qu'à vous souvenir d'ajouter la touche Maj pour annuler toutes les mises en forme du texte sélectionné.

Utiliser la boîte de dialogue Police

Il existe un endroit dans Word où toutes vos mises en forme sont tenues à jour de façon claire et nette. C'est la boîte de dialogue Police (Figure 11.5).

Pour la faire apparaître, cliquez sur le bouton d'affichage de la boîte de dialogue Police du groupe éponyme, ou bien appuyez sur Ctrl+D.

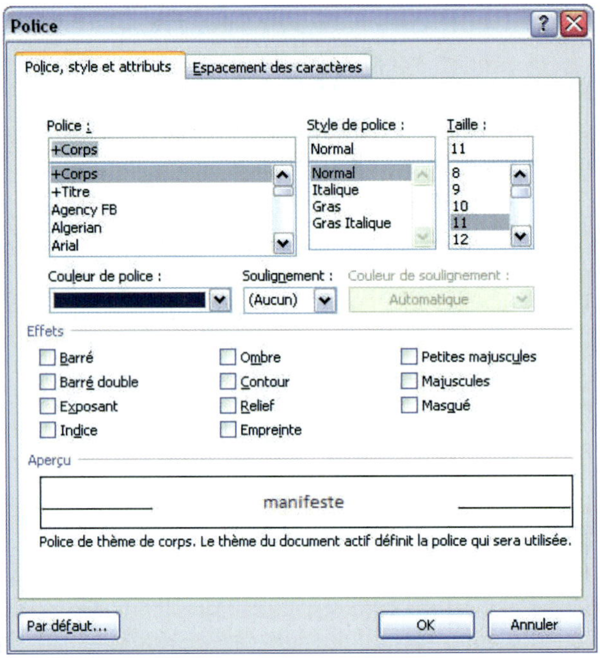

Figure 11.5
La remarquable
organisation de
la boîte de
dialogue Police.

Veuillez noter la très jolie fenêtre d'aperçu en bas de la boîte de dialogue. Elle vous permet de visualiser l'effet sur votre texte de ce que vous sélectionnez. L'un de mes passe-temps est de sélectionner successivement toutes les polices de la liste pour voir dans la fenêtre d'aperçu à quoi elles ressemblent dans la taille sélectionnée.

Une fois défini ce que vous désiriez, cliquez sur OK. Si vous ne faisiez que jeter un coup d'œil, cliquez sur Annuler.

Modifier la casse du texte

En langage typographique, on parle de "haut de casse" pour les majuscules et de "bas de casse" pour les minuscules (en anglais *upper case* et *lower case*). Pour mettre en majuscules du texte en minuscules, ou l'inverse, on parle donc de "changer la casse". Bien que ces effets ne soient normalement pas considérés comme faisant partie de la mise en forme, les petits génies de Word chez Microsoft ont trouvé de la place dans leur sac à malices pour un raccourci clavier qui vous permet de changer rapidement la casse de votre texte : Maj+F3.

Tour d'horizon des attributs de texte

Le gras, l'italique et le soulignement, sont les mises en forme les plus courantes que l'on puisse donner à un caractère. Word dispose toutefois d'un jeu d'attributs bien plus vaste que vous pouvez appliquer à votre texte.

Mise en forme	Raccourci clavierCommande
Tout annuler	Ctrl+barre d'espace
MAJUSCULES	Ctrl+Maj+A
Gras	Ctrl+G
Soulignement double	Ctrl+Alt+U
Texte masqué (il ne s'affiche pas)	Ctrl+Maj+H
Italique	Ctrl+I
Petites Majuscules	Ctrl+Maj+K
Soulignement continu	Ctrl+U
Soulignement par mot	Ctrl+Maj+W
Barré	
indice	Ctrl+=
exposant	Ctrl+Maj+=

À quoi sert le texte masqué ? C'est à vous, l'auteur, que c'est utile, pour mettre dans le texte certaines indications qui ne sont destinées qu'à vous-même et qui n'apparaîtront pas dans le document imprimé. Pour faire apparaître un texte masqué, affichez le contenu de l'onglet Accueil. Dans le groupe Paragraphe, cliquez sur l'icône de la marque de paragraphe appelée Afficher tout. Le texte masqué apparaît souligné avec des pointillés.

Cette commande s'applique à tout bloc de texte sélectionné ou à partir de la position du curseur.

Bien que je préfère utiliser Maj+F3, il y a aussi le bouton Modifier la casse du groupe police. Cette commande fait apparaître un menu qui vous permet de choisir la combinaison exacte que vous voulez pour votre texte.

Chapitre 12
Mettre en forme des paragraphes

Est-ce que vous voulez être vraiment cool ? Alors, au lieu de dire "paragraphe", dites "graphe". On raconte que c'est ce que font les typographes branchés. Apparemment, ils n'ont pas le temps de prononcer les deux premières syllabes du mot. Pensez au temps que ça leur fait gagner ! La mise en forme des caractères est plus élaborée que la mise en forme des paragraphes. Il n'y a pas grand-chose à faire avec un paragraphe : l'aligner à droite ou à gauche, le centrer, ou lui ajuster le retrait et l'interlignage. C'est à peu près tout. Word fait de son mieux pour vous aider à travailler avec les paragraphes aussi facilement que possible. Ce chapitre va vous dévoiler toutes les astuces.

Techniques de mise en forme de paragraphe

Il existe plusieurs manières de mettre en forme un paragraphe dans Word :

▸ Utiliser une commande de mise en forme de paragraphe, puis taper un nouveau paragraphe dans cette mise en forme.

> ✔ Utiliser une commande de mise en forme pour mettre en forme un paragraphe existant (en plaçant le curseur dans le paragraphe avant d'exécuter la commande).
>
> ✔ Utiliser une commande de mise en forme sur un ensemble de paragraphes sélectionnés pour leur appliquer à tous la même mise en forme.

Quelle que soit la méthode que vous choisissez, gardez à l'esprit qu'une commande de mise en forme de paragraphe ne s'applique qu'à des paragraphes, et non à des phrases ou à des mots. Bien sûr, rien ne vous empêche d'avoir un paragraphe qui ne fait qu'une phrase ou un mot.

Voici un exemple :

1. **Saisissez le texte suivant :**

   Ce n'est pas de ritournelles infernales dont il s'agit, mais bel et bien de faire entrer dans la tête de tout un chacun que l'utilisation de Word est aussi simple que celle d'une machine à écrire. Oui, mais voilà, qu'ai-je vraiment à écrire moi qui suis si nul ? Nul au point d'acheter tous les livres de cette collection. Mon père me fixe dans les yeux. Une idée lui vient : "Tu n'as qu'à écrire : *Les mémoires d'un âne* !"

   N'oubliez pas d'appuyer sur la touche Entrée pour terminer le paragraphe.

2. **Placez le point d'insertion au milieu du paragraphe.**

3. **Appuyez sur Ctrl+E.**

   Avec ce raccourci, vous venez de centrer le paragraphe par rapport aux bords gauche et droit de la page.

4. **Appuyez sur Ctrl+Maj+G.**

   Cette fois, le paragraphe est aligné sur la gauche.

5. **Appuyez sur Ctrl+T.**

   Toutes les lignes à l'exception de la première sont mises en retrait.

6. **Appuyez sur Maj+Ctrl+T.**

   Cette fois seule la première ligne est en retrait.

Localisation des commandes de mise en forme

Les commandes essentielles de mise en forme des paragraphes se situent dans le groupe Paragraphe illustré (Figure 12.1). L'organisation des boutons de commandes dépend de la résolution d'affichage de votre écran.

Figure 12.1
Les commandes de mise en forme des paragraphes de l'onglet Accueil.

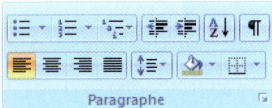

D'autres commandes sont localisées dans le groupe Paragraphe de l'onglet Mise en page, représenté à la Figure 12.2.

Figure 12.2
Les commandes de mise en forme des paragraphes de l'onglet Mise en page.

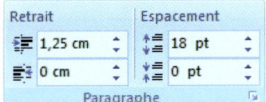

Dans la mesure où de nombreuses commandes de mise en forme exigent d'entrer des valeurs, il existe une boîte de dialogue Paragraphe illustrée (Figure 12.3). Vous y trouverez des contrôles bien plus précis que les boutons des différents onglets de Word.

Pour afficher cette boîte de dialogue, vous devez cliquer sur le bouton situé à droite du nom du groupe Paragraphe, ou bien appuyer sur Alt+P, C, 2.

Les options et paramètres de la boîte de dialogue Paragraphe sont traités dans ce chapitre.

Cliquez sur le bouton Annuler ou appuyez sur Échap pour quitter cette boîte de dialogue sans appliquer de modification.

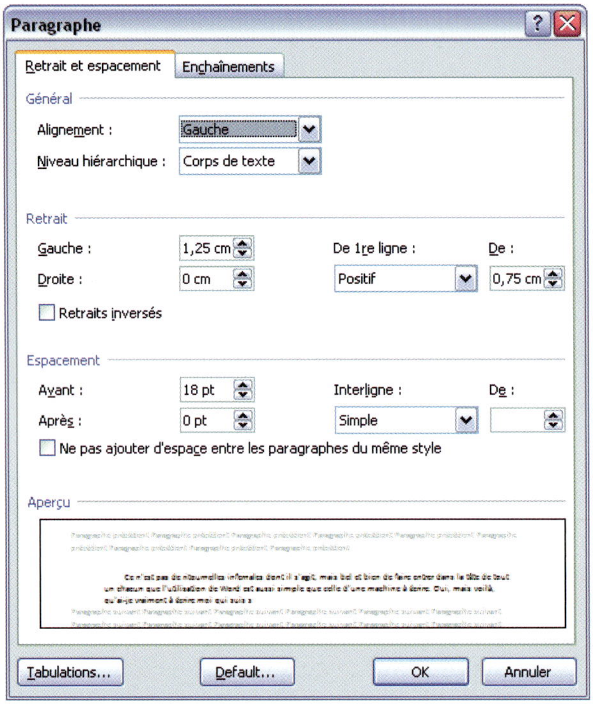

Figure 12.3
La boîte de
dialogue
Paragraphe.

La minibarre d'outils qui apparaît au niveau du pointeur de la souris lorsque vous sélectionnez un paragraphe contient également quelques options de mise en forme. Pour plus de détails sur la minibarre d'outils, consultez le Chapitre 7.

Justification et alignement des paragraphes

L'alignement d'un paragraphe n'a rien de politique, et la justification ne consiste pas à justifier de la mise en forme spécifique d'un paragraphe. Ces deux termes envisagent l'aspect d'un paragraphe sur une page. Il y a quatre possibilités : Aligner à gauche, Aligner à droite, Centrer et Justifier.

Aligner à gauche

Dans l'univers de Word, l'alignement à gauche est la nature même d'un texte. C'est une notion qui découle des machines à écrire traditionnelles avec lesquelles les textes étaient systématiquement alignés à gauche.

Pour aligner à gauche un paragraphe, placez le curseur dedans et cliquez sur le bouton Aligner le texte à gauche du groupe Paragraphe (onglet Accueil), ou appuyez sur Ctrl+Maj+G.

 C'est également le seul moyen d'annuler d'autres alignements.

Tout centrer

Un texte centré apparaît au centre de la page.

 Pour centrer un paragraphe, placez le curseur dedans et cliquez sur le bouton Centrer du groupe Paragraphe (onglet Accueil), ou appuyez sur Ctrl+E.

 Vous pouvez saisir directement un mot au milieu d'une ligne en insérant une tabulation centrale. Reportez-vous au Chapitre 13.

Aligner à droite

Dans un paragraphe aligné à droite, tout le côté droit du paragraphe est proprement aligné sur la marge droite de la page. Le côté gauche du paragraphe est irrégulier. Cette mise en forme peut s'utiliser pour des légendes d'illustrations, pour des citations, parfois pour des titres, ou, d'une façon générale, pour un court paragraphe que l'on veut distinguer du texte courant pour une raison quelconque.

 Pour aligner à droite un paragraphe, placez le curseur dedans et cliquez sur le bouton Aligner le texte à droite du groupe Paragraphe (onglet Accueil), ou appuyez sur Ctrl+R.

- Lorsque vous alignez un texte à droite, les caractères s'inscrivent de droite à gauche.

- Vous pouvez justifier à droite un texte sur une seule ligne en plaçant une tabulation droite. Consultez le Chapitre 13 pour de plus amples informations.

Justification totale !

Enfin, il y a la justification, avec laquelle les côtés gauche et droit du paragraphe sont proprement alignés, à une distance constante des marges. C'est la mise en forme habituelle des livres, des journaux et des magazines, qui rend le texte plus agréable à lire. L'alignement de chaque côté est obtenu par l'ajustement dans chaque ligne de la longueur des espaces entre les mots, ce qui permet d'obtenir des lignes de longueur égale.

 Pour justifier un paragraphe, placez le pointeur dedans et cliquez sur le bouton Justifier du groupe Paragraphe (onglet Accueil), ou appuyez sur Ctrl+J.

Aérer verticalement votre texte

Vous disposez de deux moyens d'ajouter de l'espace verticalement dans votre texte. Le premier consiste à augmenter l'interlignage dans les paragraphes ; le second à ajouter de l'espace avant ou après chaque paragraphe. Comme pour toute mise en forme de paragraphe, la modification de l'interlignage s'applique au paragraphe en cours (celui dans lequel se trouve le curseur) ou à tous les paragraphes d'un bloc de texte sélectionné.

Modifier l'interlignage

La commande Interligne affiche une liste de valeurs d'espacement traditionnelles, représentée à la Figure 12.4. Choisissez une valeur qui va modifier l'interligne du paragraphe où se situe actuellement le point d'insertion, ou de tous les paragraphes sélectionnés.

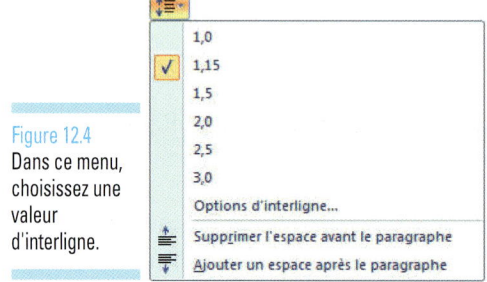

Figure 12.4
Dans ce menu, choisissez une valeur d'interligne.

Définir un interlignage spécifique

Pour définir un interligne spécifique, vous devez utiliser la boîte de dialogue Paragraphe de la Figure 12.3.

Dans la section Espacement de cette boîte de dialogue, utilisez la liste Interligne pour choisir : Simple, 1,5, et Double, comme vous le faites avec le bouton Interligne.

Des options supplémentaires permettent de spécifier une valeur dans le champ De :

- **Au moins :** L'espacement est défini sur la valeur spécifiée. Word la considère comme une valeur minimale. Il s'arroge le pouvoir d'ajouter un interligne plus important quand la police utilisée l'exige, notamment dans les paragraphes où vous employez plusieurs polices de caractère.

- **Exactement :** Word utilise l'interligne spécifié. Il n'effectue aucun ajustement quelle que soit la police utilisée.

- **Multiple :** Cette option permet d'entrer des valeurs d'interligne différentes de celles figurant dans la liste déroulante. Par exemple, pour obtenir un interligne de 4, choisissez Multiple dans la liste Interligne, puis saisissez 4 dans le champ De.

Dans le champ De, vous pouvez spécifier des valeurs par incrémentation de 0,1. Donc, lorsque vous désirez réduire l'interligne, sélectionnez tout le paragraphe, et choisissez Multiple dans la liste Interligne. Saisissez 0,9 dans le champ De. Pour augmenter l'interligne, tapez 1,2.

Cliquez sur OK pour confirmer vos réglages, puis fermez la boîte de dialogue Paragraphe.

Aérer les paragraphes

Si vous voulez un peu d'espace entre vos paragraphes, il vous suffit de le demander à Word. Voici comment faire :

1. **Placez le point d'insertion dans le paragraphe concerné, ou sélectionnez un ensemble de paragraphes.**

2. **Vérifiez la taille (en points) du texte.**

   Vous la trouverez dans le groupe Police de l'onglet Accueil.

3. **Cliquez sur l'onglet Mise en page.**

4. **Utilisez le champ Espace après pour ajouter un espace après le paragraphe.**

Au fur et à mesure que vous ajustez la valeur, vous constatez un éloignement des deux paragraphes qui se suivent.

Par exemple, si votre texte a une taille de 12 points, cliquez sur la flèche Espace après jusqu'à ce que la valeur 12 apparaisse dans le champ. Ceci ajoute une ligne blanche (espace) d'une *épaisseur* de 12 points.

- L'espacement est idéal pour augmenter l'intervalle entre les différentes lignes d'une liste à puces, sans altérer l'interligne au sein de chaque puce.

- Ajouter un espace avant et après un paragraphe ne revient pas à insérer un double interligne dans le paragraphe. L'espacement ne modifie aucunement l'interlignage.

- Pour plus d'informations sur la taille du texte exprimée en points, consultez le Chapitre 11.

Modifier le retrait d'un paragraphe

Word vous donne toute liberté pour mettre en retrait vos paragraphes. Peut-être en êtes-vous encore à utiliser la touche Tab pour effectuer ce retrait ? Je ne veux pas vous snober, mais il y a un meilleur moyen : le faire faire automatiquement par Word.

Mettre en retrait automatiquement la première ligne d'un paragraphe

Il n'est pas nécessaire d'appuyer sur la touche Tab au début de chaque paragraphe. Word se charge d'obtenir le même résultat pour vous.

1. **Ouvrez la boîte de dialogue Paragraphe.**

   La méthode est expliquée un peu plus haut dans ce chapitre.

2. **Ouvrez la liste déroulante De 1 re ligne, et choisissez positif.**

3. **Dans le champ De, entrez la valeur du retrait voulu.**

   La valeur de mise en retrait de la première ligne du paragraphe par défaut est de 1,25 cm. Si vous voulez augmenter ou réduire ce retrait, entrez une autre valeur (constatez que l'unité de mesure est ici le centi-mètre et non le point).

5. **Cliquez sur OK.**

La première ligne du paragraphe dans lequel se trouve le curseur (ou de tous les paragraphes du bloc de texte sélectionné) est automatiquement mise en retrait de la valeur spécifiée.

Pour supprimer la mise en retrait automatique de la première ligne d'un para-graphe, répétez ces étapes, mais en sélectionnant (Aucun) dans la liste déroulante à l'étape 2, puis cliquez sur le bouton OK.

Définir un retrait négatif

Un retrait négatif est tout simplement l'inverse du retrait positif que nous venons de présenter. C'est un paragraphe dans lequel le début de la première ligne reste à sa place initiale alors que ce sont les lignes suivantes qui sont mises en retrait, comme ceci :

Les Martiens auraient débarqué. Selon M. Duflon, de Vert-le-Grand, informati-cien indépendant spécialiste de Word, une vaste flotte d'objets volants présen-tant toutes les caractéristiques bien connues des soucoupes volantes aurait débarqué hier soir dans le champ qui se trouve derrière sa maison. Les voisins de M. Duflon assurent que son gagne-pain lui donne des hallucinations, mais l'intéressé persiste et signe.

Pour créer un tel animal, quelles que soient les raisons qui vous poussent, appuyez sur Ctrl+T.

Comme vous oublierez très vite ce raccourci clavier, sachez que vous pouvez créer un retrait négatif depuis la boîte de dialogue Paragraphe. Suivez pour ce type de retrait les mêmes étapes que celles de la section précédente.

✔ Le retrait négatif consiste simplement à mettre en retrait tout le para-graphe sauf la première ligne.

✔ Il existe également le raccourci Ctrl+Maj+T qui a pour effet de décaler vers la gauche le début de toutes les lignes d'un paragraphe sauf la première.

Mettre en retrait tout le paragraphe

Mettre en retrait un paragraphe, c'est décaler le début de toutes les premières lignes en alignant le bord gauche sur une tabulation.

 Pour mettre en retrait la totalité d'un paragraphe, placez-y le point d'insertion, et appuyez sur Ctrl+R. Une autre technique consiste à cliquer sur le bouton Augmenter le retrait du groupe Paragraphe de l'onglet Accueil.

 Pour réduire le retrait, appuyez sur Ctrl+Maj+M. Vous pouvez aussi cliquer sur le bouton Diminuer le retrait du groupe Paragraphe de l'onglet Accueil.

Chaque fois que vous augmentez le retrait d'un paragraphe, le bord gauche se décale de l'équivalent d'une valeur de tabulation. Pour annuler cela, il suffit de cliquer sur le bouton Diminuer le retrait.

Voici comment procéder :

1. **Placez le curseur à un endroit quelconque dans le paragraphe.**

   Vous pouvez faire cela dans un paragraphe existant ou au début d'un nouveau paragraphe. Vous pouvez également utiliser cette commande sur un bloc de texte sélectionné.

2. **Appuyez sur Ctrl+R.**

   Le paragraphe est mis en retrait. Vous pouvez aussi cliquer sur le bouton Augmenter le retrait dans la barre d'outils.

3. **Saisissez le texte de votre paragraphe si vous ne l'avez pas déjà fait.**

   Le bord gauche du paragraphe est calé sur la première tabulation.

   ✔ Pour augmenter le retrait jusqu'à la tabulation suivante, appuyez à nouveau sur Ctrl+R.

   ✔ Pour réduire le retrait, appuyez sur Ctrl+Maj+M. Vous pouvez aussi cliquer sur le bouton Diminuer le retrait dans la barre d'outils.

   ✔ Pour définir ou annuler un retrait, vous pouvez utiliser la boîte de dialogue Paragraphe (Figure 12.2). Dans la zone Retrait, le champ Gauche permet de définir le décalage du bord gauche du paragraphe.

Définir les marges d'un paragraphe

Un paragraphe de texte est contenu entre la marge droite et la marge gauche du document. Ces marges peuvent être réduites ou augmentées uniquement pour le paragraphe en question. Le secret de leur manipulation se trouve dans l'onglet Mise en page, groupe Paragraphe.

1. **Choisissez le paragraphe en y plaçant le point d'insertion.**

2. **Cliquez sur l'onglet Mise en page.**

3. **Dans le champ Retrait à gauche du groupe Paragraphe, saisissez ,8.**

   Vous pouvez taper ,8 ou cliquer sur la flèche du bas continuellement jusqu'à ce que cette valeur de 0,8 s'affiche.

4. **Dans le champ Retrait à droite saisissez la même valeur.**

Pour un retrait plus important, entrez une valeur plus élevée. Pour annuler les retraits à gauche et à droite, saisissez 0.

Chapitre 13
Définir des tabulations

Dans ce chapitre :

▶ Définir une tabulation gauche.
▶ Utiliser les différents types de tabulations.
▶ Utiliser la boîte de dialogue Tabulations.
▶ Corriger les taquets de tabulation par défaut.
▶ Supprimer des tabulations.

L'échelle des valeurs de Word place les tabulations au niveau de la mise en forme des paragraphes. Toutefois, ces éléments spécifiques peuvent être une source de complexité et de frustration telle que je leur dédie nécessairement un chapitre. Loin de nécessiter l'intervention d'un exorciste, les tabulations n'en exigent pas moins beaucoup d'attention, comme le démontrent les sections à venir.

Les taquets de tabulation

Que cela ne vous embrouille pas : il y a dans Word deux endroits où vous pouvez définir les taquets de tabulation. Le premier est la règle (Figure 13.1) ; le second la boîte de dialogue Tabulations. La plupart des gens utilisent la règle, mais pour certaines choses il vous faudra utiliser la boîte de dialogue Tabulations.

Voici les cinq types de tabulations qui existent :

L. La plus courante est la tabulation gauche. Le bouton Tabulation ressemble à un L.

⊥ La tabulation centrée a pour effet de centrer le texte sur le taquet de tabulation.

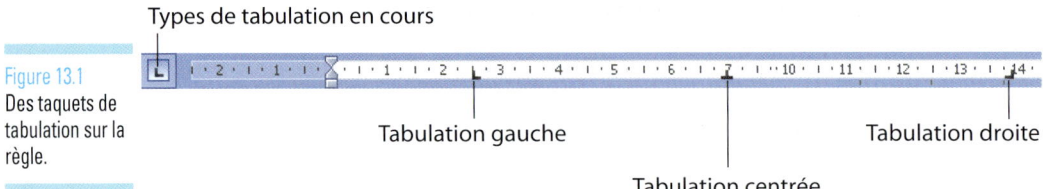

Types de tabulation en cours

Figure 13.1
Des taquets de
tabulation sur la
règle.

Tabulation gauche

Tabulation droite

Tabulation centrée

⌐ La tabulation droite place le texte correspondant à gauche du taquet de tabulation.

⌐ La tabulation décimale permet d'aligner les nombres sur la virgule décimale.

⌐ Le rejeton le plus inattendu de la famille est la tabulation barre. Elle ne sert pas
souvent, ni à grand-chose.

Définir une tabulation gauche

La *tabulation gauche* est le type de tabulation le plus courant, que tout le
monde utilise. Mais de quoi s'agit-il exactement ? La tabulation gauche est ainsi
nommée parce que le texte que vous tapez après avoir appuyé sur la touche
Tab voit son extrémité gauche alignée sur la position définie par les taquets de
tabulation (Figure 13.2). Vous n'arriverez jamais à cela avec la barre d'espace.
Voilà pourquoi les tabulations sont si utiles.

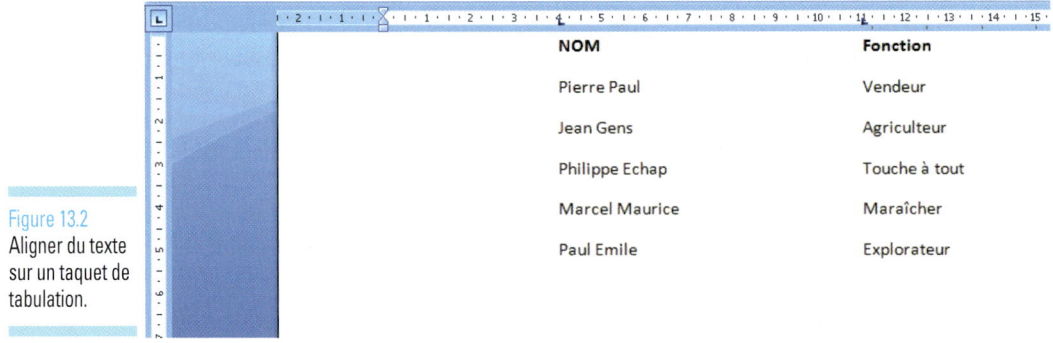

NOM	Fonction
Pierre Paul	Vendeur
Jean Gens	Agriculteur
Philippe Echap	Touche à tout
Marcel Maurice	Maraîcher
Paul Emile	Explorateur

Figure 13.2
Aligner du texte
sur un taquet de
tabulation.

Pour créer une liste, suivez ces étapes :

1. **Sur une nouvelle ligne, appuyez sur la touche Tab.**

2. **Tapez le nom de la première colonne.**

   Il est préférable de saisir un nom très court.

3. **Appuyez sur la touche Tab.**

4. **Tapez le nom de la seconde colonne.**

   Il est également préférable de saisir un nom très bref.

5. **Appuyez sur la touche Entrée pour débuter une nouvelle ligne.**

   Oui, la liste est horrible ! Ne vous inquiétez pas. Commencez par saisir les données, vous appliquerez la mise en forme par la suite.

6. **Répétez les étapes 1 à 5 pour chaque élément de la liste.**

   Une fois la liste créée, vous définissez visuellement les taquets de tabulation sur la règle.

7. **Si besoin, affichez la règle.**

   Cliquez si nécessaire sur le bouton Règle au-dessus de la barre de défilement vertical.

8. **Sélectionnez toutes les lignes de texte que vous souhaitez répartir sur deux colonnes.**

   Consultez le Chapitre 7 pour plus d'informations sur la sélection des blocs.

9. **Cliquez sur l'icône de sélection du type de tabulation jusqu'à ce que vous affichiez celle de la tabulation gauche.**

   Normalement, vous n'avez pas à le faire car c'est la tabulation proposée par défaut.

10. **Placez le pointeur de la souris là où vous désirez placer la première tabulation, par exemple à 4 cm comme à la Figure 13.2.**

11. **Placez un second taquet à 11 cm.**

12. **Si besoin ajustez la position des taquets pour que les deux listes soient bien séparées.**

Faites glisser les taquets vers la droite ou la gauche pour obtenir une liste très propre. Lorsque vous déplacez un taquet, une barre verticale pointillée permet de bien visualiser le nouvel alignement du texte.

Création de colonnes avec des tabulations

Il est possible d'utiliser les tabulations pour créer des listes et pour placer un paragraphe de description au niveau de la tabulation la plus à droite. Pour obtenir un résultat de ce type, procédez ainsi :

1. **Sur une nouvelle ligne, tapez l'élément de la première colonne.**

   Plus il est court, mieux c'est.

2. **Appuyez sur la touche Tab.**

3. **Tapez l'élément de la deuxième colonne, et appuyez sur Tab.**

4. **Tapez le texte du paragraphe.**

   Libre à vous de saisir autant de lignes que vous le souhaitez.

5. **Appuyez sur Entrée pour commencer une nouvelle ligne.**

   Le texte sera bien plus beau quand les taquets de tabulation seront définis.

6. **Répétez les étapes 1 à 5 pour tous les éléments de la liste.**

   Une fois les éléments saisis, vous devrez afficher la règle pour y placer vos taquets.

7. **Si la règle n'est pas visible, affichez-la !**

Cliquez sur le bouton Règle pour l'afficher.

8. **Sélectionnez toutes les lignes de texte à organiser sous forme de liste.**

9. **Faites glisser le triangle de mise en retrait à la position 9.**

   Le paragraphe apparaît.

10. **Vérifiez que le type de tabulation sélectionné est Gauche.**

11. **Placez un taquet à environ 4 cm.**

La seconde colonne se met en place.

12. **Si besoin, ajustez le taquet et le triangle de mise en retrait.**

    Le texte étant encore sélectionné, vous pouvez faire glisser le taquet de tabulation et le triangle de mise en retrait vers la gauche ou la droite pour ajuster vos colonnes.

Plus vous ajoutez de tabulations, plus les colonnes et leurs paragraphes sont étriqués. Donc, méfiance !

La tabulation centrée

La Figure 13.3 représente l'utilisation d'une tabulation centrée. Le texte situé à gauche est au début du paragraphe, c'est-à-dire justifié à gauche, tandis que le suivant est centré sur la ligne.

Figure 13.3
La tabulation
centrée en
action.

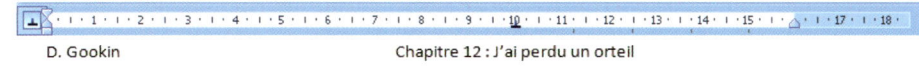

D. Gookin   Chapitre 12 : J'ai perdu un orteil

1. **Choisissez ou créez un paragraphe contenant le texte que vous voulez centrer.**

2. **Créez une tabulation centrée.**

    Le symbole de tabulation centrée se présente comme un T à l'envers.

3. **Saisissez le texte qui restera à gauche (ce n'est pas obligatoire).**

4. **Appuyez sur la touche Tab.**

    Le point d'insertion passe à la tabulation centrée.

5. **Saisissez le texte.**

    Miracle! Le texte se centre au fur et à mesure de votre saisie.

6. **Appuyez sur Entrée pour terminer la ligne de texte.**

   7. Cliquez dans la règle à l'endroit où vous désirez placer la tabulation.

Une tabulation centrée est généralement utilisée pour une seule ligne de texte. Vous pouvez mettre autant de tabulations centrées sur une même ligne que vous le souhaitez, mais dans la pratique on n'en met généralement qu'une.

> ✔ La tabulation centrée permet aussi de centrer du texte sur une ligne sans être obligé de centrer toute la ligne.

La tabulation droite

La *tabulation droite* aligne le bord droit du texte (et non le bord gauche) sur le taquet de tabulation. Elle permet donc d'obtenir un document avec du texte justifié à gauche et à droite, comme le montrent les Figures 13.4 et 13.5.

Pour définir une tabulation droite, sélectionnez le symbole Tabulation droite dans le bouton Tabulation de la règle. Puis cliquez dans la règle à l'endroit où vous voulez placer la tabulation.

Tabulation droite et tabulation gauche

Voici comment créer deux colonnes centrées avec un taquet de tabulation droite et gauche (Figure 13.4).

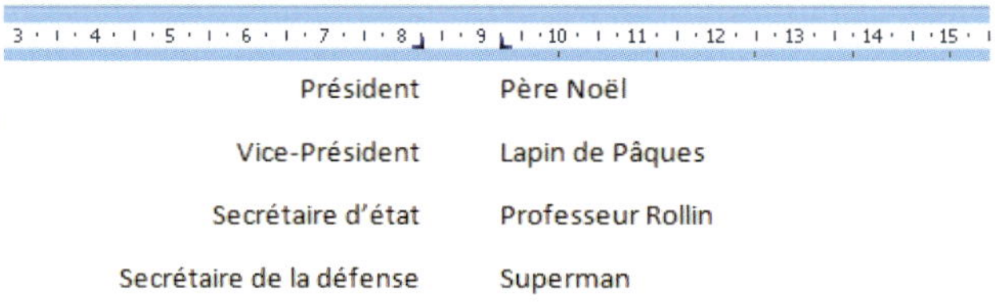

Figure 13.4
Les taquets de tabulation sont utilisés pour centrer cette liste.

Président	Père Noël
Vice-Président	Lapin de Pâques
Secrétaire d'état	Professeur Rollin
Secrétaire de la défense	Superman

   1. Commencez une ligne vierge, c'est-à-dire la ligne que vous allez mettre en forme avec les tabulations.

   2. Sélectionnez le type de tabulation droite.

Cliquez sur le bouton des tabulations de la règle jusqu'à ce que vous voyiez l'icône ci-contre.

3. **Avec le pointeur de la souris, cliquez à environ 8,5 cm.**

4. **Dans le sélecteur de tabulation de la règle, activez la tabulation gauche.**

5. **Cliquez à environ 9,5 cm.**

6. **Le point d'insertion étant au début de la ligne, appuyez sur Tab pour le placer au niveau de la tabulation droite.**

7. **Saisissez votre texte.**

   Il s'écrit de droite à gauche, le bord droit étant bien aligné sur la tabulation droite.

8. **Appuyez sur la touche Tab.**

9. **Saisissez le texte.**

   Cette fois, le texte est standard. Son bord gauche s'aligne tout naturellement sur la tabulation gauche.

10. **Appuyez sur Entrée pour terminer la ligne de texte.**

11. **Répétez les étapes 6 à 10 pour chaque ligne de texte.**

Pour réaliser quelques ajustements, sélectionnez la liste en tant que bloc de texte (voir le Chapitre 7). Ensuite, faites glisser les taquets de tabulation sur la règle. Une ligne verticale pointillée indique où se trouvera votre texte.

Liste alignée sur la droite

Vous pouvez utiliser la tabulation droite pour créer une liste justifiée sur la droite (Figure 13.5).

Voici comment arriver à ce résultat :

1. **Commencez sur une ligne de texte vide.**

2. **Dans le sélecteur de tabulation, vérifiez que la tabulation droite est bien sélectionnée.**

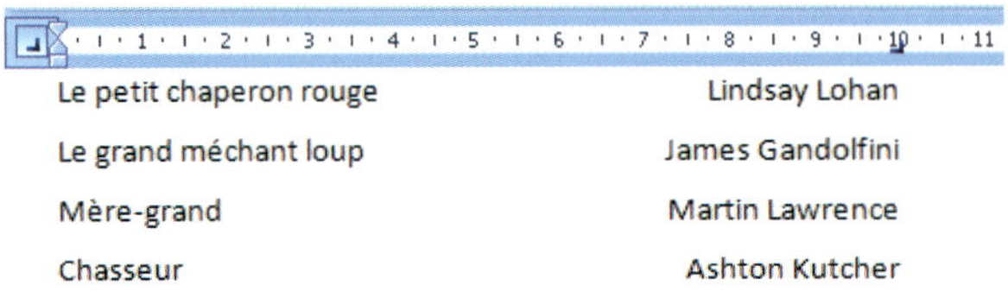

Le petit chaperon rouge	Lindsay Lohan
Le grand méchant loup	James Gandolfini
Mère-grand	Martin Lawrence
Chasseur	Ashton Kutcher

Figure 13.5
Ici, la tabulation droite crée une liste alignée sur la droite.

3. **Sur la règle, cliquez à environ 10 cm.**

4. **Saisissez le texte de la colonne de gauche.**

   Ce texte se situe en réalité au début du document car il s'agit d'un texte normal.

5. **Appuyez sur la touche Tab.**

   Le point d'insertion se positionne au niveau du taquet de tabulation droite.

6. **Saisissez le texte de cette colonne.**

7. **Appuyez sur Entrée pour créer une nouvelle ligne.**

8. **Répétez les étapes 4 à 7 pour chaque ligne de ces deux listes.**

Une fois l'ensemble des listes saisi, vous pouvez sélectionner le texte en tant que bloc, et ajuster la position du taquet à votre guise pour obtenir une belle présentation de vos listes.

   ✔ Vous pouvez déplacer le retrait gauche vers la droite pour réduire l'écart entre la première et la seconde liste.

   ✔ Pour ajouter des pointillés reliant les deux listes, consultez la section Créer une Tabulation à points de suite.

L'étonnante tabulation décimale

Je suis fou de la *tabulation décimale* ! Sans elle, on ne parviendrait jamais à aligner une colonne de chiffres. C'est une véritable bénédiction pour tous les gens qui ont besoin d'écrire des rapports financiers (entre autres), comme présenté à la Figure 13.6.

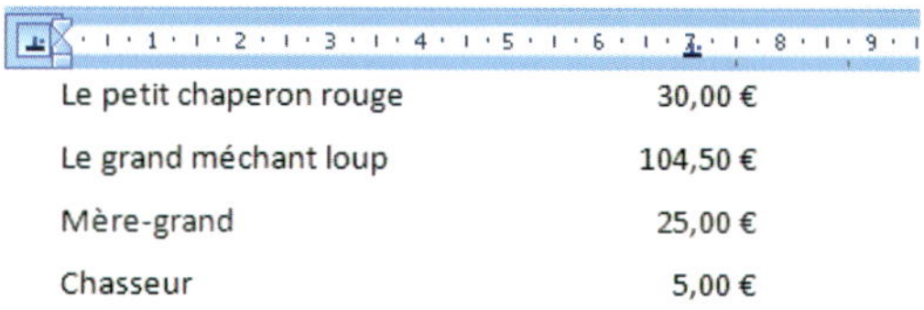

Figure 13.6
Aligner des chiffres avec la tabulation décimale.

Le petit chaperon rouge	30,00 €
Le grand méchant loup	104,50 €
Mère-grand	25,00 €
Chasseur	5,00 €

Voici comment opérer :

1. **Commencez une nouvelle ligne de texte vide.**

2. **Dans le sélecteur des tabulations de la règle, choisissez la tabulation Décimal comme à la Figure 13.6.**

3. **Sur la règle, placez la tabulation à 7 cm.**

4. **Tapez le texte de la première colonne.**

   Ce texte va de gauche à droite puisqu'il est standard.

5. **Appuyez sur la touche Tab.**

6. **Tapez vos chiffres.**

7. **Terminez la ligne en appuyant sur Entrée.**

8. **Répétez les étapes 4 à 7 pour chaque ligne de texte.**

Lorsque vous tapez quelque chose sans point, le texte s'aligne à droite.

Utiliser la boîte de dialogue Tabulations

La plupart des utilisateurs trouvent la règle très pratique pour définir les tabulations. Personnellement, je partage ce point de vue, parce que l'on peut visualiser directement l'effet d'une tabulation sur le texte, et le faire glisser pour ajuster le résultat. Les puristes, toutefois, lui préfèrent la boîte de dialogue Tabulations. Pour l'afficher, double-cliquez sur une tabulation, ou cliquez sur le bouton situé dans le coin inférieur droit de l'onglet Paragraphe. Dans la boîte de dialogue qui s'ouvre, cliquez sur le bouton Tabulations. La boîte de dialogue Tabulations apparaît.

Créer des tabulations via la boîte de dialogue

Pour définir une tabulation dans la boîte de dialogue Tabulations, suivez ces étapes :

1. **Dans le champ Position, entrez la position exacte d'une tabulation que vous voulez créer.**

   Par exemple, tapez 1,1875 pour définir une tabulation exactement à ce point.

2. **Dans la zone Alignement, sélectionnez le type de tabulation que vous désirez créer.**

   Nous avons décrit les différents types de tabulations plus haut dans ce chapitre.

3. **Cliquez sur le bouton Définir.**

4. **Définissez les autres tabulations dont vous avez besoin.**

   Pour chaque tabulation, répétez les étapes 1 à 3.

5. **Cliquez sur OK.**

   Vous êtes de retour dans votre document, et les nouvelles tabulations sont visibles dans la règle.

   Pour définir une tabulation dont vous venez d'entrer la position, cliquez sur le bouton Définir. Si vous cliquez directement sur OK, c'est comme si vous n'aviez rien fait.

Taquets de tabulation par défaut

Word crée automatiquement des tabulations lorsque vous commencez un nouveau document. Ces *taquets de tabulation par défaut* sont espacés de 1,25 cm. Vous pouvez changer cette valeur.

Il suffit d'ouvrir la boîte de dialogue Tabulations, et de changer la valeur inscrite dans le champ Taquets par défaut. Par exemple, saisissez 3. Validez par un clic sur OK.

À partir de cet instant, les tabulations par défaut du document se positionneront tous les 3 centimètres.

Supprimer un taquet de tabulation

Pour supprimer un taquet de tabulation, il suffit de cliquer dessus avec la souris et, sans relâcher le bouton, de glisser-déposer le taquet à l'extérieur de la règle.

Vous pouvez également supprimer des taquets via la boîte de dialogue Tabulations. Ouvrez cette boîte de dialogue. Dans la liste Position, sélectionnez la tabulation à supprimer, puis cliquez sur le bouton Effacer. Pour supprimer toutes les tabulations de la règle, cliquez sur Effacer tout. Pour supprimer un caractère de tabulation, utilisez la touche Retour arrière.

Chapitre 14

La mise en page
du document

L a dernière grande étape de notre voyage, qui a commencé par l'exploration de la mise en forme d'un document, est *la mise en page*. Une fois imprimé, un document est fait de pages, qui ont une certaine taille et une certaine orientation, des marges et un numéro. Voilà ce que je m'en vais vous expliquer, clairement et allégrement.

Description d'une feuille de papier

La plupart des documents sont imprimés sur du papier au format standard A4 (21 x 29,7 cm). C'est ce que Word appelle une *page*, pour laquelle vous pouvez définir des marges et autres attributs de mise en page. Mais Word est loin d'être limité à ce seul format. Il vous permet d'utiliser tous les formats que vous voulez, de la plus petite enveloppe aux plus grandes feuilles de papier.

Quelle est la taille de ma page ?

Word est capable d'imprimer sur des feuilles de n'importe quelle taille. Bien entendu, votre imprimante limite la dimension du papier que vous pouvez utiliser. En matière de taille de page, voici quelques considérations à ne jamais oublier :

- Vous devez vous procurer des feuilles dont la taille correspond au document défini dans Word.

- Votre imprimante doit être capable de prendre en charge ce papier.

- Vous devez indiquer à Word le type de papier que vous utilisez.

Dans Word 2007, les différentes tailles de papier sont répertoriées dans le groupe Mise en page de l'onglet Mise en page. Cliquez sur le bouton Taille pour afficher une liste des dimensions de page disponibles (Figure 14.1). Choisissez la taille appropriée à vos feuilles.

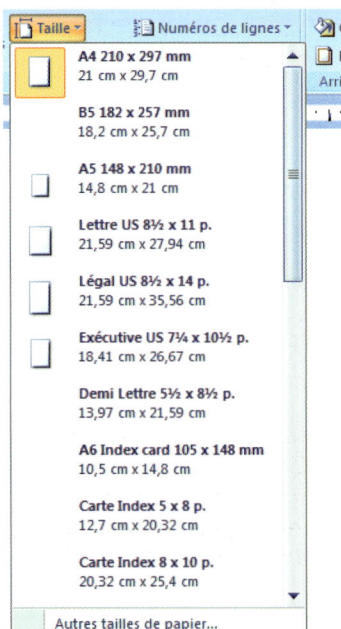

Figure 14.1
Le menu Taille.

Par exemple, si vous désirez imprimer sur du papier au format A4, cliquez sur A4 210 x 297 mm. Votre document est immédiatement actualisé pour s'adapter à ce type de page.

> ✔ Pour sélectionner une taille qui n'est pas présente dans le menu, cliquez sur Autres tailles de papier. Dans la boîte de dialogue Mise en page, effectuez les réglages expliqués à la section La boîte de dialogue Mise en page, plus loin dans ce chapitre.

> ✔ La taille de la page affecte la totalité du document, sauf si vous l'avez divisé en sections. Chaque section peut avoir sa propre taille de page comme expliqué au Chapitre 15.

> ✔ La majorité des imprimantes PC savent imprimer sur plusieurs tailles de papier. Vérifiez bien celles compatibles avec votre matériel d'impression.

> ✔ En France, le format standard est A4, c'est-à-dire une dimension de 21 x 29,7 cm.

Si vous avez sélectionné un format inhabituel, n'oubliez pas de mettre le papier correspondant dans votre imprimante. Certaines imprimantes sont assez astucieuses et vous indiquent la taille du papier sur lequel elles s'apprêtent à imprimer. La mienne passe son temps à me réclamer du papier de la "bonne" taille.

Portrait ou paysage ?

En général, la feuille de papier sur laquelle on imprime est plus haute que large. C'est ce à quoi nous sommes tous habitués, et c'est ce que fait normalement Word. Toutefois, Word peut aussi imprimer sur une feuille de papier plus large que haute. Ce n'est qu'une question d'orientation.

Les termes techniques correspondants sont *portrait* et *paysage*. L'orientation *Portrait* correspond à la manière habituelle d'utiliser le papier : la hauteur est supérieure à la largeur. L'orientation *Paysage* est ce que l'on obtient en faisant pivoter la feuille de 90 degrés : la largeur est supérieure à la hauteur. Vous choisissez cette orientation dans le groupe Mise en page de l'onglet Mise en page (Figure 14.2).

Pour changer l'orientation de la page, cliquez sur le bouton Orientation, puis sur Portrait.

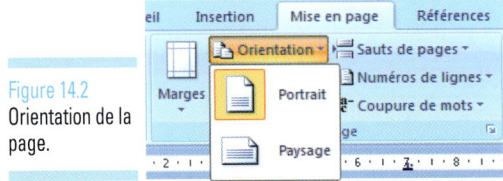

Figure 14.2
Orientation de la
page.

✔ Lorsque vous passer du mode Portrait au mode Paysage (et réciproquement), vous serez parfois obligé d'ajuster les marges de votre document. Reportez-vous à la prochaine section.

✔ De même que pour le format du papier, vous pouvez appliquer l'orientation Portrait ou Paysage à tout votre document, à partir d'un certain point ou à une section. Pour en savoir plus, voyez la section précédente.

✔ Pour des documents ordinaires, il vaut mieux éviter le mode Paysage. D'austères savants qui ont voué leur vie à méditer sur ces questions ont découvert que plus les lignes sont longues, plus les gens lisent lentement. Le mode Paysage doit plutôt être réservé à des choses particulières, telles que des tableaux, des graphiques, des illustrations, ou toutes choses pour lesquelles l'orientation habituelle ne convient pas.

✔ Lorsque vous travaillez en mode Paysage, les colonnes sont plus faciles à mettre en place.

Attention à vos marges !

Une page a toujours des marges. Ce sont les quelques centimètres qui séparent le texte du bord de la page et qui permettent au document de respirer. Une page a quatre marges : en haut, en bas, à gauche et à droite.

Dans Word, la valeur par défaut de ces quatre marges est de 2,5 cm, mais vous pouvez l'ajuster à votre guise, pour chacune d'entre elles.

Pour changer la largeur des marges, passez par le bouton Marges du groupe Mise en page de l'onglet Mise en page (Figure 14.3).

Pour spécifier des marges particulières, cliquez sur Marges personnalisées. Vous accédez à l'onglet Marges de la boîte de dialogue Mise en page. Vous pouvez y saisir des valeurs précises pour bien définir vos différentes marges. La section suivante vous en dit davantage à ce sujet.

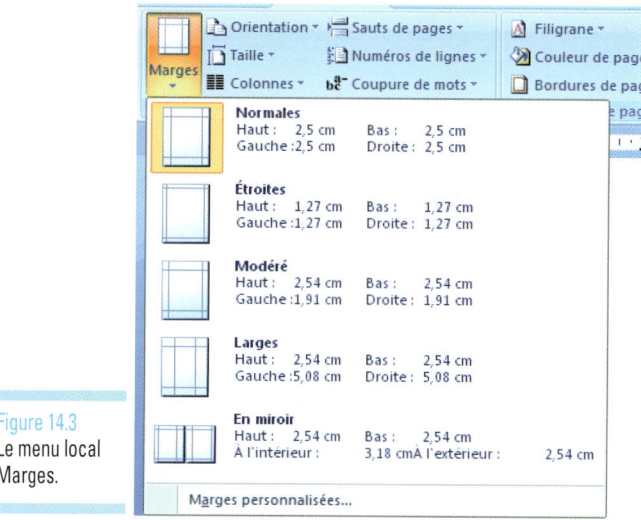

Figure 14.3
Le menu local
Marges.

> ✔ Pour définir des retraits pour un paragraphe, ce sont les commandes de mise en forme de paragraphe que vous devez utiliser. Reportez-vous au Chapitre 12.

> ✔ Les marges prédéfinies du menu local Marges correspondent aux plus utilisées par les documents, ou aux plus souvent utilisées par vous-mêmes.

La boîte de dialogue Mise en page

Comme pour beaucoup d'autres fonctions dans Word, lorsque vous voulez contrôler la mise en page, le ruban ne suffit plus. Vous devez reprendre les bonnes vieilles habitudes consistant à ouvrir une boîte de dialogue, en l'occurrence Mise en page illustrée à la Figure 14.4.

Pour accéder à cette boîte de dialogue, cliquez sur le bouton situé dans le coin inférieur droit de l'onglet Mise en page, ou appuyez sur Alt+P, F.

La boîte de dialogue en question contient trois onglets : Marges pour paramétrer les marges, Papier pour définir la taille du papier utilisé, et Disposition pour gérer d'autres aspects de la mise en page.

Cliquez sur le bouton OK pour valider vos modifications.

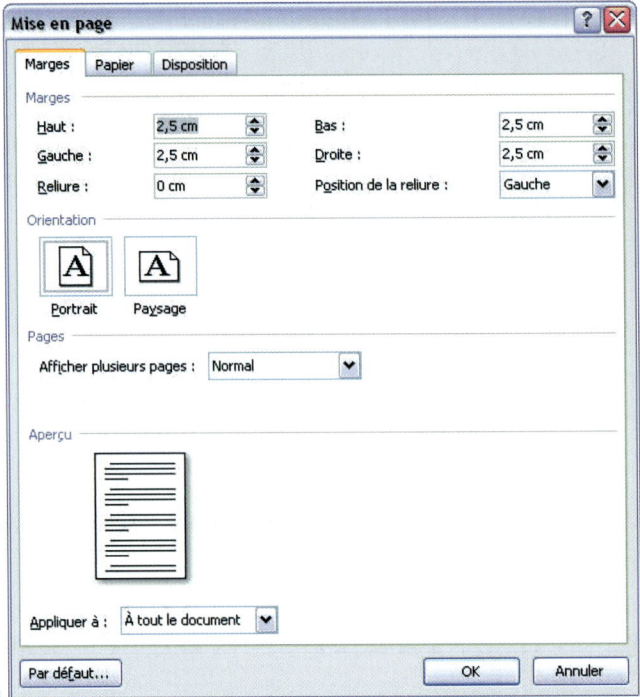

Figure 14.4
L'onglet Marges
de la boîte de
dialogue Mise en
page.

✔ Pour imprimer sur du papier affichant trois trous de reliure dans la marge, utilisez l'onglet Marges de la boîte de dialogue Mise en page. Fixez une valeur de reliure d'environ 1,25 cm par rapport à la position des trous. Ainsi, dans le champ Position de la reliure, choisissez Gauche. Si les trous de reliure sont en haut de la feuille, choisissez Haut.

✔ Les modifications apportées au format de la page – sa taille, son orientation, et ses marges – affectent normalement l'intégralité du document. En choisissant une option dans la liste Appliquer à, vous pouvez sélectionner :

- **À tout le document,** ce qui applique les valeurs spécifiées à tout votre document.

- **À partir de ce point,** ce qui signifie que les valeurs spécifiées s'appliquent à partir de la page dans laquelle se trouve le curseur.

- **À cette section,** ce qui signifie que les valeurs spécifiées ne s'appliquent qu'à la section dans laquelle se trouve le curseur (pour en savoir plus sur les sections, reportez-vous au Chapitre 15).

Numéroter les pages

Word peut numéroter pour vous les pages de votre document. Inutile de le faire à la main. Vous pouvez avoir autant de pages que vous le voulez, et en ajouter ou en supprimer à volonté, Word s'y retrouve toujours. Vous n'avez à vous occuper de rien, il vous suffit d'avoir indiqué à Word à quel endroit insérer le numéro sur les pages. Inutile de chercher à numéroter manuellement dans un traitement de texte.

Où mettre le numéro de page ?

La question n'est pas : "Word *peut-il* mettre le numéro sur la page ?" mais : "*Où* faut-il mettre le numéro ?" Si vous suivez ces étapes, vous pouvez demander à Word de mettre le numéro à l'endroit précis où vous désirez le faire apparaître :

1. **Dans l'onglet Insertion, repérez le groupe En-tête et pied de page, et cliquez sur la commande Numéro de page.**

   Une liste apparaît. Elle permet de choisir divers emplacements de numéros de page. Les trois premiers choix sont : Haut de page, Bas de page, et Marges de la page.

2. **Sélectionnez une position pour le numéro de page.**

   En règle générale, nous faisons apparaître le numéro en bas de la page.

3. **Dans la liste déroulante, choisissez un style de numérotation.**

En mode Page, vous pouvez voir les numéros des pages. En mode Brouillon, ils sont masqués. Word numérote chaque page en commençant par le chiffre 1, et en l'incrémentant d'une unité pour chaque nouvelle page.

Vous supprimez une page ? Word actualise la numérotation.

Vous insérez une page ? Word la numérote pour vous.

Chaque fois que vous insérez un numéro de page en suivant les étapes précédentes, Word prend entièrement en charge la numérotation.

> ✔ Les en-têtes et les pieds de page peuvent être mis en forme avec toutes sortes de caractéristiques intéressantes, y compris vos propres styles de numéros, ou même en affichant ces numéros aussi bien en haut qu'en bas de la page. Pour cela, consultez le Chapitre 15.

> ✔ Pour modifier le format des numéros, choisissez-en un dans le menu local Numéro de page.

Commencer la numérotation à partir d'une valeur spécifiée

Pour faire commencer la numérotation de vos pages à partir d'une valeur spécifiée, suivez les instructions de la section précédente pour afficher les numéros de page, puis suivez ces étapes :

1. **Cliquez sur l'onglet Insertion.**

2. **Dans le groupe En-tête et pied de page, choisissez Numéro de page/ Format numéro de page.**

   La boîte de dialogue Format des numéros de page apparaît (Figure 14.5).

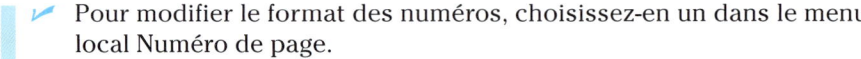

Figure 14.5
Encore plus de contrôle avec la boîte de dialogue Format des numéros de page.

3. **Dans la zone Numéros de page, sélectionnez À partir de, et saisissez le numéro qui sera attribué à la première page du document.**

4. **Cliquez sur OK pour fermer la boîte de dialogue Format des numéros de page.**

Word commence la numérotation avec le numéro de page spécifié. Si vous saisissez 47 à l'étape 3, la première page du document portera le numéro 47, la suivante le 48, et ainsi de suite.

Lorsque vous désirez que la numérotation change en plein milieu d'un document, par exemple passer de la page 5 à la page 16, ou bien d'une numérotation IV à la page 1, vous devez diviser le document en sections. Chaque section aura alors sa propre numérotation. Vous en saurez davantage à ce sujet au Chapitre 15.

Numéroter avec des chiffres romains

Lorsque vous devez afficher une numérotation en chiffres romains, Word est heureux de pouvoir vous aider. Ouvrez la boîte de dialogue Mise en page (Figure 14.5). Dans la liste Format de la numérotation, choisissez le style de chiffres romains à utiliser.

Supprimer des numéros de page

Pour ôter des numéros insérés dans vos pages, accédez au groupe En-tête et pied de page. Cliquez sur le bouton Numéro de page, puis sur Supprimer les numéros de page.

Seuls les numéros insérés via le menu local Numéro de page sont effacés. De facto, si vous avez inséré manuellement des numéros dans un en-tête ou un pied de page, vous devez les supprimer manuellement (voir le Chapitre 15).

Commencer une nouvelle page

Lorsque vous saisissez un document, Word crée automatiquement une nouvelle page quand vous arrivez à la fin de celle sur laquelle vous étiez en train de saisir votre texte. Ce procédé est classique. Cependant, vous aurez parfois besoin de créer une page avant d'arriver à la fin de la page dans laquelle vous travaillez.

Il y a deux manières de commencer une nouvelle page dans Word. Cette section en explique les tenants et les aboutissants.

Commencer une nouvelle page vierge

Le raccourci Alt+N, B ou Ctrl+Enter (pas Entrée) insère un *saut de page manuel* dans votre document, demandant à Word de commencer une nouvelle page à cet endroit précis. C'est la seule bonne manière de commencer une nouvelle page.

Dans l'affichage Normal (Chapitre 2), un saut de page manuel se présente comme un saut de page ordinaire (automatique), mais avec les mots Saut de page qui apparaissent au milieu :

Vous pouvez aussi insérer un saut de page par un clic sur le bouton éponyme du groupe Pages localisé sous l'onglet Insertion.

En mode Page, un saut de page est identifié par la création d'une nouvelle page séparée de la précédente par un espace vide. En mode Brouillon, il est identifié par une ligne pointillée, avec, au centre, l'indication Saut de page.

En utilisant des sauts de page manuels, gardez à l'esprit les points suivants :

✔ Ne commencez jamais, je dis bien jamais, une nouvelle page en appuyant répétitivement sur la touche Entrée (ou Enter) jusqu'à ce que Word crée la nouvelle page une fois arrivé en bas de la page en cours.

✔ Ctrl+Enter insère un caractère de saut de page manuel dans votre document. Ce caractère reste là où vous l'avez inséré, faisant apparaître un saut de page, quelles que soient les modifications que vous pouvez apporter au texte des pages précédentes.

✔ Pour supprimer un saut de page manuel, vous pouvez utiliser les touches Retour arrière ou Suppr. Si vous le faites accidentellement, appuyez à nouveau sur Ctrl+Enter, ou sur Ctrl+Z pour annuler la suppression.

✔ Si vous insérez des sauts de page manuels, pensez à utiliser l'aperçu avant impression pour vérifier votre document avant de l'imprimer. Il arrive que les modifications apportées au texte depuis l'insertion d'un saut de page manuel rendent ce dernier superflu. Pour en savoir plus sur l'aperçu avant impression, reportez-vous au Chapitre 10.

✔ Le raccourci de la commande Afficher/Masquer est Ctrl+Maj+8. Vous pouvez aussi cliquer sur le bouton Afficher tout, du groupe Paragraphe de l'onglet Accueil.

Insérer une page vierge

Pour placer une page vide au beau milieu d'un document, vous pouvez activer le bouton Page vierge du groupe Page localisé dans l'onglet Insertion. Avec cette commande, vous insérez deux sauts de page manuels créant ainsi une vraie page vide.

Je déconseille d'utiliser cette commande sauf si vous avez vraiment besoin d'une page vide. Par exemple, elle pourrait vous servir à insérer une photo, ou encore à créer un tableau. Saisir du texte sur cette page aura pour conséquence la création automatique d'une nouvelle page dès que vous arriverez à la fin de celle-ci, laissant alors le saut de page suivant à sa position. Dans le meilleur des cas, il y aura systématiquement une page blanche en fin de document, page qui ne sert absolument à rien.

Chapitre 15

Mettre en forme
des documents

D u point de vue de la mise en forme, un document n'est pas une page. La mise en forme d'un document n'est pas une chose compliquée. En fait, la plupart des informations que contient ce chapitre ne seront d'aucune utilité pour la majeure partie des documents que vous allez créer (votre courrier personnel, par exemple). Mais si un jour vous avez la lubie soudaine d'éblouir votre entourage par votre connaissance de Word, ce chapitre sera votre plus fidèle allié.

Tout savoir sur les sections

S'il arrive que vous ayez besoin de changer le format d'un document rien que pour une page ou un groupe de pages, il faut diviser votre document en sections, chacune d'elles possédant sa propre mise en page. Si par exemple vous avez besoin que seule une page soit imprimée en format Paysage, vous devez créer une section pour cette page. Il en va de même si votre document nécessite une numérotation particulière. Par exemple, vous ne souhaitez pas que votre document soit logiquement numéroté de la page 1 à la page 50, mais que chacune des cinq sections qui le compose soit numérotée de 1 à 10.

La notion de sections

Il est facile de créer une section, et les sections peuvent simplifier la plupart des tâches de mise en forme du document.

Ainsi, la Figure 15.1 présente un document bâti en deux sections. La première contient quatre pages numérotées en chiffres romains, et la seconde six pages numérotées en chiffres arabes.

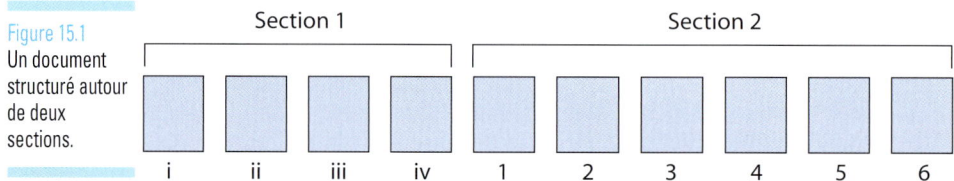

Figure 15.1
Un document structuré autour de deux sections.

Le document illustré à la Figure 15.2 est constitué de quatre sections. La première se limite à la page de couverture, suivie d'une section de quatre pages numérotées de 1 à 4. La troisième section se compose d'une seule page mais au format Paysage ; enfin, la quatrième section reprend un mode d'affichage tout à fait normal.

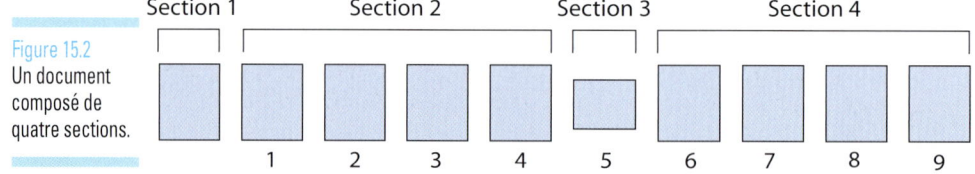

Figure 15.2
Un document composé de quatre sections.

Lorsque vous créez un document linéaire, c'est-à-dire qui ne varie pas du début à la fin, il est inutile de créer des sections. Dans tous les autres cas, la section est une bénédiction.

Créer une section

Diviser un document n'est pas une tâche difficile. Toutes les commandes d'insertion de sauts de Word sont rassemblées sous l'onglet Mise en page. La Figure 15.3 présente le contenu du menu local Saut de page. Vous constatez que le second groupe de commandes contient les sauts de section.

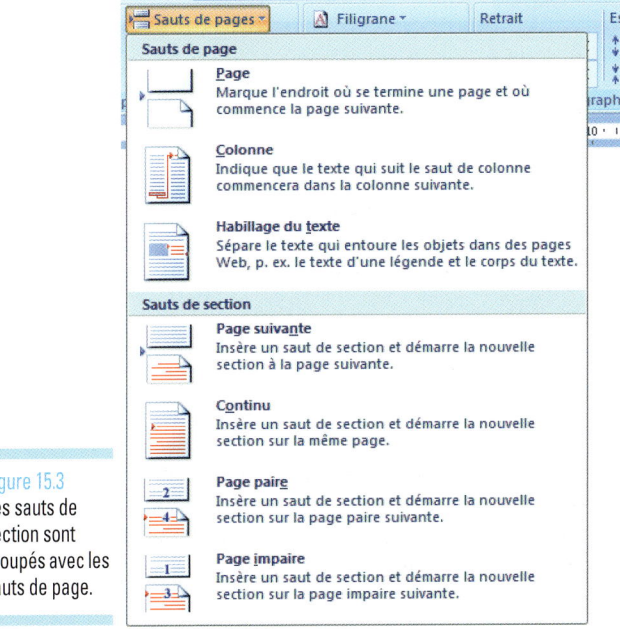

Figure 15.3
Les sauts de section sont groupés avec les sauts de page.

La méthode la plus simple pour créer une nouvelle section consiste à choisir Page suivante dans le menu local Saut de page. Cette action crée un saut de page et génère une nouvelle page considérée comme une nouvelle section du document.

En mode Page, le saut de section s'affiche comme n'importe quel autre saut de page. Pour mieux en apprécier les conséquences, il est préférable de basculer en mode Brouillon. Ensuite, appuyez sur Ctrl+Maj+8 ou bien cliquez sur le bouton Afficher tout de l'onglet Accueil pour bien voir la position du saut de section.

L'étape suivante du processus consiste à placer le curseur en haut de la première page (la page de titre dont nous avons parlé dans la section précédente), et à mettre en forme cette page selon vos besoins.

Utiliser une section

Pour appliquer un format de page spécifique à une seule section, utilisez la boîte de dialogue Mise en page. Là, intéressez-vous à la liste Appliquer à, et choisissez À cette section. Ainsi, tout ce que vous modifierez dans la boîte de dialogue Mise en page se limitera à la section en cours.

Pour déterminer dans quelle section vous vous trouvez, effectuez un clic droit sur la barre d'état. Vous ouvrez le menu contextuel Personnaliser la barre d'état. En haut de ce menu, vous notez la présence du terme Section avec un chiffre à sa droite. Il identifie le numéro de la section dans laquelle se situe actuellement le point d'insertion. Pour afficher en permanence cette information dans la barre d'état, cliquez sur Section. Sinon, fermez ce menu contextuel en appuyant sur la touche Échap.

Supprimer un saut de section

Pour supprimer un saut de section, vous pouvez utiliser la touche Retour arrière ou la touche Suppr. Sachez qu'il est plus facile de supprimer une section en mode Brouillon que dans tout autre mode d'affichage du document.

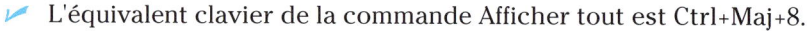

- L'équivalent clavier de la commande Afficher tout est Ctrl+Maj+8.

- Supprimer une section efface toute mise en forme, y compris les en-têtes et les pieds de page qui, je le rappelle, sont propres à cette section.

- Si vous supprimez accidentellement une section, vous perdez toutes les informations de mise en forme que vous lui aviez appliquées. Si cela vous arrive, annulez votre action en appuyant sur Ctrl+Z avant de faire quoi que ce soit d'autre.

Ajouter une page de couverture

L'utilisation la plus courante des sections concerne la création d'une page de couverture pour votre document. En règle générale, cette page ne contient aucun numéro de page, en-tête, pied de page, etc. Elle est faite pour présenter le titre du document et le nom de son auteur. Il est donc nécessaire de créer une seule section pour une seule page, celle de la couverture. Longtemps difficile à maîtriser, Word 2007 introduit enfin la commande Page de garde. En voici le fonctionnement :

1. **Cliquez sur l'onglet Insertion.**

2. **Dans le groupe Pages, cliquez sur Page de garde.**

   Un menu affiche quelques modèles de pages de garde.

3. **Choisissez la mise en page de la page de garde qui vous convient.**

   La page de garde ou page de couverture est immédiatement insérée en tant que première page du document.

4. **Sur cette page sélectionnez le texte entre crochets.**

5. **Remplacez ce texte par le vôtre.**

   Ainsi, dans la zone de réserve qui attend l'intitulé du document, tapez votre titre !

6. **Répétez les étapes 4 et 5 jusqu'à ce que la page de garde ait l'aspect désiré.**

Vous pouvez changer cette page de couverture à n'importe quel moment. Si vous décidez de vous passer de cette page de garde, cliquez sur le bouton éponyme. Dans son menu local, choisissez Supprimer la page de garde actuelle.

✔ Le menu Page de garde ne crée pas une nouvelle section dans votre document. Si vous utilisez des en-têtes et des pieds de page, ils apparaissent sur la page de garde ainsi insérée. Pour éviter cela, placez le point d'insertion en haut de la page 2 (c'est-à-dire après la page de garde), et dans l'onglet Mise en page, choisissez Saut de page/Continu. Vous pouvez alors modifier l'en-tête et le pied de page comme expliqué dans ce chapitre.

✔ Ne laissez pas en place les textes entre crochets ! Saisissez toujours vos informations personnelles à la place de ces informations génériques.

Les joies des en-têtes et des pieds de page

Dans une lettre, l'en-tête n'apparaît que sur la première page. Dans un document, il apparaît sur toutes les pages, sauf en général sur la première. Son équivalent en bas de la page est le pied de page. On peut très bien utiliser les deux à la fois.

✔ Un en-tête contient généralement différentes informations, par exemple votre nom, le nom du document, la date, le numéro de la page, éventuellement un titre ou encore un numéro de téléphone.

✔ Un en-tête est un style de texte utilisé pour diviser un long document, pour introduire de nouveaux concepts, et pour vous aider à conserver le texte bien organisé. Pour plus d'informations, consultez le Chapitre 16.

✔ Le pied de page apparaît en bas de la page. Comme l'en-tête, le pied de page possède sa zone d'insertion et contient un texte spécial.

✔ Les pieds de page peuvent contenir des numéros de page, un titre de chapitre ou de document, ou tout autre chose que vous jugez utile.

✔ Une note de bas de page est un petit morceau de texte qui apparaît en bas de la page. Il sert de référence à des éléments textuels de la page.

Ajouter un en-tête ou un pied de page

Les en-têtes et les pieds de page peuvent faire beaucoup pour embellir un document. Vous n'êtes pas obligé d'utiliser les deux à la fois. De plus, que vous préfériez utiliser l'un ou l'autre (ou les deux), on les définit de la même manière.

Pour ajouter un en-tête ou un pied de page, suivez ces étapes :

1. **Cliquez sur l'onglet Insertion.**

2. **Dans le groupe En-tête et pied de page, cliquez sur le bouton En-tête.**

   Une liste d'en-têtes préformatés s'affiche.

3. **Choisissez le format que vous désirez.**

   L'en-tête est ajouté à votre document, et sauvegardé comme partie intégrante de la mise en forme de la page.

Si vous êtes en mode Brouillon, vous basculez instantanément en mode Page pour éditer l'en-tête (les en-têtes et les pieds de page n'apparaissent pas en mode Brouillon).

Lorsque vous modifiez un en-tête, le point d'insertion apparaît dans la zone d'en-tête qui, dans Word 2007, prend la forme d'un onglet directement sur le document.

4. **Sélectionnez tout le texte contenu entre crochets.**

   Sélectionnez aussi les crochets.

5. **Tapez le texte de remplacement.**

   Saisissez, par exemple, le titre de votre document.

6. **Répétez les étapes 4 et 5 pour tous les textes contenus entre crochets.**

7. **Une fois que vous avez terminé, cliquez sur le bouton Fermer l'en-tête et le pied de page du groupe Fermer sous l'onglet Insertion.**

En mode Page, vous voyez les en-têtes et les pieds de page dans une zone de texte grisée. En mode Brouillon, vous ne voyez rien. Pour voir ces deux éléments, vous pouvez également utiliser la commande Aperçu avant impression étudiée au Chapitre 10.

Modifier un en-tête

Regardons les choses en face : les en-têtes prédéfinis de Word ne sont pas terribles. Ils ne contiennent pas toutes les informations que vous désirez faire apparaître dans un en-tête. Ce n'est pas problématique. Vous pouvez modifier l'entête de la manière suivante :

1. **Cliquez sur l'onglet Insertion.**

2. **Dans le groupe En-tête et pied de page, choisissez En-tête/Modifier l'en-tête.**

   Lorsque vous modifiez l'en-tête, Word bascule dans un mode opératoire particulier. L'en-tête apparaît à l'écran comme élément du document affiché en mode Page. À cela s'ajoute un nouvel onglet Outils des entêtes et pieds de page illustré à la Figure 15.4.

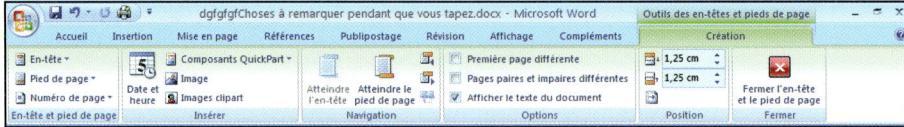

3. **Utilisez les boutons Atteindre l'en-tête et Atteindre le pied de page pour passer de l'en-tête au pied de page et réciproquement.**

4. **Appliquez des modifications à l'en-tête.**

   L'édition du texte des en-têtes se fait comme celle de n'importe quel texte Word. Vous pouvez ajouter ou modifier du texte, le mettre en forme avec les commandes de formatage des paragraphes, et même ajouter des tabulations.

   Vous pouvez modifier n'importe quel graphique de l'en-tête.

   Word applique automatiquement les tabulations gauche, centrée, et droite. Il vous suffit d'appuyer sur la touche Tab pour positionner comme il se doit le point d'insertion.

5. **Utilisez les boutons de commande du groupe Insérer de l'onglet Outils des en-têtes et pieds de page pour ajouter des éléments spéciaux.**

   Voici quelques éléments spéciaux utiles que vous pouvez insérer dans un en-tête :

   • **Numéro de page :** Cliquez sur Composants QuickPart et choisissez Numéros de page. Le numéro de la page en cours s'affiche dans l'en-tête. Pour le centrer, appuyez sur Tab.

   • **Date & heure :** Cliquez sur le bouton éponyme pour accéder à la boîte de dialogue Date et heure. Sélectionnez le format dans lequel vous désirez faire apparaître ces deux éléments dans l'en-tête. Validez et appliquez par un clic sur OK.

   • **Image :** Le bouton Image ouvre la boîte de dialogue Insérer une image qui permet de parcourir vos divers disques durs à la recherche de l'image à insérer. Vous pouvez aussi utiliser le bouton Images clipart.

- **Champs :** L'élément le plus polyvalent que vous puissiez insérer dans un en-tête ou un pied de page est un *champ*. Vous sélectionnez cette option par un clic sur le bouton Composants QuickPart. Comme l'utilisation des champs nécessite quelques explications, je vous invite à lire le Chapitre 18.

6. **Une fois vos modifications terminées, cliquez sur le bouton Fermer l'en-tête et le pied de page.**

   Vous revenez au document.

L'en-tête est le même pour chaque page du document. Cependant, Word permet d'appliquer un en-tête particulier à la première page ou à des pages alternatives, ainsi qu'aux différentes sections du document.

- ✔ L'onglet Création (Figure 15.4) diffère selon l'affichage des ordinateurs.

- ✔ En mode Page, vous pouvez très facilement modifier un en-tête ou un pied de page en double-cliquant sur la partie grisée qui affiche son contenu.

- ✔ Si le seul en-tête dont vous avez besoin est un numéro de page, je conseille l'utilisation de la technique décrite au Chapitre 14. Elle est bien plus simple à mettre en œuvre.

En-têtes pairs pour les pages paires, impairs pour les pages impaires

Pour demander à Word de créer deux jeux d'en-têtes et de pieds de page, suivez ces étapes :

1. **Cliquez sur l'onglet Insertion.**

2. **Dans le groupe En-tête et pied page, cliquez sur En-tête/Modifier.**

   Cette commande affiche l'onglet Outils des en-têtes et pieds de page (Figure 15.4).

3. **Cochez la case Paires et impaires différentes.**

Cette étape indique à Word de créer deux jeux d'en-têtes : un pour les pages paires, et l'autre pour les pages impaires. L'onglet de l'en-tête permet de les identifier clairement.

En-tête de page impaire

Cet onglet montre que l'on est en présence de l'en-tête des pages impaires.

4. Créez l'en-tête des pages impaires.

Pour savoir comment créer le contenu d'un en-tête ou d'un pied de page, reportez-vous à la section précédente.

 5. Cliquez sur le bouton Section suivante.

Word affiche le contenu de l'en-tête de la page paire.

En-tête de page paire

Pour revenir à l'en-tête des pages impaires, cliquez sur le bouton Section précédente.

 6. Pour afficher et modifier les pieds de page paires et impaires, cliquez sur le bouton Atteindre le pied de page.

Pour passer d'un pied de page à un autre cliquez sur les boutons Section suivante et Section précédente.

7. Une fois vos modifications terminées, cliquez sur Fermer l'en-tête et le pied de page.

Pour supprimer les en-têtes et les pieds de page paires et impaires, il suffit de décocher la case Pages paires et impaires différentes.

Mais je ne veux pas d'en-tête sur la première page !

Pour éviter que l'en-tête ou le pied de page apparaisse sur la première page d'un document :

1. Cliquez sur l'onglet Insertion.

2. **Dans le groupe En-tête et pied de page, cliquez sur En-tête/Modifier l'en-tête.**

3. **Dans le groupe Options, cochez la case Première page différente.**

   L'onglet En-tête page impaire devient Premier en-tête, et le pied de page de cette même page devient Premier pied de page.

Rien ne vous empêche de changer le contenu de ce premier en-tête et pied de page. Il n'affecte que cette première page du document.

Les en-têtes et les sections du document

Word identifie les jeux des en-têtes et de pieds de page des sections sur l'onglet de ces derniers.

En-tête -Section 2 -

Vous savez toujours dans quel en-tête/pied de page de section vous vous trouvez.

Pour passer d'un en-tête de section au suivant, cliquez sur le bouton **S**ection suivante.

Pour revenir à l'en-tête de section précédent, cliquez sur le bouton Section précédente.

 L'option Lier au précédent est faite pour que l'en-tête de la section soit identique à celui de la section précédente. Ainsi, il est possible d'appliquer le même en-tête à plusieurs sections.

Si vous liez des sections, l'onglet de l'en-tête le spécifie comme ceci :

Identique au précédent

Ce nouvel onglet apparaît sur le côté droit du document. Il permet de mieux comprendre pourquoi vos modifications sont sans effets.

Supprimer un en-tête

La méthode la plus simple pour supprimer un en-tête dans un document consiste à utiliser la commande En-tête/Supprimer l'en-tête. Voici comment :

1. **Affichez la page où se situe l'en-tête.**

   Utilisez pour cela le mode Page de manière à bien voir la section grisée de la page où est localisé l'en-tête.

2. **Cliquez sur l'onglet Insertion.**

3. **Dans le groupe En-tête et pied de page, cliquez sur En-tête/Supprimer l'en-tête.**

   Il disparaît.

Livre II
Excel 2007

Première partie
On se jette à l'eau

"J'ai déjà utilisé toutes sortes de tableurs, mais c'est celui-ci le meilleur pour dessiner les motifs de mes chemises."

Dans cette partie...

Il suffit d'un coup d'œil à la fenêtre d'Excel 2007, avec son nouveau bouton Microsoft Office, sa barre d'outils Accès rapide et son Ruban, pour se rendre compte de la quantité de choses dont on dispose ici. Que cela ne vous fasse pas peur : au Chapitre 1, je décompose le Ruban d'Excel 2007 pour clarifier les nombreux onglets et boutons de commande que vous allez avoir en face de vous jour après jour.

Le Chapitre 2 vous explique comment utiliser certains des principaux boutons et des principales commandes de la fenêtre pour entrer vos données dans votre feuille de calcul. A partir de cette humble entrée en matière, le chemin n'est pas très long jusqu'à la maîtrise complète du logiciel.

Chapitre 1

Excel 2007 pour son utilisateur

Dans ce chapitre :

▶ Se familiariser avec la nouvelle fenêtre d'Excel 2007.

▶ Sélectionner des commandes à partir du Ruban.

▶ Personnaliser la barre d'outils Accès rapide.

▶ Les méthodes pour lancer Excel 2007.

▶ Surfer dans un classeur et une feuille de calcul Excel 2007.

▶ Obtenir de l'aide sur Excel 2007.

L a nouvelle interface utilisateur d'Excel 2007 fait disparaître la manière dont les précédentes versions dépendaient d'une série de menus déroulants, de volets de tâches et d'une multitude de barres d'outils. Elle utilise à la place une simple bande, appelée *Ruban* (en haut de la fenêtre), conçue pour rassembler les commandes d'Excel les plus utilisées afin de les mettre à votre portée immédiate en permanence.

Enfin, cette nouvelle interface utilisateur comporte toutes sortes d'améliorations graphiques, à commencer par les styles rapides qui vous permettent de voir comment vos tableaux ou graphiques se présenteraient dans une mise en forme particulière, sélectionnée dans une palette de styles rapides, avant de l'avoir effectivement appliquée.

L'interface utilisateur avec son Ruban

À son premier lancement, Excel 2007 s'ouvre en affichant la première des trois feuilles de calcul (Feuil1) d'un nouveau fichier de classeur (Classeur1), dans une fenêtre identique à celle que montre la Figure 1.1.

Barre de formule

Bouton Office

Barre d'outils Accès rapide

Ruban

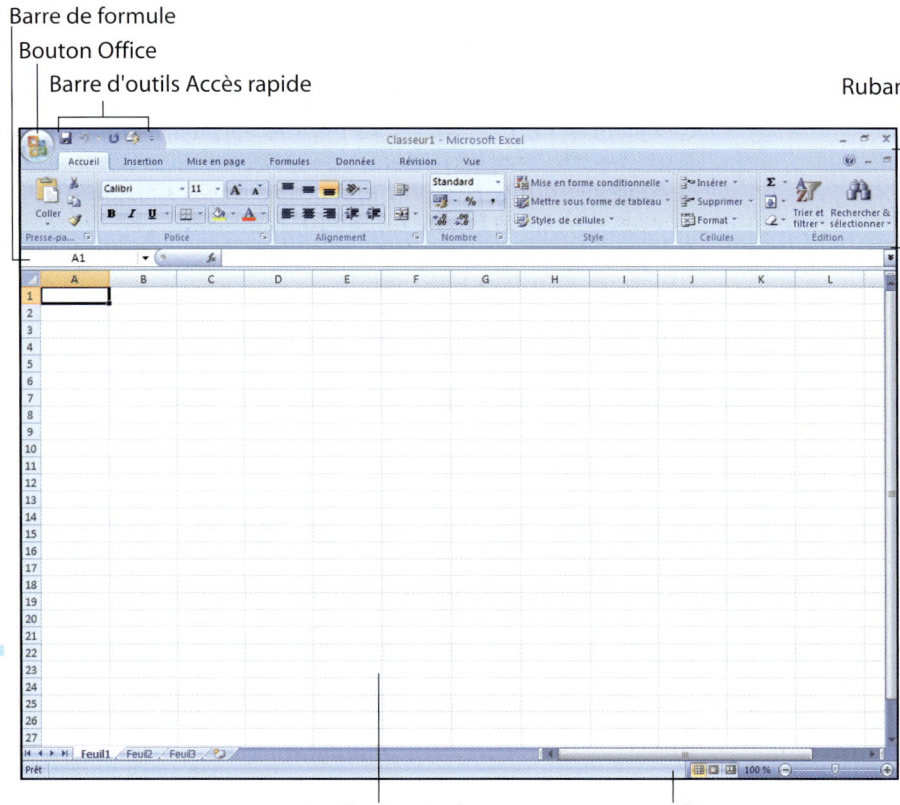

Figure 1.1
La fenêtre qui
apparaît quand
on lance
Excel 2007.

Feuille de calcul

Barre d'état

Cette fenêtre se compose des éléments suivants :

➤ **Le Bouton Office**, qui ouvre le menu déroulant Office contenant toutes les commandes relatives au fichier, notamment Enregistrer, Ouvrir, Imprimer, et Quitter Excel, ainsi que le bouton Options Excel qui vous permet de modifier les paramètres par défaut d'Excel.

➤ **La barre d'outils Accès rapide**, qui contient des boutons sur lesquels vous pouvez cliquer pour accomplir des tâches d'usage courant, par exemple enregistrer votre travail ou bien annuler ou répéter une modification, et que vous pouvez personnaliser en y ajoutant des boutons.

➤ **Le Ruban**, qui contient la majeure partie des commandes d'Excel, réparties dans un certain nombre d'onglets allant d'Accueil à Affichage.

> ✔ **La Barre de formule**, qui affiche l'adresse de la cellule sélectionnée ainsi que son contenu.

> ✔ **La zone de feuille de calcul**, qui contient toutes les cellules de la feuille de calcul en cours, identifiées par des en-têtes de colonnes au moyen de lettres sur le bord supérieur, et par des en-têtes de lignes utilisant des nombres sur le bord gauche, avec des onglets permettant de sélectionner une autre feuille de calcul du classeur, une barre de défilement horizontal sur le bord inférieur pour se déplacer vers la droite et vers la gauche dans la feuille de calcul, et une barre de défilement vertical sur le bord droit pour se déplacer vers le haut et vers le bas dans la feuille de calcul.

> ✔ **La Barre d'état**, qui indique dans quel mode se trouve le programme et quelles touches spéciales sont activées, vous permet de sélectionner une autre feuille de calcul et de faire un zoom avant ou arrière sur la feuille de calcul affichée.

Utiliser le Bouton Office

Lorsque vous cliquez sur le Bouton Office, un menu déroulant, semblable à celui que montre la Figure 1.2, apparaît. Ce menu Office contient toutes les commandes dont vous avez besoin pour travailler avec les fichiers classeur d'Excel, notamment Enregistrer, Ouvrir, Imprimer et Fermer. Il contient aussi un bouton Options Excel, qui vous permet de modifier les paramètres du programme, et un bouton Quitter Excel, qui vous permet de fermer le programme lorsque vous avez fini de travailler.

Visite guidée du Ruban

Le Ruban (Figure 1.3) change radicalement la manière dont vous allez travailler dans Excel avec la version 2007. Au lieu de devoir vous rappeler (ou deviner) dans quel menu déroulant ou dans quelle barre d'outils Microsoft a placé la commande que vous voulez utiliser, les concepteurs d'Excel 2007 ont imaginé ce Ruban qui rend directement accessibles dans des onglets les commandes les plus utilisées pour une certaine catégorie de tâches.

Le Ruban est constitué des composants suivants :

> ✔ **Des onglets** pour chaque catégorie de tâches d'Excel, rassemblant chacun les commandes les plus utilisées pour cette catégorie de tâches.

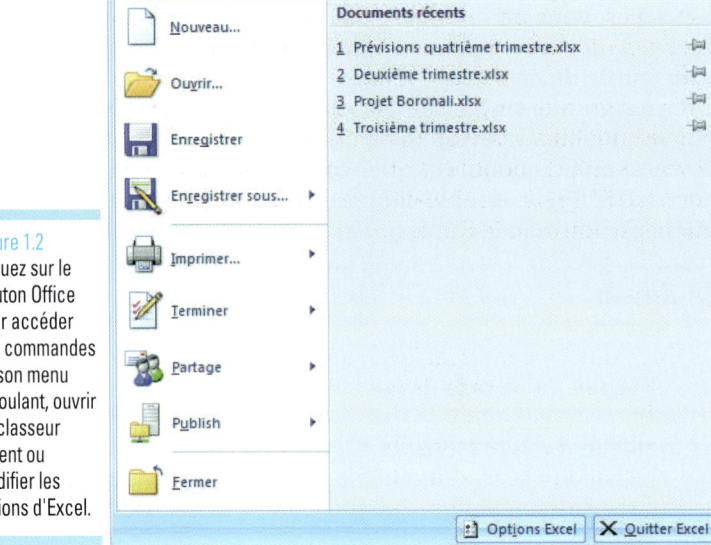

Figure 1.2
Cliquez sur le
Bouton Office
pour accéder
aux commandes
de son menu
déroulant, ouvrir
un classeur
récent ou
modifier les
options d'Excel.

Figure 1.3
Le Ruban d'Excel
se compose
d'une série
d'onglets
contenant des
boutons de
commande
répartis en
différents
groupes.

Onglets   Boutons de commande

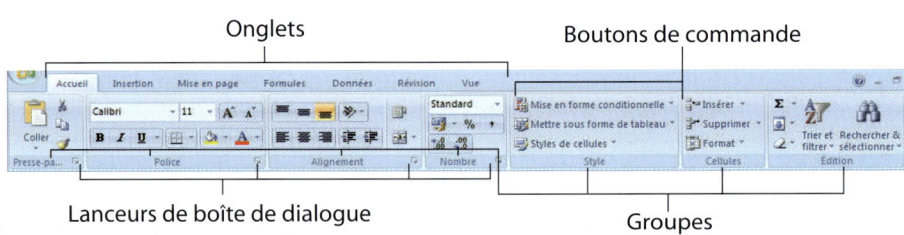

Lanceurs de boîte de dialogue   Groupes

✔ **Des groupes**, rassemblant des boutons de commande par sous-ensemble de ces catégories de tâches.

✔ **Des boutons de commande** dans chaque groupe, que vous pouvez sélectionner pour accomplir une action ou ouvrir une galerie dans laquelle vous pourrez cliquer sur la miniature de votre choix. Notez que dans certains onglets un certain nombre de ces boutons se présentent comme des mini-barres d'outils donnant accès aux paramètres correspondants.

 ✔ **Des lanceurs de boîte de dialogue**, dans le coin inférieur droit de certains groupes, vous permettant d'ouvrir une boîte de dialogue contenant un certain nombre d'options supplémentaires.

Pour afficher une plus grande surface de votre feuille de calcul dans la fenêtre d'Excel, vous pouvez minimiser le Ruban de manière que seuls les onglets apparaissent. Il vous suffit de double-cliquer sur l'un quelconque des onglets ou d'appuyer sur Ctrl+F1 (et de double-cliquer sur un onglet ou d'appuyer sur Ctrl+F1 pour afficher à nouveau le Ruban).

Les onglets du Ruban

La première fois que vous lancez Excel 2007, son Ruban contient les sept onglets suivants, de la gauche vers la droite :

 ✔ **Accueil**, qui contient les boutons de commande normalement utilisés pour créer, mettre en forme et modifier une feuille de calcul, répartis dans les groupes Presse-papiers, Police, Alignement, Nombre, Style, Cellules et Édition.

 ✔ **Insertion**, qui contient les boutons de commande normalement utilisés pour ajouter divers éléments (dessins, tableaux, graphiques, liens hypertextes, en-têtes et pieds de pages), répartis dans les groupes Formes, Tableaux, Illustrations, Diagrammes, Liens et Texte.

 ✔ **Mise en page**, qui contient les boutons de commande normalement utilisés pour préparer une feuille de calcul pour l'impression ou réorganiser les dessins sur une feuille de calcul, répartis dans les groupes Thèmes, Mise en page, Mise à l'échelle et Options de la feuille de calcul.

 ✔ **Formules**, qui contient les boutons de commande normalement utilisés pour ajouter des formules et des fonctions dans une feuille de calcul ou pour rechercher des erreurs dans une formule, répartis dans les groupes Bibliothèque de fonctions, Cellules nommées, Audit de formules et Calcul. Notez que cet onglet contient également un groupe Solutions lorsque vous activez certains programmes "add-in" comme Conditional Sum et Euro Currency Tools.

 ✔ **Données**, qui contient les boutons de commande normalement utilisés pour importer, émettre des requêtes, mettre en évidence ou faire un sous-total des données d'une feuille de calcul, répartis dans les groupes Donnés externes, Gérer les connexions, Trier et filtrer, Outils de données et Plan. Notez que cet onglet contient également un groupe Analyse lorsque vous activez certains programmes "add-in" comme Analysis Toolpak and Solver Add-In.

➤ **Révision**, qui contient les boutons de commande normalement utilisés pour vérifier, protéger et effectuer le suivi des modifications d'une feuille de calcul, répartis dans les groupes Vérification, Commentaires et Modifications.

➤ **Affichage**, qui contient les boutons de commande normalement utilisés pour modifier l'affichage de la feuille de calcul, répartis dans les groupes Affichages classeur, Afficher/Masquer, Zoom et Fenêtre.

Bien que ces onglets standard soient ceux que vous voyez toujours sur le Ruban lorsqu'il est affiché dans Excel, ils ne sont pas tout ce qui peut apparaître dans cette zone.

Par exemple, la Figure 1.4 montre une feuille de calcul après avoir cliqué sur le graphique qu'elle contient pour le sélectionner. Sélectionner ce graphique fait apparaître à l'extrémité du Ruban les Outils de graphique répartis dans trois onglets supplémentaires : Création (sélectionné par défaut), Disposition et Mise en forme. Notez également que les boutons de commande de l'onglet Création sont répartis dans les groupes Type, Données, Disposition rapide, Styles rapides et Emplacement.

Outils de graphique

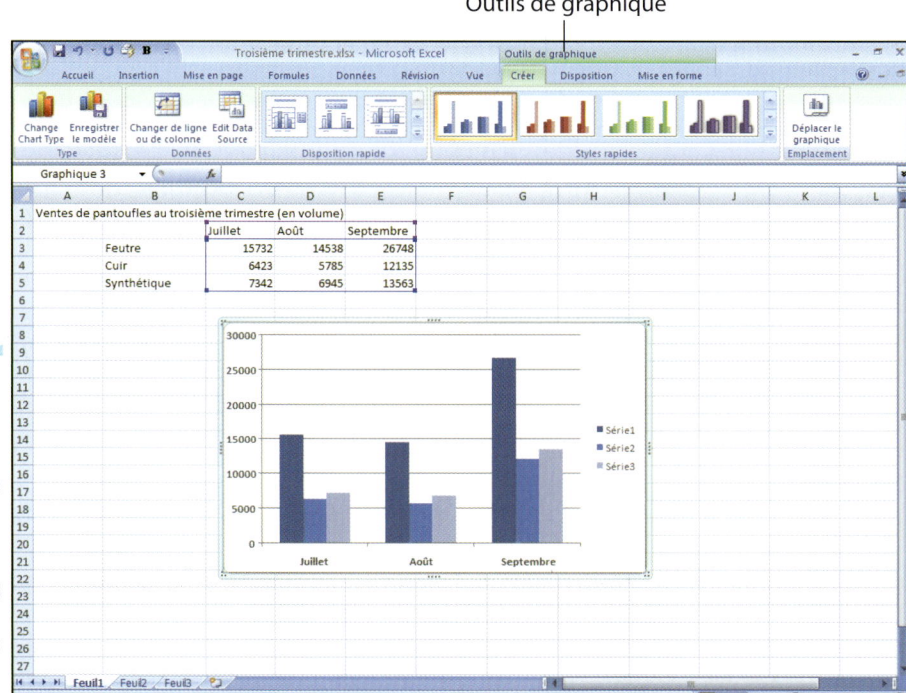

Figure 1.4
Lorsque vous sélectionnez certains objets dans la feuille de calcul, Excel ajoute au Ruban des outils contextuels avec leurs propres onglets, groupes et boutons.

Lorsque vous désélectionnez l'objet (en général en cliquant dans la feuille à l'extérieur de celui-ci), l'outil contextuel pour celui-ci disparaît immédiatement du Ruban, qui ne laisse plus apparaître que les onglets habituels.

Sélectionner des commandes dans le Ruban

La méthode la plus facile pour sélectionner des commandes du Ruban (si vous êtes vraiment à l'aise avec votre clavier) consiste à appuyer sur la touche Alt, la relâcher, puis à taper la séquence de lettres définissant le raccourci clavier pour l'onglet et le bouton voulus.

Lorsque vous appuyez sur la touche Alt et la relâchez aussitôt, Excel affiche les touches de raccourci pour tous les onglets du Ruban. Lorsque vous appuyez alors sur la ou les touches de raccourci de l'onglet voulu, celui-ci apparaît, avec toutes les touches de raccourci des boutons de commande qu'il contient, comme le montre la Figure 1.5. Pour sélectionner un bouton de commande (ou ouvrir une boîte de dialogue), appuyez alors simplement sur les touches de raccourci correspondantes.

Figure 1.5
Lorsque vous appuyez successivement sur Alt puis sur les touches de raccourci d'un onglet, Excel affiche les touches de raccourci de tous ses boutons de commande et boîtes de dialogue.

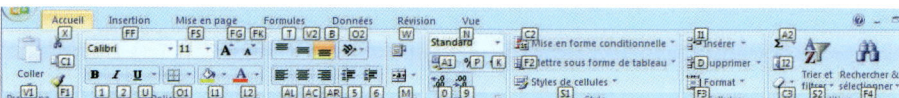

Personnaliser la barre d'outils Accès rapide

Lorsque vous lancez Excel 2007 pour la première fois, la barre d'outils Accès rapide ne contient que les trois boutons suivants :

- ☞ **Enregistrer**, pour enregistrer toutes les modifications apportées au classeur ouvert, avec le même nom de fichier, le même format de fichier et le même emplacement.

- ☞ **Annuler**, pour annuler la dernière modification que vous avez effectuée.

- ☞ **Répéter**, pour répéter la dernière modification que vous avez effectuée.

La barre d'outils Accès rapide est très personnalisable, car Excel donne la possibilité d'y ajouter très facilement non seulement n'importe quel bouton du Ruban, mais aussi toutes les commandes d'Excel que vous voulez, même les plus obscures qui n'apparaissent dans aucun des onglets du Ruban.

Le menu Personnaliser la barre d'outils Accès rapide

Lorsque vous cliquez sur ce bouton Personnaliser la barre d'outils Accès rapide, vous voyez apparaître un menu dont la première section est une liste de commandes précédée d'une colonne grise dans laquelle apparaît une coche devant chacune de celles dont le bouton est affiché dans la barre d'outils Accès rapide. Par défaut, seules les commandes Enregistrer, Annuler, et Répéter sont cochées, et il vous suffit de cocher toutes celles que vous voulez pour en faire apparaître le bouton dans la barre d'outils. Inversement, si vous cliquez dans ce menu sur une commande déjà cochée, la coche disparaît et son bouton disparaît dans la barre d'outils.

La deuxième section de ce menu comporte les commandes Autres commandes qui vous permet d'ajouter d'autres commandes dans la barre d'outils Accès rapide (y compris des commandes qui ne sont pas présentes dans le Ruban), ce que nous verrons à la section "Ajouter d'autres commandes dans la barre d'outils Accès rapide", un peu plus loin ; et Afficher en dessous du Ruban qui permet tout simplement d'afficher la barre d'outils Accès rapide en dessous du Ruban.

Enfin, la troisième section de ce menu ne comporte que la commande Réduire le Ruban, qui vous permet de minimiser le Ruban de manière que seuls ses onglets apparaissent (voyez à ce sujet la section Visite guidée du Ruban, plus haut dans ce chapitre).

Ajouter des boutons du Ruban

Pour ajouter dans la barre d'outils Accès rapide un bouton de commande du Ruban, cliquez simplement du bouton droit sur celui-ci dans le Ruban, puis sélectionnez Ajouter à la barre d'outils Accès rapide dans le menu qui apparaît. Excel ajoute aussitôt ce bouton à l'extrémité droite de la barre d'outils Accès rapide, juste avant le bouton Personnaliser la barre d'outils Accès rapide.

Si vous voulez placer à un autre endroit dans la barre d'outils Accès rapide le bouton que vous venez d'y ajouter, par exemple pour le regrouper avec d'autres boutons, cliquez sur le bouton Personnaliser la barre d'outils Accès rapide, puis sélectionnez Autres commandes dans le menu qui apparaît.

La boîte de dialogue Options Excel s'affiche, avec l'onglet Personnaliser au premier plan (Figure 1.6). Vous y voyez, dans la liste de droite, tous les boutons déjà placés dans la barre d'outils Accès rapide, l'ordre dans lequel ils apparaissent de gauche à droite dans la barre d'outils Accès rapide correspondant à l'ordre dans lequel ils apparaissent du haut vers le bas dans cette liste.

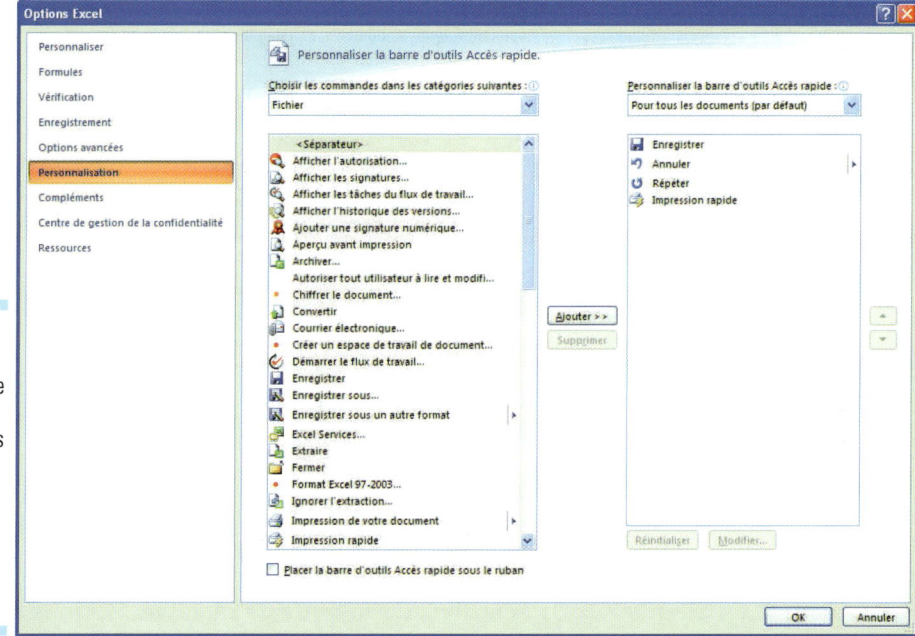

Figure 1.6
L'onglet Personnaliser de la boîte de dialogue Options Excel vous permet de personnaliser entièrement la barre d'outils Accès rapide.

Pour repositionner un bouton dans la barre d'outils, cliquez dessus pour le sélectionner dans la liste de droite de la boîte de dialogue Options Excel, puis cliquez sur la flèche pointant vers le haut ou la flèche pointant vers le bas à droite de cette liste pour le déplacer vers le haut ou vers le bas dans la liste, jusqu'à l'emplacement désiré.

Pour supprimer un bouton de la barre d'outils Accès rapide, cliquez dessus du bouton droit dans celle-ci, puis sélectionnez Supprimer de la barre d'outils Accès rapide dans le menu qui apparaît.

Ajouter d'autres commandes dans la barre d'outils Accès rapide

L'onglet Personnaliser de la boîte de dialogue Options Excel montré par la Figure 1.6 (cliquez sur le bouton Personnaliser la barre d'outils Accès rapide, et sélectionnez Autres commandes dans le menu qui apparaît), vous permet également d'ajouter à la barre d'outils Accès rapide toutes les commandes d'Excel qui ne se trouvent pas dans le Ruban.

1. **Dans la liste déroulante Choisir les commandes dans les catégories suivantes, sélectionnez le type de la commande que vous voulez ajouter à la barre d'outils Accès rapide.**

   Parmi ces catégories de commandes, figurent notamment le menu du Bouton Office (libellé Office Menu dans la version bêta dont nous disposons, mais qui sera sans doute libellé Menu Office dans la version commercialisée) ainsi que tous les onglets du Ruban. Pour n'afficher que les commandes qui ne sont pas dans le Ruban, sélectionnez Commandes non présentes sur le ruban, dans la première section de la liste déroulante. Pour afficher la liste complète de toutes les commandes d'Excel, cliquez sur Toutes les commandes, dans la première section de la liste déroulante.

2. **Dans la liste des commandes de gauche, cliquez sur celle que vous voulez ajouter à la barre d'outils Accès rapide.**

3. **Cliquez sur le bouton Ajouter, entre les deux listes, pour ajouter la commande sélectionnée à la liste de droite.**

4. **Si vous voulez repositionner le bouton que vous venez d'ajouter, cliquez sur la flèche pointant vers le haut (à droite de la liste de droite), jusqu'à ce qu'il soit à l'emplacement voulu.**

5. **Cliquez sur OK pour fermer la boîte de dialogue Options Excel.**

S'amuser avec la Barre de formule

La Barre de formule affiche l'adresse et le contenu de la cellule sélectionnée. L'adresse d'une cellule est définie par la lettre (ou les lettres) de la colonne dans laquelle elle se trouve, suivie immédiatement par le numéro de la ligne dans laquelle elle se trouve. Ainsi, la cellule A1 est la toute première cellule de la feuille de calcul, à son coin supérieur gauche, à l'intersection de la première ligne et de la première colonne. La cellule XFD1048576, qui est la toute dernière dans une feuille de calcul Excel 2007, se trouve à l'intersection de la colonne XFD et de la ligne 1 048 576, dernière colonne et dernière ligne d'une feuille de calcul Excel 2007. Le contenu de la cellule sélectionnée dépend du type des données que vous y avez entrées : du texte ou des nombres si vous n'avez entré qu'un en-tête ou une valeur particulière, une formule si vous avez entré une formule.

La Barre de formule se compose de trois parties, de gauche à droite :

- **La zone de nom :** C'est la partie qui affiche l'adresse de la cellule sélectionnée.

- **Les boutons de la Barre de formule :** Juste après la zone de nom, c'est la zone qui se présente comme un petit ruban bleu commençant par un demi-cercle (que l'on peut déplacer vers la droite ou vers le haut). Elle contient à son extrémité droite le bouton Assistant Fonction (*fx*), auquel viennent s'ajouter les boutons Entrer et Annuler lorsque vous commencez à modifier le contenu de la cellule.

- **Contenu de la cellule :** Juste après la zone des boutons apparaît sur fond blanc le contenu de la cellule, occupant tout le reste de la Barre de formule, ce qui permet d'afficher un contenu aussi long que nécessaire.

L'importance de la zone du contenu de la cellule dans la Barre de formule est qu'elle vous montre toujours le contenu réel de la cellule, même lorsque la feuille de calcul elle-même ne le fait pas. Par exemple, lorsque la cellule contient une formule, Excel affiche dans cette cellule le résultat du calcul correspondant, mais c'est la zone du contenu de la cellule dans la Barre de formule qui affiche la formule (laquelle est le véritable contenu de la cellule), et c'est là que vous pouvez modifier cette formule à tout moment. Pour la même raison, lorsque la zone du contenu de la cellule est vide, vous savez que la cellule ne contient rien.

Que faire dans la zone de la feuille de calcul

C'est là que la majeure partie des choses se passent, car c'est là que sont affichées les cellules ; c'est dans les cellules que vous entrez vos données, c'est aux cellules que vous appliquez vos mises en forme ainsi que toutes sortes de modifications.

N'oubliez pas que pour que vous puissiez entrer ou modifier des données dans une cellule, celle-ci doit être sélectionnée. Excel indique de trois manières qu'une cellule est sélectionnée :

- Le curseur de cellule : c'est la bordure noire épaisse qui entoure la cellule sélectionnée.

 ✔ L'adresse de la cellule sélectionnée apparaît dans la zone de nom de la Barre de formule.

 ✔ L'en-tête de la colonne et l'en-tête de la ligne de la cellule sélectionnée apparaissent en orange, ce qui les met en évidence par contraste avec les autres.

Se déplacer dans la feuille de calcul

Une feuille de calcul Excel contient bien trop de lignes et de colonnes pour que toutes soient affichées en même temps, quelles que soient la taille et la définition de votre écran (ne perdons pas de vue qu'il y a au total 17 179 869 184 cellules dans une feuille de calcul). Excel offre donc de nombreux moyens de déplacer le curseur de cellule dans la feuille de calcul pour atteindre celle que vous voulez modifier :

 ✔ Cliquer sur la cellule voulue (dans le cas où celle-ci se trouve dans la zone de la feuille de calcul affichée à l'écran).

 ✔ Cliquer dans la zone de nom de la Barre de formule, y entrer directement l'adresse de la cellule voulue et appuyer sur la touche Entrée.

 ✔ Appuyer sur F5 pour faire apparaître la boîte de dialogue Atteindre, entrer l'adresse de la cellule voulue dans le champ Référence, puis cliquer sur OK.

 ✔ Utiliser les touches de curseur selon les indications du Tableau 1.1 pour déplacer le curseur de cellule jusqu'à la cellule voulue.

 ✔ Utiliser les barres de défilement horizontal et vertical, respectivement sur le bord inférieur et le bord droit de la fenêtre, pour faire apparaître à l'écran la zone de la feuille de calcul qui contient la cellule voulue, puis cliquer sur celle-ci pour la sélectionner.

Raccourcis clavier pour déplacer le curseur de cellule

Excel offre de nombreux raccourcis clavier pour déplacer le curseur de cellule vers une cellule quelconque. Au fur et à mesure que le curseur de cellule se déplace, la zone de la feuille de calcul qui apparaît à l'écran se déplace en conséquence, de manière que celui-ci apparaisse toujours à l'affichage. Le Tableau 1.1 rassemble tous ces raccourcis clavier en indiquant les déplacements du curseur de cellule qu'ils produisent. Ces raccourcis clavier utilisent les quatre touches de curseur (←, →, ↑ et ↓) et les touches Page suivante (PgSuiv), Page précédente (PgPréc), Début et Fin, ainsi que la touche Ctrl.

Tableau 1.1 : **Raccourcis clavier pour déplacer le curseur de cellule.**

Raccourci	Le curseur se déplace jusqu'à
→ ou Tab	Cellule voisine de droite.
← ou Maj+Tab	Cellule voisine de gauche.
↑	Cellule voisine du dessus.
↓	Cellule voisine du dessous.
Début	Cellule de la colonne A de la même ligne.
Ctrl+Début	Première cellule (A1) de la feuille de calcul.
Ctrl+Fin ou Fin, Début	Cellule se trouvant à l'intersection de la dernière colonne non vide et de la dernière ligne non vide de la feuille de calcul (autrement dit, la dernière cellule de ce que l'on appelle la *zone active* de la feuille de calcul).
PgPréc	Cellule se trouvant un écran plus haut dans la même colonne.
PgSuiv	Cellule se trouvant un écran plus bas dans la même colonne.
Ctrl+→ ou Fin, →	Première cellule non vide vers la droite dans la même ligne et précédée ou suivie par une cellule vide. Si aucune cellule non vide n'est trouvée, le curseur va jusqu'à la dernière cellule de la ligne.
Ctrl+← ou Fin, ←	Première cellule non vide vers la gauche dans la même ligne et précédée ou suivie par une cellule vide. Si aucune cellule non vide n'est trouvée, le curseur va jusqu'à la première cellule de la ligne.
Ctrl+↑ ou Fin, ↑	Première cellule non vide vers le haut dans la même colonne et précédée ou suivie par une cellule vide. Si aucune cellule non vide n'est trouvée, le curseur va jusqu'à la première cellule de la colonne.
Ctrl+↓ ou Fin, ↓	Première cellule non vide vers le bas dans la même colonne et précédée ou suivie par une cellule vide. Si aucune cellule non vide n'est trouvée, le curseur va jusqu'à la dernière cellule de la colonne.
Ctrl+PgSuiv	Dernière cellule non vide dans la feuille de calcul suivante du même classeur.

Tableau 1.1 : **Raccourcis clavier pour déplacer le curseur de cellule. (*suite*)**

Raccourci	Le curseur se déplace jusqu'à
Ctrl+PgPréc	Dernière cellule non vide dans la feuille de calcul précédente du même classeur.

Note : Pour les raccourcis clavier qui utilisent les touches de curseur, vous devez utiliser le bloc des touches de curseur sur votre clavier ou bien vous assurer que le verrouillage numérique n'est pas activé si vous utilisez le pavé numérique de votre clavier.

Les raccourcis clavier qui combinent la touche Ctrl et la touche Fin avec une touche de curseur apparaissant dans le Tableau 1.1 sont parmi les plus utiles pour se déplacer rapidement dans un grand tableau de cellules ou pour se déplacer d'un tableau à un autre dans une partie de la feuille de calcul qui contient de nombreux blocs de cellules.

Lorsque vous utilisez la touche Ctrl avec une touche de curseur pour vous déplacer d'un bord à un autre dans un tableau ou d'un tableau à un autre dans une feuille de calcul, vous devez maintenir enfoncée la touche Ctrl tout en appuyant sur la touche de curseur concernée (ce qui est indiqué par le signe + dans la définition du raccourci, comme dans Ctrl+→).

Lorsque vous utilisez la touche Fin avec une touche de curseur, vous devez appuyer sur la touche Fin et la relâcher *avant* d'appuyer sur la touche de curseur (ce qui est indiqué par la virgule dans la définition du raccourci, comme dans Fin, →). Lorsque vous appuyez sur la touche Fin et la relâchez, l'indicateur Mode Fin apparaît dans la Barre d'état. Excel vous signale ainsi qu'il attend que vous appuyiez sur l'une des quatre touches de curseur.

Comme vous pouvez maintenir enfoncée la touche Ctrl tout en appuyant sur la touche de curseur dont vous avez besoin, la méthode touche Ctrl plus touche de curseur est plus fluide pour naviguer dans des blocs de cellule que la méthode touche Fin plus touche de curseur.

Vous pouvez utiliser la touche Verr Maj (Verrouillage Majuscules) pour "verrouiller" la position du curseur de cellule dans la feuille de calcul, de manière à faire défiler à l'écran la feuille de calcul avec des touches comme PgSuiv et PgPréc sans changer la position du curseur de cellule (autrement dit, de manière que ces touches se comportent comme les barres de défilement).

Après avoir activé le Verrouillage Majuscule, lorsque vous faites défiler la feuille de calcul avec le clavier, Excel ne sélectionne pas une nouvelle cellule dans la zone affichée. La cellule sélectionnée reste la même, même si elle n'est plus visible à l'affichage. Pour "déverrouiller" le curseur de cellule en utilisant le clavier pour faire défiler la feuille de calcul, vous devez désactiver le Verrouillage Majuscule (soit en appuyant à nouveau sur la touche Verr Maj, soit en appuyant sur la touche Maj, selon votre paramétrage de Windows).

Astuces pour les barres de défilement

Vous pouvez utiliser la barre de défilement horizontal qui se trouve sur le bord inférieur de la feuille de calcul pour faire défiler vos colonnes vers la droite ou vers la gauche, et la barre de défilement vertical qui se trouve sur le bord droit de la feuille de calcul pour faire défiler vos lignes vers le haut ou vers le bas. Pour faire défiler d'une colonne ou d'une ligne à la fois dans une direction, cliquez sur la flèche de défilement appropriée à l'une ou l'autre extrémité de la barre de défilement correspondante.

N'oubliez pas que vous pouvez redimensionner la barre de défilement horizontal pour la rendre plus longue ou plus courte en faisant glisser le bouton qui apparaît à son extrémité gauche. Gardez à l'esprit que l'espace restant à gauche de la barre de défilement horizontal permet de loger les onglets des feuilles de calcul que contient le classeur.

Pour faire défiler très rapidement les lignes et colonnes de votre feuille de calcul, maintenez enfoncée la touche Maj et faites glisser le pointeur de la souris dans la direction appropriée dans la barre de défilement correspondante, jusqu'à ce que la ligne ou la colonne que vous voulez voir apparaisse à l'écran. Lorsque vous maintenez enfoncée la touche Maj, le bouton de défilement devient très petit dès que vous maintenez enfoncé le bouton de la souris après avoir placé le pointeur dessus. En même temps, une info-bulle apparaît, indiquant le numéro de la première ligne ou la lettre de la première colonne affichée.

Si vous disposez d'une souris à molette, vous pouvez l'utiliser pour faire défiler directement. Placez simplement le pointeur de cellule en forme de croix approximativement au centre de la feuille de calcul, et maintenez enfoncée la molette de la souris. Le pointeur prend la forme d'une flèche à quatre pointes. Faites alors simplement glisser votre souris dans la direction appropriée (vers la gauche ou vers la droite pour faire défiler les colonnes, vers le haut ou vers le bas pour faire défiler les lignes), jusqu'à ce que la zone voulue de la feuille de calcul apparaisse à l'écran.

Surfer sur les feuilles d'un classeur

Chaque nouveau classeur que vous créez dans Excel 2007 contient trois feuilles de calcul vierges, chacune avec ses 16 384 colonnes et 1 048 576 lignes (ce qui vous fait disposer de la bagatelle de 51 539 607 552 cellules vierges par feuille). Mais si vous avez besoin de feuilles supplémentaires dans votre classeur, il vous suffit de cliquer sur le bouton Insérer une feuille de calcul, juste après les onglets des feuilles de calcul existantes, comme le montre la Figure 1.7.

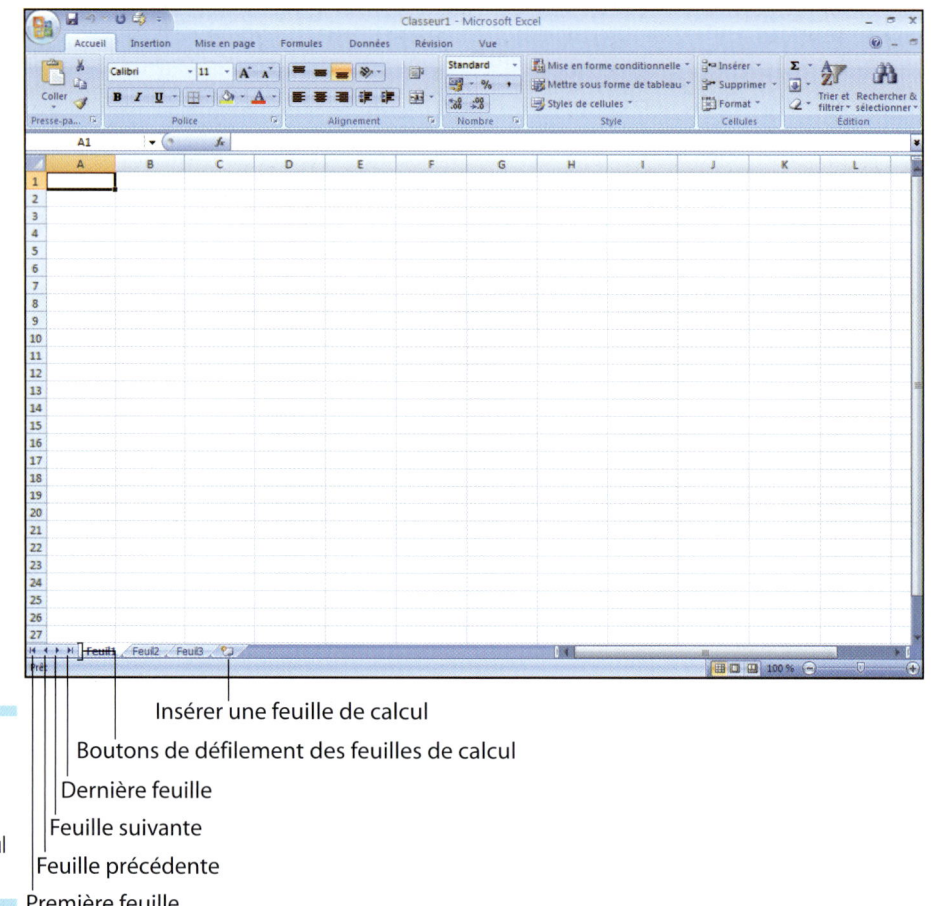

Insérer une feuille de calcul

Boutons de défilement des feuilles de calcul

Dernière feuille

Feuille suivante

Feuille précédente

Première feuille

Figure 1.7
Vous pouvez facilement activer une feuille de calcul et en ajouter.

Dans le coin inférieur gauche de la fenêtre, les boutons de défilement d'une feuille de calcul à une autre sont suivis par les onglets des feuilles de classeur, puis par le bouton Insérer une feuille de calcul. Pour activer une feuille de calcul, c'est-à-dire pour la faire apparaître à l'affichage et pouvoir y travailler, il vous suffit de la sélectionner en cliquant sur son onglet. Excel met en évidence

Une raison d'ajouter des feuilles dans un classeur

Vous vous demandez peut-être pourquoi on pourrait avoir besoin de plus de trois feuilles de calcul dans un classeur, compte tenu du nombre énorme de cellules que contient chacune d'elles. La réponse est que ça dépend tout simplement de la manière dont vous choisissez d'organiser vos données. Vous trouverez souvent plus pratique de les répartir sur plusieurs feuilles, sachant que vous pouvez passer facilement de l'une à l'autre, que de les disséminer sur une grande surface d'une même feuille en vous obligeant à en faire défiler le contenu pour accéder à vos données. Par exemple, si vous faites des budgets pour plusieurs services d'une entreprise, il est plus pratique d'avoir une feuille pour chaque service. Il vous sera aussi plus facile de cette façon d'imprimer chaque feuille séparément. Enfin, vous pourrez aussi créer une feuille de résumé, consolidant les données des autres.

la feuille active en mettant son nom en gras dans l'onglet correspondant et en faisant apparaître celui-ci au-dessus des autres.

N'oubliez pas que les raccourcis clavier Ctrl+PgSuiv et Ctrl+PgPréc vous permettent de passer respectivement à la feuille suivante et à la feuille précédente dans votre classeur.

Si votre classeur contient trop de feuilles de calcul pour que tous leurs onglets puissent être affichés en même temps en bas de la fenêtre, utilisez les boutons de défilement situés à gauche des onglets pour les faire défiler et faire apparaître ceux dont vous avez besoin, de manière que vous puissiez alors cliquer sur celui que vous voulez activer.

Exhiber la Barre d'état

La Barre d'état (Figure 1.8) occupe tout le bord inférieur de la fenêtre d'Excel et comporte les zones suivantes :

- **L'indicateur Mode Cellule** indique l'état du programme Excel (Prêt, Entrer, et ainsi de suite), ainsi que toutes les touches spéciales du clavier qui sont activées (Verr Maj, Verr Num et Défilement).

- **Le bouton Enregistrement de macro** (qui représente une feuille de calcul avec un point rouge dans son coin inférieur gauche) ouvre la boîte de dialogue Enregistrer une macro dans laquelle vous pouvez spécifier les paramètres d'une nouvelle macro et commencer à l'enregistrer. Notez que ce bouton n'apparaît pas par défaut, à moins que vous n'ayez déjà affiché au moins une fois l'onglet Développeur. Vous pouvez aussi personnaliser la Barre d'état pour l'afficher (cliquez du bouton droit sur la Barre d'état, et cliquez dans la bande grise, devant Enregistrement de macro).

✔ **Les indicateurs Moyenne, Nombre et Somme** affichent la moyenne et la somme de tous les contenus numériques de l'ensemble des cellules sélectionnées, ainsi que le nombre de ces dernières.

✔ **Le Sélecteur d'affichage** vous permet de choisir entre trois modes d'affichage pour votre feuille de calcul : Normal (c'est l'affichage par défaut qui ne montre que les cellules avec les en-têtes de lignes et de colonnes) ; Mise en page (qui affiche les règles, les marges et les sauts de page) ; et Sauts de page (qui vous permet de mettre au point la mise en page du document). Pour en savoir plus à ce sujet, reportez-vous au Chapitre 5.

✔ **L'indicateur Zoom et le Curseur de zoom**, ce dernier vous permettant de faire un zoom avant ou arrière sur votre feuille de calcul en le faisant glisser, respectivement, vers la droite ou vers la gauche.

Vous pouvez personnaliser la Barre d'état pour y afficher d'autres indicateurs ou faire disparaître ceux que vous trouvez encombrants : cliquez du bouton droit sur la Barre d'état pour faire apparaître la liste de tout ce qui peut y être affiché. Une coche apparaît devant chaque élément activé (qui sera affiché). Pour activer ou désactiver l'affichage d'un élément dans la Barre d'état, cliquez devant dans cette liste pour faire apparaître ou disparaître la coche. Entre autres, l'indicateur Verr. Num. (qui n'est pas affiché dans la configuration par défaut) vous signale que vous pouvez utiliser le pavé numérique de votre clavier pour entrer des valeurs numériques dans la feuille de calcul.

Lancer Excel et quitter Excel

Excel 2007 fonctionne évidemment sous Windows XP, mais vous pouvez aussi l'utiliser avec la nouvelle version Windows Vista. Du fait des changements apportés au menu Démarrer dans Windows Vista, la procédure pour lancer Excel avec cette dernière version est un peu différente de celle de Windows XP.

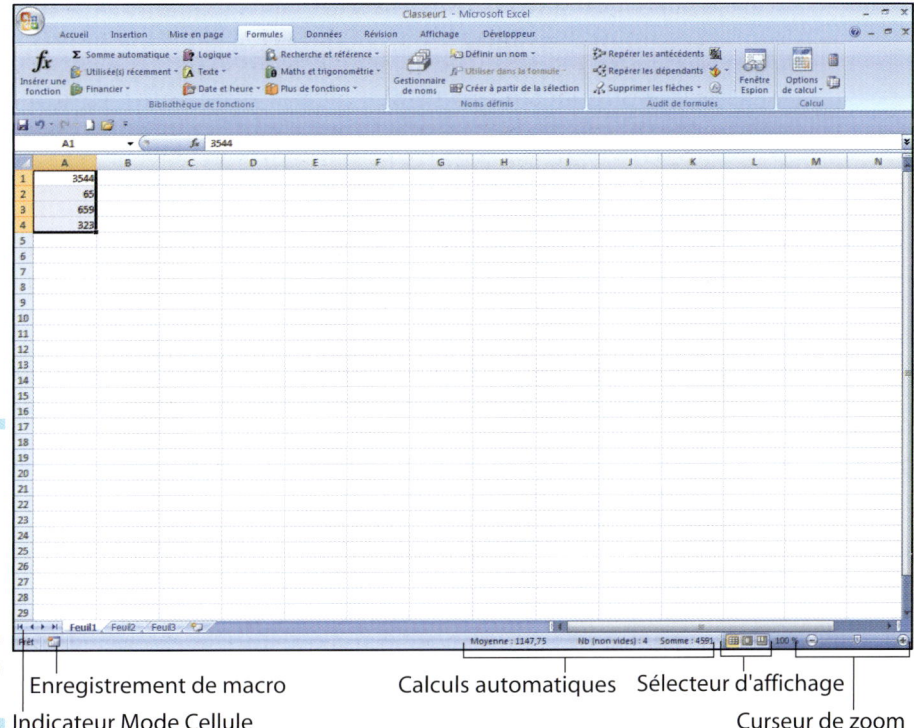

Figure 1.8
La Barre d'état
affiche l'état
dans lequel se
trouve Excel et
vous permet de
sélectionner un
nouvel affichage
pour votre feuille
de calcul.

Enregistrement de macro   Calculs automatiques   Sélecteur d'affichage

Indicateur Mode Cellule   Curseur de zoom

Lancer Excel à partir du menu Démarrer de Windows Vista

Vous pouvez utiliser le champ Rechercher qui se trouve en bas du menu Démarrer de Windows Vista pour identifier l'emplacement du programme Excel sur votre ordinateur et le lancer très rapidement :

1. **Cliquez sur le bouton Démarrer dans la Barre des tâches pour ouvrir le menu Démarrer.**

2. **Cliquez dans le champ Rechercher et tapez les deux lettres ex pour que Vista identifie l'emplacement du programme Excel 2007 sur votre ordinateur.**

3. **Cliquez sur l'option Microsoft Office Excel 2007 qui apparaît maintenant dans le volet de gauche du menu Démarrer.**

Vous pouvez aussi lancer Excel à partir du menu Démarrer de Vista, en cliquant sur Démarrer/Tous les programmes/Microsoft Office/Microsoft Office Excel 2007.

Lancer Excel à partir du menu Démarrer de Windows XP

Pour lancer Excel à partir du menu Démarrer de Windows XP, suivez simplement ces étapes :

1. **Cliquez sur Démarrer dans la Barre des tâches de Windows pour ouvrir le menu Démarrer.**

2. **Dans le menu Démarrer, sélectionnez Tous les programmes/Microsoft Office/Microsoft Office 2007.**

Placer Excel dans le menu Démarrer

Si vous utilisez beaucoup Excel, vous trouverez sans doute pratique de le faire apparaître de façon permanente dès l'ouverture du menu Démarrer de Windows XP. Les étapes pour cela sont les mêmes pour Windows XP que pour Windows Vista :

1. **Lancez Excel à partir du menu Démarrer de Windows.**

   Utilisez pour cela la méthode appropriée selon votre version de Windows (XP ou Vista ; voir les deux sections précédentes de ce chapitre).

   Windows ajoute Excel 2007 à la liste des programmes récemment utilisés dans le volet de gauche du menu Démarrer.

2. **Cliquez sur Démarrer, puis cliquez du bouton droit sur Excel 2007 dans la liste des programmes récemment utilisés du volet de gauche du menu Démarrer.**

3. **Dans le menu contextuel qui apparaît, cliquez sur Ajouter au menu Démarrer.**

À partir de là, l'option Excel 2007 apparaîtra toujours dans la partie supérieure du volet de gauche du menu Démarrer ; il vous suffira de cliquer dessus pour lancer Excel.

Créer un raccourci vers Excel sur le Bureau de Windows Vista

Certains préfèrent disposer d'une icône de raccourci vers le programme Excel sur le Bureau de Windows, de manière à pouvoir lancer Excel en double-cliquant simplement sur cette icône. Pour créer une icône de raccourci vers le programme Excel sur le Bureau de Windows Vista, suivez ces étapes :

1. **Cliquez sur Démarrer dans la Barre des tâches de Windows.**

2. **Cliquez dans le champ Rechercher et tapez excel.exe.**

   Excel.exe est le nom du programme Excel exécutable. Une fois l'emplacement de ce fichier sur votre disque dur identifié, vous pouvez créer une icône de raccourci vers celui-ci sur le Bureau qui vous permettra de lancer le programme.

3. **Une fois que l'icône du fichier recherché apparaît en haut du volet de gauche du menu Démarrer, cliquez dessus du bouton droit et sélectionnez Envoyer vers/Bureau (créer un raccourci) dans le menu qui apparaît.**

   Un raccourci nommé EXCEL apparaît sur votre Bureau. Vous êtes libre de le modifier à votre guise pour lui donner le nom qu'il vous plaira.

4. **Cliquez du bouton droit sur l'icône de raccourci EXCEL sur le Bureau de Windows, puis sélectionnez Renommer dans le menu qui apparaît.**

5. **Remplacez le nom qui apparaît maintenant en surbrillance en tapant simplement celui que vous voulez, par exemple Excel 2007, puis cliquez dans un espace libre sur le Bureau.**

Ajouter un raccourci vers Excel dans la Zone de lancement rapide

Si vous voulez pouvoir lancer Excel 2007 par un simple clic sur un bouton directement accessible, faites simplement glisser l'icône de votre raccourci vers Excel sur le Bureau (que ce soit sous Windows XP ou sous Windows Vista) pour le déposer dans la Zone de lancement rapide de la Barre des tâches. Lorsque vous faites glisser une icône jusqu'à cette zone de lancement rapide, une petite barre noire apparaît au-dessous de l'icône après laquelle sera placée celle que vous êtes en train de faire glisser si vous relâchez à cet instant le bouton de la souris. Une fois l'icône placée dans la Zone de lancement rapide, il vous suffit d'un simple clic sur celle-ci pour lancer le programme correspondant.

Quitter Excel

Une fois votre travail terminé, vous êtes prêt à quitter Excel ; vous disposez pour cela de plusieurs méthodes :

- Cliquer sur le Bouton Office, puis sur le bouton Quitter Excel dans le menu qui apparaît.

- Appuyer sur Alt+FX ou Alt+F4.

- Cliquer sur le bouton de fermeture (X) dans le coin supérieur droit de la fenêtre d'Excel.

Si vous essayez de quitter Excel après avoir travaillé dans un classeur mais sans avoir enregistré vos dernières modifications, le programme émet une alerte sonore et affiche une boîte d'alerte vous demandant si vous voulez enregistrer vos modifications. Pour les enregistrer avant de quitter Excel, cliquez sur le bouton Oui (pour en savoir plus sur l'enregistrement de vos documents, reportez-vous au Chapitre 2). Si vous ne voulez pas enregistrer vos dernières modifications, cliquez sur le bouton Non.

Voici de l'aide

Excel 2007 vous permet d'obtenir de l'aide en ligne à tout moment pendant que vous l'utilisez. Connectez-vous à Internet si vous ne l'êtes pas déjà, puis cliquez simplement sur le bouton Aide sur Microsoft Office Excel (contenant un point d'interrogation) dans le coin supérieur droit de la fenêtre Excel ou appuyez sur F1 pour ouvrir la fenêtre Excel – Aide (Figure 1.9).

Lorsque cette fenêtre s'ouvre, Excel utilise votre connexion à Internet pour télécharger la mise à jour de son contenu. Vous voyez qu'elle vous propose un certain nombre de liens sur lesquels vous pouvez cliquer pour obtenir des informations en réponse à toutes les questions que vous pouvez vous poser sur Excel.

Pour obtenir de l'aide sur une fonction ou une commande particulière, utilisez le champ Rechercher en haut de la fenêtre Excel – Aide. Tapez dans ce champ un ou plusieurs mots-clés ou une phrase décrivant le sujet sur lequel vous avez

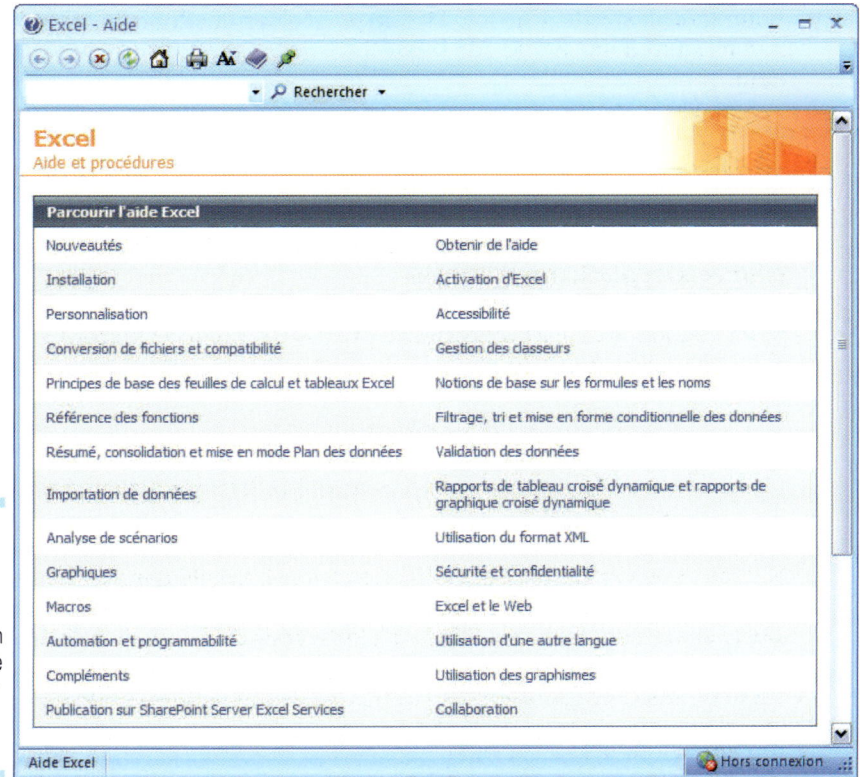

besoin d'aide (par exemple "aperçu avant impression" ou "imprimer des feuilles de calcul"), et appuyez sur la touche Entrée ou cliquez sur le bouton Rechercher. La fenêtre Excel – Aide vous propose alors une série de liens relatifs à votre demande, sur lesquels vous pouvez cliquer pour accéder aux informations correspondantes.

Pour imprimer une rubrique d'aide affichée dans la fenêtre Excel – Aide, cliquez sur le bouton Imprimer (il représente une imprimante) dans la barre d'outils de cette fenêtre. Excel ouvre une boîte de dialogue Imprimer dans laquelle vous pouvez sélectionner l'imprimante voulue et spécifier les options à utiliser pour imprimer.

Pour afficher une table des matières avec toutes les principales catégories et les sous-catégories disposées hiérarchiquement, cliquez sur le bouton Afficher la table des matières (il représente un livre) dans la barre d'outils de cette fenêtre.

Créer une feuille de calcul à partir de zéro

*V*ous découvrirez dans ce chapitre comment entrer toutes sortes d'informations dans toutes ces petites cellules vierges décrites dans le chapitre précédent. Vous apprendrez à utiliser les fonctions de correction automatique et de saisie semi-automatique qui vous évitent de faire des erreurs et augmentent votre productivité. Après avoir appris à entrer des données brutes dans la feuille de calcul, vous aborderez ce qui est sans doute la plus importante des leçons : l'enregistrement de toutes ces informations sur le disque afin que vous n'ayez plus à ressaisir tout ça !

Qu'est-ce qu'on va bien pouvoir ranger dans ce nouveau classeur ?

Quand vous démarrez Excel sans ouvrir un document spécifique – ce qui est le cas quand vous le lancez à partir du menu Démarrer de Windows XP ou de

Windows Vista (voir Chapitre 1) –, il affiche un classeur vierge, provisoirement nommé Classeur1, qui contient trois feuilles de calcul nommées Feuil1, Feuil2 et Feuil3. Pour commencer à travailler, il suffit d'entrer des informations dans l'une d'elles, la première par exemple.

Les tenants et les aboutissants de la saisie des informations

Voici quelques règles simples à garder à l'esprit chaque fois que vous envisagez de créer une nouvelle feuille de calcul dans le classeur :

- Autant que possible, organisez vos informations en tableaux de données utilisant des colonnes et des lignes adjacentes (voisines). Commencez en haut à gauche de la feuille de calcul, puis allez plutôt vers le bas de la feuille que vers le côté. Si ça vous arrange, séparez les tableaux par une seule colonne ou ligne.

- Quand vous élaborez ces tableaux, ne sautez pas des lignes et des colonnes "rien que pour ménager de la place" pour les informations. Vous apprendrez dans le Chapitre 3 comment aérer efficacement un tableau en élargissant les colonnes, en augmentant la hauteur des lignes et en réglant l'alignement.

- Réservez une colonne à gauche du tableau pour y placer les en-têtes de lignes.

- Réservez une ligne en haut du tableau pour y placer les en-têtes de colonnes.

- Si le tableau doit comporter un titre, placez-le dans la ligne au-dessus de celle des en-têtes de colonnes. Mettez-le dans la même colonne que celle des en-têtes de lignes. Vous apprendrez dans le Chapitre 3 comment le centrer par rapport à toutes les colonnes du tableau.

La saisie des données

Commencez par réciter (tous ensemble, à l'unisson) la règle de base de toute saisie de données :

Pour entrer des données dans une feuille de calcul, il faut cliquer avec le pointeur dans la cellule qui doit les recevoir puis les taper.

Notez qu'avant de positionner le pointeur de cellule là où la saisie (ou entrée) doit avoir lieu, Excel doit être en mode Prêt ; ce mode est affiché en toutes lettres dans la barre d'état. Mais, dès que vous commencez à saisir des données, Excel passe en mode Entrer (ce mot remplace le mot Prêt, dans la barre d'état).

Si le mode Prêt n'est pas enclenché, appuyez sur la touche Echap.

Dès lors que vous commencez à saisir en mode Entrer, les caractères que vous tapez apparaissent à la fois dans la cellule de la feuille de calcul et dans la barre de formule, en haut de l'écran. Tout ce que vous tapez dans une cellule a un effet dans la barre de formule, à commencer par l'apparition des boutons Annuler, Entrer et Insérer une fonction, entre la Zone Nom et la barre de formule.

Au fur et à mesure que vous tapez, Excel affiche votre saisie à la fois dans la barre de formule et dans la cellule active de la feuille de calcul, comme l'illustre la Figure 2.1. Le point d'insertion n'est toutefois présent qu'après les caractères affichés dans la cellule.

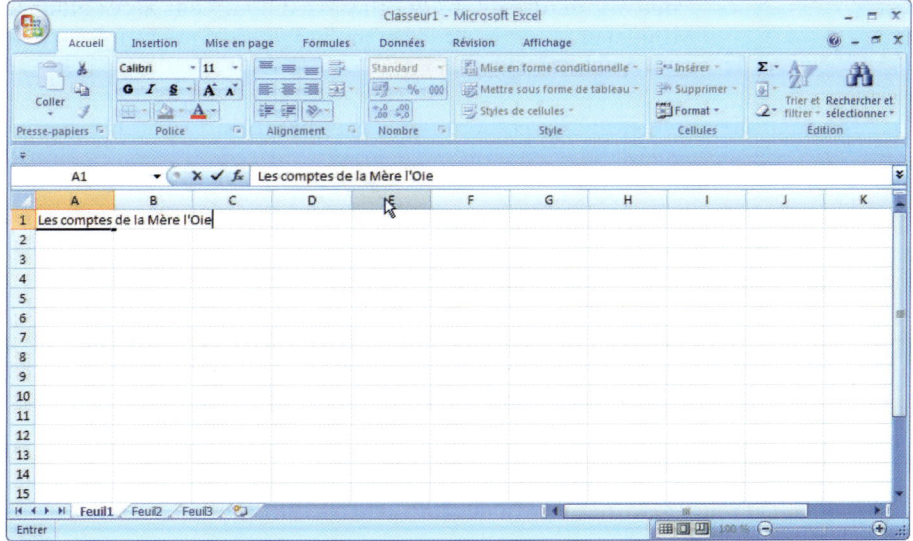

Figure 2.1
Ce que vous tapez apparaît à la fois dans la cellule courante et dans la barre de formule.

Après avoir effectué la saisie, vous devez faire en sorte qu'elle demeure dans la cellule. Pour ce faire, le logiciel doit quitter le mode Entrer et revenir au mode Prêt afin que vous puissiez déplacer le pointeur vers une autre cellule et y entrer éventuellement d'autres données.

Pour terminer la saisie et par là même passer du mode Entrer au mode Prêt, vous pouvez au choix cliquer sur le bouton Entrer (dans la barre de formule), appuyer sur la touche Entrée, ou encore appuyer sur l'une des touches fléchées (←, →, ↑ ou ↓) pour déplacer le pointeur vers une cellule voisine. Il est aussi possible d'appuyer sur la touche Tab ou Maj+Tab.

Bien que chacune de ces manipulations serve à valider la saisie des données dans une cellule, ce qui s'ensuit diffère quelque peu :

- Si vous cliquez sur le bouton Entrer, dans la barre de formule, la saisie est validée mais le pointeur de cellule reste en place.

- Si vous appuyez sur la touche Entrée, la saisie est validée mais le pointeur se place sur la cellule située juste en dessous.

- Si vous appuyez sur l'une des touches fléchées, la saisie est validée, après quoi le pointeur de cellule se place sur la cellule suivante, dans le sens de la flèche.

- Si vous appuyez sur la touche Tab, la saisie est validée, après quoi le pointeur se déplace vers la cellule immédiatement à droite (ce qui équivaut à appuyer sur la touche Flèche droite). L'appui sur Maj+Tab déplace le pointeur vers la cellule immédiatement à gauche (équivalent de la touche Flèche gauche).

Si, pendant la saisie – et aussi longtemps qu'elle n'a pas été validée –, vous vous rendez compte d'une erreur, vous pouvez purger et désactiver la barre de formule en cliquant sur le bouton Annuler (celui avec un X) ou en appuyant sur la touche Echap. Mais si vous ne repérez cette erreur qu'après la validation, vous devrez revenir à cette cellule pour la corriger ou supprimer l'entrée (nous verrons ces opérations dans le Chapitre 4) et refaire la saisie.

Tous les types sont les bienvenus

Pendant que vous entrez joyeusement des données dans le tableur, Excel analyse constamment à votre insu le type de ces données et les classe selon l'un des trois types qu'il connaît : du *texte,* une *valeur* ou une *formule.*

Si Excel découvre qu'il s'agit d'une formule, le logiciel la calcule aussitôt, puis affiche le résultat dans la cellule de la feuille de calcul (la formule elle-même reste cependant visible dans la barre de formule). Si la saisie n'a rien d'une formule, Excel détermine s'il s'agit d'un texte ou d'une valeur.

Les signes révélateurs d'un texte

Un *texte* n'est rien d'autre qu'une entrée qu'Excel ne reconnaît ni comme formule ni comme valeur. Autant dire que, en ce qui concerne les types de données, il s'agit carrément d'une catégorie fourre-tout. En pratique, la plupart des entrées de texte (appelées aussi *intitulés*) sont des combinaisons de lettres et de ponctuations, ou de lettres et de chiffres. Les textes servent principalement à créer des titres, des en-têtes ou des annotations.

Il est facile de savoir si une saisie a produit un texte, car ce type de données est automatiquement aligné contre le bord gauche de la cellule. Si le texte est plus long que la cellule, il déborde sur la ou les cellules à droite, *aussi longtemps que celles-ci sont vides* (voir Figure 2.2).

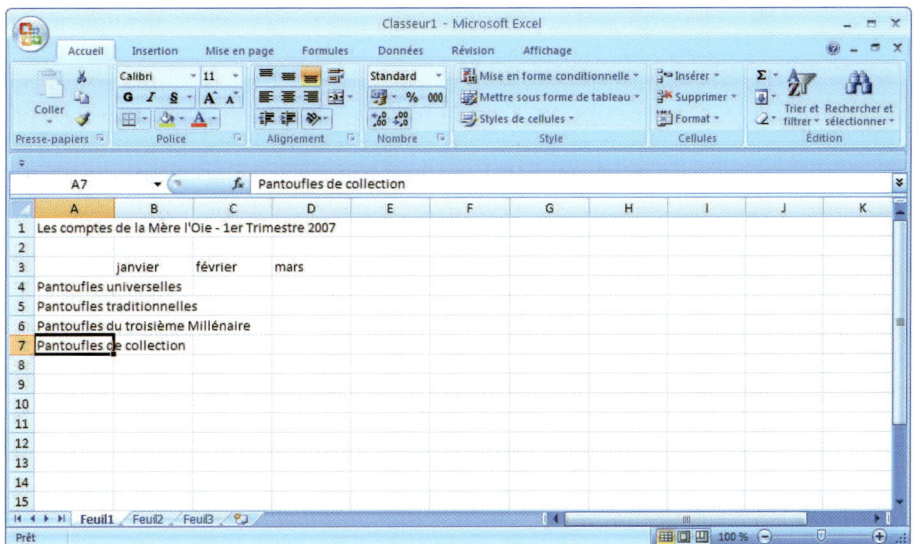

Figure 2.2
Un texte long déborde de la cellule vers ses voisines vides de droite.

Si par la suite vous entrez une information dans une cellule sur laquelle du texte a débordé, Excel tronque le texte, comme le montre la Figure 2.3. Ne vous inquiétez pas ; Excel n'a pas du tout coupé le texte, il a simplement évité de l'afficher pour libérer de la place pour les nouvelles données. Pour récupérer la partie masquée du texte, vous devrez élargir la colonne qui le contient (nous verrons comment dans le Chapitre 3).

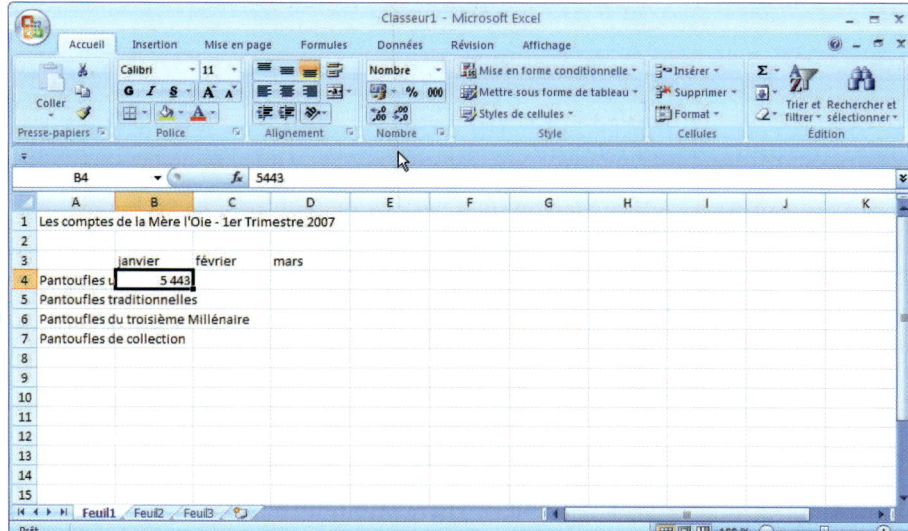

Figure 2.3
Les données de
la colonne B
masquent
partiellement les
textes longs qui
débordent.

Comment Excel évalue les valeurs

Les *valeurs* sont les blocs de construction de la plupart des formules que vous élaborerez dans Excel. Il en existe deux sortes : les chiffres qui représentent des quantités (14 unités en stock ou 140 000 dollars...) et les chiffres qui représentent une date (le 19 décembre 2001) ou une heure (13:30).

Vous pouvez savoir si Excel a accepté une entrée comme valeur en observant comment il l'a alignée ; une valeur est toujours calée à droite. Si elle est trop grande pour tenir dans la cellule, Excel la convertit automatiquement en *notation scientifique*. Par exemple, la valeur 6E+08 indique que 6 est suivi par 8 zéros, soit une valeur de 600 millions. Pour obtenir l'affichage décimal d'un nombre en notation scientifique, il suffit d'élargir la cellule (nous verrons comment dans le Chapitre 3).

S'assurer que c'est bien le bon chiffre

Quand vous créez une nouvelle feuille de calcul, vous passez probablement beaucoup de temps à entrer des nombres qui représentent toutes sortes de quantités, de l'argent que vous avez gagné (ou perdu) à la part de votre budget professionnel que vous accordez à la machine à café et aux croissants (ah bon, vous n'avez pas droit aux croissants ?).

Pour entrer une valeur numérique représentant une quantité positive, comme vos revenus de l'année écoulée, vous sélectionnez une cellule, tapez un nombre (par exemple **259600**), puis validez cette saisie avec la touche Entrée ou en cliquant sur le bouton Entrer, et ainsi de suite. Pour entrer une valeur numérique négative, comme les dépenses de café et de croissants, vous tapez d'abord sur la touche - (moins) avant de taper le nombre, **-1750** par exemple (ce qui n'est finalement pas beaucoup comparé à ce que vous avez gagné), après quoi vous validez cette entrée.

Si vous avez l'habitude de la comptabilité, vous pouvez placer les chiffres négatifs, comme vos dépenses, entre parenthèses. Vous taperez alors **(1750)**. Remarquez qu'en procédant ainsi Excel convertit automatiquement les parenthèses en signe moins : vous tapez **(1750)** mais Excel affiche -1750 (ne vous inquiétez pas pour vos chères parenthèses, vous verrez au Chapitre 3 comment les récupérer).

Pour des valeurs monétaires comme l'euro, vous pouvez ajouter le symbole monétaire € et obtenir la séparation en milliers de vos chiffres. Dès que vous tapez une valeur suivie d'un signe monétaire, Excel met automatiquement cette valeur en forme. (*NdT* : les symboles monétaires reconnus – entre autres € et $ – sont déclarés dans les options régionales de Windows. Pour y accéder, cliquez sur Démarrer/Panneau de configuration, puis sur l'icône Options régionales, date, heure et langue, enfin sur l'icône Options régionales et linguistiques. Les informations figurent sous l'onglet Options régionales.)

Pour entrer des valeurs décimales, vous utilisez la virgule. Au besoin, Excel ajoute automatiquement un zéro avant la virgule ; par exemple, si vous tapez **,34** dans une cellule, elle devient automatiquement 0,34 au moment de la validation. De même, les zéros superflus sont éliminés : taper **12,50** donne 12,5 (*NdT* : mais il est bien sûr possible de forcer la mise en forme pour faire apparaître ces zéros décimaux).

Pour obtenir l'équivalence décimale d'une valeur exprimée sous la forme d'une fraction, il suffit de taper cette valeur fractionnaire. Par exemple, si vous ignorez que 2,1875 est la représentation décimale de 2 et 3/16, tapez simplement **2 3/16** en veillant à placer un espace entre 2 et 3/16. Après avoir validé cette saisie, rien n'a changé dans la cellule, mais dans la barre de formule vous lisez le résultat : 2,1875. Comme vous le découvrirez dans le Chapitre 3, il s'agit là d'une petite astuce qu'utilise Excel pour afficher l'équivalent de 2 3/16 dans la barre de formule.

Si vous entrez des fractions simples comme 3/4 ou 5/8, vous devez les faire précéder d'un zéro suivi d'un espace ; par exemple : 0 3/4 ou 0 5/8. Autrement, Excel penserait que vous entrez des dates qu'il traduirait respectivement par 03-avr et 05-août.

Quand vous entrez dans une cellule une valeur numérique qui représente un pourcentage, vous avez le choix entre :

✔ Diviser le nombre par 100 et entrer son équivalent décimal (en décalant la virgule de deux chiffres vers la gauche, comme vous l'avez appris à l'école). Vous taperez par exemple **,12** pour 12 %.

✔ Entrer le nombre suivi du signe de pourcentage : **12 %**.

Fixer la virgule décimale

Procédez comme suit pour spécifier le nombre de décimales à afficher pour les nombres que vous entrez :

1. **Cliquez sur Bouton Office/Options Excel, ou appuyez sur Alt+FI, puis cliquez sur l'onglet Options avancées dans la boîte de dialogue Options Excel.**

   La boîte de dialogue Options Excel apparaît, avec l'onglet Options avancées au premier plan.

2. **Dans la section Options d'édition (la première), cochez la case Décimale fixe.**

   Par défaut, Excel affiche deux chiffres après la virgule décimale. Pour modifier ce paramètre, passez à l'Étape 3. Si vous voulez le conserver, passez à l'Étape 4.

3. **Tapez une nouvelle valeur dans le champ Place ou utilisez les flèches qu'il contient pour l'augmenter ou la réduire.**

   Par exemple, si vous voulez afficher trois décimales, mettre la valeur de Place à 3 donnera : 00,000.

4. **Cliquez sur OK ou appuyez sur Entrée.**

   Excel affiche la mention Décimale fixe dans la barre d'état pour bien indiquer que la fonction Décimale fixe est active.

Pour revenir au mode de saisie habituel, dans lequel vous tapez vous-même la virgule, ouvrez la boîte de dialogue Options, retournez sous l'onglet Modification, puis cliquez dans la case Décimale fixe afin d'ôter la coche. Cliquez ensuite sur OK ou appuyez sur Entrée. La mention Décimale fixe disparaît de la barre d'état.

Taper comme avec la bonne vieille calculatrice

Vous pouvez obtenir plus encore de la fonction Décimale fixe en sélectionnant la plage de cellules dans laquelle vous voulez entrer des chiffres (voir la section "La saisie dans les plages", plus loin dans ce chapitre) et en appuyant ensuite sur la touche Verr Num afin de procéder aux saisies à partir du pavé numérique, comme avec une calculatrice.

En procédant ainsi, tout ce que vous avez à faire pour entrer des plages de données dans les cellules est de les taper et d'appuyer sur la touche Entrée (ou Enter) du pavé numérique. Excel insère la virgule au bon endroit puis décale le pointeur vers la prochaine cellule. Mieux, lorsque vous avez tapé la dernière valeur d'une colonne, appuyer sur Entrée déplace automatiquement le pointeur en haut de la prochaine colonne de la sélection.

Regardez les Figures 2.4 et 2.5 pour voir en quoi la méthode de la calculatrice peut vous être utile. Dans la Figure 2.4, la fonction Décimale fixe est active, avec 2 places décimales, et la plage de cellules allant de B4 à C9 est sélectionnée. Vous remarquez aussi que six entrées ont été faites dans les cellules B4 à B8 et une septième, 30834,63, est en cours de saisie dans la cellule B9. Pour procéder à cette entrée en mode Décimale fixe, il suffit de taper **3083463** à partir du pavé numérique.

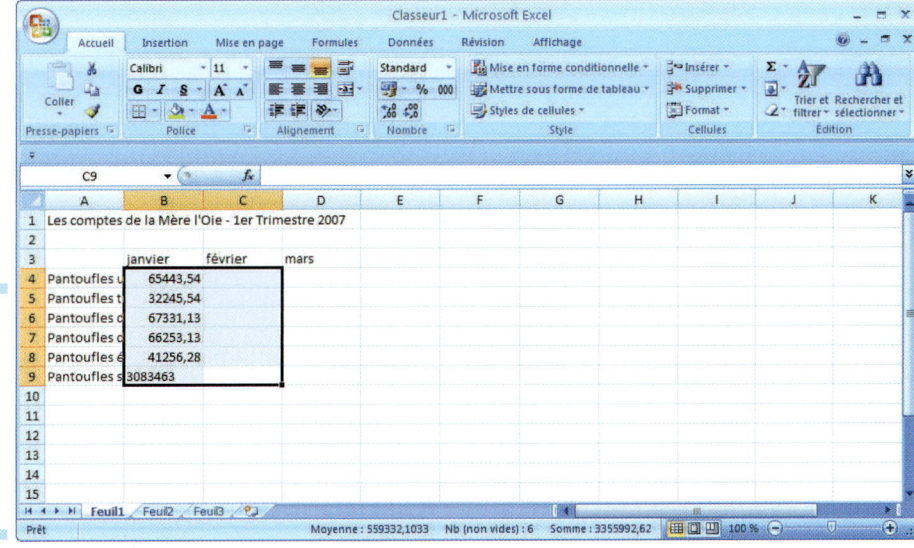

Figure 2.4
Pour entrer la valeur 30834,63 dans la cellule B9, tapez **3083463** et appuyez sur la touche Entrée.

Dans la Figure 2.5, observez ce qui se passe juste après avoir appuyé sur Entrée (la touche habituelle ou celle du pavé numérique). Excel a non seulement placé la virgule dans la valeur de la cellule B9, mais il a aussi déplacé le pointeur vers la cellule C4, en haut de la colonne suivante.

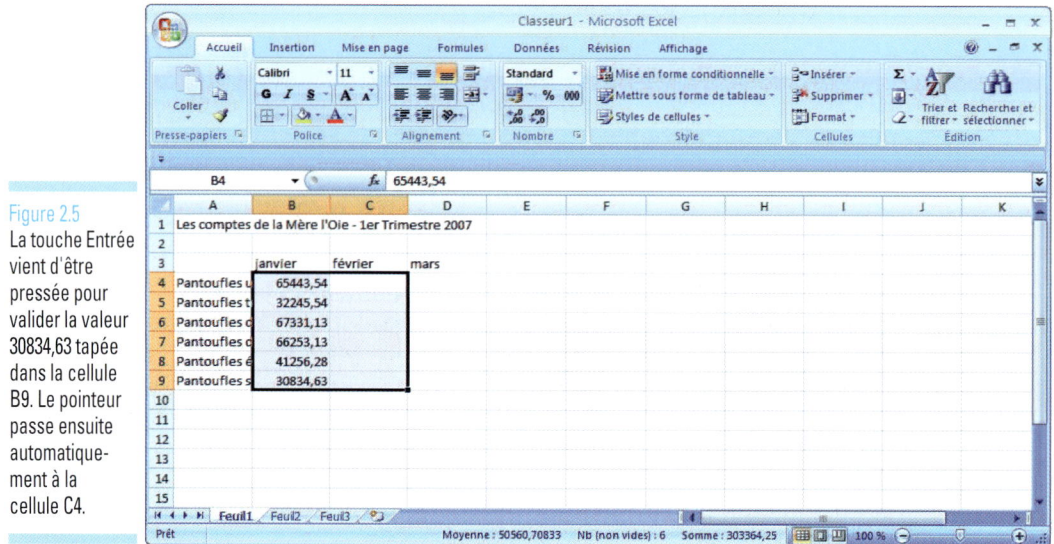

Figure 2.5
La touche Entrée vient d'être pressée pour valider la valeur 30834,63 tapée dans la cellule B9. Le pointeur passe ensuite automatique-ment à la cellule C4.

La saisie des dates et des heures

Excel détermine si la valeur que vous venez d'entrer est une date ou une heure, ou bien du texte, selon le format utilisé. Si celui-ci correspond à l'un des formats de date ou d'heure d'Excel, le logiciel considère ces valeurs comme une date ou comme une heure. Autrement, si le format n'est pas reconnu, l'entrée est considérée comme du texte.

Excel reconnaît les formats d'heure suivants :

3	AM ou PM
3	A ou P (pour AM et PM)
3:21	
3:21:04	AM ou PM
15:21	
15:21:04	

Excel reconnaît les formats de date suivants :

6 novembre 2003 ou 6 novembre 03

6/11/01 ou 6-11-01

6-nov-03, 6/nov/03 ou 6nov03

6/11, 6-nov, 6/nov ou 6nov

06nov ou 06-nov

Concocter ces fabuleuses formules !

Vous indiquez à Excel que vous tapez une formule – et non du texte ou une valeur – en commençant la saisie par le signe = (égal). Il précède toutes les formules, même les plus élémentaires comme SOMME ou MOYENNE (reportez-vous à la section "Placer une fonction dans une formule avec l'Assistant Fonction", plus loin dans ce chapitre, pour en savoir plus sur l'utilisation des fonctions d'Excel). D'autres formules simples se basent sur une série de valeurs ou de références de cellules contenant des valeurs. Ces dernières sont séparées par un ou plusieurs des opérateurs mathématiques suivants :

- + Addition

- - Soustraction

- * Multiplication

- / Division

- ^ Puissance

Par exemple, pour créer dans la cellule C2 une formule qui multiplie la valeur contenue dans la cellule B2, vous taperez la formule suivante : **=A2*B2**.

Procédez comme suit pour entrer cette formule :

1. **Sélectionnez la cellule C2.**

2. **Tapez l'intégralité de la formule : =A2*B2.**

3. **Appuyez sur la touche Entrée.**

Ou :

1. **Sélectionnez la cellule C2.**

2. **Tapez le signe = (égal).**

3. **Sélectionnez la cellule A2 en cliquant dedans ou avec les touches fléchées.**

   Cette action place la cellule de référence A2 dans la formule, comme le montre la Figure 2.6.

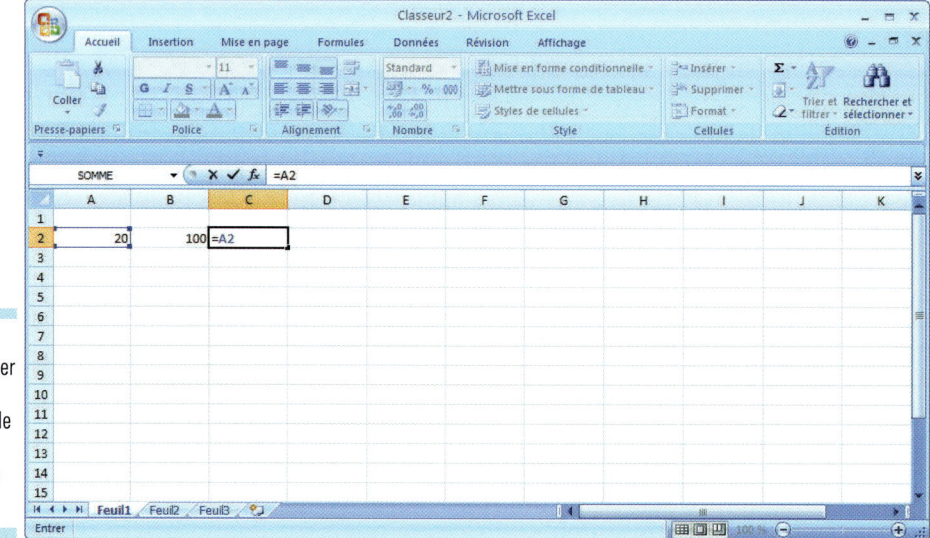

4. **Tapez * (sur la plupart des claviers, ce caractère est à proximité de la touche Entrée).**

   L'astérisque est le signe de multiplication. Il se substitue au signe "x" appris à l'école.

5. **Sélectionnez la cellule B2 avec la souris ou au clavier.**

   Cette action insère le contenu de la cellule B2 dans la formule, comme le montre la Figure 2.7.

6. **Cliquez sur le bouton Entrer pour terminer la formule tout en laissant le pointeur sur la cellule C2.**

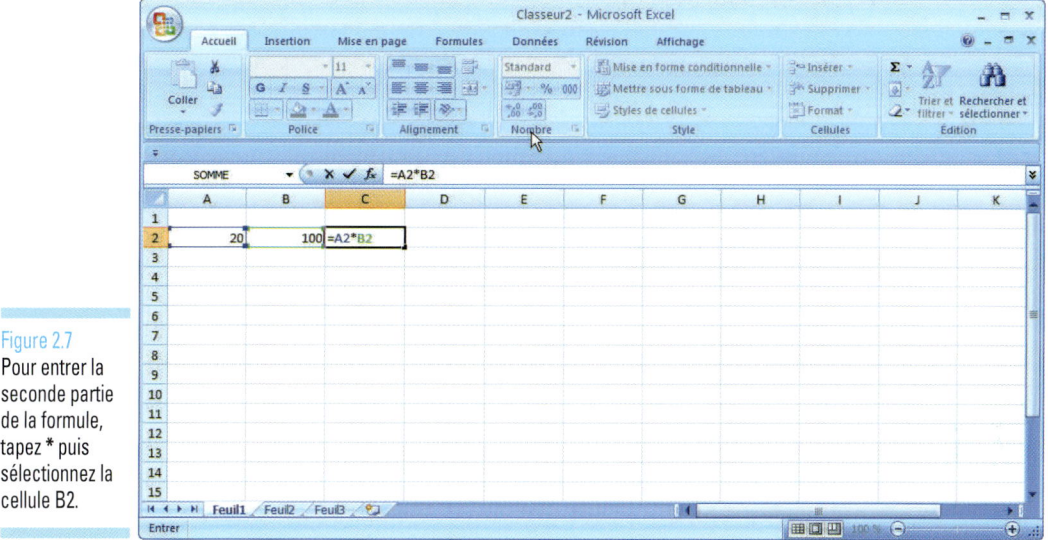

Figure 2.7
Pour entrer la seconde partie de la formule, tapez * puis sélectionnez la cellule B2.

Excel affiche le résultat du calcul dans la cellule C2 ; la formule apparaît dans la barre de formule (voir Figure 2.8).

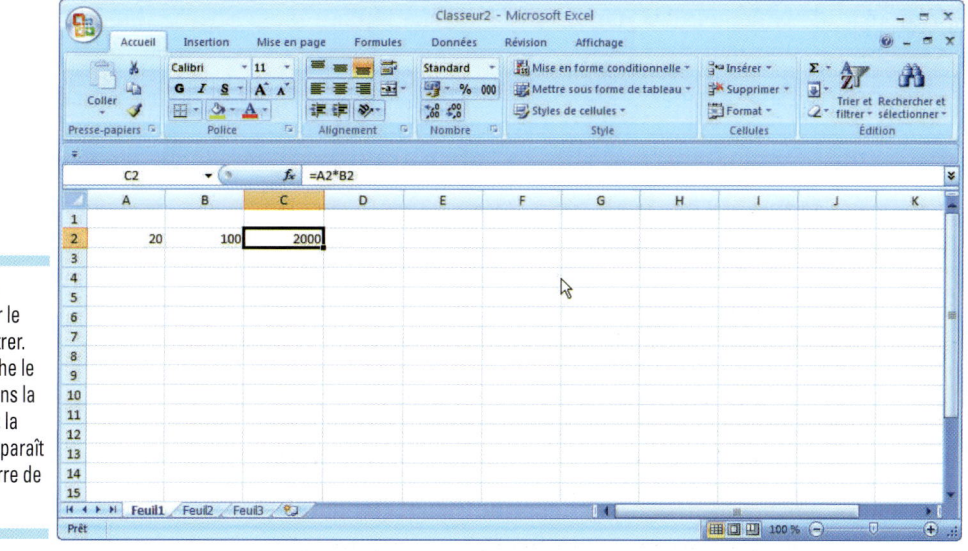

Figure 2.8
Cliquez sur le bouton Entrer. Excel affiche le résultat dans la cellule C2 ; la formule apparaît dans la barre de formule.

Après avoir validé la formule =A2*B2 dans la cellule C2, Excel affiche le résultat selon les valeurs actuellement contenues dans les cellules A2 et B2. La grande force du tableur réside dans la possibilité de recalculer immédiatement et automatiquement la formule dès qu'une des cellules dépendant d'une formule est modifiée.

Nous en arrivons à la partie intéressante : après avoir créé une formule qui, comme celle de notre exemple, se réfère à des valeurs contenues dans certaines cellules (et non à des valeurs appartenant à la formule), tout changement apporté à ces valeurs entraîne le recalcul de la formule puis l'affichage du résultat dans la feuille de calcul. Dans l'exemple de la Figure 2.8, si vous remplacez la valeur de la cellule B2 par 50 au lieu de 100, Excel recalcule la formule et affiche le nouveau résultat dans la cellule C2, soit 1000.

Pour l'avoir, il suffit de pointer

Cette méthode de sélection des cellules à utiliser dans une formule, différente de la frappe de leurs références au clavier, est appelée *pointage*. Le pointage est non seulement plus rapide que la saisie des références, mais aussi plus sûr, car il élimine tout risque de faute de frappe. Or, la moindre erreur dans la lettre d'une colonne ou le numéro d'une ligne peut avoir des conséquences désastreuses.

Lorsque vous devez utiliser une cellule dans une formule, vous limiterez considérablement les risques d'erreur en cliquant dans cette cellule ou en amenant le pointeur dessus.

La priorité des opérations

De nombreuses formules que vous créerez effectueront plus d'une opération mathématique. Excel les exécute de la gauche vers la droite selon un ordre hiérarchique strict, qui est en fait l'ordre naturel des opérations arithmétiques. La multiplication et la division sont prioritaires sur l'addition et la soustraction, et de ce fait effectuées en premier, même si ces opérations ne figurent pas en tête dans la formule (lors d'une lecture de gauche à droite).

Etudions la série d'opérations de cette formule :

```
=A2+B2*C2
```

Si la cellule A2 contient le nombre 5, la cellule B2 le nombre 10 et la cellule C2 le nombre 2, Excel évalue la formule de la manière suivante :

```
=5+10*2
```

Dans cette formule, Excel commence par multiplier 10 par 2, ce qui donne 20, puis il ajoute 5, ce qui donne 25.

Si vous tenez à ce qu'Excel effectue l'addition entre les valeurs des cellules A2 et B2 avant de procéder à la multiplication du résultat par la valeur de la cellule C2, vous devez mettre l'addition entre parenthèses, comme suit :

```
=(A2+B2)*C2
```

La parenthèse indique à Excel que cette opération doit être effectuée avant la multiplication. Dans ce cas de figure où A2 contient 5, B2 contient 10 et C2 contient 2, Excel commence par additionner 5 et 10, ce qui donne 15, après quoi il multiplie ce résultat par 2 pour produire le résultat final 30.

Dans des formules plus alambiquées, vous devrez jongler avec beaucoup plus de parenthèses, en les imbriquant parfois (comme les fameuses poupées russes) pour imposer l'ordre dans lequel les calculs doivent être exécutés. Lorsque des parenthèses sont imbriquées, Excel commence par calculer celle qui est le plus à l'intérieur. Voyons par exemple la formule :

```
=(A4+(B4-C4))*D4
```

Excel soustrait d'abord la valeur de la cellule C4 de celle de la cellule B4, puis il ajoute la différence à la valeur de la cellule A4 et multiplie enfin le résultat par la valeur de D4.

Sans les deux paires de parenthèses imbriquées, livré à lui-même, Excel aurait d'abord multiplié la valeur de la cellule C4 par celle de la cellule D4, puis il aurait ajouté la valeur de la cellule A4 à celle de la cellule B4, et enfin effectué la soustraction.

Les erreurs de formule

Lorsque l'une de vos formules renvoie une valeur d'erreur, un signal d'alerte (sous la forme d'un point d'exclamation placé dans un losange) apparaît à gauche de la cellule lorsque le pointeur de cellule est situé sur celle-ci. Dans le coin supérieur gauche de la cellule, figure un petit triangle vert. Lorsque vous placez le pointeur de la souris sur ce signal d'alerte, Excel affiche une description sommaire de l'erreur de formule, ainsi qu'un bouton de liste déroulante. Lorsque vous cliquez dessus, un menu contextuel doté de plusieurs options apparaît. Pour obtenir de l'aide en ligne sur cette erreur de formule, notamment des suggestions pour la corriger, cliquez sur l'option Aide sur cette erreur.

Le pire avec les valeurs d'erreur est qu'elles peuvent se répercuter dans d'autres formules de la feuille de calcul. Si une formule retourne une valeur d'erreur dans une cellule et qu'une autre formule d'une autre cellule s'y réfère, cette deuxième formule retourne à son tour la même erreur, qui risque d'être reprise ailleurs et ainsi de suite.

Lorsqu'une valeur d'erreur apparaît dans une cellule, vous devez découvrir son origine puis modifier la formule. Le Tableau 2.1 recense quelques-unes des valeurs d'erreur que vous risquez de rencontrer et indique les causes les plus communes.

Tableau 2.1 : Les valeurs d'erreur susceptibles d'entacher des formules.

Ce qu'affiche la cellule	Cause probable
#DIV/0!	Se produit lorsqu'un élément de la formule doit être divisé par le contenu d'une cellule dont la valeur est 0 ou, ce qui est le plus souvent le cas, lorsque cette cellule est vide. En mathématique, la division par zéro est une aberration.
#NOM?	Se produit lorsque la formule se réfère à un *nom de plage* (reportez-vous au Chapitre 6 pour en savoir plus sur ce sujet) qui n'existe pas dans le classeur. Ce type d'erreur apparaît lorsque vous faites une faute de frappe en tapant le nom ou lorsque du texte utilisé dans une formule n'est pas placé entre guillemets, ce qui laisse croire à Excel qu'il s'agit d'un nom de plage.
#NUL!	Se produit le plus souvent lorsque vous insérez un espace, au lieu du point-virgule utilisé pour séparer les références de cellules utilisées comme arguments pour les fonctions.
#NOMBRE!	Se produit lorsque Excel rencontre dans la formule un problème avec un nombre comme un type d'argument erroné dans une fonction ou un calcul qui produit un nombre trop grand ou trop petit pour être représenté dans la feuille de calcul.

Tableau 2.1 : Les valeurs d'erreur susceptibles d'entacher des formules. (*suite*)

Ce qu'affiche la cellule	Cause probable
#REF!	Se produit lorsque Excel rencontre une référence de cellule non valide. C'est le cas lorsque vous supprimez une cellule utilisée par une formule ou, dans certains cas, quand vous collez des cellules par-dessus celle à laquelle se réfère la formule.
#VALEUR!	Se produit lorsque vous utilisez le mauvais type d'argument ou d'opérateur dans une fonction, ou lors de l'appel à une opération mathématique qui se réfère à des cellules contenant du texte.

Corriger les entrées erronées

Nous visons tous à la perfection, mais comme bien peu d'entre nous peuvent s'en prévaloir – en ce qui concerne Excel bien sûr –, nous finissons tous par nous planter plus ou moins. Quand il s'agit d'entrer de grandes quantités de données, la faute de frappe n'attend qu'un moment d'inattention pour s'immiscer dans le travail. Mais, dans notre quête de la feuille parfaite, nous ne sommes pas sans armes. Voici quelques recommandations. La première est de configurer Excel pour qu'il rectifie automatiquement certaines fautes de frappe grâce à la fonction de correction automatique. La seconde est de corriger manuellement les petites erreurs, soit au moment de la saisie, soit après validation.

La correction automatique

La correction automatique est une aubaine pour tous ceux d'entre nous qui ont tendance à répéter toujours les mêmes erreurs. Grâce à cette fonction, vous pouvez signaler vos fautes de frappe favorites à Excel et obtenir de lui qu'il les corrige aussitôt.

La première fois que vous installez Excel, la correction automatique est d'ores et déjà configurée pour corriger les deux premières lettres majuscules des textes que vous entrez (il met automatiquement la deuxième lettre en minus-

cule). Il met une majuscule aux noms des jours, ou remplace fort judicieuse-
ment un texte erroné par un autre, corrigé.

Vous pouvez à tout moment ajouter vos propres termes à la liste de mots à
corriger. Ces textes de remplacement peuvent être de deux types : ceux qui
corrigent des fautes de frappe que vous ne pouvez vous empêcher de faire, et
des abréviations ou des acronymes que vous devez tout le temps taper en
entier.

Pour déclarer un texte de remplacement :

1. **Cliquez sur Bouton Office/Options Excel, puis sur l'onglet Vérification
   dans la boîte de dialogue Options Excel qui apparaît, puis sur le
   bouton Options de correction automatique.**

2. **Dans l'onglet Correction automatique de la boîte de dialogue qui
   apparaît, entrez le texte ou l'abréviation dans le champ Remplacer.**

3. **Entrez la correction ou la forme complète correspondant à l'abréviation dans le champ Par.**

4. **Cliquez sur le bouton Ajouter ou appuyez sur la touche Entrée afin
   d'insérer la correction dans la liste.**

5. **Cliquez sur OK pour fermer la boîte de dialogue Correction automatique.**

Les règles de modification d'une cellule

En dépit de la correction automatique, des erreurs peuvent néanmoins se
produire. Leur correction varie selon que vous les avez repérées au cours de la
saisie ou après validation.

Le Tableau 2.2 contient les touches du clavier que vous pouvez utiliser pour
positionner le point d'insertion dans une entrée de cellule et supprimer les
caractères indésirables. Pour insérer de nouveaux caractères au point d'insertion, il suffit de les taper. Pour supprimer des caractères au fur et à mesure que
vous tapez les nouveaux, appuyez une seule fois sur la touche Insert pour
passer du mode d'insertion normal au mode de remplacement, dans lequel les
caractères tapés écrasent ceux qu'ils rencontrent. Pour revenir au mode
d'insertion normal, appuyez de nouveau sur Insert. Lorsque les corrections
auront été faites, vous devrez appuyer sur Entrée afin qu'Excel valide les modifications et les prenne en compte.

Quand Excel est en mode Modifier, vous devez entrer le contenu d'une cellule modifiée en cliquant sur le bouton Entrer ou en appuyant sur Entrée. Vous ne pouvez utiliser les touches fléchées pour terminer l'entrée que si Excel est en mode Entrer. En mode Modifier, les touches flèches déplacent le point d'insertion dans la cellule, mais pas du tout le pointeur vers d'autres cellules.

Tableau 2.2 : Les touches de modification du contenu d'une cellule.

Touche	Action
Suppr	Supprime le caractère à droite du point d'insertion.
Ret.Arr.	Supprime le caractère à gauche du point d'insertion.
→	Décale le point d'insertion d'un caractère vers la droite.
←	Décale le point d'insertion d'un caractère vers la gauche.
↑	Si le point d'insertion est la fin de l'entrée, il est déplacé à la position qu'il occupait précédemment.
Fin ou ↓	Place le point d'insertion après le dernier caractère de l'entrée.
Origine	Place le point d'insertion avant le premier caractère de l'entrée.
Ctrl+→	Place le point d'insertion devant le prochain mot de l'entrée.
Ctrl+←	Place le point d'insertion devant le mot précédent de l'entrée.
Inser	Fait passer du mode Insertion au mode Ecrasement et inversement.

Se débarrasser des corvées de saisie

Avant de conclure la question de la saisie des données, je me sens le devoir de vous présenter quelques moyens qui pourront vraiment vous aider à alléger la corvée que représente bien souvent la saisie des données. Il s'agit de la saisie semi-automatique et de la recopie automatique, mais aussi de la manière d'entrer des données dans un groupe de cellules préalablement sélectionné et de répéter la même entrée un certain nombre de fois dans un ensemble de cellules.

La saisie semi-automatique

La fonction de saisie semi-automatique d'Excel 2007 ne fera pas tout à votre place, mais elle vous aidera néanmoins à saisir vos données. Dans le but louable de vous décharger des tâches les plus ingrates, les programmeurs de Microsoft ont mis au point une intéressante fonction qui facilite vos saisies.

La *saisie semi-automatique* est une sorte de mémoire qui anticipe la frappe selon ce que vous avez commencé à taper. Elle n'entre en jeu que quand vous tapez du texte, mais pas avec les chiffres ou les formules. Lorsque vous entrez du texte, la saisie semi-automatique recherche si, ailleurs dans la colonne, du texte commençant par les mêmes lettres existe déjà. Si c'est le cas, elle complète aussitôt votre saisie, vous évitant ainsi d'avoir à taper le reste.

Supposons par exemple que j'ai tapé **Centre culinaire Pigeon vole** dans la cellule A3, puis que le pointeur a été déplacé vers la cellule A4. Dès l'appui sur la touche C – en majuscule ou en minuscule, cela n'a pas d'importance –, la saisie semi-automatique ajoute aussitôt le restant, soit _entre culinaire Pigeon vole* juste après le C, comme le montre la Figure 2.9.

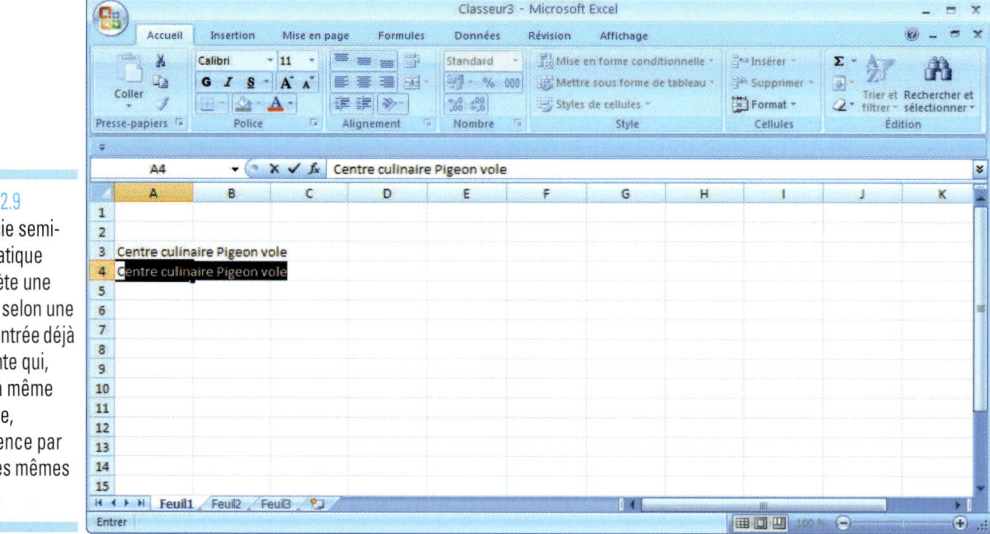

Figure 2.9
La saisie semi-automatique complète une entrée selon une autre entrée déjà existante qui, dans la même colonne, commence par la ou les mêmes lettres.

La saisie semi-automatique est parfaite si les cellules A3 et A4 doivent contenir les mêmes entrées. Mais supposons que les entrées commencent par les mêmes lettres, mais qu'elles diffèrent ensuite. La saisie semi-automatique fonctionnera aussi longtemps que les lettres seront identiques – le mot *Centre* en l'occurrence – ; il suffit de continuer à taper. Dès que le texte diffère, comme dans *Centre Jack & Jill*, la saisie semi-automatique cesse dès la frappe du J, n'ayant plus rien à vous proposer.

Si vous trouvez qu'en proposant systématiquement des entrées chaque fois que vous commencez à taper du texte la fonction Saisie semi-automatique est plus gênante qu'utile, vous pouvez la désactiver. Cliquez sur Bouton Office/ Options Excel, puis sur l'onglet Options avancées. Dans la section Options d'édition, ôtez la coche de la case Saisie automatique des valeurs de cellules, et cliquez sur OK ou appuyez sur Entrée.

La recopie automatique

La fonction de recopie d'Excel, également appelée *recopie incrémentée*, facilite considérablement ces tâches répétitives. Tout ce que vous avez à faire est de taper la première valeur d'une série. Le plus souvent, la recopie automatique se fera un plaisir de remplir les cellules voisines en tirant une poignée de recopie vers la droite pour incrémenter sur une ligne, ou vers le bas pour incrémenter dans une colonne.

La poignée de recopie, qui a la forme d'une croix noire, n'apparaît que quand vous placez le pointeur de la souris sur le coin inférieur droit d'une cellule, ou de la dernière cellule si une plage a été sélectionnée. Gardez à l'esprit que, en faisant glisser une sélection de cellules avec le pointeur de souris en forme d'épaisse croix blanche, Excel se contente d'étendre la sélection aux cellules par-dessus lesquelles vous avez tiré le pointeur (voir Chapitre 3). Si vous faites glisser la sélection avec le pointeur en forme de flèche, Excel déplace la sélection (voir Chapitre 4).

Quand vous créez une série avec la poignée de recopie, vous ne pouvez tirer que dans une seule direction à la fois. Il vous est par exemple possible de remplir les cellules situées à droite ou à gauche sur la même ligne que la cellule initiale contenant les données à recopier, ou vers le haut ou le bas de la même colonne. Mais il est exclu d'opérer dans deux directions, par exemple vers la droite puis vers le bas, en tirant la poignée en diagonale.

Lorsque vous actionnez la souris, le logiciel vous tient informé des données qu'il entre dans la dernière cellule de la plage sélectionnée en affichant son contenu à proximité du pointeur, dans une sorte d'info-bulle. Dès que vous relâchez le bouton de la souris après avoir étendu la recopie, Excel crée une série de données dans toutes les cellules que vous avez sélectionnées ou recopie simplement la valeur initiale sans la modifier. A droite de la dernière entrée qu'il vient d'effectuer, Excel affiche un bouton contextuel qui déroule un menu proposant plusieurs options. Elles servent à outrepasser l'option de recopie par défaut, par laquelle Excel recopie la valeur de départ dans une plage de cellules, et à activer à la place la recopie incrémentée.

Les Figures 2.10 et 2.11 montrent comment utiliser la fonction de recopie automatique pour entrer des mois de l'année sur une ligne, en commençant par janvier dans la cellule B2 et en finissant par juin en G2. Pour ce faire, tapez simplement **Janvier** dans la cellule B2, amenez le pointeur de la souris sur la poignée de recopie située sur le coin inférieur droit de la cellule, puis tirez-la jusqu'sur la cellule G2, comme le montre la Figure 2.10. Lorsque vous relâchez le bouton de la souris, Excel remplit les cellules avec les différents mois, de février à juin, comme l'illustre la Figure 2.11. Remarquez que les mois ainsi créés restent sélectionnés, ce qui vous laisse une possibilité de modifier la série ; si vous étiez allé trop loin, tirer la poignée de recopie vers la gauche aurait limité la recopie à celle voulue. Ou encore, si vous n'étiez pas allé assez loin, tirer la poignée aurait ajouté des mois.

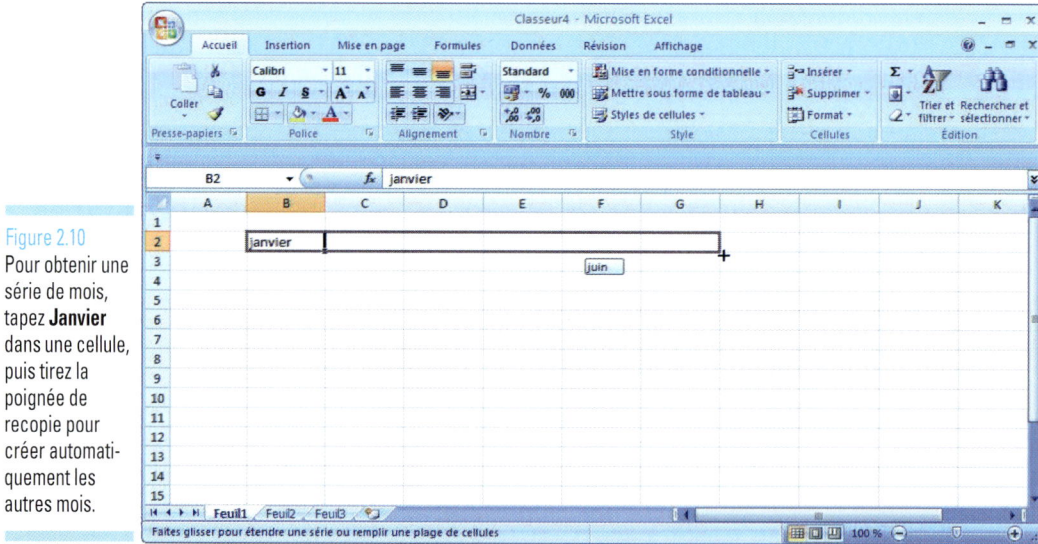

Figure 2.10
Pour obtenir une série de mois, tapez **Janvier** dans une cellule, puis tirez la poignée de recopie pour créer automatiquement les autres mois.

Vous pouvez aussi utiliser les options du menu contextuel de la recopie automatique, ouvert en cliquant sur le bouton qui apparaît à proximité de la poignée de recopie, et choisir un autre type de recopie que celui proposé par défaut. Pour qu'Excel recopie le mot *janvier* dans chaque cellule, choisissez l'option Copier les cellules. Pour ne recopier que le format de la cellule d'origine (le gras ou l'italique par exemple, ainsi que les couleurs, les bordures, etc.), sélectionnez l'option Ne recopier que la mise en forme. Pour recopier les

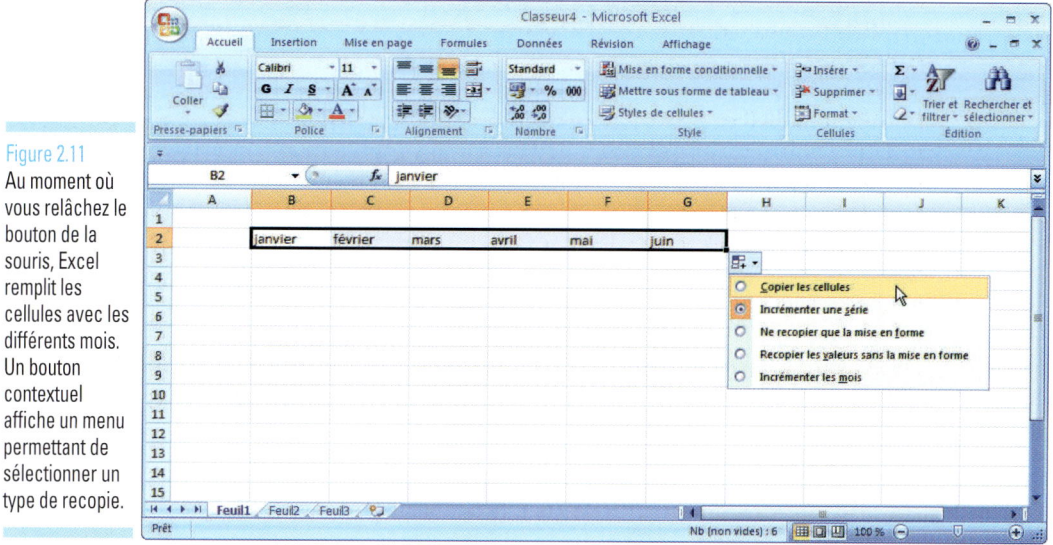

Figure 2.11
Au moment où vous relâchez le bouton de la souris, Excel remplit les cellules avec les différents mois. Un bouton contextuel affiche un menu permettant de sélectionner un type de recopie.

mois sans recopier la mise en forme de la cellule B2, choisissez l'option Recopier les valeurs sans la mise en forme.

Le Tableau 2.3, dans la section suivante, indique les valeurs initiales susceptibles d'être utilisées pour une recopie automatique et les résultats qu'elle produit.

Travailler avec des séries échelonnées

La recopie automatique utilise la valeur initiale sélectionnée (date, heure, jour, année...) pour produire une série. Toutes les séries énumérées dans le Tableau 2.3 varient de 1 (un jour, un mois, une unité...). Il est toutefois possible de faire en sorte que la recopie automatique s'effectue selon une autre valeur en entrant deux valeurs de départ dans des cellules voisines, qui quantifient la modification d'une valeur à une autre. Ces deux valeurs constitueront la sélection initiale que vous étendrez avec la poignée de recopie.

Par exemple, pour démarrer une série le lundi et entrer un jour sur deux dans une ligne, vous taperez **Samedi** dans une cellule et **Lundi** dans la cellule suivante. Après avoir sélectionné ces deux cellules, tirez la poignée de recopie vers la droite aussi loin que nécessaire. Lorsque vous relâchez le bouton de la souris, Excel remplit les cellules avec la série Mercredi, Vendredi, Dimanche, Mardi, et ainsi de suite.

Tableau 2.3 : Séries susceptibles d'être créées avec la recopie automatique.

Entrée initiale	Série produite par la recopie automatique
Juillet	Août, Septembre, Octobre...
Juil	Août, Sept, Oct, Nov...
Mardi	Mercredi, Jeudi, Vendredi...
Mar	Mer, Jeu, Ven, Sam...
01/04/2002	02/04/2002, 03/04/2002, 04/04/2002...
Janv-00	Févr-00, Mars-00, Avr-00...
15-Févr	16-Févr, 17-Févr, 18-Févr...
10:00 PM	11:00 PM, 12:00 PM, 1:00 AM
8:01	9:01, 10:01, 11:01, 12:01...
1er trim	2e trim, 3e trim, 4e trim...
Tr1	Tr2, Tr3, Tr4, Tr5, Tr6...
T3	T4, T1, T2, T3, T4, T1...
Produit 1	Produit 2, Produit 3, Produit 4...
1er produit	2e produit, 3e produit...

Copier avec la recopie automatique

Vous pouvez utiliser la recopie automatique pour copier un texte sur une plage de cellules, mais sans incrémentation. Pour ce faire, maintenez la touche Ctrl enfoncée tout en cliquant et en tirant la poignée de recopie. Un petit signe + apparaît près de la poignée, indiquant qu'une *copie* est en cours, et non une copie incrémentée. Vous pouvez vérifier que l'entrée dupliquée ne change pas en observant l'info-bulle dont le contenu reste identique à celui de la cellule d'origine. Si vous voulez néanmoins incrémenter la recopie, il suffit de cliquer sur le bouton contextuel et de choisir, dans le menu, l'option Incrémenter une série ; les éléments copiés sont aussitôt transformés en série d'éléments numérotés ou successifs.

Alors que maintenir la touche Ctrl enfoncée pendant la recopie automatique empêche l'incrémentation du texte, il en va tout autrement avec les valeurs numériques ! Supposons que vous avez entré le nombre **17** dans une cellule et tirez la poignée de recopie pour remplir les cellules voisines. Dans ce cas, Excel recopie le nombre 17 dans chacune des cellules. Mais si la touche Ctrl est enfoncée, la recopie est incrémentée et donne 18, 19, 20, et ainsi de suite. Si vous avez oublié ce détail et créé une série de nombres incrémentés, alors que vous vouliez simplement recopier le nombre à l'identique dans les cellules, corrigez la manipulation en cliquant sur le bouton contextuel et choisissez l'option Copier les cellules.

Créer une liste personnalisée

En plus de pouvoir varier l'incrémentation d'une série de recopies automatiques, vous pouvez créer vos propres séries. Par exemple, la société La mère l'Oie travaille avec les entreprises suivantes :

- Centre culinaire Pigeon vole

- Centre Jack & Jill

- A la bonne bouffe

- Les pieds dans le plat

- Tartes et gâteaux

- Georgie Porgie Pudding

- Maison Poulaga

Au lieu d'avoir à taper sans cesse le nom de chacune de ces entreprises chaque fois que vous devez les lister dans une feuille de calcul, vous pouvez en faire une liste personnalisée. Il vous suffira ensuite de taper Centre culinaire Pigeon vole dans la première cellule, puis de tirer sur la poignée de recopie pour placer automatiquement tous les autres noms dans les cellules sélectionnées.

Procédez comme suit pour créer une liste personnalisée :

1. **Cliquez sur Bouton Office/Options Excel, puis sur l'onglet Standard. Dans la section Meilleures options pour travailler avec Excel de cet onglet, cliquez sur le bouton Modifier les listes personnalisées pour ouvrir la boîte de dialogue Listes pers. (Figure 2.12).**

   Si vous avez déjà tapé une liste personnalisée dans une plage de cellules, allez à l'Étape 2. Sinon, allez plutôt à l'Étape 5.

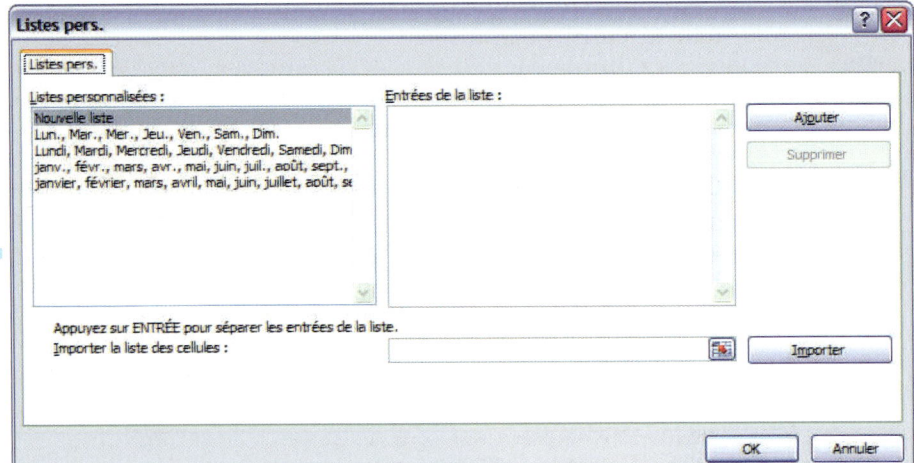

Figure 2.12
Création d'une
liste
personnalisée à
partir de plages
de cellules
existantes.

2. **Cliquez dans le champ de texte Importer la liste des cellules, puis cliquez sur le bouton Minimiser (il se trouve à l'extrémité droite de la zone de texte) ; la boîte de dialogue Options se réduit à ce champ de texte, vous laissant de la place pour sélectionner confortablement une plage de cellules (nous y reviendrons dans le Chapitre 3).**

3. **Après avoir sélectionné la plage de cellules dans la feuille de calcul, cliquez sur le bouton Agrandir de la boîte de dialogue Listes pers. afin de la réafficher intégralement.**

   Ce bouton, qui se substitue automatiquement au bouton Minimiser, se trouve à l'extrémité du champ de texte, juste au-dessous du bouton de fermeture.

4. **Cliquez ensuite sur le bouton Importer pour copier le contenu des cellules dans la fenêtre Entrées de la liste.**

   Passez à l'Etape 7.

5. **Cliquez dans la fenêtre Entrées de la liste. Tapez ensuite chaque entrée dans l'ordre qui vous convient ; n'oubliez pas de taper sur la touche Entrée après chaque saisie.**

   Après avoir tapé tous les intitulés dans la fenêtre Entrées de la liste, vous pouvez passer à l'étape suivante.

6. **Cliquez sur le bouton Ajouter afin de transférer les éléments dans la liste Listes personnalisées.**

   Créez éventuellement d'autres listes personnalisées en procédant comme nous venons de l'indiquer.

7. **Cliquez sur OK pour fermer la boîte de dialogue Listes pers. et revenir à la boîte de dialogue Options Excel, puis cliquez sur OK ou appuyez sur Entrée pour fermer la boîte de dialogue Options Excel et revenir à la feuille de calcul courante du classeur actif.**

Après avoir ajouté une liste personnalisée dans Excel, il vous suffira simplement de taper la première entrée dans une cellule puis de tirer la poignée de recopie dans une direction pour que les autres éléments de la liste apparaissent dans la plage de cellules.

 Si vous n'avez pas l'intention de taper la première ligne, utilisez la fonction de saisie semi-automatique décrite précédemment dans ce chapitre ; créez une entrée sous la forme d'un acronyme qui affichera automatiquement le nom complet comme *albb* pour *A la bonne bouffe*.

Insérer des symboles et des caractères spéciaux

Avec Excel, l'insertion de caractères spéciaux est très facile (symboles de devises, marque déposée, copyright, etc.). Pour insérer un symbole ou un caractère spécial, cliquez dans le Ruban sur Insertion/Insérer un symbole à partir d'une boîte de dialogue (en bas à droite dans le groupe Texte) pour ouvrir la boîte de dialogue Caractères spéciaux (Figure 2.13).

Pour insérer des caractères spéciaux, tels que le symbole de la marque déposée, une marque de paragraphe ou des points de suspension, cliquez sur l'onglet Caractères spéciaux de la boîte de dialogue du même nom. Repérez le caractère dans la liste, cliquez dessus, puis cliquez sur le bouton Insérer (l'insertion par double clic fonctionne également).

Une fois vos travaux d'insertion achevés, fermez la boîte de dialogue Caractères spéciaux en cliquant sur le bouton Fermer situé dans le coin supérieur droit.

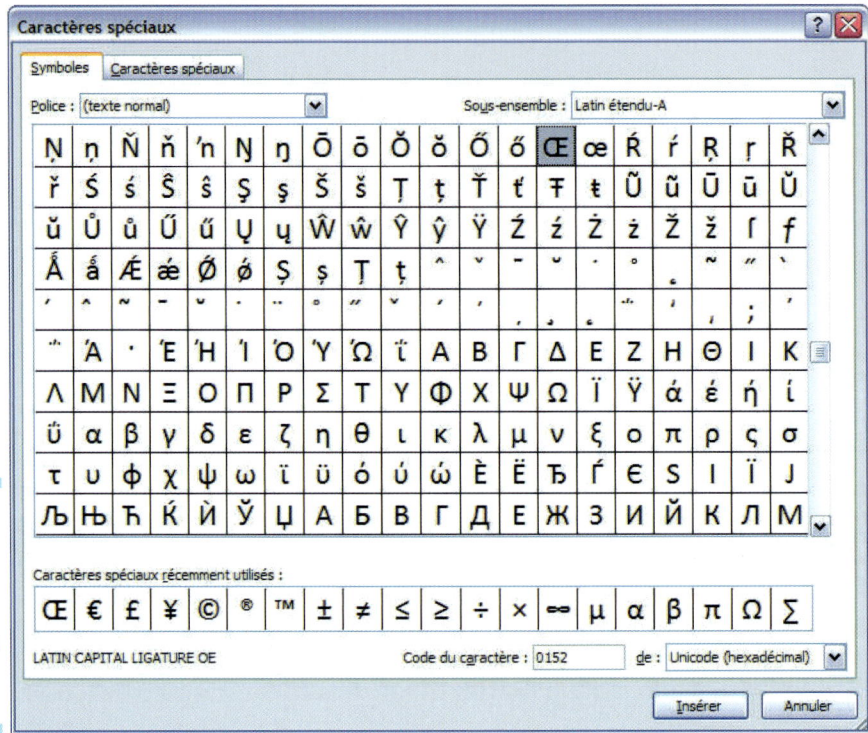

Figure 2.13
Utilisez la boîte
de dialogue
Caractères
spéciaux pour
insérer symboles
et caractères
spéciaux.

Les entrées de la plage

Si vous devez saisir un tableau de données dans un nouveau classeur, vous vous simplifierez le travail – et votre existence – en sélectionnant d'abord toutes les cellules vides qui devront contenir ces données avant même de procéder à leur entrée. Pour cela, placez le pointeur dans la première cellule de ce qui sera le tableau, puis sélectionnez toutes les cellules dans les colonnes et les lignes voisines (reportez-vous au Chapitre 3 pour apprendre à sélectionner des plages de cellules). Enfin, commencez à entrer la première donnée.

Quand vous sélectionnez une *plage* de cellules avant de commencer à entrer des informations, Excel restreint la saisie des données à cette plage de la façon suivante :

- Le logiciel avance automatiquement le pointeur de cellule à la prochaine cellule de la plage lorsque vous cliquez sur le bouton Entrer ou appuyez sur la touche Entrée pour valider une saisie.

- Dans une plage contenant plusieurs lignes et colonnes, Excel fait descendre le pointeur de cellule dans la colonne afin que vous puissiez procéder aux entrées ; lorsqu'il atteint la dernière cellule dans la partie sélectionnée de la colonne, Excel place le pointeur tout en haut de la prochaine colonne à droite. Si le tableau n'occupe qu'une ligne, le pointeur est décalé de gauche à droite.

- Lorsque vous finissez d'entrer des informations dans la dernière cellule de la plage sélectionnée, Excel positionne le pointeur de cellule sur la première cellule du tableau de données qui vient d'être terminé. Pour désélectionner la plage de cellules, cliquez sur l'une des cellules de la feuille de calcul, hors du tableau ou à l'intérieur, ou appuyez sur une touche fléchée.

Veillez à ne pas appuyer sur une touche fléchée pour valider la saisie dans l'une des cellules de la plage sélectionnée, au lieu de cliquer sur le bouton Entrer ou d'appuyer sur la touche Entrée. L'appui sur une touche fléchée désélectionne en effet la plage au moment où Excel déplace le pointeur de cellule. Utilisez l'une de ces méthodes pour déplacer le pointeur de cellule sans désélectionner la plage :

- Appuyez sur Entrée pour passer à la cellule inférieure puis, le moment venu, passer à la prochaine colonne. Appuyez sur Maj+Entrée pour reculer à la cellule précédente.

- Appuyez sur la touche Tab pour passer à la prochaine cellule de la colonne de droite et descendre ensuite dans la colonne. Appuyez sur Maj+Tab pour revenir à la cellule précédente.

- Appuyez sur Ctrl+. (point du pavé numérique) pour aller d'un coin de la plage à un autre.

La saisie express

Quand une même entrée (texte, valeur ou formule) doit apparaître dans plusieurs cellules d'un classeur, vous économiserez beaucoup de temps et d'énergie en la plaçant dans toutes ces cellules en une seule opération. Sélectionnez d'abord la plage de cellules qui doit contenir l'information (comme nous le verrons dans le Chapitre 3, Excel permet de sélectionner plusieurs cellules à la fois), procédez à la saisie, puis validez avec les touches Ctrl+Entrée pour répartir la saisie dans toutes les plages sélectionnées.

Pour que cette opération réussisse, vous devez maintenir la touche Ctrl enfoncée au moment où vous appuyez sur Entrée afin qu'Excel puisse répartir la saisie dans toutes les cellules sélectionnées. Si vous oubliez d'appuyer sur Ctrl, Excel ne place les données que dans la première cellule de la plage.

Améliorer les formules

Précédemment dans ce chapitre, vous avez appris (dans la section "Concocter ces fabuleuses formules !") à créer des formules qui exécutent un certain nombre d'opérations mathématiques simples telles que l'addition, la soustraction, la multiplication et la division. Au lieu de créer des formules complexes à partir de zéro et/ou d'une combinaison plus ou moins compliquée de ces opérations, vous pouvez demander à une fonction d'Excel de se charger de cette tâche.

Une *fonction* est une formule prédéfinie qui exécute un certain type de calcul. Tout ce que vous avez à faire est de fournir les valeurs que cette fonction utilisera pour déterminer le résultat. En jargon de tableur, ces valeurs sont appelées *arguments de la fonction*. A l'instar des fonctions simples, vous pouvez entrer les arguments de la plupart des fonctions soit sous une forme numérique, comme **22** ou **-4,56**, soit, comme c'est souvent le cas, sous la forme d'une référence de cellule (**B10**) ou d'une plage de cellules (**C3:F3**).

Comme pour les formules que vous créez vous-même, chaque fonction doit commencer par le signe = (égal), afin qu'Excel sache que vous allez taper une fonction ou une formule et non du texte. Juste après le signe égal, vous entrez le nom de la fonction (en majuscules ou en minuscules) suivi des arguments indispensables pour que les calculs puissent être effectués. Tous les arguments d'une fonction sont toujours entre parenthèses.

Si vous tapez la fonction directement dans une cellule, rappelez-vous qu'il ne faut pas insérer d'espace après le signe égal, avant ou après le nom de la fonction, ni entre les parenthèses. Certaines fonctions exigent plusieurs arguments ; dans ce cas, chaque argument est séparé des autres par un point-virgule, en aucun cas par un espace.

Après avoir tapé le signe égal et commencé à taper les premières lettres du nom de la fonction que vous voulez utiliser, une liste déroulante vous proposant toutes les fonctions dont le nom commence par les lettres que vous venez de taper apparaît juste au-dessous de la cellule. Identifiez le nom de la fonction que vous voulez dans cette liste, double-cliquez dessus, et Excel achève de l'entrer pour vous dans la cellule et dans la Barre de formule, suivi de la parenthèse ouvrante (**(**) qui précède les arguments de la fonction.

Excel affiche alors juste au-dessous de la cellule une info-bulle vous indiquant les arguments attendus par la fonction, et vous pouvez spécifier la cellule ou la plage de cellules que vous voulez utiliser comme premiers arguments, soit en la pointant avec la souris, soit en tapant ses références. Dans le cas d'une fonction à plusieurs arguments, vous pouvez cliquer sur les cellules successives ou parcourir la plage de cellules avec la souris (en maintenant enfoncé son bouton gauche), ou bien vous pouvez taper manuellement les arguments successifs, sans oublier de les séparer par un point-virgule (;).

Après avoir entré le dernier argument, tapez la parenthèse fermante ()) pour indiquer la fin de la liste des arguments. L'info-bulle contenant le nom de la fonction et la liste de ses arguments nécessaires disparaît. Cliquez ensuite sur le bouton Entrer ou appuyez sur Entrée ou sur une touche fléchée pour valider la fonction et obtenir d'Excel qu'il calcule le résultat.

Placer une fonction dans une formule avec l'Assistant Fonction

Bien qu'il soit possible d'entrer une fonction en la tapant directement dans une cellule, Excel met à votre disposition dans la Barre de formule un bouton Assistant Fonction, fort utile pour choisir n'importe laquelle des fonctions intégrées d'Excel. Quand vous cliquez sur ce bouton (après avoir sélectionné la cellule dans laquelle vous voulez insérer la fonction), Excel ouvre la boîte de dialogue Insérer une fonction (voir Figure 2.14) dans laquelle vous pouvez choisir l'une des fonctions prédéfinies. Après en avoir sélectionné une, Excel ouvre la boîte de dialogue Arguments de la fonction dans laquelle vous spécifiez les différents paramètres à utiliser. Le gros intérêt de cette boîte de dialogue se révèle lorsque vous rencontrez une fonction qui ne vous est pas familière ou est vraiment très complexe (certaines sont plutôt trapues). Vous obtiendrez une aide extrêmement détaillée sur les arguments requis en cliquant sur le lien hypertexte Aide sur cette fonction, dans le coin inférieur gauche de la boîte de dialogue.

La boîte de dialogue Insérer une fonction contient trois sections : Recherchez une fonction, Ou sélectionnez une catégorie et Sélectionnez une fonction. Lorsque vous ouvrez la boîte de dialogue, Excel sélectionne automatiquement, dans la liste déroulante des catégories de fonctions, la catégorie Les dernières utilisées. Ces fonctions communément utilisées sont listées dans la fenêtre Sélectionner une fonction.

Si la fonction que vous recherchez ne figure pas parmi les plus récemment utilisées, vous devrez la rechercher dans la catégorie appropriée en déroulant la liste Ou sélectionnez une catégorie. Si vous n'avez aucune idée de la catégorie et où la chercher, tapez une description de ce que vous voulez en faire dans la fenêtre Recherchez une fonction, puis cliquez sur le bouton OK qui se trouve

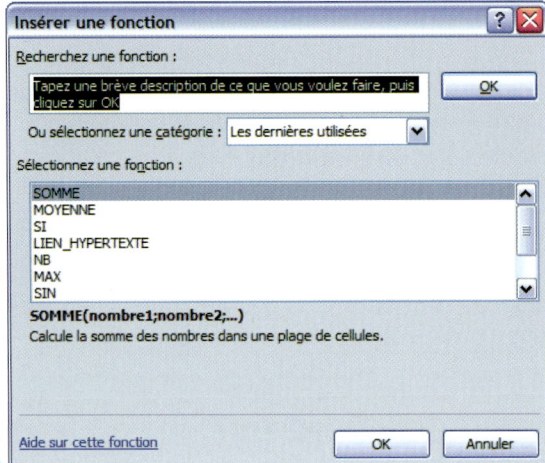

juste à droite (*NdT* : pas celui d'en bas qui ferme la boîte de dialogue) ou appuyez sur la touche Entrée. Par exemple, pour localiser la fonction qui totalise des valeurs, il suffit d'entrer le mot **total** dans la fenêtre Recherchez une fonction et de cliquer sur OK. Excel affiche ensuite une liste de fonctions effectuant des totaux. Vous pouvez les examiner chacune en cliquant tour à tour dessus. Quand vous sélectionnez une fonction dans cette liste, la boîte de dialogue Insérer une fonction en présente, en bas, tous les arguments suivis d'une description de ce qu'elle fait.

Après avoir localisé et sélectionné la fonction à utiliser, cliquez sur le bouton OK (tout en bas, à gauche d'Annuler) pour insérer la fonction dans la cellule courante et ouvrir la boîte de dialogue Arguments de la fonction. Elle affiche tous les arguments requis ainsi que ceux qui sont facultatifs. Supposons que vous choisissiez, dans la fenêtre Sélectionnez une fonction, la fonction SOMME (qui est sans aucun doute la plus utilisée), puis que vous cliquiez sur OK. Excel insère aussitôt dans la cellule courante :

```
SOMME()
```

Cette fonction apparaît aussi dans la barre de formule, après le signe égal. La boîte de dialogue Arguments de la fonction s'ouvre, affichant les arguments de SOMME, comme le montre la Figure 2.15.

Comme vous pouvez le lire dans la boîte de dialogue Arguments de la fonction visible Figure 2.15, vous pouvez sélectionner jusqu'à 255 arguments pour cette fonction. Ce qui n'est cependant pas évident – il y a sûrement un truc, non ? –,

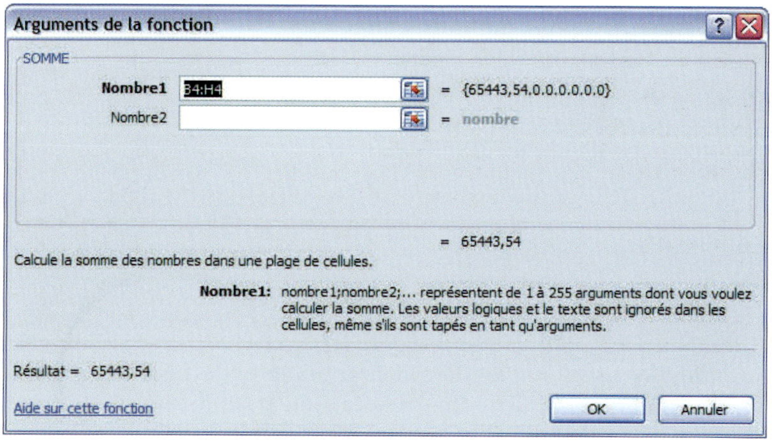

Figure 2.15
Spécifiez dans la
boîte de dialogue
Arguments de la
fonction les
arguments à
utiliser par la
fonction
sélectionnée.

c'est que chacun de ces arguments ne se trouve pas forcément dans une seule et même cellule. En fait, la plupart du temps, un seul argument recouvrira un grand nombre de chiffres (sélection multiple) que vous désirez totaliser.

Pour sélectionner le premier argument de la boîte de dialogue, cliquez dans une cellule (ou sélectionnez une plage de cellules) en laissant le point d'insertion dans la zone de texte Nombre1 de la boîte de dialogue Arguments de la fonction. Excel affiche l'adresse de cellule (ou l'adresse de la plage) dans le champ Nombre1, tout en indiquant, en bas à droite de la zone SOMME, le total calculé. Cette même somme apparaît aussi en bas de la boîte de dialogue, en regard de la mention Résultat =.

Rappelez-vous qu'en sélectionnant des cellules vous pouvez réduire la taille de cette boîte de dialogue afin qu'elle n'affiche que la ligne Nombre1 ; pour ce faire, cliquez sur le bouton Minimiser, à droite de la zone de texte Nombre1. Après avoir sélectionné les cellules à utiliser comme premier argument, vous pouvez de nouveau déployer la boîte de dialogue en cliquant sur le même bouton à droite du champ Nombre1. Au lieu de minimiser la boîte de dialogue, vous pouvez aussi la mettre momentanément de côté en cliquant dedans et en la faisant glisser ailleurs.

Si vous calculez sur plus d'une cellule ou groupe de cellules d'un classeur, appuyez sur la touche Tab ou cliquez dans la zone de texte Nombre2 pour y placer le point d'insertion (Excel réagit à cette action en ouvrant aussitôt une zone de texte Nombre3). Indiquez dans le champ Nombre2 la deuxième cellule ou plage de cellules à ajouter au premier argument. Après avoir cliqué dans une cellule ou défini une plage, Excel affiche l'adresse de la ou des cellules ainsi que les valeurs des cellules à droite de la zone de texte. Les différents boutons de minimisation permettent de réduire la boîte de dialogue en n'affichant que la ligne (Nombre1, Nombre2…) à utiliser.

Après avoir sélectionné les cellules à totaliser, cliquez sur OK pour quitter la boîte de dialogue Arguments de la fonction et placer la fonction SOMME dans la cellule courante.

Modifier une fonction avec l'Assistant Fonction

Vous pouvez utiliser le bouton Insérer une fonction pour modifier une fonction directement dans la barre de formule. Sélectionnez la cellule contenant la formule, puis cliquez sur le bouton Insérer une fonction (celui avec un *fx*, à gauche de la barre de formule).

Sitôt après avoir cliqué sur le bouton Insérer une fonction, Excel ouvre la boîte de dialogue Arguments de la fonction. Pour éditer et modifier les arguments de la fonction, sélectionnez les références de cellule dans la zone de texte appropriée (Nombre1, Nombre2, Nombre3…), puis effectuez les modifications que vous jugez utiles pour telle ou telle cellule ou plage. Rappelez-vous qu'Excel ajoute automatiquement à l'argument courant toute cellule ou plage que vous sélectionnez dans la feuille de calcul. Pour remplacer l'argument courant, vous devez le mettre en surbrillance et éliminer les adresses de cellules en appuyant sur la touche Suppr avant de sélectionner la nouvelle cellule ou plage à utiliser comme argument. Rappelez-vous qu'il vous est à tout moment possible de minimiser la boîte de dialogue ou de la déplacer si elle occulte des cellules.

Après avoir modifié la fonction, appuyez sur la touche Entrée ou cliquez sur le bouton OK afin de fermer la boîte de dialogue Arguments de la fonction et mettre la formule à jour dans le classeur.

La somme automatique : l'essayer, c'est l'adopter

Je ne peux en finir avec cette intéressante discussion sur la saisie des fonctions sans mentionner le bouton Somme présent dans le groupe Édition de l'onglet Accueil du Ruban. C'est le bouton qui porte la lettre grecque sigma (Σ). Ce petit outil vaut son pesant d'or. Outre qu'il est capable de déterminer la somme, la moyenne, le compte, les valeurs maximale et minimale d'une liste, il sait également sélectionner une plage de cellules dans la colonne courante ou dans la ligne, l'utiliser comme argument et entrer automatiquement le résultat du calcul en tant qu'argument dans une fonction.

Cliquez simplement sur le bouton Somme dans l'onglet Accueil du Ruban chaque fois que vous voulez insérer la fonction Somme dans la cellule sélectionnée. Si vous comptez utiliser ce bouton pour insérer une autre fonction comme MOYENNE, NOMBRE, MAX ou MIN, cliquez sur le triangle pointant vers le bas qui lui est associé et sélectionnez la fonction désirée dans le menu qui apparaît. Remarquez qu'en sélectionnant l'option Autres fonctions, Excel ouvre la boîte de dialogue Insérer une fonction, comme si vous aviez cliqué sur le bouton *fx*, dans la barre de formule.

Observez dans la Figure 2.16 comment l'outil Somme automatique est utilisé pour calculer le total des pantoufles universelles, à la ligne 3 : placez le pointeur dans la cellule E3, où le total du premier trimestre devrait être calculé, puis cliquez sur le bouton Somme. Excel insère dans la barre de formule la fonction SOMME avec le signe égal et tout le reste, entoure les cellules B4, C4 et D4 avec un rectangle de sélection (un liseré en pointillé animé) et utilise la plage de cellules B4:D4 comme argument de la fonction SOMME. Il ne vous reste plus qu'à valider cette formule en cliquant sur le bouton Entrer dans la Barre de formule (ou en appuyant sur la touche Entrée).

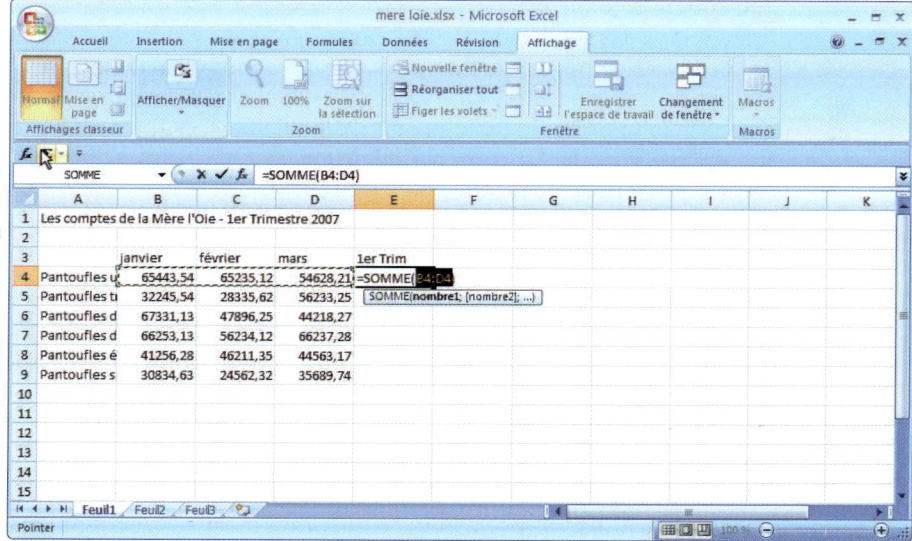

Figure 2.16
Pour obtenir le total trimestriel des pantoufles universelles, sélectionnez la cellule E4 puis cliquez sur le bouton Somme automatique.

Le total apparaît dans la cellule E4 tandis que la fonction suivante est affichée dans la barre de formule :

```
=SOMME(B4:D4)
```

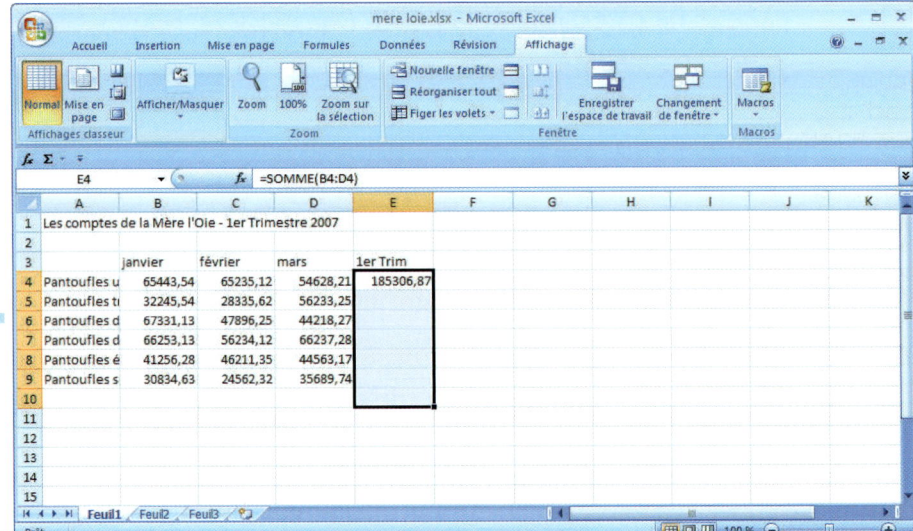

Figure 2.17
Le total du
premier
trimestre a été
calculé avec
l'outil Somme
automatique.

Après avoir entré la fonction qui totalise les ventes du Centre culinaire Pigeon vole, vous pouvez copier cette formule pour totaliser les ventes trimestrielles de toutes les autres sociétés en tirant vers le bas la poignée de recopie (c'est la petite croix noire qui apparaît quand vous approchez le pointeur de la souris du coin inférieur droit de la cellule), comme le montre la Figure 2.17, jusqu'à ce que la plage de cellules E4:E10 soit en surbrillance.

Regardez la Figure 2.18 pour voir comment utiliser l'outil Somme automatique pour totaliser, dans la colonne B, les résultats du mois de janvier. Vous devez placer le pointeur de cellule en B10, là où le total doit apparaître. Cliquez ensuite sur l'outil Somme automatique ; Excel place un rectangle de sélection autour des cellules B4 à B9 et entre correctement la plage B4:B9 comme argument de la fonction SOMME.

La Figure 2.19 montre la feuille de calcul après avoir inséré la fonction SOMME dans la cellule B10 et utilisé la fonction de recopie automatique pour reporter la formule vers la droite, dans les cellules C10 et D10. Pour utiliser la recopie automatique, tirez sur la poignée située dans le coin inférieur droit de la cellule, et tirez-la jusqu'à la cellule E10 ; relâchez ensuite le bouton de la souris.

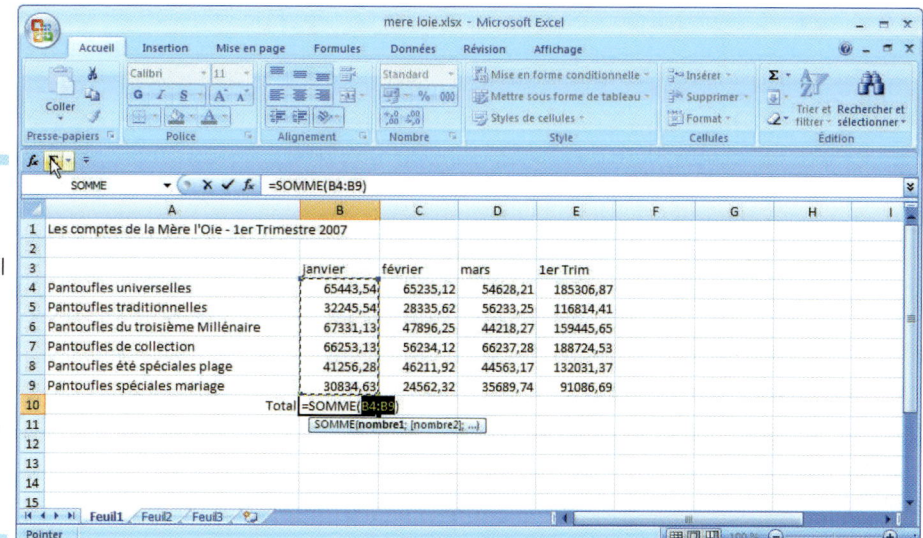

Figure 2.18
Sélectionnez la cellule B10, cliquez sur l'outil Somme automatique et appuyez sur Entrée pour obtenir le total des ventes de la colonne B pour toutes les sociétés.

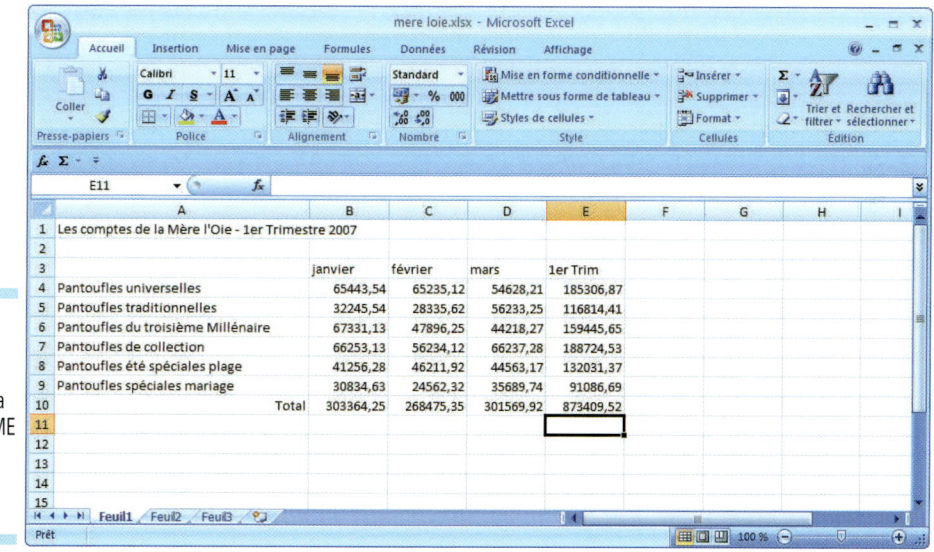

Figure 2.19
La feuille de calcul après avoir recopié la fonction SOMME à l'aide de la poignée de recopie.

Stocker les données en lieu sûr

Lorsque vous cliquez sur le bouton Enregistrer, ou que vous sélectionnez Bouton Office/Enregistrer, pour la première fois avec un nouveau classeur, Excel affiche la boîte de dialogue Enregistrer sous. Utilisez cette boîte de dialogue pour remplacer le nom générique qui vous est proposé (Classeur1, Classeur2, Classeur3...) par un nom plus explicite, pour sélectionner un autre format de fichier si vous le souhaitez, et pour sélectionner le dossier de destination du classeur avant de cliquer sur le bouton Enregistrer.

Une fois que vous avez spécifié ce que vous voulez dans la boîte de dialogue Enregistrer sous, cliquez sur le bouton Enregistrer ou appuyez sur Entrée pour qu'Excel 2007 enregistre votre travail. Quand Excel enregistre le fichier d'un classeur, il enregistre toutes les informations de toutes les feuilles de calcul du classeur (y compris la dernière position du curseur de cellule) dans le dossier que vous avez spécifié, sur le lecteur correspondant.

À partir de là, vous n'aurez plus besoin de la boîte de dialogue Enregistrer sous pour ce classeur, à moins que vous ne vouliez le renommer ou en enregistrer une copie dans un autre dossier. Dans ce cas, cliquez sur Bouton Office/Enregistrer sous (ou appuyez sur Alt+FR et appuyez sur Entrée) pour faire apparaître la boîte de dialogue Enregistrer sous. Si vous cliquez sur le bouton Enregistrer de la barre d'outils Accès rapide, ou si vous appuyez sur Ctrl+S, ou si vous cliquez sur Bouton Office/Enregistrer, le classeur sera simplement enregistré avec le nom, l'emplacement et le format qu'il avait déjà.

La boîte de dialogue Enregistrer sous dans Windows Vista

La Figure 2.20 montre la boîte de dialogue Enregistrer sous telle qu'elle apparaît dans Excel 2007 sous Windows Vista. Vous pouvez y remplacer le nom de fichier par défaut qui vous est proposé (Classeur1, Classeur2...) par un nom descriptif de votre choix en cliquant dans le champ Nom de fichier pour y entrer le nom que vous voulez (jusqu'à 255 caractères au total, en comptant les espaces).

Pour sélectionner un nouveau dossier pour y enregistrer le classeur, suivez ces étapes :

1. **Cliquez sur le bouton Parcourir les dossiers (le triangle pointant vers le bas) pour développer le contenu de la boîte de dialogue.**

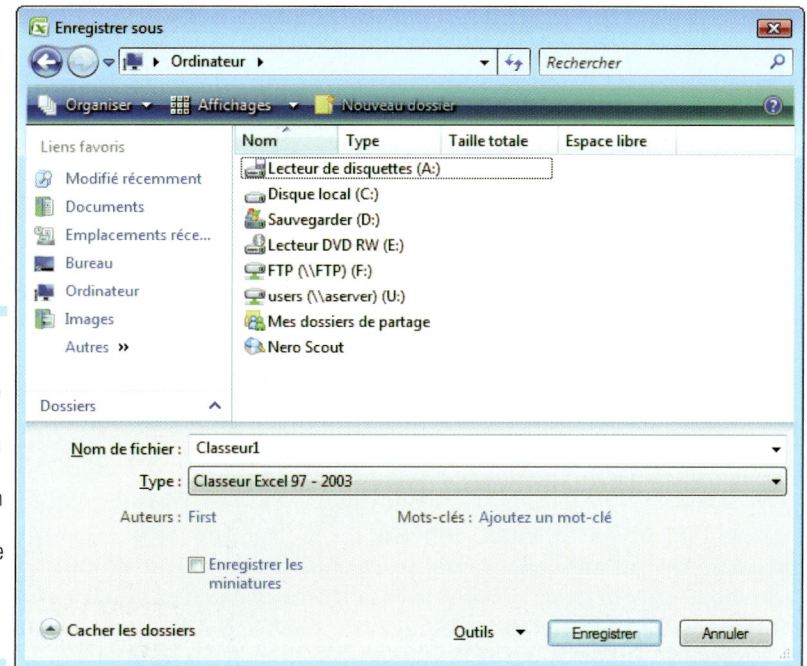

Figure 2.20
Sous Windows
Vista, la boîte de
dialogue
Enregistrer sous
vous permet de
spécifier un nom
de fichier et un
dossier, ainsi que
d'associer des
balises à ce
fichier.

La boîte de dialogue affiche alors le volet de navigation, dans lequel vous pouvez sélectionner les dossiers qui apparaissent dans les sections Dossiers et Liens favoris.

2. **Dans le volet de navigation, cliquez sur le nom du lien favori contenant le dossier dans lequel vous voulez enregistrer le fichier, ou cliquez sur le bouton Dossier (avec un triangle pointant vers le bas), puis sur le nom du dossier voulu.**

3. **Si vous voulez que le classeur soit enregistré dans un nouveau sous-dossier du dossier ouvert dans la boîte de dialogue Enregistrer sous, cliquez sur le bouton Créer un dossier dans la barre d'outils de cette boîte de dialogue, puis remplacez le nom par défaut suggéré pour le nouveau dossier par celui que vous voulez lui donner, et appuyez sur Entrée.**

4. **Cliquez sur le bouton Enregistrer pour enregistrer le fichier dans le dossier sélectionné.**

Lorsque le contenu de la boîte de dialogue Enregistrer sous est développé, vous pouvez ajouter un titre, un sujet et des balises au fichier de votre nouveau classeur en cliquant sur les liens Ajouter un titre, Spécifier le sujet et Ajouter une balise. Vous pourrez alors utiliser tous ces éléments d'information pour rechercher ce fichier, s'il vous arrive d'en avoir besoin un jour (pour en savoir plus sur la recherche de fichiers, reportez-vous au Chapitre 4).

Les différences entre les formats XLSX et XLS

Excel 2007 utilise maintenant un nouveau format de fichier basé sur XML (que Microsoft appelle officiellement le format Microsoft Office Open XML), vanté comme plus efficace pour enregistrer des données, produisant donc de plus petits fichiers, et offrant une meilleure intégration avec les sources de données externes (en particulier s'il s'agit de sources Web utilisant le format XML). Ce format de fichier reposant sur XML porte l'extension de fichier .xlsx – c'est le format par défaut dans lequel Excel enregistre les nouveaux classeurs que vous créez.

Le seul inconvénient de ce nouveau format est que les versions antérieures d'Excel ne sont pas capables de l'ouvrir. Cela signifie que si vous travaillez avec des gens qui ont besoin d'ouvrir vos classeurs, mais ne sont pas encore passés à Excel 2007, vous devez les enregistrer dans le format de fichier utilisé par les versions 97 à 2003 portant l'extension de fichier .xls.

N'oubliez pas que les extensions de fichier comme .xlsx et .xls ne sont pas affichées dans le nom du fichier (bien qu'elles en fassent partie) dans le champ Nom de fichier de la boîte de dialogue Enregistrer sous, à moins que vous n'ayez ôté la case de l'option Masquer les extensions des fichiers dont le type est connu dans la boîte de dialogue Options des dossiers de l'Explorateur Windows (Outils/Options).

Excel 2007 dispose également d'un nouveau format binaire, appelé Office Excel 2007 Binary ou BIFF12, portant l'extension .xlsb. Vous pouvez choisir ce format si vous avez des feuilles de calcul vraiment énormes qui doivent être compatibles avec les anciennes versions d'Excel (sélectionnez Classeur Excel binaire (*.xlsb) dans la liste Type de fichier de la boîte de dialogue Enregistrer sous).

A la recherche du document perdu

Excel est équipé d'une fonction de récupération de document qui vous sauvera la mise lors d'une coupure de courant ou si, pour une raison ou pour une autre, l'ordinateur se bloque. La fonction de récupération automatique enregistre votre travail à intervalles réguliers. En cas de plantage, Excel affiche un volet de récupération de données dès que l'ordinateur a été redémarré et Excel relancé.

Quand vous démarrez Excel 2007 pour la première fois, la fonction de récupération automatique est configurée pour sauvegarder vos données toutes les dix minutes, à condition toutefois que votre fichier ait déjà été enregistré. Vous pouvez réduire ou augmenter ce délai à votre guise. Pour cela, cliquez sur Bouton Office/Options Excel/Enregistrement pour ouvrir la boîte de dialogue Options Excel avec l'onglet Enregistrement au premier plan. Assurez-vous que la case Enregistrer les informations de récupération automatique est bien cochée, entrez le nombre de minutes que vous voulez dans le champ qui suit (ou utilisez les flèches qu'il contient pour l'augmenter ou le diminuer), et cliquez sur OK pour fermer la boîte de dialogue Options Excel.

Le volet Récupération de document montre les versions disponibles des classeurs qui étaient ouverts au moment où l'ordinateur a planté. Il identifie la version originale du fichier du classeur ainsi que le moment où il a été enregistré et compare le tout avec la version sauvegardée automatiquement (estimation du travail non enregistré par l'utilisateur au moment de l'incident). La position du pointeur est également enregistrée. Cliquez sur le menu déroulant – sous la flèche pointée vers le bas – et choisissez Ouvrir dans le menu contextuel. Après avoir ouvert la version récupérée, vous pouvez alors (si vous le souhaitez) enregistrer les modifications en cliquant sur le bouton Enregistrer dans la barre d'outils Accès rapide ou sur Bouton Office/Enregistrer.

Pour enregistrer la version récupérée d'un classeur sans devoir l'ouvrir d'abord, placez le pointeur de la souris sur la version récupérée, déployez le menu déroulant, puis choisissez l'option Enregistrer sous. Pour renoncer définitivement à la version récupérée (ce qui ne vous laisse que les données de la version originale), cliquez sur le bouton Fermer, en bas du volet Récupération de document. Lorsque vous cliquez sur le bouton Fermer, une boîte d'alerte vous laisse une dernière chance de revenir à la version récupérée afin de la visionner. Pour conserver le fichier afin de l'examiner ultérieurement, sélectionnez le bouton radio Oui (Je veux consulter ces fichiers plus tard) puis cliquez sur OK. Sinon, pour conserver les versions originales des fichiers listés dans le volet Récupération de données, cliquez sur Non (Supprimer ces fichiers. J'ai enregistré les fichiers dont j'ai besoin).

Deuxième partie
L'art et la manière de modifier un classeur

"Je pense que ta macro 'Aller dans la dernière cellule de la feuille' est trop puissante."

Dans cette partie...

*L*a vie en entreprise serait moins stressante si, au moment même où vous finissez un travail, il n'y avait pas quelqu'un pour tout remettre en question. A l'heure de la flexibilité, changer d'avis tout le temps risque néanmoins de froisser des gens. Or, la triste vérité avec Excel 2007 est que vous n'avez jamais fini de modifier les données que vous avez eu tant de mal à entrer.

Dans cette partie, nous éditerons et modifierons une feuille de calcul de trois manières : en mettant les données brutes en forme, en réorganisant les données mises en forme et/ou en les supprimant dans certains cas, enfin en imprimant les données mises en forme. Croyez-moi, quand vous saurez comment modifier vos données et les mettre en forme, vous aurez bien avancé dans la connaissance d'Excel 2007.

Chapitre 3
On enjolive tout

Après avoir décidé du type de mise en forme à appliquer à tout ou partie de la feuille de calcul, sélectionnez toutes les cellules à embellir, puis cliquez sur l'outil approprié ou choisissez une commande dans l'un des menus. Cependant, avant de découvrir les remarquables fonctions esthétiques d'Excel, vous devez d'abord savoir comment désigner les cellules qui doivent recevoir la mise en forme, c'est-à-dire les *sélectionner*, ou encore comment *procéder à une sélection de cellules*.

Choisir un groupe de cellules sélectionnées

Comme rien n'est plus monotone que la nature rectangulaire d'une feuille de calcul et ses composants, vous ne serez pas surpris de constater qu'une sélection est elle aussi rectangulaire. Après tout, les feuilles de calcul ne sont que des plages de cellules disposées sur des colonnes et des rangées.

Une *sélection de cellules* (ou *plage de cellules*) est un ensemble de cellules contiguës susceptibles d'être mises en forme ou modifiées. La petite sélection de cellule, dans une feuille de calcul, se limite à une seule cellule : la cellule dite *active*. Une seule cellule entourée par le curseur de cellule est une sélection d'une cellule. La sélection de cellules la plus vaste comprend toutes les cellules de la feuille de calcul. La plupart des sélections que vous aurez à effectuer se situent dans un moyen terme ; elles concerneront quelques cellules adjacentes disposées en colonne(s) et/ou en rangée(s).

Excel met en évidence une sélection de cellules dans la feuille de calcul en mettant en surbrillance les cellules sélectionnées, à l'exception de la cellule active qui conserve sa couleur normale. La Figure 3.1 montre diverses sélections de cellules de différentes tailles et formes.

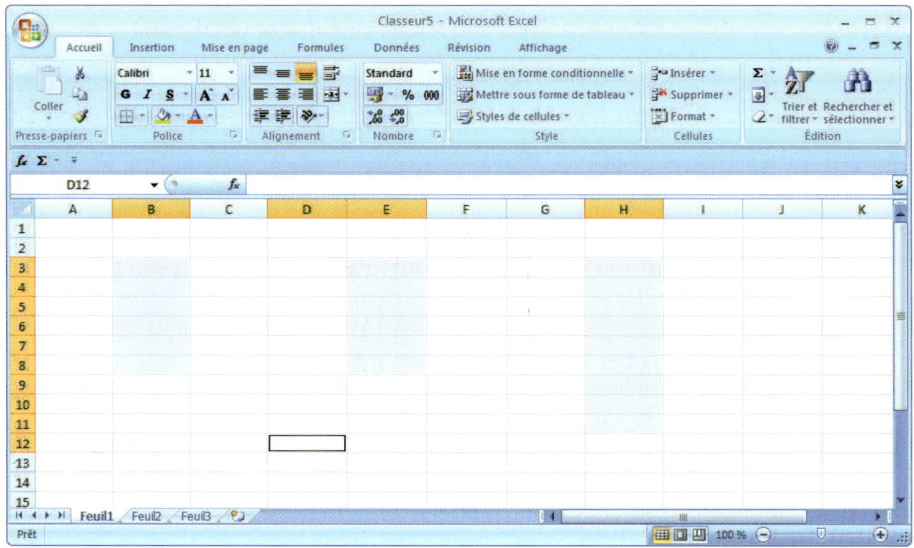

Figure 3.1
Différentes sélections de diverses tailles et formes.

Les sélections par pointer-cliquer

La souris est l'outil naturel pour sélectionner des plages de cellules : amenez le pointeur de souris (l'épaisse croix blanche) au-dessus de la première cellule, cliquez, puis, bouton de la souris enfoncé, tirez dans la direction où vous désirez étendre la sélection.

✔ Pour étendre la sélection de cellules vers les colonnes à droite, tirez la souris vers la droite, ce qui met les cellules concernées en surbrillance.

✔ Pour étendre la sélection vers le bas, tirez vers le bas.

✔ Pour étendre la sélection à la fois vers le bas et vers la droite, tirez la souris en diagonale vers la cellule située dans le coin inférieur droit de la plage que vous définissez.

Les sélections avec Maj

Pour accélérer la sélection des cellules, vous pouvez utiliser la bonne vieille méthode Maj+clic, qui s'effectue de la façon suivante :

1. **Cliquez sur la première cellule de la sélection.**

   La cellule est sélectionnée.

2. **Déplacez le pointeur de la souris vers la dernière cellule de la sélection.**

   Elle est au coin opposé de la première cellule. Ne cliquez pas encore.

3. **La touche Maj enfoncée, cliquez dans la dernière cellule.**

   Au moment de ce second clic, Excel sélectionne dans les lignes et dans les colonnes toutes les cellules situées entre la première et la dernière cellule.

Les sélections de cellules non adjacentes

Pour sélectionner des cellules ou des plages non adjacentes, sélectionnez une cellule ou une plage de cellules. Ensuite, touche Ctrl enfoncée, sélectionnez la deuxième cellule ou plage de cellules. Aussi longtemps que la touche Ctrl est enfoncée, Excel ne désélectionne aucune cellule pendant que vous en sélectionnez d'autres.

La touche Ctrl fonctionne avec la souris en tant que *touche d'addition* d'objets. La touche Ctrl permet d'ajouter des cellules à une sélection ou de sélectionner des noms épars dans la liste d'une boîte de dialogue, sans risque de désélection intempestive.

Les sélections de grande envergure

Vous pouvez sélectionner toutes les cellules d'une ligne ou d'une colonne, voire toutes les cellules d'une feuille de calcul, en appliquant les techniques suivantes :

- Pour sélectionner toutes les cellules d'une colonne, cliquez dans la lettre qui l'identifie, en haut de la feuille de calcul.

- Pour sélectionner toutes les lignes d'une colonne, cliquez dans son numéro, à gauche de la feuille de calcul.

✔ Pour sélectionner plusieurs lignes ou colonnes à la fois, tirez dans les en-têtes de lignes ou de colonnes.

✔ Pour sélectionner des lignes et/ou des colonnes qui ne sont pas contiguës, maintenez la touche Ctrl enfoncée tout en cliquant et/ou en tirant dans les en-têtes des lignes et des colonnes à placer dans la sélection.

✔ Pour sélectionner l'intégralité des cellules d'une feuille de calcul, appuyez sur Ctrl+A ou cliquez sur le bouton de sélection globale. Il se trouve au point de rencontre des en-têtes de lignes et de colonnes, dans le coin supérieur gauche de la feuille de calcul.

Sélectionner des données d'un tableau avec la sélection automatique

Excel propose une méthode de sélection extrêmement rapide, appelée "sélection automatique", pour sélectionner toutes les cellules d'un tableau d'un seul tenant. Procédez comme suit pour utiliser la sélection automatique :

1. **Cliquez dans la première cellule du tableau afin de la sélectionner.**

   Cette cellule se trouve en haut à gauche du tableau.

2. **Maintenez la touche Maj enfoncée tout en double-cliquant, avec le pointeur en forme de flèche, sur le bord droit ou inférieur de la cellule (voir Figure 3.2).**

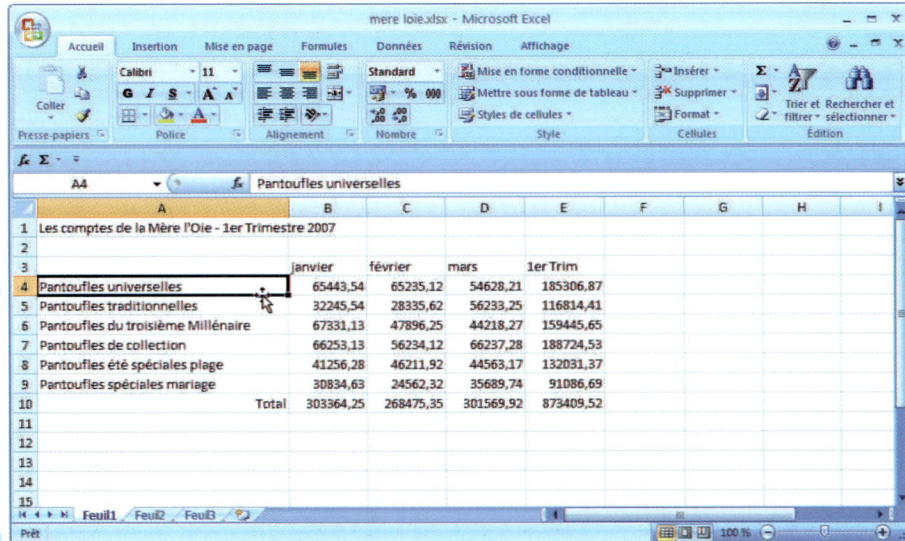

Figure 3.2
Placez le pointeur de la souris sur le bord droit ou inférieur de la première cellule du tableau.

Double-cliquer sur le *bas* de la cellule, touche Maj enfoncée, étend auto-matiquement la sélection jusqu'à la dernière cellule en bas de la première colonne, comme le montre la Figure 3.3. Si vous aviez double-cliqué sur le bord *droit* de la cellule, la sélection se serait étendue jusqu'à la dernière cellule de la ligne courante.

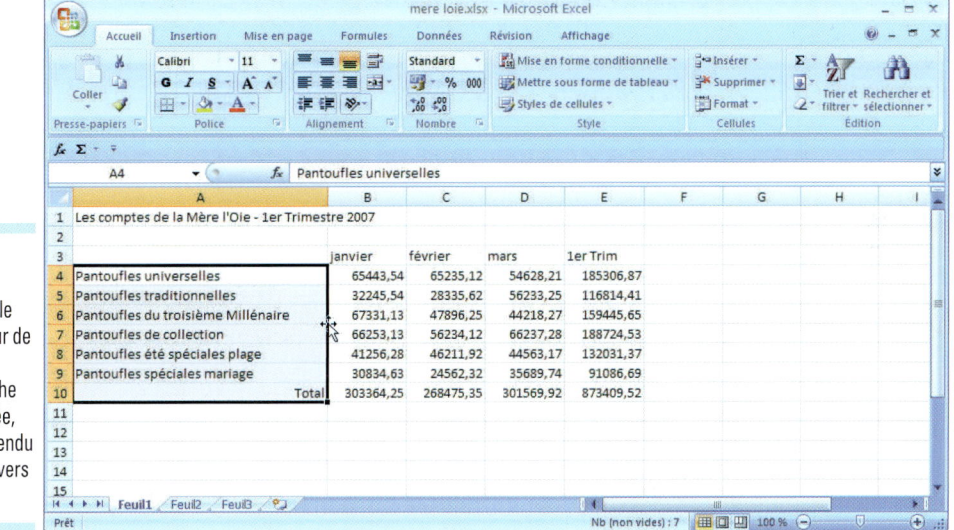

Figure 3.3
En double-cliquant sur le bord inférieur de la première cellule, touche Maj enfoncée, vous avez étendu la sélection vers le bas.

3a. Si vous avez d'abord sélectionné une colonne, double-cliquez sur le bord droit de la sélection, touche Maj enfoncée (voir Figure 3.3).

Vous sélectionnez ainsi les autres colonnes du tableau, comme l'illustre la Figure 3.4.

3b. Si vous avez d'abord sélectionné une ligne, double-cliquez sur le bord inférieur de la sélection, touche Maj enfoncée.

Vous sélectionnez ainsi toutes les lignes restantes du tableau.

Les sélections au clavier

Si vous n'aimez pas travailler à la souris, vous pouvez sélectionner des cellules au clavier. A l'instar de la méthode Maj+clic, les techniques de sélection au clavier utilisent les touches fléchées conjointement avec la touche Maj. Les

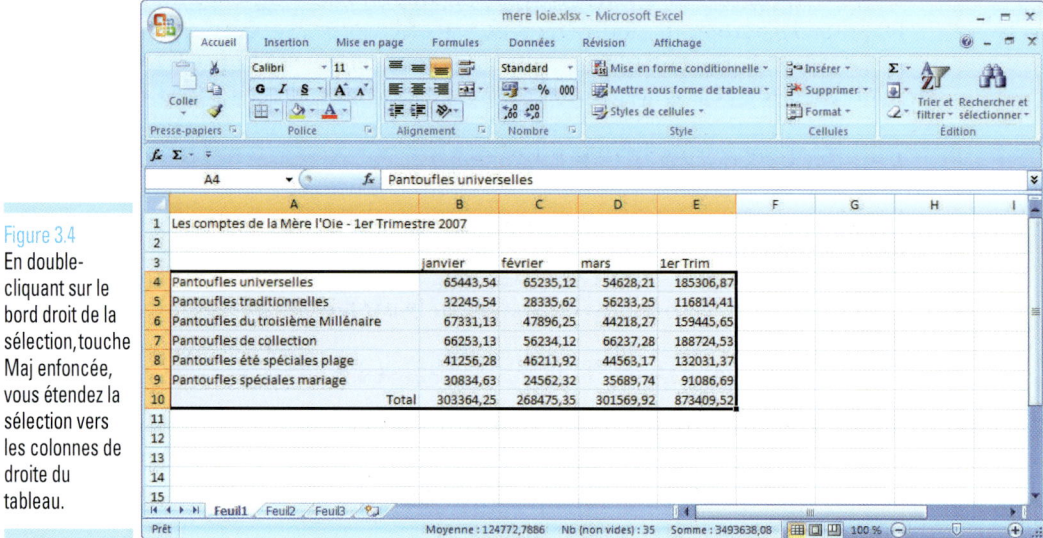

Figure 3.4
En double-cliquant sur le bord droit de la sélection, touche Maj enfoncée, vous étendez la sélection vers les colonnes de droite du tableau.

touches de déplacement du curseur de cellule ont été mentionnées dans le Chapitre 1.

Commencez par placer le curseur dans la première cellule de la sélection puis, touche Maj enfoncée, appuyez sur les touches fléchées appropriées (haut, droite, bas ou gauche, ou PagePréc et PageSuiv). Ce faisant, Excel ancre la sélection à la cellule courante puis l'étend dans la direction choisie, mettant les cellules sélectionnées en surbrillance au fur et à mesure que vous appuyez sur les touches fléchées.

En sélectionnant de la sorte, vous pouvez modifier l'étendue de la plage de cellules aussi longtemps que vous n'avez pas relâché la touche Maj. Dès qu'elle est relâchée, toute action sur une touche fléchée désélectionne aussitôt la plage, réduisant la sélection à la cellule indiquée par le curseur de cellule.

Étendre une sélection

Si maintenir la touche Maj enfoncée tout en déplaçant le curseur vous semble peu commode, vous pouvez mettre Excel en mode Extension en appuyant briè-vement sur la touche de fonction F8 avant d'appuyer sur une touche fléchée. Excel affiche alors l'indicateur Étendre la sélection dans la Barre d'état. Quand vous appuyez sur les touches fléchées alors que ce mode est actif, Excel sélectionne les cellules comme si la touche Maj était enfoncée.

Après avoir mis les cellules désirées en surbrillance, appuyez de nouveau sur F8 pour désactiver le mode Extension. L'indicateur Étendre la sélection disparaît de la Barre d'état, et vous pouvez de nouveau utiliser les touches fléchées pour déplacer le curseur sans sélectionner des cellules.

La sélection automatique au clavier

Procédez comme suit pour sélectionner la totalité d'un tableau de données avec la sélection automatique au clavier :

1. **Placez le curseur de cellule dans la première cellule.**

   Elle se trouve en haut à gauche du tableau.

2. **Appuyez une seule fois sur F8 (ou maintenez la touche Maj appuyée) puis sur les touches Ctrl+Flèche droite (ou Fin+Flèche droite) pour étendre la sélection aux colonnes de droite.**

3. **Ensuite, appuyez sur Ctrl+Flèche bas (ou Fin+Flèche bas) pour étendre la sélection aux lignes d'en bas.**

Les sélections de cellules non adjacentes au clavier

Appliquez ces étapes générales pour sélectionner plusieurs plages de cellules au clavier :

1. **Placez le curseur dans la première cellule de la première plage à sélectionner.**

2. **Appuyez sur F8 pour enclencher le mode Étendre la sélection.**

   Utilisez les touches fléchées pour sélectionner la première plage de cellules (au lieu d'appuyer sur F8, vous pouvez aussi maintenir enfoncée la touche Maj).

3. **Appuyez sur Maj+F8 pour passer en mode Ajouter à la sélection.**

   L'indicateur Ajouter à la sélection apparaît dans la Barre d'état.

4. **Amenez le curseur de cellule à la première plage non adjacente que vous désirez sélectionner.**

5. **Appuyez de nouveau sur F8 pour revenir au mode Étendre la sélection, puis déplacez le curseur de cellule afin de sélectionner une nouvelle plage.**

6. **Si d'autres plages non adjacentes doivent être définies, répétez les Etapes 3, 4 et 5 jusqu'à ce que vous ayez sélectionné toutes les plages à utiliser.**

La sélection de cellules avec Atteindre

Si vous devez sélectionner une très vaste plage de cellules, qu'il serait long et fastidieux de sélectionner au clavier, utilisez la fonction Atteindre :

1. **Placez le curseur de cellule dans la première cellule de la plage, puis appuyez sur F8 pour ancrer le curseur de cellule et enclencher le mode Étendre la sélection.**

2. **Appuyez sur la touche F5 pour ouvrir la boîte de dialogue Atteindre. Dans le champ Référence de cette boîte de dialogue, entrez l'adresse de la dernière cellule de la plage à sélectionner (celle du coin opposé à la première cellule) et cliquez sur OK ou appuyez sur Entrée.**

Comme Excel est en mode Étendre la sélection lorsque vous utilisez Atteindre pour aller à une autre cellule, il ne se contente pas d'envoyer le curseur de cellule à l'adresse spécifiée, mais sélectionne aussi toutes les cellules intermédiaires. Après avoir sélectionné une plage de cellules avec Atteindre, n'oubliez pas d'appuyer de nouveau sur F8 pour sortir du mode Étendre la sélection, et empêcher Excel de continuer à sélectionner d'autres cellules dès que vous allez déplacer le curseur de cellule.

La galerie Mettre sous forme de tableau

Voici maintenant une technique de mise en forme qui ne nécessite aucune sélection préalable de cellules. En fait, l'outil Mettre sous forme de tableau est si automatique qu'il suffit pour l'utiliser que le curseur de cellule se trouve à un endroit quelconque dans le tableau à mettre en forme avant de cliquer sur le bouton Mettre sous forme de tableau dans le groupe Style de l'onglet Accueil du Ruban. Lorsque vous cliquez sur ce bouton, la galerie des styles de tableau apparaît, chaque style s'affichant sous forme de miniature, celles-ci étant réparties en trois sections : Clair, Moyen et Foncé.

Aussitôt que vous cliquez sur la miniature correspondant au style de votre choix, Excel fait apparaître la boîte de dialogue Mettre sous forme de tableau (Figure 3.5), vous proposant la plage de cellules à laquelle il doit appliquer le style concerné (en marquant le périmètre correspondant dans la feuille de calcul).

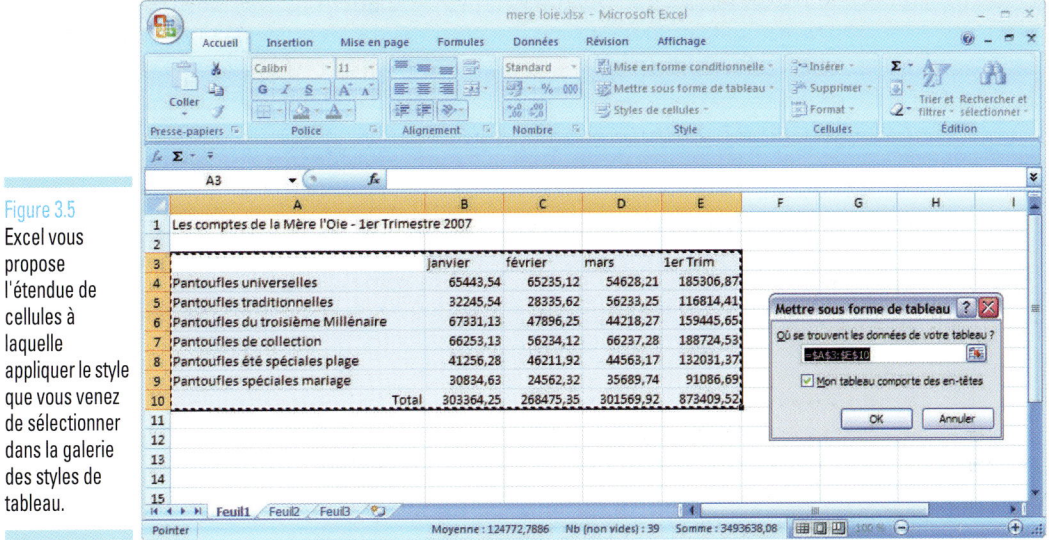

Figure 3.5
Excel vous propose l'étendue de cellules à laquelle appliquer le style que vous venez de sélectionner dans la galerie des styles de tableau.

Cette boîte de dialogue contient un champ intitulé "Où se trouvent des données de votre tableau ?" dans laquelle apparaît la plage que vous propose Excel, automatiquement identifiée par lui (et marquée par un contour clignotant dans la feuille de calcul) à partir de la cellule que vous aviez initialement sélectionnée. Elle contient également une case Mon tableau comporte des entêtes, que vous pouvez cocher pour indiquer à Excel que la première ligne de la plage spécifiée est une ligne d'en-têtes, qui sera donc mise en forme comme telle selon le style sélectionné.

Si Excel n'a pas identifié correctement la plage de cellules à mettre en forme, il vous suffit de la sélectionner directement dans la feuille de calcul en faisant glisser dessus le pointeur de la souris. La plage correspondante est automatiquement mise à jour dans la boîte de dialogue Mettre sous forme de tableau (qui est par la même occasion devenue Créer un tableau). N'oubliez pas de cocher (ou d'ôter la coche de) la case Mon tableau comporte des en-têtes si la première ligne de la plage sélectionnée est une ligne d'en-têtes que vous voulez mettre en forme comme telle (ce qui comporte un bouton de tri et de filtrage pour chaque en-tête de colonne).

La galerie des styles de tableau est inactive si vous avez sélectionné une plage de cellules non adjacentes (elle apparaît lorsque vous cliquez sur le bouton Mettre sous forme de tableau, mais il ne se passe rien lorsque vous cliquez sur une miniature).

Lorsque vous cliquez sur OK dans la boîte de dialogue Mettre sous forme de tableau, Excel applique à la plage de cellules spécifiée la mise en forme que vous avez sélectionnée dans la galerie, et les Outils de tableau apparaissent dans un onglet Création, à l'extrémité du Ruban (Figure 3.6).

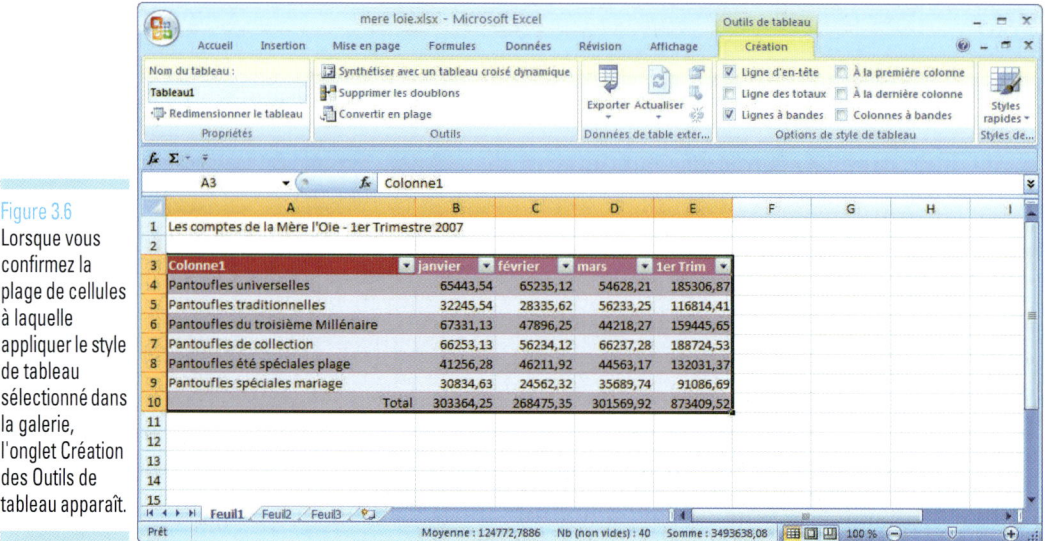

Figure 3.6
Lorsque vous confirmez la plage de cellules à laquelle appliquer le style de tableau sélectionné dans la galerie, l'onglet Création des Outils de tableau apparaît.

L'onglet Création vous offre une palette de Styles rapides de tableau, qui vous permet de visualiser instantanément l'effet d'une mise en forme sur votre tableau avant même de la lui appliquer. Cliquez sur le bouton Styles rapides (à l'extrémité droite de l'onglet Création), et déplacez simplement le pointeur de la souris sur les miniatures de la palette qui apparaît. Le tableau prend instantanément la mise en forme de la miniature sur laquelle se trouve le pointeur. Si nécessaire, faites défiler la feuille de calcul de manière que la palette ne masque pas votre tableau.

En plus de vous permettre de sélectionner facilement une nouvelle mise en forme pour votre tableau, l'onglet Création contient un groupe Options de styles de table, vous proposant un certain nombre de cases à cocher pour personnaliser encore plus la mise en forme que vous avez choisie :

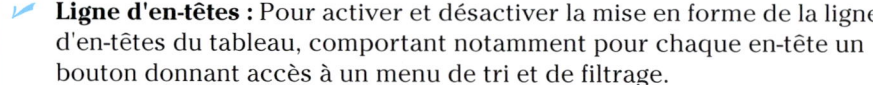 **Ligne d'en-têtes :** Pour activer et désactiver la mise en forme de la ligne d'en-têtes du tableau, comportant notamment pour chaque en-tête un bouton donnant accès à un menu de tri et de filtrage.

✔ **Ligne des totaux :** Quand cette option est activée, Excel ajoute au bas du tableau une ligne supplémentaire faisant le total de chaque colonne. Lorsque vous cliquez sur une cellule de cette ligne des totaux, un bouton apparaît à droite de celle-ci, vous donnant accès à un menu dans lequel vous pouvez choisir une autre fonction que la somme (Moyenne, Max, Min, Écartype...) à appliquer aux valeurs de la colonne correspondante.

✔ **À la première colonne :** Quand cette option est activée, Excel affiche une mise en forme spéciale pour la première colonne du tableau.

✔ **À la dernière colonne :** Quand cette option est activée, Excel affiche une mise en forme spéciale pour la dernière colonne du tableau.

✔ **Bandes de lignes :** Avec cette option, Excel affiche une mise en forme différente pour les lignes paires et impaires du tableau. Cette option est sélectionnée par défaut. Elle facilite la lecture d'un tableau.

Gardez à l'esprit que chaque fois que vous appliquez une mise en forme de la galerie des styles de tableau à une plage de cellules d'un classeur, Excel assigne automatiquement à ce tableau un nom générique (Table1, Table2, et ainsi de suite). Ce nom apparaît (lorsqu'une cellule au moins du tableau est sélectionnée) dans le champ Nom du tableau du groupe Propriétés, qui est le premier de l'onglet Création. Vous êtes libre de changer ce nom à votre guise dans ce champ pour donner à votre tableau un nom descriptif que vous retiendrez plus facilement (pour savoir comment nommer une étendue de cellules, reportez-vous au Chapitre 6).

Une fois que vous avez terminé la mise en forme de votre tableau, cliquez sur une cellule à l'extérieur de celui-ci pour faire disparaître l'onglet Création (les Outils de tableau) du Ruban. Si vous avez besoin par la suite de revenir à la mise en forme de votre tableau, cliquez à nouveau sur une cellule quelconque de celui-ci pour faire réapparaître l'onglet Création dans le Ruban.

Mettre en forme des cellules avec l'onglet Accueil

Certains tableaux nécessitent une mise en forme plus légère que celles proposées par la galerie des styles de tableau. Vous pouvez par exemple vouloir simplement mettre en gras les en-têtes de colonnes et souligner la ligne des totaux en bas du tableau (en appliquant simplement une bordure inférieure à cette ligne).

Les boutons de mise en forme qui apparaissent dans les groupes Police, Aligne-ment et Nombre de l'onglet Accueil vous permettent de réaliser de telles mises en forme. La Figure 3.7 montre l'onglet Accueil avec tous ces boutons de mise en forme. Le Tableau 3.1 décrit l'utilisation de chacun d'eux.

Figure 3.7
Les groupes Police, Alignement et Nombre de l'onglet Accueil contiennent presque tous les outils de mise en forme dont vous pourrez avoir besoin.

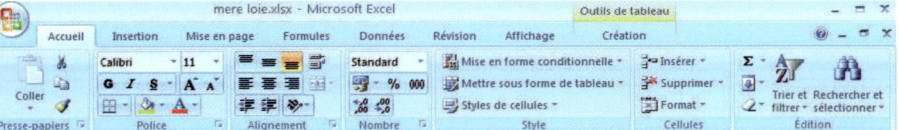

Tableau 3.1 : Les boutons de commande de mise en forme dans les groupes Police, Alignement et Nombre de l'onglet Accueil.

Groupe	Bouton	Fonction
Police		
Calibri	Police	Affiche un menu déroulant permettant de sélectionner une nouvelle police pour la cellule sélectionnée.
11	Taille de police	Affiche une liste déroulante de tailles de police parmi lesquelles vous pouvez choisir celle que vous voulez appliquer aux cellules sélectionnées. Vous pouvez aussi entrer manuellement la taille voulue dans ce champ.
A	Augmenter la taille de police	Applique à toute la sélection (de caractères ou de cellules) la plus petite taille de la police de la sélection augmentée d'un point.
A	Réduire la taille de police	Applique à toute la sélection (de caractères ou de cellules) la plus petite taille de la police de la sélection diminuée d'un point.

Tableau 3.1 : Les boutons de commande de mise en forme dans les groupes Police, Alignement et Nombre de l'onglet Accueil. (*suite*)

Groupe	Bouton	Fonction
G	Gras	Met en gras les caractères ou les cellules sélectionnées.
I	Italique	Met en italique les caractères ou les cellules sélectionnées.
S	Souligner	Souligne les caractères ou les cellules sélectionnées.
	Bordures	Affiche le menu Bordures, qui vous donne le choix entre toutes les possibilités de bordures.
	Couleur de remplissage	Affiche une palette dans laquelle vous pouvez sélectionner une couleur de remplissage pour les cellules sélectionnées.
A	Couleur de police	Affiche une palette dans laquelle vous pouvez sélectionner une couleur de police pour la sélection (de caractères ou de cellules).
Alignement		
	Aligner à gauche	Aligne sur le bord gauche de la cellule le contenu de toutes les cellules sélectionnées.
	Centrer	Centre horizontalement dans la cellule le contenu de toutes les cellules sélectionnées.
	Aligner à droite	Aligne sur le bord droit de la cellule le contenu de toutes les cellules sélectionnées.
	Augmenter le retrait	Augmente d'une tabulation pour toutes les cellules sélectionnées l'espace entre le bord gauche de la cellule et son contenu.
	Diminuer le retrait	Réduit d'une tabulation pour toutes les cellules sélectionnées l'espace entre le bord gauche de la cellule et son contenu.
	Aligner en haut	Aligne sur le bord supérieur de la cellule le contenu de toutes les cellules sélectionnées.

Tableau 3.1 : Les boutons de commande de mise en forme dans les groupes Police, Alignement et Nombre de l'onglet Accueil. (*suite*)

Groupe	Bouton	Fonction
	Aligner au centre	Centre verticalement dans la cellule le contenu de toutes les cellules sélectionnées.
	Aligner en bas	Aligne sur le bord inférieur de la cellule le contenu de toutes les cellules sélectionnées.
	Orientation	Affiche un menu permettant de sélectionner différentes orientations angulaires du contenu des cellules sélectionnées.
	Renvoyer à la ligne automatiquement	Renvoie automatiquement à la ligne dans les cellules sélectionnées le texte qui est trop long pour tenir dans la largeur de la colonne, sur autant de lignes que nécessaire.
	Fusionner et centrer	Fusionne les cellules sélectionnées pour en faire une seule cellule, en ne retenant que le contenu de la première cellule de la sélection qui est centrée horizontalement. Ce bouton permet également d'afficher un menu (en cliquant sur le triangle pointant vers le bas qui l'accompagne) vous permettant de choisir entre plusieurs manières de fusionner des cellules, ou d'annuler la fusion pour revenir à la disposition initiale.
Nombre		
Standard	Format de nombre	Affiche le format de nombre appliqué à la cellule active de la sélection. Cliquez sur le triangle pointant vers le bas pour afficher un menu pour sélectionner parmi tous les formats de nombre d'Excel celui que vous voulez appliquer aux cellules sélectionnées (vous pouvez aussi afficher la boîte de dialogue Format de cellule en sélectionnant Autres dans ce menu).

Tableau 3.1 : Les boutons de commande de mise en forme dans les groupes Police, Alignement et Nombre de l'onglet Accueil. (*suite*)

Groupe	Bouton	Fonction
	Format Nombre Comptabilité	Applique aux cellules sélectionnées le format Monétaire, qui comporte le séparateur de milliers, l'affichage de deux chiffres après la virgule et le symbole de l'euro (€). La boîte de dialogue Format de cellule vous permet de personnaliser ces paramètres.
%	Pourcentage	Applique aux cellules sélectionnées le format Pourcentage, qui multiplie par 100 la valeur entrée dans la cellule et y ajouter le symbole %, sans afficher de décimales.
000	Séparateur de milliers	Affiche le contenu des cellules sélectionnées en utilisant le séparateur de milliers.
+,0 ,00	Ajouter une décimale	Affiche le contenu des cellules sélectionnées avec un chiffre de plus après la virgule.
,00 +,0	Réduire les décimales	Affiche le contenu des cellules sélectionnées avec un chiffre de moins après la virgule.

À-propos des raccourcis clavier, n'oubliez pas : Ctrl+G active et désactive l'attribut Gras pour la sélection (caractères ou cellules), Ctrl+I fait la même chose pour l'attribut Italique, et Ctrl+U pour l'attribut Souligné.

Mettre en forme des cellules à la source avec la mini-barre d'outils

L'application d'une mise en forme à une sélection de cellule est même encore plus facile dans Excel 2007 grâce à la nouveauté de la mini- barre d'outils (que l'on appelle plus familièrement, mais très sérieusement, la *mini-barre*).

Pour afficher la mini-barre, sélectionnez les cellules à mettre en forme (si vous sélectionnez des caractères dans une cellule, vous aurez une mini-barre plus petite, ne contenant que les outils de mise en forme de caractères), et cliquez du bouton droit dans la sélection. Le menu contextuel apparaît, et juste au-dessus ou au-dessous de celui-ci, la mini-barre, comme le montre la Figure 3.8.

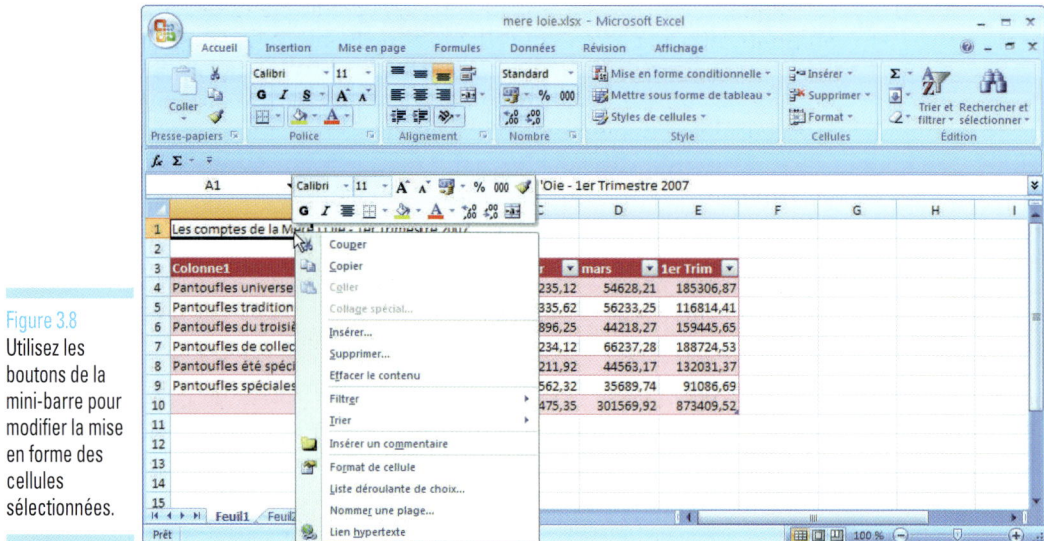

Figure 3.8
Utilisez les
boutons de la
mini-barre pour
modifier la mise
en forme des
cellules
sélectionnées.

Comme vous le voyez dans cette figure, la mini-barre contient la plupart des boutons du groupe Police de l'onglet Accueil (à l'exception du bouton Souligné). Vous y trouvez aussi le bouton Fusionner et centrer du groupe Alignement, et les boutons Monétaire, Pourcentage, Séparateur de milliers, Ajouter une décimale et Réduire les décimales du groupe Nombre. Cliquez simplement sur ces boutons pour appliquer les mises en forme correspondantes aux cellules sélectionnées.

La mini-barre contient également le bouton Reproduire la mise en forme du groupe Presse-papiers de l'onglet Accueil, ce qui vous permet de copier facilement la mise en forme de la cellule active pour l'appliquer à d'autres cellules.

La boîte de dialogue Format de cellule

Bien que les boutons des groupes Police, Alignement et Nombre de l'onglet Accueil vous donnent un accès immédiat aux commandes de mise en forme les plus utilisées, ils sont loin de représenter toutes les commandes de mise en forme d'Excel.

Pour accéder à toutes les commandes de mise en forme dont dispose Excel, vous devez ouvrir la boîte de dialogue Format de cellule, de l'une des trois manières suivantes :

- En cliquant sur l'option Autres, tout en bas du menu déroulant associé au bouton Format de nombre du groupe Nombre de l'onglet Accueil.

- En cliquant sur le bouton de lancement de boîte de dialogue dans le coin inférieur droit du même groupe Nombre.

- En appuyant sur Ctrl+Maj+1 (le 1 du clavier principal, pas celui du pavé numérique).

La boîte de dialogue Format de cellule contient six onglets : Nombre, Alignement, Police, Bordure, Remplissage et Protection. Je vais vous montrer comment les utiliser, à l'exception de l'onglet Protection.

Le raccourci clavier qui ouvre la boîte de dialogue Format de cellule, Ctrl+Maj+1 (le 1 du clavier principal, pas celui du pavé numérique), est bien utile à connaître.

Connaître les formats de nombre

Ainsi que nous l'avons expliqué dans le Chapitre 2, la saisie des valeurs dans la feuille de calcul définit le type de la mise en forme. Voici quelques exemples :

- Lorsque vous saisissez au clavier un chiffre suivi d'un symbole monétaire reconnu par Windows (par défaut : l'euro et le dollar), Excel applique le format Monétaire.

- Si vous entrez une valeur représentant un pourcentage sous la forme d'un entier suivi du signe %, Excel applique automatiquement le format Pourcentage.

- Si vous entrez une date (les dates sont aussi des valeurs) en respectant l'un des formats intégrés, comme 11/06/02 ou 11-juin-02, le logiciel affecte un format de nombre Date et lui attribue une valeur interne spéciale qui est la représentation de cette date.

Bien qu'il soit possible de mettre les valeurs en forme de cette manière au cours de la saisie, ce qui est nécessaire pour les dates, vous n'êtes pas obligé de procéder de la sorte. Vous pouvez à tout moment affecter un format de nombre à un groupe de valeurs avant ou après les avoir entrées. A vrai dire, formater les nombres après les avoir saisis est souvent le moyen le plus efficace, car la procédure s'effectue en deux étapes seulement :

1. **Sélection des valeurs nécessitant une mise en forme.**

2. **Sélection du format de nombre à appliquer, soit en utilisant les boutons de mise en forme de l'onglet Accueil, soit en utilisant l'onglet Nombre de la boîte de dialogue Format de cellule.**

Même si vous êtes vraiment très doué pour la frappe et préférez entrer directement les valeurs sous leur forme définitive, vous devrez néanmoins recourir aux formats de nombre pour faire en sorte que les valeurs calculées par les formules correspondent à d'autres valeurs que vous aurez entrées, et ce parce que Excel applique un format de nombre Standard – celui que la boîte de dialogue Format de cellule définit comme "n'ayant pas de format de nombre spécifique" – à toutes les cellules qu'il calcule ainsi qu'à toutes les entrées qui ne correspondent pas à l'un de ses formats de nombre. Le plus gros problème du format de nombre Standard est qu'il a la désagréable habitude de supprimer tous les zéros qui précèdent un nombre, et aussi ceux qui suivent les décimales, d'où l'impossibilité de les aligner parfaitement dans les colonnes, selon la virgule décimale.

Ce triste comportement est visible Figure 3.9, qui représente un tableau de résultats commerciaux sans qu'aucune valeur n'ait été mise en forme. Remarquez comme les chiffres se calent maladroitement contre le bord droit selon le nombre de décimales, sans aucun alignement sur la virgule décimale. Cette mauvaise présentation est causée par le format de nombre Standard d'Excel. Le seul moyen d'y remédier est de choisir un format de nombre plus rationnel.

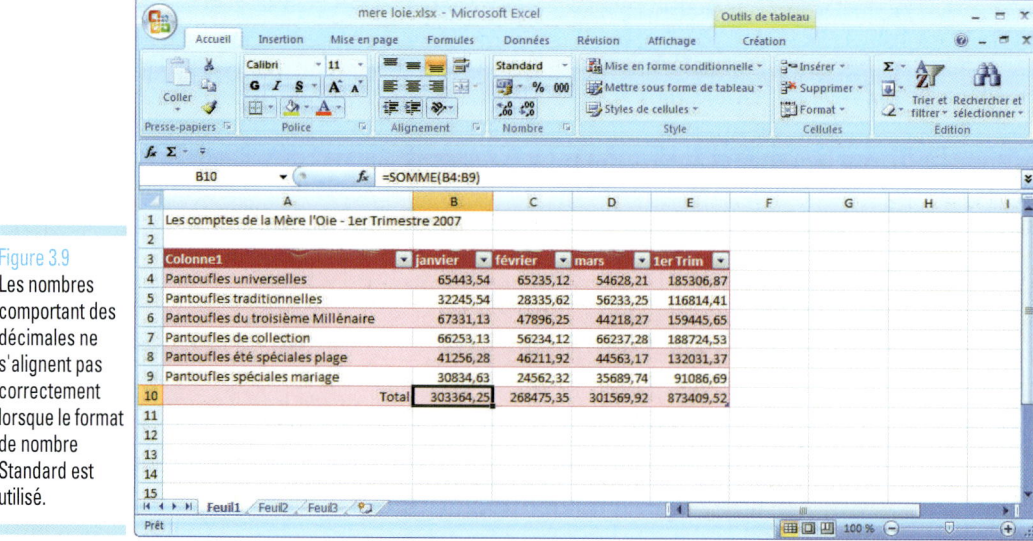

Figure 3.9
Les nombres comportant des décimales ne s'alignent pas correctement lorsque le format de nombre Standard est utilisé.

Appliquer un style Monétaire

Du fait de la nature financière de la plupart des feuilles de calcul, vous serez sans doute amené à utiliser le format Monétaire plus souvent qu'un autre. C'est une mise en forme très facile à appliquer, puisqu'il vous suffit pour cela de cliquer sur le bouton Monétaire dans l'onglet Accueil du Ruban.

N'oubliez pas que le format Monétaire ajoute le symbole de l'euro (€), affiche la valeur avec deux décimales et utilise le séparateur de milliers. De plus, si vous saisissez une valeur entre parenthèses, elle sera considérée comme négative et affichée avec un signe moins (–).

Comme le montre la Figure 3.10, seules les cellules qui ont été sélectionnées (plages E4:E10 et B10:D10) ont reçu le format Monétaire. Il a été appliqué en cliquant sur le bouton Monétaire du groupe Nombre de l'onglet Accueil (son icône montre un billet de banque et des pièces).

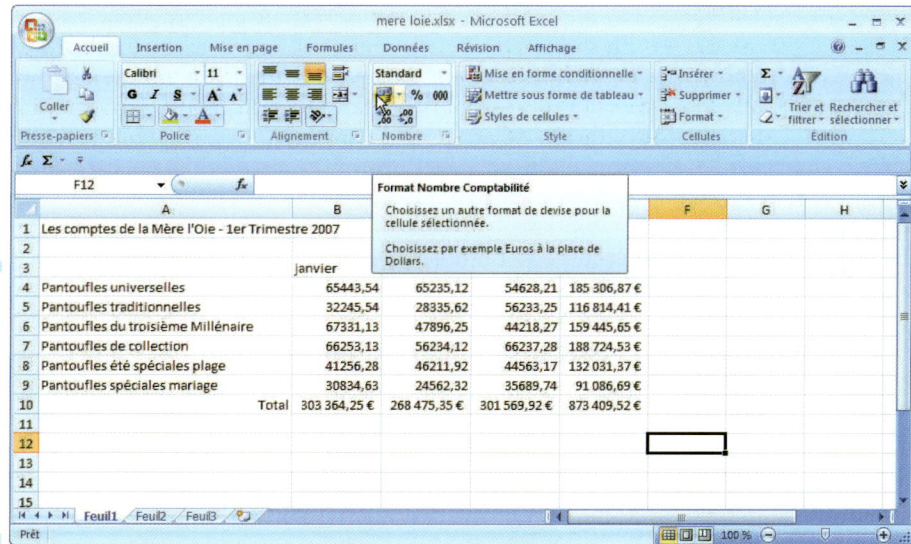

Figure 3.10
Les totaux ont été mis dans le format Monétaire en cliquant sur le bouton Monétaire de l'onglet Accueil.

Bien qu'il soit possible de mettre toutes les valeurs du tableau en format Monétaire, il en résulterait une surabondance de signes euro. Je ne l'ai donc fait apparaître que dans les totaux mensuels et trimestriels.

Halte aux formats encombrants !

En appliquant le format Monétaire aux cellules des plages E4:E:10 et B10:D10 dans la Figure 3.10, Excel ne s'est pas contenté de mettre en forme les valeurs comme nous venons de le décrire ; il a aussi élargi automatiquement les colonnes B, C, D et E juste assez pour y faire tenir les valeurs nouvellement mises en forme. Dans les versions d'Excel antérieures à la version 2003, vous deviez le faire vous-même, car au lieu d'obtenir des chiffres parfaitement alignés, vous vous seriez retrouvé avec des colonnes de cellules contenant chacune des signes #######. Ces successions de dièses sont des indicateurs de dépassement qui indiquent qu'Excel ne peut afficher l'intégralité d'un nombre dans une colonne aussi étroite.

Fort heureusement, Excel élimine les indicateurs de dépassement en élargissant automatiquement la ou les colonnes. Le seul moment où vous serez de nouveau confronté à ces dièses est si vous réduisez vous-même, manuellement, la largeur des colonnes (reportez-vous à la section "Régler les colonnes", plus loin dans ce chapitre) au point qu'Excel ne parvienne plus à afficher les chiffres.

Présenter les cellules avec le style Séparateur de milliers

Le format Séparateur de milliers est une excellente alternative au format Monétaire, car, comme ce dernier, il permet de séparer les milliers, les millions, les milliards, etc.

Ce format règle aussi le nombre de décimales et la représentation des nombres négatifs. Mais il n'affiche aucun symbole monétaire. Observez Figure 3.11 comment le bouton d'activation du format Séparateur de milliers, présent dans l'onglet Accueil du Ruban, a affiché les nombres sélectionnés.

Le format Séparateur de milliers convient très bien pour des résultats commerciaux comme ceux de la Figure 3.11. C'est ce format que j'ai appliqué aux cellules contenant les ventes mensuelles. Pour cela, j'ai sélectionné les cellules de la plage B4:D9, et j'ai cliqué sur le bouton Séparateur de milliers (000) dans le groupe Nombre de l'onglet Accueil.

Remarquez Figure 3.11 comment le format Séparateur de milliers gère les décimales ; les chiffres sont désormais parfaitement alignés sur leur virgule décimale, et surtout par rapport à la virgule qui se trouve dans les totaux mis en forme avec le format Monétaire. Ils ont même été légèrement décalés vers la gauche pour parfaire l'alignement.

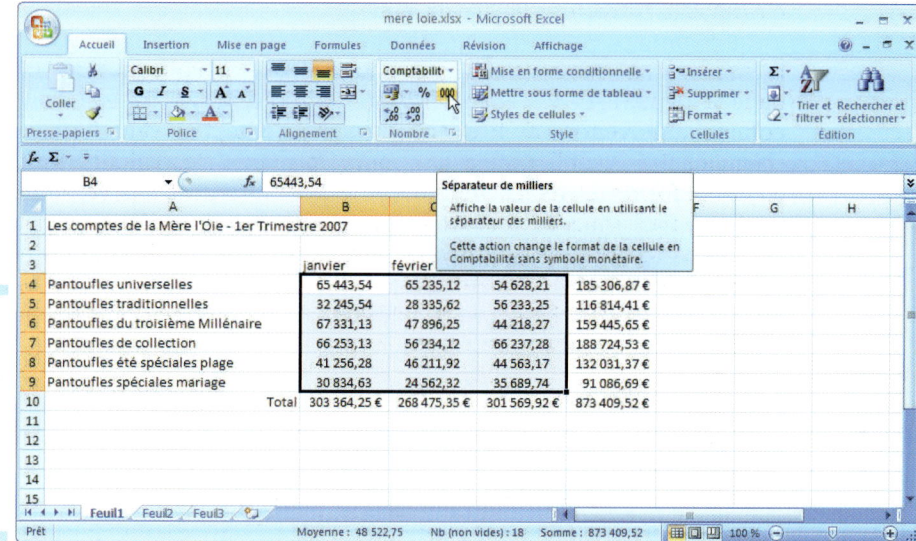

Figure 3.11
Les chiffres des ventes viennent d'être mis en forme avec le bouton Séparateur de milliers.

Le format Pourcentage

De nombreuses feuilles de calcul contiennent des pourcentages (taux d'intérêt, de croissance, d'inflation, etc.). Pour entrer un pourcentage dans une cellule, commencez par cliquer dessus pour la sélectionner, cliquez sur le bouton Style de pourcentage dans le groupe Nombre de l'onglet Accueil, entrez directement le pourcentage voulu s'il est supérieur à 1 (par exemple, entrez **12** pour 12 %), et appuyez sur Entrée. Si vous avez entré par exemple **12** ou **54**, vous voyez apparaître 12 % ou 54 % dans la cellule. Pour entrer un pourcentage inférieur à 1 %, vous devez entrer la valeur numérique correspondante (par exemple, .005 pour 0,5 %). Dans ce cas, vous verrez apparaître 1 % dans la cellule, car le format Pourcentage n'affiche que les valeurs entières. Ce qui n'empêche pas, naturellement, que vous voyez apparaître dans la Barre de formule la valeur exacte que vous avez entrée, sous forme de pourcentage (dans l'exemple précédent, 0,5 %).

En revanche, si vous appliquez le format Pourcentage à une cellule après y avoir entré une valeur, celle-ci est multipliée par 100 pour être convertie en pourcentage (si vous appliquez le format Pourcentage à une cellule qui contient la valeur 12, vous voyez apparaître 1 200 % dans la cellule).

Pour entrer une série de pourcentages dans une feuille de calcul, le plus commode est donc d'utiliser la première méthode : sélectionner la plage de cellules, cliquer sur le bouton Style de pourcentage pour lui appliquer le format Pourcentage, et entrer directement les pourcentages.

La Figure 3.12 montre la situation inverse ou des valeurs calculées par une formule ont été converties en pourcentages par l'application aux cellules correspondantes du format pourcentage. C'est ce que vous pouvez voir dans la ligne 12 de cette feuille de calcul, qui montre le ratio, calculé par une formule, du total des ventes par mois par rapport au total des ventes du trimestre (cellule E10). Dans la Figure 3.12, ces valeurs ont été converties en pourcentage par application aux cellules correspondantes du format Pourcentage, après y avoir entré les formules.

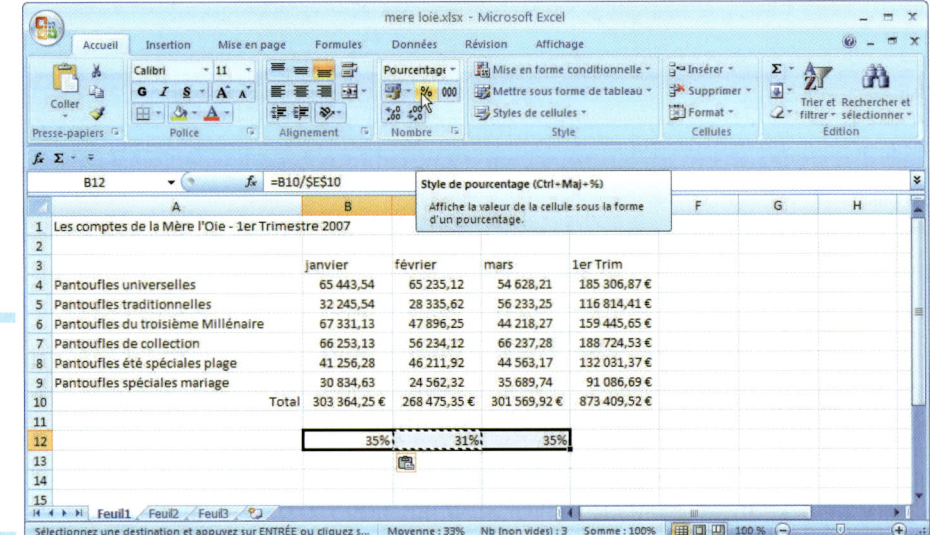

Figure 3.12
Les pourcentages ont été mis en forme avec le format Pourcentage.

Définir les décimales

Il est possible d'augmenter et de réduire le nombre des décimales d'un nombre ayant reçu un format Monétaire, Séparateur de milliers ou Pourcentage en cliquant tout simplement sur les boutons Ajouter une décimale et Réduire les décimales. Ces deux commandes se trouvent dans le groupe Nombre de l'onglet Accueil.

Chaque fois que vous cliquez sur le bouton Ajouter une décimale (celui avec une flèche pointée vers la gauche), Excel place une autre décimale après la virgule. Dans la Figure 3.13, deux décimales ont été ainsi ajoutées aux pourcentages de la plage B12:D12. Remarquez que le bouton Pourcentage ne définit jamais de décimales ; vous les obtenez avec le bouton Ajouter une décimale.

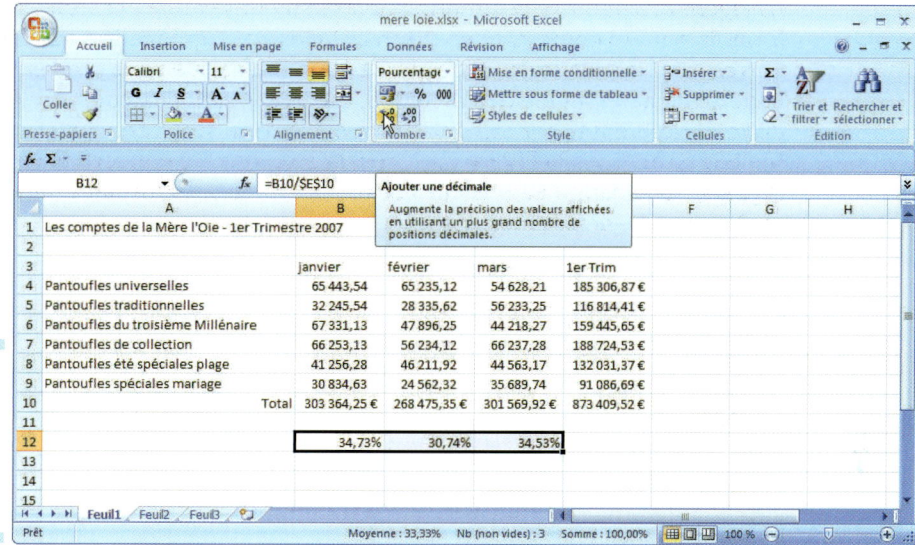

Figure 3.13
Deux décimales
ont été ajoutées
aux
pourcentages
des ventes.

Dates et heures dans des calculs

Dans le Chapitre 2, j'ai indiqué qu'il était très simple de créer des formules qui calculent le temps écoulé entre deux dates ou deux heures. Le hic est qu'Excel affiche automatiquement le résultat du calcul au format date ou heure. Par exemple, si vous entrez 15-8-04 dans la cellule B4, 15/4/04 dans la cellule C4 et, dans la cellule E4, la formule suivante permettant de trouver le nombre de jours écoulés entre les deux dates :

```
=B4-C4
```

Excel renvoie le résultat de 122 déguisé en 01/05/1900 dans la cellule E4. Pour remettre en forme ce résultat, vous devez affecter le format Nombre à la cellule E4 (ouvrez le menu du bouton Format de nombre dans le groupe Nombre de l'onglet Accueil, et sélectionnez Nombre). La valeur 122 remplace alors 01/05/1900, indiquant que 122 jours se sont écoulés entre les deux dates.

Il en va de même avec les formules calculant le temps écoulé entre deux heures. Vous devez modifier le format de la cellule abritant le résultat. Prenons un exemple : vous saisissez 8:00 AM dans la cellule C8, 4:00 PM dans la cellule D8 et, dans la cellule E8, la formule suivante permettant de calculer le nombre d'heures écoulées entre ces deux instants :

```
=D8-C8
```

Il vous faut là aussi transformer au format Standard le résultat de la cellule E8, qui apparaît automatiquement sous la forme 8:00 AM. Une fois converti, le résultat est de 0,333333333 à la place de 8:00 AM, soit sa fraction sur une période de 24 heures. Pour obtenir le nombre d'heures correspondant, il suffit de multiplier 0,333333333 par 24, ce qui donne 8.

Un coup d'œil sur les différents formats de nombre

Excel supporte bien d'autres formats que Monétaire, Séparateur de milliers et Pourcentage. Pour les utiliser, sélectionnez la cellule ou la plage à mettre en forme, puis cliquez dedans avec le bouton droit de la souris. Dans le menu contextuel qui apparaît, sélectionnez l'option Format de cellule (ou appuyez sur Ctrl+Maj+1 [le 1 du clavier principal]). Dans les deux cas, la boîte de dialogue Format de cellule apparaît.

Dans la boîte de dialogue Format de cellule, cliquez sur l'onglet Nombre puis sélectionnez le format désiré dans la liste Catégorie. Certains, comme Date, Heure, Fraction et Spécial, proposent un choix encore plus étendu de formats. D'autres, comme Nombre et Monétaire, possèdent leur propre boîte permettant de paramétrer la mise en forme. Chaque fois que vous sélectionnez un format, Excel affiche dans la zone Exemple la présentation de la première cellule de la plage sélectionnée. Si cet aperçu vous convient, cliquez sur OK ou appuyez sur Entrée pour appliquer la mise en forme choisie aux cellules sélectionnées.

La catégorie Spécial de la boîte de dialogue Format de cellule, onglet Nombre, contient des mises en forme très particulières. Les formats que voici vous intéresseront certainement :

- **Sécurité sociale.** Divise automatiquement les treize chiffres du numéro INSEE mentionnant le sexe, l'année de naissance, le mois, le lieu ainsi que les deux codes à trois chiffres. Exemple : 1 68 05 75 123 456.

- **Code postal.** Conserve les zéros qui précèdent un nombre (important pour entrer des codes postaux comme 04120 ou 07000).

- **Numéro de téléphone.** Sépare les dix chiffres des numéros de téléphone français deux par deux, en plaçant un espace entre chaque groupe (exemple : 01 40 21 46 20). D'autres options mettent en forme les numéros de téléphone belges, canadiens, luxembourgeois, marocains et suisses.

Ces mises en forme spéciales sont extrêmement commodes lorsqu'il s'agit de créer des bases de données avec Excel, qui exigent souvent la saisie d'un grand nombre de codes postaux, de numéros de téléphone ou de numéros INSEE.

Régler les colonnes

Si Excel 2007 ne se charge pas lui-même de régler la largeur des colonnes, vous n'aurez aucune difficulté à le faire par vous-même. Le moyen le plus simple de les ajuster consiste à appliquer la largeur la plus appropriée grâce à la commande Ajustement automatique. Elle demande à Excel de réduire ou d'augmenter la largeur des colonnes selon le contenu le plus long qui s'y trouve.

Procédez comme suit pour appliquer un ajustement automatique aux colonnes :

1. **Placez le pointeur de la souris sur la bordure grise de droite de l'en-tête de la colonne, tout en haut de la feuille de calcul.**

   Le pointeur de la souris se transforme en double flèche pointant vers la gauche et vers la droite.

2. **Double-cliquez.**

   Excel ajuste automatiquement la largeur de la colonne selon la donnée la plus longue qui s'y trouve.

L'ajustement automatique peut être appliqué à plusieurs colonnes à la fois. Il suffit de sélectionner toutes les colonnes à régler (si elles sont adjacentes, cliquez et tirez dans leur en-tête ; sinon, touche Ctrl enfoncée, cliquez dans les différents en-têtes). Après avoir sélectionné les colonnes, double-cliquez sur n'importe quelle bordure de droite d'un en-tête.

L'ajustement automatique ne produit pas toujours le résultat escompté : un titre très long qui déborde sur les autres cellules, à droite, est exagérément élargi.

Si l'ajustement automatique ne vous convient pas, au lieu de double-cliquer, tirez la bordure de droite de l'en-tête jusqu'à ce que vous ayez obtenu la largeur désirée. Cette méthode manuelle est parfaite pour régler plusieurs colonnes à la fois. La largeur de celle que vous ajustez sera répercutée sur toutes celles qui sont sélectionnées.

Vous pouvez aussi fixer la largeur des colonnes à partir du menu affiché par le bouton Format du groupe Cellules de l'onglet Accueil. La section de ce menu concernant la largeur de colonne contient les trois options suivantes :

🡢 **Largeur :** Fait apparaître la boîte de dialogue Largeur de colonne, dans laquelle vous pouvez spécifier le nombre de caractères à afficher dans la colonne. Cliquez sur OK après avoir entré la valeur voulue.

🡢 **Ajustement automatique :** Ajuste automatiquement la largeur de la colonne ou des colonnes de la sélection pour que le contenu le plus long y tienne en entier.

🡢 **Largeur standard :** Fait apparaître la boîte de dialogue Largeur standard, dans laquelle vous pouvez spécifier la largeur standard des colonnes, en nombre de caractères. Cliquez sur OK après avoir entré la valeur voulue.

Ajuster les lignes

Le réglage de la hauteur des lignes est comparable à celui de la largeur des colonnes, à ce détail près que vous serez moins souvent amené à ajuster des lignes que des colonnes. Excel modifie en effet automatiquement la hauteur de ligne selon les entrées, notamment lors d'un changement de taille de police ou d'un retour à la ligne à l'intérieur d'une cellule. Ces cas seront évoqués dans la section "Modifier l'alignement". La plupart des modifications de hauteur de ligne sont effectuées pour augmenter l'espace réservé au titre d'un tableau sans ajouter des lignes vides.

Pour augmenter la hauteur d'une ligne, tirez le bas de l'en-tête de ligne jusqu'à ce que vous ayez obtenu la hauteur désirée, puis relâchez le bouton de la souris. Pour réduire la hauteur d'une ligne, inversez la manipulation en faisant remonter le bas de l'en-tête. Pour appliquer un ajustement automatique, double-cliquez sur la bordure inférieure de l'en-tête.

Comme pour les colonnes, vous pouvez aussi ajuster la hauteur des lignes sélectionnées en utilisant ce même menu du bouton Format du groupe Cellules de l'onglet Accueil :

🡢 **Hauteur :** Fait apparaître la boîte de dialogue Hauteur de ligne, dans laquelle vous pouvez spécifier la hauteur de ligne (en points). Cliquez sur OK après avoir entré la valeur voulue.

✓ **Ajustement automatique :** Ajuste automatiquement la hauteur de la ligne ou des lignes de la sélection pour que le contenu le plus long y soit entièrement affiché.

On la voit, on ne la voit plus !

Un détail amusant concernant les lignes et les colonnes : il est possible de les réduire à tel point qu'elles semblent avoir disparu de la feuille de calcul ! Ce comportement est très pratique pour masquer des données. Supposons qu'une feuille de calcul contienne la liste des employés et leur salaire ; vous avez besoin de ces chiffres pour calculer un budget, mais vous ne tenez pas à ce que ces données sensibles apparaissent dans le rapport imprimé. Au lieu de perdre du temps à déplacer la colonne des salaires hors de la zone à imprimer, il suffit de masquer la colonne au moment de l'impression.

Masquer et afficher des colonnes

Bien qu'il soit possible de masquer des lignes et des colonnes manuellement, Excel propose une méthode autrement plus rapide et efficace, par l'option Masquer & afficher du menu du bouton Format du groupe Cellules de l'onglet Accueil. Supposons que vous deviez masquer la colonne B d'une feuille de calcul parce qu'elle contient des informations sensibles ou sans rapport avec le sujet. Pour masquer cette colonne, suivez ces étapes :

1. **Cliquez sur une cellule quelconque de la colonne B pour la sélectionner.**

2. **Cliquez sur le bouton Format du groupe Cellules de l'onglet Accueil pour faire apparaître son menu.**

3. **Dans ce menu, sélectionnez Masquer & afficher/Masquer les colonnes.**

La colonne *s'évanouit !* Toutes les informations de la colonne B disparaissent de la feuille de calcul. Remarquez notamment la succession des lettres des en-têtes de colonnes : A, C, D, E... Il manque la lettre B.

Vous obtiendriez le même résultat en cliquant dans l'en-tête de la colonne avec le bouton droit de la souris et en choisissant, dans le menu contextuel, l'option Masquer.

Supposons maintenant que vous ayez imprimé la feuille de calcul et qu'il vous faut modifier une des entrées de la colonne B. Procédez comme suit pour réafficher la colonne :

1. **Placez le pointeur de la souris sur l'en-tête de la colonne A, puis tirez-le vers la droite pour sélectionner les colonnes A et C.**

   En tirant de A à C, vous incluez la colonne B dans la sélection. Ne cliquez surtout pas sur A *et* C, touche Ctrl enfoncée, car vous omettriez la colonne B.

2. **Cliquez sur le bouton Format du groupe Cellules de l'onglet Accueil pour faire apparaître son menu.**

3. **Dans ce menu, sélectionnez Masquer & afficher/Afficher les colonnes.**

Excel fait réapparaître la colonne B ; les trois colonnes A, B et C sont sélection-nées. Pour les désélectionner, cliquez sur n'importe quelle cellule de la feuille de calcul.

Il est aussi possible de réafficher la colonne B en sélectionnant les colonnes A à C, en cliquant sur l'une d'elles avec le bouton droit de la souris et en choisis-sant la commande Afficher dans le menu contextuel.

Masquer et afficher des lignes

La procédure est exactement la même pour masquer et afficher des lignes que pour masquer et afficher des colonnes, à la seule différence qu'après avoir sélectionné les lignes voulues, il suffit de sélectionner Masquer & afficher/ Masquer les lignes (au lieu de Masquer les colonnes) et Masquer & afficher/ Afficher les lignes (au lieu de Afficher des colonnes) dans le menu affiché par le bouton Format de l'onglet Accueil.

N'oubliez pas que vous pouvez aussi cliquer du bouton droit sur la ligne ou les lignes sélectionnées pour sélectionner Masquer ou Afficher dans le menu contextuel qui apparaît.

Du côté de la police

Quand vous ouvrez une nouvelle feuille de calcul, Excel assigne une même police à la même taille à toutes les entrées auxquelles vous procédez. Excel 2007 utilise la nouvelle police Calibri dans la taille 11 points. Bien que cette police convienne parfaitement pour la saisie, vous serez tenté d'en choisir d'autres pour agrémenter les titres et les en-têtes d'un tableau.

Si vous ne tenez pas à conserver la police standard utilisée par Excel, vous pouvez en spécifier une autre dans l'onglet Personnaliser de la boîte de dialogue Options Excel (Bouton Office/Options Excel/Personnaliser). Dans la section Lors de la création de classeurs, sélectionnez la police que vous voulez utiliser par défaut dans la liste déroulante Utiliser cette police. Sélectionnez également si nécessaire la taille que vous voulez utiliser par défaut dans la liste déroulante Taille de la police (vous pouvez aussi l'entrer manuellement dans ce champ).

La plupart des choix concernant la police peuvent être effectués directement depuis le groupe Police de l'onglet Accueil, ce qui évite d'avoir à afficher la boîte de dialogue Format de cellule.

- Pour appliquer une nouvelle police à une cellule ou à une plage, cliquez sur le bouton fléché du champ Police, dans le groupe Police de l'onglet Accueil. Sélectionnez ensuite le nom de la police à utiliser. Remarquez qu'Excel affiche le nom de chaque police avec sa typographie réelle, ce qui facilite le choix.

- Pour modifier la taille de la police, cliquez sur le bouton fléché du champ Taille de police, dans le groupe Police de l'onglet Accueil, et sélectionnez une nouvelle taille dans la liste.

Comme le montre la Figure 3.14, l'onglet Police de la boîte de dialogue Format de cellule réunit tous les paramètres de police, y compris les styles (gras, italique...), les effets (barré, exposant et indice) et les couleurs. Si vous devez effectuer plusieurs modifications de police dans une sélection, travailler avec cet onglet Police sera beaucoup plus rapide et rationnel. La boîte de dialogue contient d'ailleurs une fenêtre d'aperçu qui montre l'effet – à l'écran du moins – des différents paramètres.

Pour changer la couleur de police dans des cellules sélectionnées, cliquez sur le triangle pointant vers le bas du bouton Couleur de police dans le groupe Police de l'onglet Accueil, et sélectionnez la couleur que vous voulez appliquer au texte des cellules dans la palette qui apparaît. N'oubliez pas que, selon le principe des Styles rapides, il vous suffit de placer le pointeur sur une couleur dans la palette pour voir le texte des cellules sélectionnées prendre la couleur correspondante. Pour appliquer effectivement la couleur choisie, cliquez dessus.

Si vous changez la couleur de la police, mais êtes équipé d'une imprimante en noir et blanc, les couleurs seront rendues en niveaux de gris. Sous l'onglet Police de la boîte de dialogue Format de cellule, dans la liste Couleur, le choix Automatique prélève dans Windows la couleur considérée comme couleur de texte. Cette couleur est le noir, à moins que vous en ayez choisi une autre dans l'onglet Apparence de la boîte de dialogue Propriétés de Affichage de Windows XP ou Vista. (Pour en savoir plus à ce sujet, référez-vous à l'ouvrage *Windows XP pour les Nuls* d'Andy Rathbone, en n'oubliant pas de dire à Andy que c'est Greg qui vous envoie.)

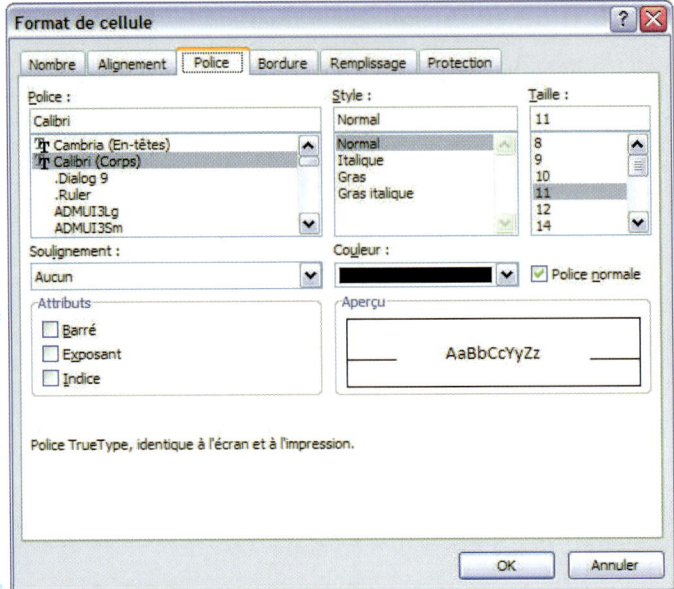

Figure 3.14
L'onglet Police
de la boîte de
dialogue Format
de cellule permet
d'appliquer
plusieurs
modifications à
la fois.

Modifier l'alignement

Lorsque vous commencez à saisir des entrées, leur alignement dans les cellules dépend de leur type. Tous les textes sont alignés à gauche et toutes les valeurs à droite. Vous pouvez cependant modifier cette disposition à votre guise.

Le groupe Alignement de l'onglet Accueil contient trois outils d'alignement : Aligné à gauche, Au centre et Aligné à droite. Ils disposent le contenu de la cellule ou d'une plage exactement comme vous le désirez. A droite de ces boutons d'alignement, se trouve le bouton Fusionner et centrer.

Ce bouton mérite d'être connu, car il sert à centrer instantanément un titre sur toute la largeur d'un tableau. Les Figures 3.15 et 3.16 montrent comment l'utiliser. Dans la Figure 3.15, remarquez que le titre "Les comptes de La mère l'Oie - 1er trimestre 2007" se trouve dans la cellule A1. Comme ce texte est assez long, il déborde sur les cellules à droite (B1 et C1). Pour centrer ce titre dans le tableau, qui s'étend des colonnes A à E, sélectionnez la plage de cellules A1:E1 puis, dans le groupe Alignement de l'onglet Accueil, cliquez sur le bouton Fusionner et centrer.

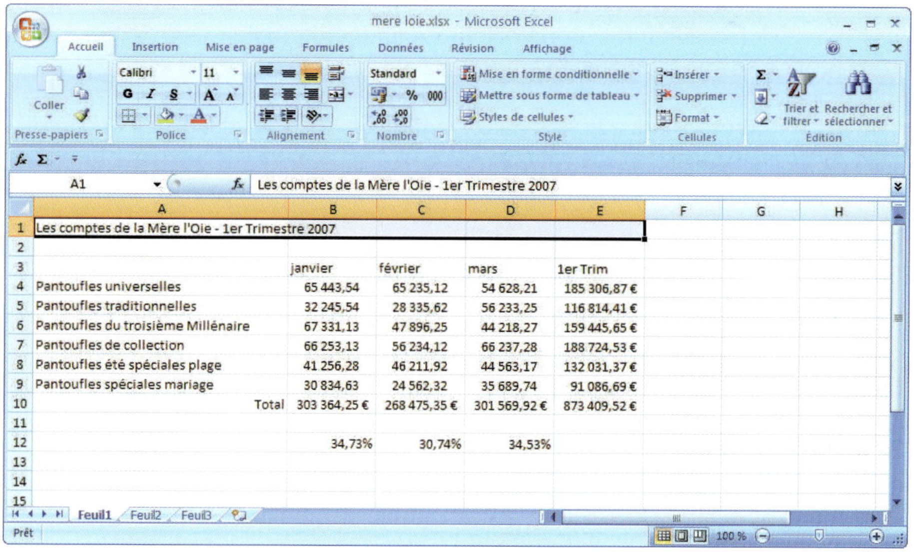

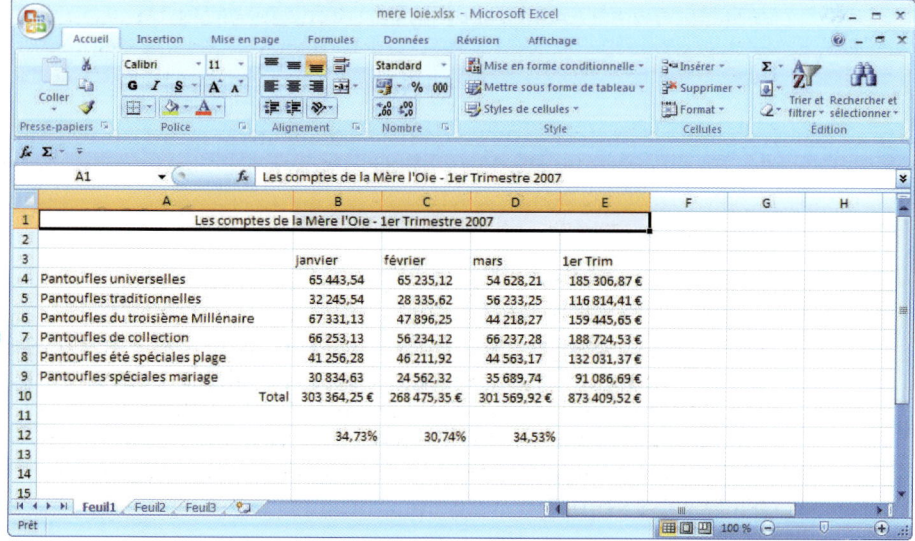

Figure 3.15
La feuille de
calcul avant
Fusionner et
centrer.

Observez le résultat dans la Figure 3.16 : dans la ligne 1, les cellules des colonnes A à E ont été fusionnées en une seule cellule, et le titre a été parfaitement centré dans cette "supercellule" qui s'étend d'un côté à l'autre du tableau.

Figure 3.16
La feuille de
calcul après le
centrage du titre
sur les colonnes
A à E.

La Figure 3.16 vous montre le résultat : les cellules de la première ligne de la colonne A à la colonne E sont maintenant fusionnées en une seule, dans laquelle le titre est centré sur tout le tableau.

Si vous devez de nouveau scinder une cellule fusionnée en cellules distinctes, sélectionnez-la, puis cliquez tout simplement à nouveau sur le bouton Fusionner et centrer dans le groupe Alignement de l'onglet Accueil.

Les retraits

Excel permet de mettre des entrées en retrait dans les cellules. Pour ce faire, cliquez sur le bouton Augmenter le retrait, dans le groupe Alignement de l'onglet Accueil. Ce bouton est reconnaissable à l'icône montrant une flèche repoussant quelques lignes vers la droite. Chaque fois que vous cliquez dessus, Excel met les entrées de la sélection courante en retrait d'un caractère (en police standard). Si vous voulez savoir ce que c'est qu'une police standard et comment la modifier, reportez-vous à la section "Du côté de la police", plus haut dans ce chapitre.

Un retrait peut être supprimé en cliquant sur le bouton Réduire le retrait ; il se trouve immédiatement à gauche du bouton Augmenter le retrait. Vous pouvez aussi modifier le nombre de caractères du décalage effectué avec le bouton Augmenter le retrait ; pour ce faire, ouvrez la boîte de dialogue Format de cellule (Ctrl+Maj+1 [le 1 du clavier principal, pas celui du pavé numérique]), sélectionnez l'onglet Alignement, puis entrez une valeur dans le champ Retrait, soit en la tapant, soit en actionnant le bouton rotatif.

De haut en bas

Pour modifier l'alignement vertical dans une plage de cellules sélectionnées, ouvrez la boîte de dialogue Format de cellule (Ctrl+Maj+1 [le 1 du clavier principal, pas celui du pavé numérique]), puis cliquez sur l'onglet Alignement (Figure 3.17) ; enfin, sélectionnez Haut, Centré, Bas, Justifié ou Distribué dans la liste déroulante Vertical.

La Figure 3.17 montre, dans la feuille des ventes de la société La mère l'Oie, le titre du tableau après qu'il a été centré verticalement (ce texte avait été centré horizontalement sur plusieurs colonnes avec la commande Fusionner et centrer ; la hauteur de la ligne 1, qui est par défaut de 12,75 points, a été augmentée à 36 points).

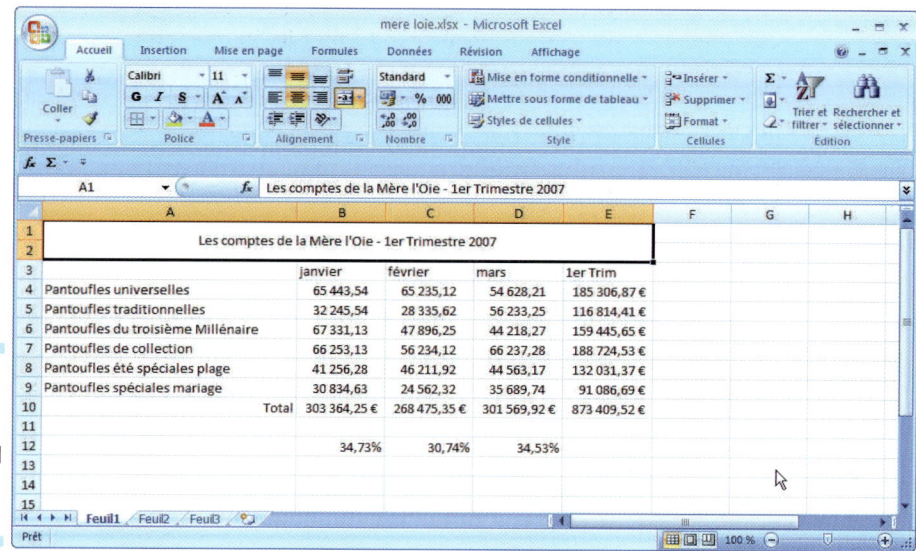

Figure 3.17
La feuille de
calcul après le
centrage vertical
du titre du
tableau.

Gérer le renvoi à la ligne

Dans les tableaux, le placement des titres dans les colonnes a toujours posé un problème ; il fallait souvent les abréger pour éviter d'avoir à élargir les colonnes pour les faire tenir dedans. Dans Excel, ce problème peut être évité grâce à la fonction de renvoi à la ligne. La Figure 3.18 montre une nouvelle feuille de calcul dans laquelle les noms des produits de la société La mère l'Oie ont été mis en forme avec l'option Renvoyer à la ligne automatiquement, afin qu'ils tiennent chacun dans sa cellule.

Pour obtenir la présentation de la Figure 3.18, sélectionnez les cellules contenant les titres (de B2 à F2), puis cliquez sur le bouton Renvoyer à la ligne automatiquement dans le groupe Alignement de l'onglet Accueil.

Le renvoi à la ligne empêche les textes longs de déborder sur les cellules voisines. Pour recevoir les lignes supplémentaires, le logiciel augmente automatiquement la hauteur de ligne.

Quand vous sélectionnez l'option Renvoyer à la ligne automatiquement, Excel continue à utiliser les alignements vertical et horizontal que vous avez spécifiés pour la cellule. Notez que vous pouvez utiliser n'importe quelle option d'alignement de l'onglet Alignement de la boîte de dialogue Format de cellule : Gauche (avec ou sans retrait), Centré, Droit (avec ou sans retrait), Justifié ou Centré sur plusieurs colonnes. Vous ne pouvez toutefois pas utiliser l'option

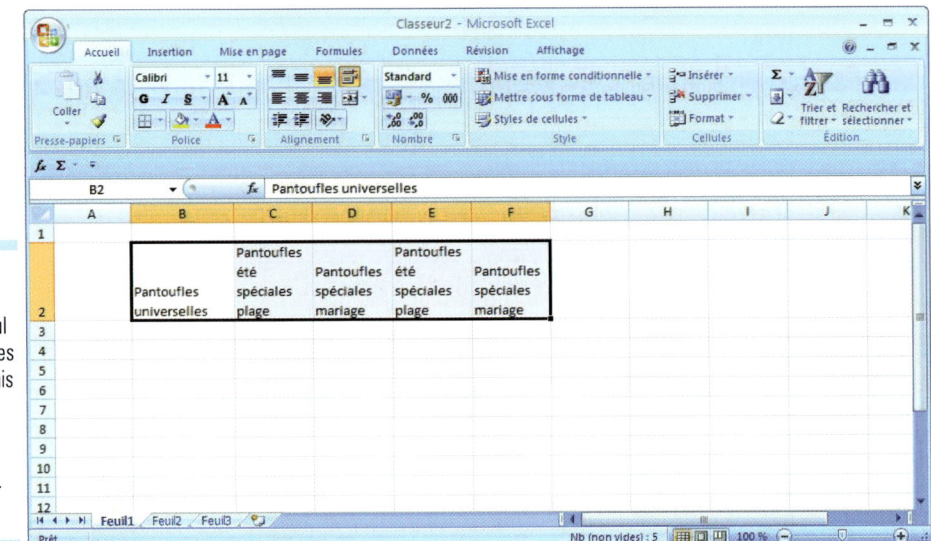

Figure 3.18
Une nouvelle
feuille de calcul
dans laquelle les
titres ont été mis
en forme avec
l'option
Renvoyer à la
ligne automati-
quement.

Recopié. Présente dans la liste déroulante Horizontal, l'option Recopié sert à répéter une entrée sur toute la largeur de la cellule.

Pour obtenir un renvoi à la ligne justifié sur les bords gauche et droit de la cellule, sélectionnez l'option Justifié dans la liste déroulante Horizontal de l'onglet Alignement de la boîte de dialogue Format de cellule.

Un long texte peut être séparé en plusieurs lignes en plaçant le point d'inser-tion dedans, dans la cellule ou dans la Barre de formule, et en appuyant sur les touches Alt+Entrée. Excel agrandit la ligne contenue dans la cellule, ainsi que la Barre de formule, puis commence une nouvelle ligne. Dès que vous appuyez sur Entrée pour valider la saisie ou la modification, Excel effectue automatique-ment le renvoi à la ligne selon la largeur de la colonne et l'emplacement du point d'insertion.

Incliner les entrées

Au lieu de définir un renvoi à la ligne pour les textes entrés dans les cellules, vous préférerez peut-être modifier leur orientation en les inclinant dans un sens ou dans un autre. Dans la Figure 3.19, le changement de direction des titres a donné un effet plus intéressant qu'un simple renvoi à la ligne.

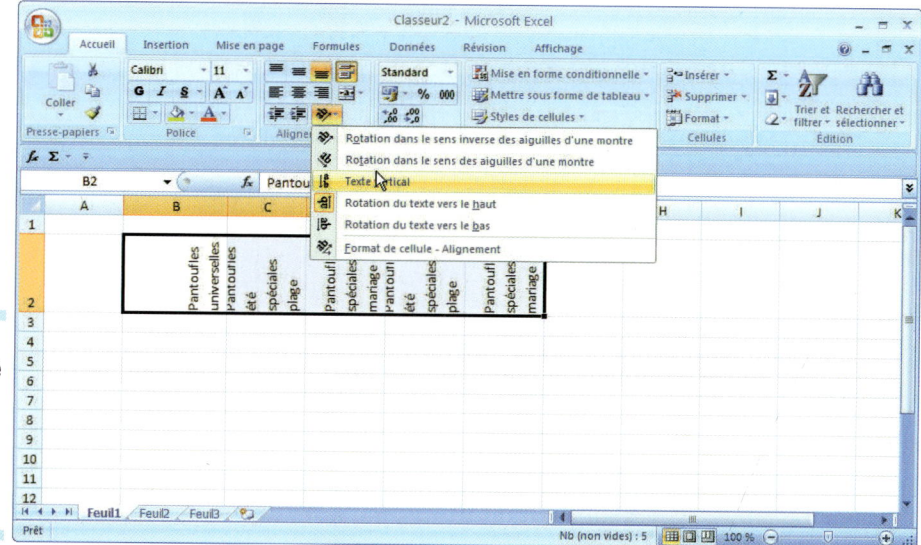

Cet exemple montre une rotation à 90° vers le haut (dans le sens inverse des aiguilles d'une montre). Remarquez que cette opération a entraîné un ajustement de la largeur des colonnes.

Pour faire pivoter le contenu des cellules comme dans la Figure 3.19, sélectionnez d'abord la plage B2:F2, puis cliquez sur le triangle pointant vers le bas du bouton Orientation (dans le groupe Alignement de l'onglet Accueil). Dans le menu qui apparaît, sélectionnez Rotation du texte vers le haut.

La Figure 3.20 vous montre maintenant les mêmes titres orientés selon un angle de 45 degrés. Pour obtenir ce résultat, sélectionnez cette fois Rotation dans le sens inverse des aiguilles d'une montre dans ce même menu du bouton Orientation (après avoir sélectionné la même plage B2:F2, naturellement).

Un texte peut être incliné à d'autres valeurs que 45 ou 90 degrés. Après avoir sélectionné le texte à faire pivoter, sélectionnez Format de cellule – Alignement dans le menu du bouton Orientation du groupe Alignement de l'onglet Accueil pour ouvrir la boîte de dialogue Format de cellule avec l'onglet Alignement au premier plan, et utilisez la section Orientation de cet onglet pour spécifier l'angle voulu.

Pour cela, cliquez à l'endroit voulu dans le demi-cercle ou entrez directement l'angle voulu en degrés (avec un signe moins pour une rotation dans le sens des aiguilles d'une montre) dans le champ qui se trouve au-dessous.

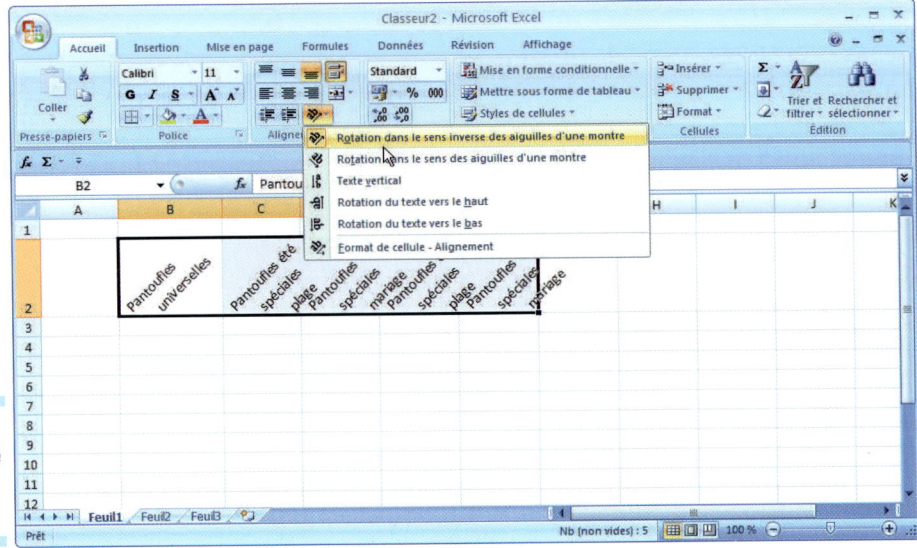

Vous pouvez définir n'importe quelle inclinaison, de 90° vers le haut à 90° vers le bas, soit en tapant la valeur exacte dans le champ Degrés, soit en actionnant l'aiguille du cadran.

Pour placer le texte verticalement de telle manière que les lettres soient empilées les unes sur les autres, cliquez sur le rectangle montrant le mot "Texte" ainsi disposé, à gauche du cadran.

Ajuster

Pour éviter qu'Excel élargisse les colonnes pour y faire tenir les entrées (pour afficher l'intégralité d'un tableau de données à l'écran ou l'imprimer sur une seule feuille), utilisez la commande Ajuster.

Cliquez sur l'onglet Alignement de la boîte de dialogue Format de cellule (Ctrl+Maj+1 [le 1 du clavier principal, pas celui du pavé numérique]), et cochez la case Ajuster. Excel réduit la taille de la police dans les cellules sélectionnées, ce qui lui évite d'avoir à modifier la largeur des colonnes. Sachez cependant que vous risquez de vous retrouver avec des textes illisibles. Notez aussi qu'il est impossible d'appliquer simultanément les options Renvoyer à la ligne automatiquement et Ajuster ; la sélection de l'une désélectionne aussitôt l'autre.

Boîtes à bordures

Pour ajouter des bordures à une sélection de cellules, cliquez sur le triangle pointant vers le bas du bouton Toutes les bordures du groupe Police de l'onglet Accueil, et sélectionnez dans le menu qui apparaît (Figure 3.21) le type de bordures que vous voulez appliquer à votre sélection.

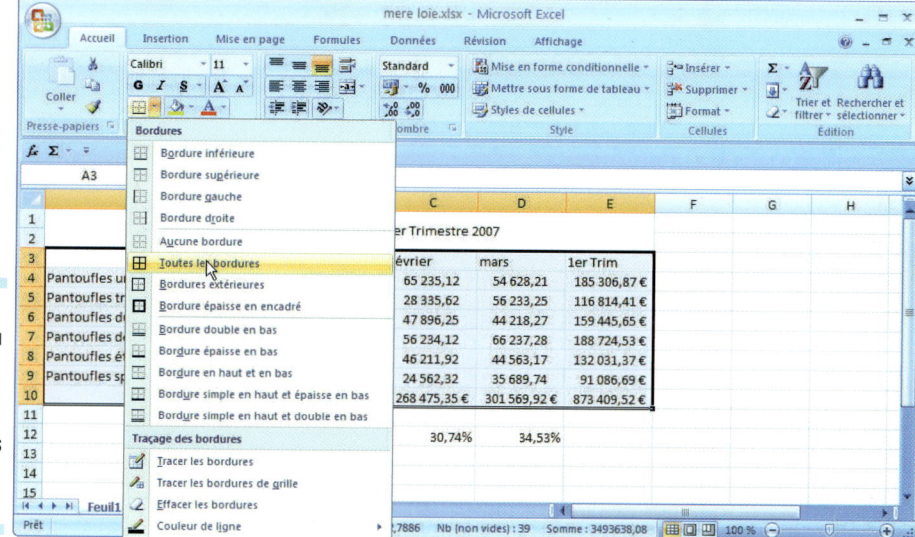

Figure 3.21
Dans le menu du bouton Toutes les bordures, sélectionnez le type de bordures à appliquer à la sélection.

Rappelez-vous ces préceptes lorsque vous définissez des bordures :

✔ Pour que les bordures ne soient tracées qu'autour de la sélection, sélectionnez Bordures extérieures ou Bordure épaisse en encadré dans le menu du bouton Toutes les bordures.

✔ Pour que les bordures apparaissent autour de chacune des cellules de la plage sélectionnée, choisissez Toutes les bordures dans ce menu.

Pour vous débarrasser d'une bordure, vous devez sélectionner les cellules correspondantes, et sélectionner Aucune bordure dans le menu du bouton Toutes les bordures du groupe Police de l'onglet Accueil.

Chapitre 4

Procéder à des modifications

Dans ce chapitre, vous découvrirez comment appliquer ces modifications en toute sérénité dans un classeur. La copie et le déplacement des données ainsi que l'insertion et la suppression des lignes et des colonnes sont des tâches faciles à maîtriser. Ce qui est un peu plus ardu à comprendre, c'est l'effet de ces actions sur la feuille de calcul. Mais ne vous en faites pas ! Si un changement compromet votre travail, vous pourrez toujours recourir à la fonction d'annulation pour revenir en arrière et vous retrouver en terrain plus familier.

S'ouvrir aux changements

Avant de commettre l'irréparable – je veux dire d'effectuer des modifications... –, vous devez bien sûr ouvrir Excel. Pour ouvrir un classeur, vous avez le choix entre cliquer sur Bouton Office/Ouvrir, appuyer sur Alt+FV ou utiliser les raccourcis clavier des versions précédentes d'Excel Ctrl+O ou Ctrl+F12.

La boîte de dialogue Ouvrir d'Excel 2007 sous Windows Vista

Si vous utilisez Excel 2007 sous Windows Vista, une boîte de dialogue Ouvrir, très semblable à celle que montre la Figure 4.1, apparaît. Elle est divisée en deux volets : le volet de navigation à gauche, dans lequel vous pouvez sélectionner un nouveau dossier, et le volet principal à droite, affichant tous les sous-dossiers du dossier sélectionné dans le volet de gauche, ainsi que tous les fichiers qu'il contient pouvant être ouverts par Excel.

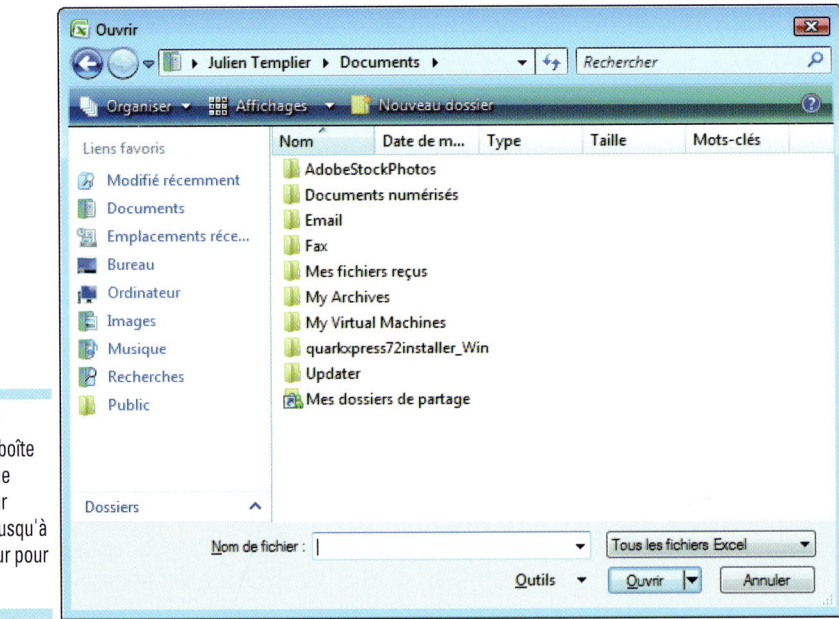

Figure 4.1
Utiliser la boîte de dialogue Ouvrir pour naviguer jusqu'à un classeur pour l'ouvrir.

Le dossier qui est affiché lorsque la boîte de dialogue Ouvrir apparaît est soit celui qui est spécifié comme Emplacement d'enregistrement par défaut dans l'onglet Enregistrement de la boîte de dialogue Options Excel, soit le dernier que vous avez ouvert dans Excel en utilisant cette boîte de dialogue.

Pour ouvrir un classeur qui se trouve dans un autre dossier, cliquez sur le lien correspondant dans la section Liens favoris du volet de navigation, ou cliquez sur le triangle pointant vers le bas à droite de Dossiers, et cliquez sur le dossier voulu dans la liste qui apparaît.

La boîte de dialogue Ouvrir d'Excel 2007 sous Windows XP

La Figure 4.2 montre la boîte de dialogue Ouvrir d'Excel 2007 sous Windows XP. Elle est divisée en deux sections : un volet contenant des icônes d'emplacement à gauche, et à droite un volet affichant une liste de dossiers et de fichiers.

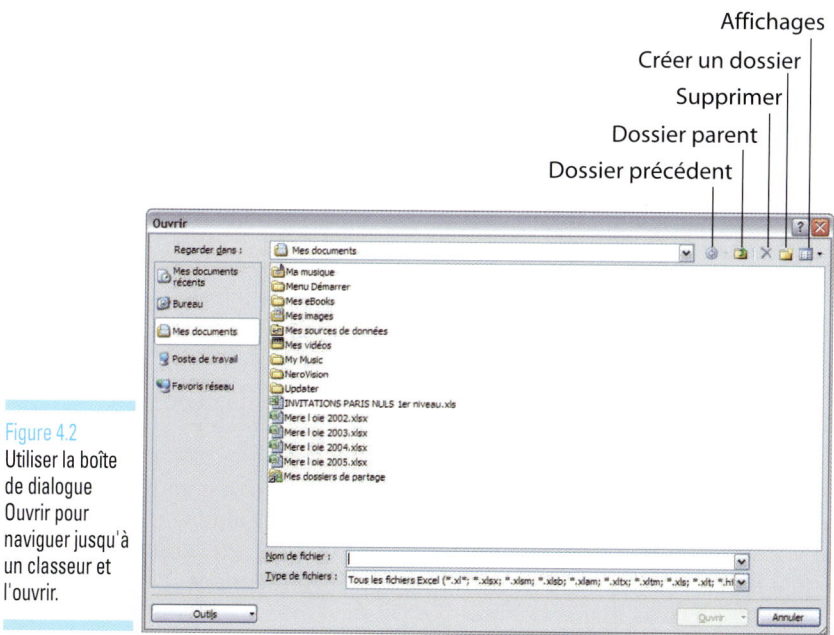

Figure 4.2
Utiliser la boîte de dialogue Ouvrir pour naviguer jusqu'à un classeur et l'ouvrir.

Si vous ne voyez pas dans la liste le nom du fichier que vous cherchez, vous devez commencer par vous assurer que vous avez affiché le contenu du bon dossier (si vous n'affichez par le bon dossier, vous n'allez pas y trouver votre fichier). Le nom du dossier ouvert est affiché dans le champ Regarder dans, en haut de la boîte de dialogue Ouvrir, comme le montre la Figure 4.2.

Si le dossier ouvert n'est pas celui qui contient le classeur que vous voulez ouvrir, vous devez commencer par naviguer jusqu'au bon dossier. À partir de l'emplacement Poste de travail, vous pouvez accéder à tous les dossiers de vos disques durs en double-cliquant simplement successivement sur chacun des dossiers qui constituent le chemin d'accès à celui que vous voulez ouvrir (pour ouvrir un dossier, vous pouvez aussi cliquer dessus et cliquer sur le bouton Ouvrir). Vous pouvez aussi remonter dans l'arborescence des dossiers en cliquant sur le bouton Dossier parent (Figure 4.2) dans la barre d'outils de la boîte de dialogue Ouvrir.

Ouvrir plusieurs classeurs à la fois

Si vous devez modifier des feuilles dans plusieurs classeurs visibles dans la boîte de dialogue Ouvrir, vous pouvez utiliser les commandes de sélection multiple pour les ouvrir tous à la fois, dans l'ordre où ils sont listés.

Rappelez-vous que, pour sélectionner des fichiers qui se suivent dans la liste, vous cliquez sur le premier d'entre eux puis, touche Maj enfoncée, sur le dernier. Pour sélectionner des fichiers épars, maintenez la touche Ctrl enfoncée puis cliquez sur les fichiers à ouvrir.

Après avoir ouvert les classeurs dans Excel, vous passez d'un document à un autre en cliquant sur leurs boutons dans la Barre des tâches Windows ou en appuyant sur Alt+Tab autant de fois que nécessaire pour faire apparaître le document que vous voulez.

Ouvrir les classeurs récemment modifiés

Excel garde en mémoire la liste des neuf derniers fichiers que vous avez ouverts et les affiche dans la liste Documents récents du menu Office. Si le classeur que vous voulez ouvrir se trouve dans cette liste, il vous suffit de cliquer sur son nom dans la liste pour l'ouvrir ou de taper simplement le numéro qui apparaît devant lui dans le menu Office.

Si vous le désirez, vous pouvez configurer Excel pour qu'il affiche plus ou moins de fichiers dans la liste Documents récents du menu Office. Pour cela, suivez ces étapes :

1. **Cliquez sur Bouton Office/Options Excel/Options avancées, pour ouvrir la boîte de dialogue Options Excel avec l'onglet Options avancées au premier plan.**

2. **Dans la section Afficher de cet onglet, entrez la valeur de votre choix dans le champ Nombre de documents dans la liste Documents récents (vous pouvez aussi utiliser les flèches qui se trouvent dans ce champ pour changer la valeur).**

3. **Cliquez sur OK ou appuyez sur la touche Entrée pour fermer la boîte de dialogue Options Excel.**

Si vous ne voulez voir apparaître aucun document récent dans le menu Office, entrez simplement 0 dans ce champ.

Si vous avez oublié où se trouve un fichier

Le seul problème que vous puissiez rencontrer quand vous tentez de charger un fichier avec la boîte de dialogue Ouvrir est de savoir où se trouve ce fichier. Tout est parfait aussi longtemps que le nom du fichier apparaît parmi ceux listés dans la fenêtre de la boîte de dialogue ; mais que faire si le fichier est invisible et semble se cacher dans les mystérieuses profondeurs de l'arborescence des dossiers ?

Rechercher des classeurs avec Excel sous Windows Vista

Lorsque vous utilisez Excel 2007 sous Windows Vista, ce nouveau système d'exploitation ajoute un champ de recherche dans la boîte de dialogue Ouvrir (Figure 4.3), vous permettant ainsi de rechercher des classeurs depuis cette boîte de dialogue.

Pour rechercher un classeur de cette façon, cliquez dans le champ de recherche dans le coin supérieur droit de la boîte de dialogue Ouvrir, et entrez des caractères qui se trouvent dans le nom du classeur ou dans le classeur lui-même.

Au fur et à mesure que Vista trouve des fichiers correspondant à vos critères de recherche, les noms de ceux-ci (classeurs Excel, mais aussi modèles et macros) apparaissent dans la boîte de dialogue Ouvrir. Aussitôt que le classeur que vous recherchez apparaît, vous pouvez l'ouvrir en double-cliquant sur son icône (ou en cliquant dessus puis sur le bouton Ouvrir).

Rechercher des classeurs sous Windows XP

Malheureusement, sous Windows XP, la boîte de dialogue Ouvrir d'Excel 2007 ne comporte pas de fonction de recherche de fichiers. Cela signifie que pour rechercher un classeur vous ne pourrez pas le faire dans Excel. Il vous faudra utiliser la fonction de recherche de Windows XP.

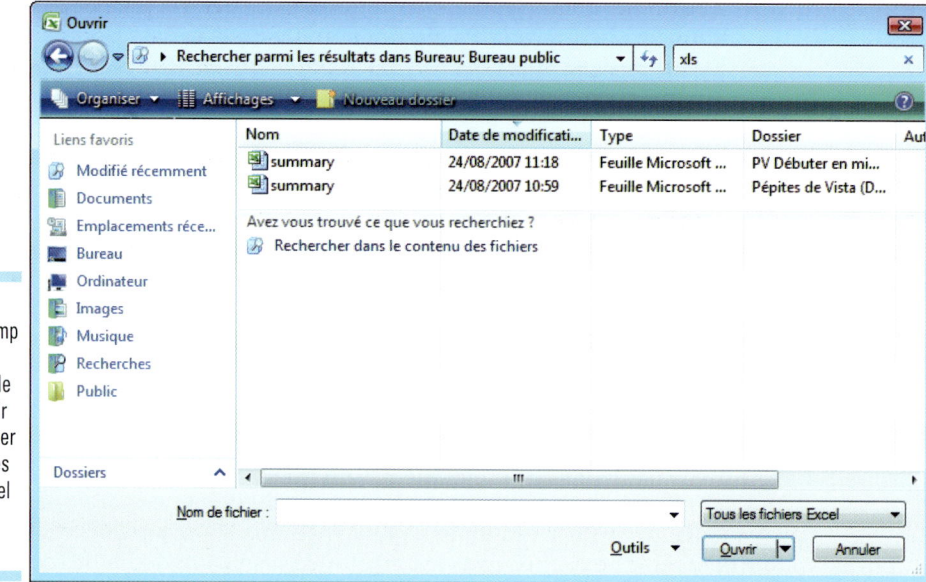

Figure 4.3
Utilisez le champ
de recherche
dans la boîte de
dialogue Ouvrir
pour rechercher
rapidement des
classeurs Excel
sur votre
ordinateur.

Pour rechercher un classeur Excel en utilisant la fonction de recherche de
fichiers de Windows XP, suivez ces étapes :

1. **Cliquez sur le bouton Démarrer dans la Barre des tâches de Windows
   XP, et sélectionnez Rechercher dans le menu qui apparaît.**

   La fenêtre Résultat de la recherche s'affiche.

2. **Cliquez sur le lien Documents (traitement de texte, feuilles de calcul,
   etc.) dans le volet de gauche de cette fenêtre.**

3. **(Facultatif) Si vous savez approximativement quand le fichier a été
   modifié pour la dernière fois, cliquez sur le bouton approprié
   (Semaine précédente, Mois précédent, Année précédente).**

   Si vous n'avez aucune idée de la date de la dernière modification du
   fichier, vous n'avez rien à modifier car le bouton Je l'ignore est sélectionné par défaut.

4. **Dans le champ Une partie ou l'ensemble du document, entrez le nom
   du fichier, ou la partie de celui-ci dont vous êtes certain.**

   Tapez un astérisque (*) pour représenter plusieurs caractères
   manquants et un point d'interrogation (?) pour un seul caractère

manquant, c'est-à-dire les caractères dont vous n'êtes pas sûr ou que vous ignorez dans le nom du fichier (par exemple, Budget*.xls vous permettra de trouver un fichier Budget 2005.xls aussi bien qu'un fichier Budget 2006.xls).

5. **(Facultatif) Si vous savez dans quel disque dur ou dans quel dossier se trouve votre classeur, ou si vous connaissez un mot ou un groupe de mots de son contenu susceptible de l'identifier, cliquez sur le lien Utiliser les options de recherche avancées, puis spécifiez les informations correspondantes dans le champ Un mot ou une phrase dans le document, ou dans la liste déroulante Rechercher dans, ou les deux.**

6. **Après avoir spécifié tous vos critères de recherche, cliquez sur le bouton Rechercher pour lancer la recherche du fichier par Windows XP.**

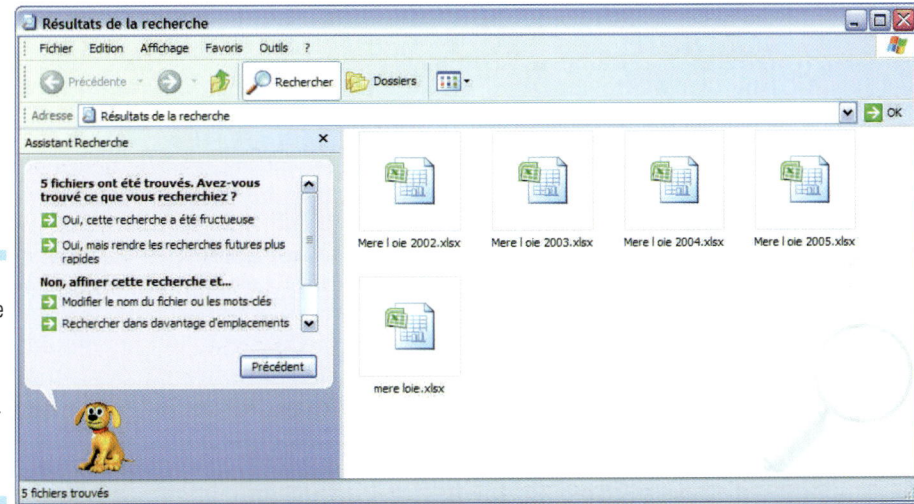

Figure 4.4
Utilisez la fenêtre Résultats de la recherche de Windows XP pour rechercher un classeur Excel.

Encore plus sur les annulations

En dehors du bouton Annuler dans la barre d'outils Accès rapide, vous pouvez utiliser le raccourci clavier Ctrl+Z qui fait exactement la même chose.

Le bouton Annuler de la barre d'outils Accès rapide réagit à toutes les actions que vous entreprenez. Si vous vous rendez compte après coup qu'il fallait annuler – c'est-à-dire après avoir appliqué d'autres commandes entre-temps –, vous devrez déployer le menu déroulant qui lui est associé (en cliquant sur le triangle pointant vers le bas qui l'accompagne), pour y sélectionner l'action à annuler. Cette action ainsi que toutes celles qui ont suivi (et qui apparaissent au-dessus dans le menu) sont annulées.

Rétablir et Répéter

Après avoir appliqué la commande Annuler, Excel rend la commande Rétablir (ou Répéter selon la commande que vous avez appliquée juste avant) accessible. Si vous supprimez une entrée en appuyant sur la touche Suppr, et cliquez ensuite sur le bouton Annuler dans la barre d'outils Accès rapide (ou appuyez sur Ctrl+Z, ce qui revient au même), l'info-bulle suivante apparaît au-dessous du bouton Répéter lorsque vous placez dessus le pointeur de la souris :

```
Répéter Effacer      Ctrl+Y
```

Quand vous appliquez la commande Répéter, Excel refait ce que vous venez d'annuler. Autrement dit, Excel revient en arrière d'une action, comme si elle n'avait pas été exécutée.

Que faire s'il est impossible d'annuler ?

C'est souvent quand vous estimez qu'il serait prudent de rétablir le classeur le plus important que vous vous apercevez avec horreur que la commande Annuler ne fonctionne pas tout le temps. Bien qu'il soit néanmoins possible d'annuler la dernière suppression de cellule erronée, un déplacement ou une recopie inconséquente, vous ne pourrez pas revenir sur un enregistrement de fichier. D'où l'intérêt de la commande Enregistrer sous, qui permet de conserver un exemplaire du classeur tel qu'il était au moment de l'ouverture ou du dernier enregistrement.

Excel ne signale malheureusement jamais qu'il est sur le point d'entreprendre une action sur laquelle il ne pourra pas revenir, ou alors trop tard. Après avoir commis l'irréparable, vous placez le pointeur de la souris sur le bouton Annuler en croyant pouvoir annuler ce que vous venez de faire, et vous lisez : `Impossible d'annuler` (d'ailleurs, le bouton Annuler apparaît en grisé dans la barre d'outils Accès rapide pour indiquer que cette commande n'est pas accessible).

La seule exception à cette règle est quand le logiciel vous prévient (et vous avez intérêt à en tenir compte). Lorsque vous choisissez une commande qui peut normalement être annulée, sauf dans les circonstances présentes, à cause d'un manque de mémoire vive, par exemple, ou parce que l'annulation affecterait trop profondément la feuille de calcul, Excel le sait et affiche une boîte d'alerte qui signale le manque de mémoire et demande s'il faut quand même exécuter la commande. Si vous cliquez sur le bouton Oui, sachez que la commande sera appliquée sans aucune chance de revenir en arrière ; si vous découvrez par la suite que la ligne supprimée contient une formule essentielle, dont vous ne connaissez plus la teneur, vous ne pourrez pas recourir à la commande Annuler pour rattraper votre bourde. Dans ce cas, la seule chance de vous en tirer est de fermer le fichier (Bouton Office/Fermer) *mais SANS enregistrer vos modifications*.

Le bon vieux glisser-déposer

L'une des premières techniques de modification que vous vous devez de connaître est le *glisser-déposer*. Procédez comme suit pour déplacer une cellule ou une plage de cellules :

1. **Sélectionnez une cellule ou une plage de cellules.**

2. **Placez le pointeur de souris sur un bord de la ou des cellules sélectionnées.**

   La transformation du pointeur en flèche à quatre pointes indique que vous pouvez commencer à faire glisser la cellule ou la plage.

3. **Faites glisser la cellule ou la plage sélectionnée jusqu'à sa destination.**

   Faites glisser la sélection en déplaçant la souris, bouton gauche enfoncé.

   Pendant le déplacement, vous faites en réalité glisser le contour des cellules, ce qui vous permet d'avoir une idée de l'emplacement qu'elles occuperont. C'est uniquement au moment où vous relâchez le bouton de la souris que le déplacement du contenu des cellules se produit effectivement.

   Faites glisser le contour jusqu'à sa destination exacte (l'info-bulle qui accompagne le pointeur indique la plage de cellules de destination).

4. **Relâchez le bouton de la souris.**

   Les données figurant dans la ou les cellules apparaissent aussitôt à leur nouvel emplacement.

Les Figures 4.5 et 4.6 montrent un déplacement de cellules. Dans la première, la plage A10:E10 (elle contient les totaux du trimestre) a été sélectionnée afin d'être déplacée vers la ligne 12, et de libérer ainsi de la place pour les chiffres des ventes de deux nouveaux produits qui n'avaient pas été pris en compte lorsque ce classeur a été créé (par quelqu'un qui n'était pas très au courant). Dans la Figure 4.6, le chiffre des ventes a été déplacé.

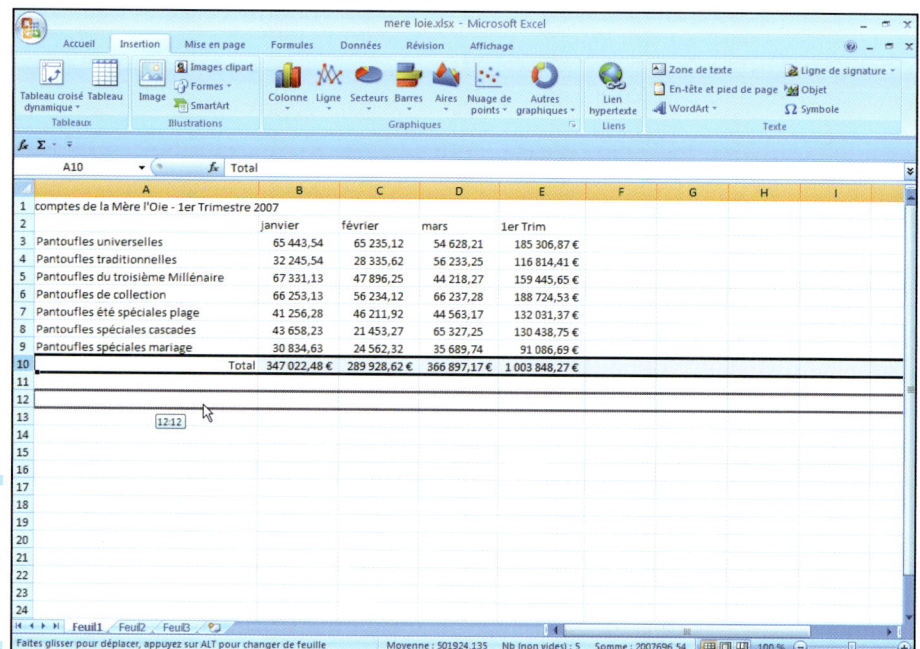

La copie par glisser-déposer

Comment ferez-vous pour copier une ligne de cellules au lieu de simplement les déplacer ? Supposons que vous deviez commencer, dans la feuille de calcul, un nouveau tableau dans les lignes situées plus bas. Il vous faudra copier la ligne de cellules contenant les titres mis en forme en procédant ainsi :

1. **Sélectionnez la ligne de cellules.**

   Dans les Figures 4.5 et 4.6, c'est la plage de cellules B2:E2.

2. **La touche Ctrl enfoncée, amenez le pointeur de la souris au bord de la sélection.**

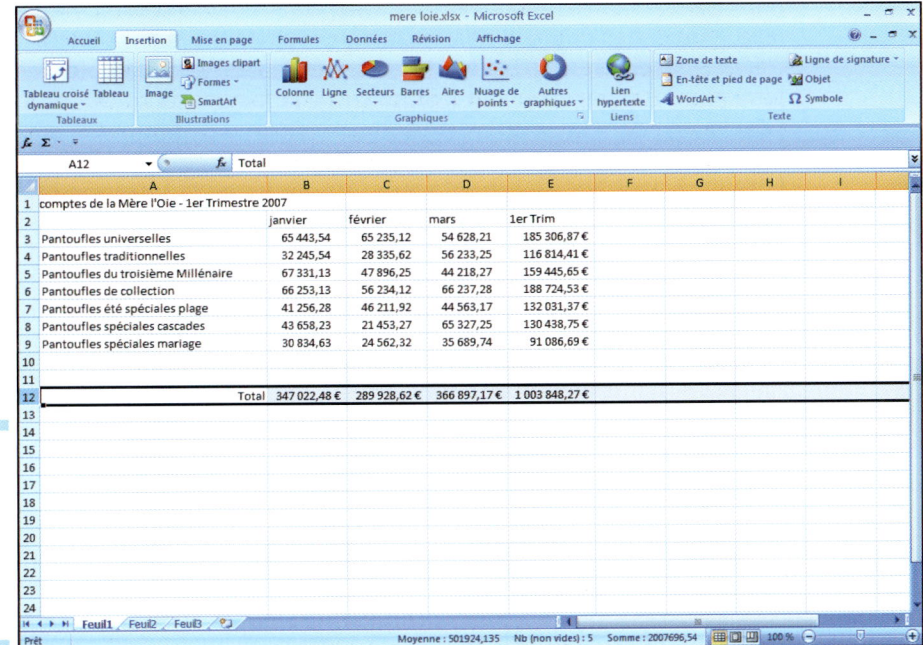

Figure 4.6
La plage sélectionnée vient d'être déposée à son nouvel emplacement.

Le pointeur se transforme en flèche blanche accompagnée, en haut à droite, d'un petit signe plus (+). Il indique que le glisser-déposer effectuera une *copie* et non un déplacement.

3. **Faites glisser le contour de la sélection jusqu'à l'emplacement où son contenu doit être copié, puis relâchez le bouton de la souris.**

Pendant que vous faites glisser la sélection, une info-bulle indique les références de la plage que survole le pointeur.

Si, lors d'un glisser-déposer pour déplacer ou copier des cellules, vous positionnez le contour de la sélection de telle manière qu'il chevauche des cellules contenant des données, Excel affiche une boîte d'alerte avec la question suivante : "Voulez-vous remplacer le contenu des cellules de destination ?"

Insérer par glisser-déposer

A l'instar des redoutables Klingons de *Star Trek*, les feuilles de calcul d'Excel ne font jamais de prisonniers. Dès que vous amenez une entrée sur une cellule occupée, cette entrée supplante sans vergogne celle qui s'y trouvait.

Pour insérer la ligne en cours de déplacement parmi d'autres lignes qui contiennent des données sans supprimer les données existantes, maintenez la touche Maj enfoncée pendant le glisser-déposer. Si vous copiez, vous devrez faire preuve de dextérité en maintenant à la fois les touches Ctrl et Maj enfoncées.

Lorsque la touche Maj est enfoncée, le contour de la sélection que vous aviez manipulé jusqu'à présent est remplacé par une barre d'insertion qui se déplace entre les lignes et/ou les colonnes. Elle matérialise l'emplacement où se fera l'insertion si, à ce moment, vous relâchez le bouton de la souris. Dans ce cas, Excel insère une ligne ou une colonne et déplace les cellules existantes vers des cellules vides.

La recopie automatique des formules

La copie par glisser-déposer, en maintenant la touche Ctrl enfoncée, est utile lorsqu'il faut recopier une série de cellules adjacentes ailleurs dans la feuille de calcul. Mais très souvent vous aurez à ne recopier qu'une seule formule dans plusieurs cellules voisines qui doivent exécuter le même type de calcul, comme totaliser des chiffres dans des colonnes. Ce type de copie de formule, très courant, ne peut pas être fait par un glisser-déposer. Il faut recourir à la recopie automatique, décrite dans le Chapitre 2, ou aux commandes Copier et Coller (reportez-vous à la section "Le couper-coller numérique", plus loin dans ce chapitre).

Nous verrons ici comment utiliser la recopie automatique pour copier une formule dans une plage de cellules. La Figure 4.7 montre la feuille de calcul de la société La mère l'Oie, avec tous les produits, mais cette fois sans les totaux mensuels dans la ligne 12.

La Figure 4.8 montre la feuille de calcul après avoir fait glisser la poignée de recopie sur la plage de cellules C12:E12 à partir de la cellule B12 (qui contenait la formule à copier).

Absolument relatif et inversement

Référez-vous à la Figure 4.8 pour voir la feuille de calcul après la recopie de la formule d'une cellule dans la plage C12:E12. La cellule C12 est active. Remarquez comment Excel gère la recopie des formules. La formule d'origine, dans la cellule B12, est :

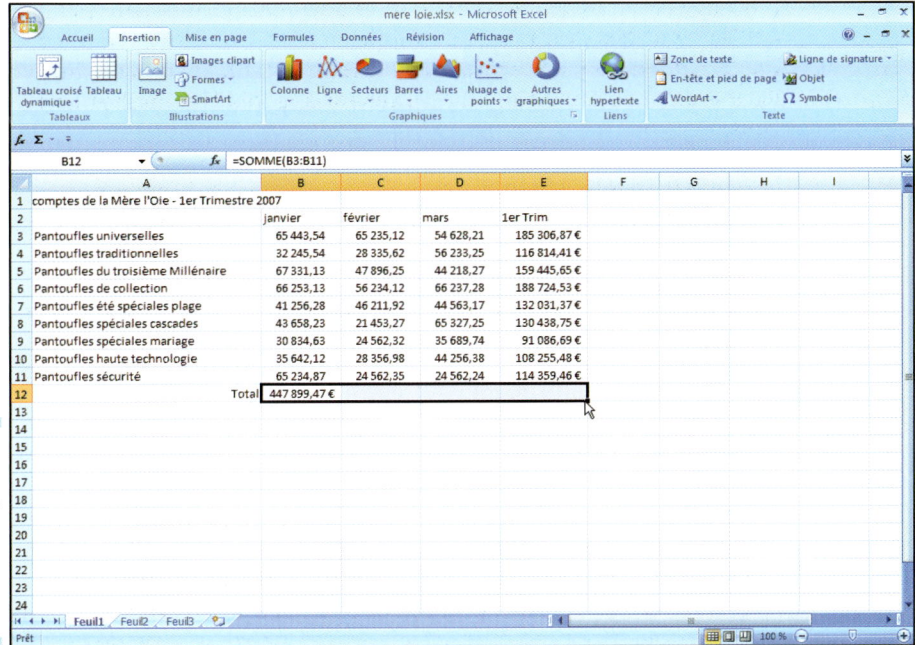

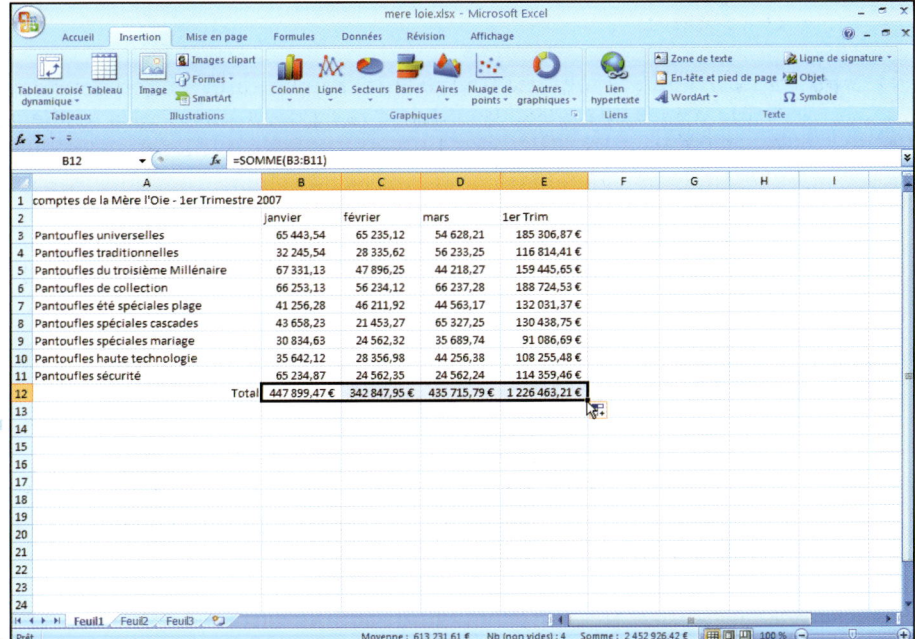

Figure 4.8
La feuille de
calcul après la
recopie de la
formule
totalisant les
mois.

```
=SOMME(B3:B11)
```

Lorsque cette formule est recopiée dans la cellule voisine, C12, Excel la modifie légèrement :

```
=SOMME(C3:C11)
```

Excel a en effet rectifié la référence de colonne, qui est passée de B à C, car la recopie s'est faite de la gauche vers la droite.

Quand vous copiez une formule dans une plage qui s'étend vers le bas sur plusieurs lignes, Excel modifie les numéros de lignes en conséquence, au lieu des lettres de colonnes, selon l'emplacement de chaque recopie. La cellule E3 de la feuille de calcul des ventes de la société La mère l'Oie contient la formule suivante :

```
=SOMME(B3:D3)
```

Quand vous recopiez cette formule vers le bas, dans la cellule E4, Excel la modifie de la manière suivante :

```
=SOMME(B4:D4)
```

Excel ajuste la référence de ligne afin qu'elle corresponde à la nouvelle position dans la ligne 4. Comme cette modification de la formule a été effectuée selon la direction de la recopie, les références de cellules sont appelées *références de cellules relatives*.

Certaines choses sont absolues

Toutes les formules que vous créez contiennent naturellement des références de cellule absolues, à moins que vous en décidiez autrement. Du fait que la plupart des recopies de cellule nécessitent une correction de leurs références, vous aurez rarement à revenir sur cet arrangement. Cependant, de temps en temps, vous serez confronté à une exception.

L'une des exceptions les plus communes se produit lorsque vous désirez comparer une plage de valeurs différentes avec une seule valeur. Ce cas de figure se présente classiquement lorsque vous voulez calculer le pourcentage de plusieurs parties par rapport au total. Par exemple, dans la feuille de calcul de la société La mère l'Oie, vous rencontrez cette situation en créant et recopiant une formule qui détermine chaque pourcentage mensuel, dans la plage B14:D14, par rapport au total trimestriel de la cellule E12.

Supposons que vous vouliez entrer ces formules dans la rangée 14 de la feuille de calcul, en commençant par la cellule B14. La formule qui, dans cette cellule, calcule le pourcentage des ventes de janvier par rapport au trimestre est sans détour :

```
=B12/E12
```

Cette formule divise le total des ventes de janvier, dans la cellule B12, par le total trimestriel de la cellule E12 (on ne saurait faire plus simple...). Mais regardez ce qui se passerait si vous tiriez la poignée de recopie d'une cellule vers la droite pour recopier la formule dans la cellule C14 :

```
=C12/F12
```

L'ajustement de la première référence de cellule, qui passe de B12 à C12, est bien celui que nous attendions. Mais l'ajustement de la deuxième partie des références de cellule, qui passe de E12 à F12, est désastreux. Non seulement vous n'obtenez pas, dans la cellule C12, le calcul du pourcentage des ventes de février, mais vous vous retrouvez en prime avec l'horrible erreur #DIV/0! dans la cellule C14.

Pour éviter qu'Excel n'ajuste inconsidérément une référence de cellule lors d'une recopie, vous devez convertir la référence. De relative, elle doit devenir absolue. Pour cela, appuyez sur la touche de fonction F4 juste après avoir entré la référence de la cellule. Excel signale qu'une référence de cellule est absolue en plaçant, devant la lettre de la colonne et le numéro de la ligne, le signe dollar ($). Regardez par exemple la Figure 4.9 : la cellule B4 contient la formule correcte pour effectuer la recopie dans la plage C14:D14, soit :

```
=B12/$E$12
```

Examinez la feuille de calcul après que cette formule a été répétée dans la plage C14:D14 avec la poignée de recopie et la cellule C14 sélectionnée (Figure 4.10). Remarquez la formule suivante dans la barre de formule :

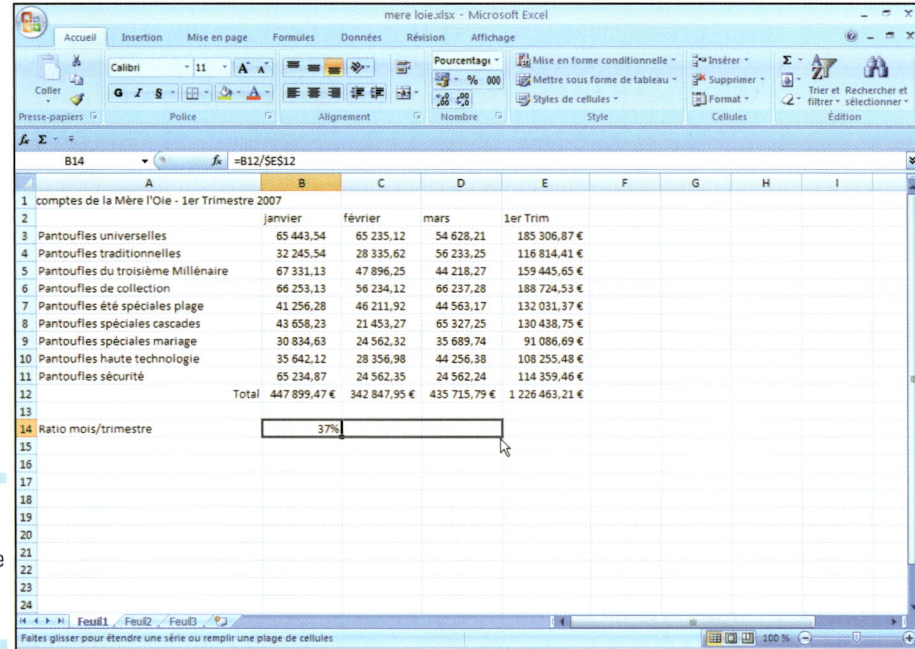

Figure 4.9
Recopie d'une
formule avec une
référence de
cellule absolue.

```
=C12/$E$12
```

Du fait que E12 a été modifiée en $E$12 dans la formule originale, toutes les recopies conservent cette même référence de cellule, qui est immuable.

Si vous avez commis une bourde en recopiant une formule dans laquelle une ou plusieurs références de cellules auraient dû être absolues et non relatives, modifiez la formule d'origine de la manière suivante :

1. **Double-cliquez sur la cellule contenant la formule, puis cliquez dans la barre de formule ou appuyez sur la touche de fonction F2 pour la modifier.**

2. **Placez le point d'insertion dans la référence à convertir en référence absolue.**

3. **Appuyez sur la touche F4.**

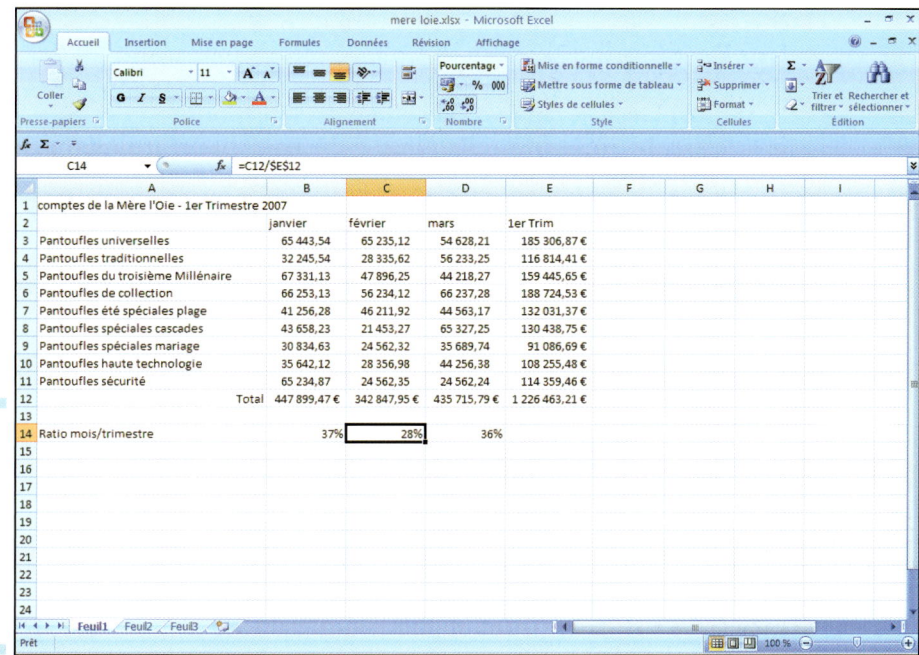

4. **Lorsque la modification est terminée, cliquez sur le bouton Entrer, dans la barre de formule, puis recopiez la formule corrigée dans les cellules erronées grâce à la poignée de recopie.**

Le couper-coller numérique

Procédez comme suit pour déplacer une cellule ou une plage avec les commandes Couper et Coller :

1. **Sélectionnez les cellules à déplacer.**

2. **Cliquez sur le bouton Couper (les ciseaux) dans le groupe Presse-papiers de l'onglet Accueil.**

   Vous pouvez aussi utiliser le raccourci clavier Ctrl+X.

   Quel que soit votre choix, Excel entoure la ou les cellules avec un *rectangle de sélection* qui se présente sous la forme d'une ligne dont le pointillé est animé. Le message suivant apparaît dans la Barre d'état :

> Sélectionnez une destination et appuyez sur ENTRÉE ou cliquez sur Coller.

3. **Déplacez le curseur de cellule ou sélectionnez la cellule en haut à gauche de la nouvelle plage dans laquelle vous désirez déplacer les données.**

4. **Appuyez sur Entrée pour terminer le déplacement.**

   Vous pouvez aussi cliquer sur le bouton Coller dans le groupe Presse-papiers de l'onglet Accueil, ou utiliser le raccourci clavier Ctrl+V.

Remarquez qu'en indiquant la plage de destination vous n'avez pas à sélectionner un agencement de cellules vides correspondant, dans sa forme, à la sélection que vous déplacez. Du moment que vous indiquez à Excel où se trouve la cellule située en haut à gauche de la plage de destination, il saura se débrouiller pour le reste.

La copie d'une sélection de cellule(s) avec les commandes Copier et Coller s'effectue de la même manière qu'avec les commandes Couper et Coller. Après avoir sélectionné la plage à copier, vous bénéficiez même d'un plus grand choix pour le stockage des données dans le Presse-papiers. Au lieu de cliquer sur le bouton Copier dans le groupe Presse-papiers de l'onglet Accueil, ou de sélectionner Copier dans le menu contextuel de la cellule, vous pouvez utiliser le raccourci clavier Ctrl+C.

Ça colle pour vous

L'avantage de la copie des données dans le Presse-papiers avec les commandes Copier et Coller est que les informations ainsi mises de côté peuvent être collées à plusieurs reprises. Assurez-vous simplement, après avoir appuyé sur Entrée pour terminer la première opération de copie, de cliquer sur le bouton Coller dans le groupe Presse-papiers de l'onglet Accueil ou de choisir la commande Coller (dans le menu contextuel), ou d'appuyer sur Ctrl+V.

Quand vous utilisez la commande Coller, Excel copie la sélection dans la plage que vous lui avez indiquée sans supprimer le rectangle de sélection qui court autour de la sélection originale. Il indique ainsi que vous pouvez continuer à choisir d'autres plages de destination, que ce soit dans le même document ou dans un autre.

Après avoir sélectionné la première cellule de l'autre plage dans laquelle vous désirez coller la sélection, choisissez de nouveau la commande Coller. Vous pouvez continuer de la sorte en collant la sélection à volonté. Après avoir effectué la dernière copie, appuyez sur la touche Entrée au lieu de choisir la commande Coller. Si vous avez oublié d'appuyer sur Entrée et choisi Coller, éliminez le rectangle de sélection en appuyant sur la touche Echap.

Les options de collage

Juste après avoir cliqué sur le bouton Coller, dans le groupe Presse-papiers de l'onglet Accueil (ou avoir appuyé sur Ctrl+V), pour coller des données que vous avez copiées – et non coupées – dans le Presse-papiers, Excel affiche à l'extrémité de la plage collée un bouton Options de collage doté de son propre menu déroulant. Les options qui apparaissent en cliquant sur le bouton servent à modifier les opérations de collage de la manière suivante :

- **Utiliser le thème de destination :** Excel met en forme le contenu collé selon le style de cellule des cellules de destination.

- **Respecter la mise en forme de destination :** Excel met les entrées en forme selon le format défini dans la plage de cellules de destination.

- **Conserver la mise en forme source :** Excel copie la mise en forme des cellules d'origine et la colle avec les données dans les cellules de destination.

- **Valeurs uniquement :** Excel ne copie dans la plage de destination que les résultats calculés dans la plage source. Autrement dit, les cellules de destination ne contiendront que des chiffres et des intitulés, et non des formules.

- **Valeurs et formats de nombre :** Excel copie dans la plage de destination les résultats fournis par les formules ainsi que le format de nombre des formules et des valeurs de la plage source. Cela signifie que les intitulés copiés dans la plage source adoptent la mise en forme des cellules de la plage de destination, tandis que les valeurs conservent le format de nombre qui leur avait été appliqué dans la plage source.

- **Valeurs et formats sources :** Excel copie dans la plage de destination les résultats calculés par les formules ainsi que les mises en forme affectées aux intitulés, valeurs et formules définis dans la plage source. Autrement dit, dans la plage de destination, toutes les valeurs et les intitulés apparaissent avec la même mise en forme que dans la plage source, même si les formules originales n'ont pas été conservées et que seuls les résultats qu'elles calculent ont été recopiés.

➤ **Conserver les largeurs de colonnes sources :** Excel règle les colonnes de la plage de destination à la même largeur que celle des colonnes sources.

➤ **Format uniquement :** Seule la mise en forme (et non les données) de la plage source est recopiée dans la plage de destination.

➤ **Lier les cellules :** Excel crée des formules de liaison dans la plage de destination afin que tout changement effectué dans des cellules de la plage source soit aussitôt répercuté dans les cellules correspondantes de la plage de destination.

Coller à partir du volet Presse-papiers Office

Le Presse-papiers d'Office est capable de stocker de nombreux éléments coupés ou copiés provenant de tout programme fonctionnant sous Windows, pas seulement Excel. Cela signifie que vous pouvez continuer à coller des cellules du Presse-papiers vers un classeur, même si vous en avez fini avec un déplacement ou une copie, et ce si vous avez appuyé sur la touche Entrée au lieu d'utiliser la commande Coller.

Pour ouvrir le volet Presse-papiers Office, cliquez sur le bouton lanceur de boîte de dialogue, dans le coin inférieur droit du groupe Presse-papiers de l'onglet Accueil. Le volet Presse-papiers Office apparaît dans la partie gauche de la fenêtre d'Excel, comme le montre la Figure 4.11.

Pour coller un élément du Presse-papiers dans une autre feuille de calcul que celle d'où provenaient les données, cliquez sur l'élément présent dans le volet afin de le coller à l'emplacement du curseur de cellule.

Remarquez qu'il est possible de coller tous les éléments stockés dans le Presse-papiers dans la feuille de calcul courante en cliquant sur le bouton Coller tout, en haut du volet Presse-papiers Office. Pour vider le volet de tous les éléments qui s'y trouvent, cliquez sur le bouton Effacer tout. Pour ne supprimer qu'un élément en particulier du Presse-papiers, placez le pointeur de la souris sur cet élément dans le volet Presse-papiers Office jusqu'à ce qu'un bouton de menu contextuel apparaisse. Cliquez ensuite sur ce bouton et, dans le menu, choisissez l'option Supprimer.

Qu'est-ce qu'il a de spécial, ce coller ?

Pour coller des éléments particuliers d'une sélection de cellules tout en ne tenant pas compte d'autres éléments, cliquez sur le triangle pointant vers le

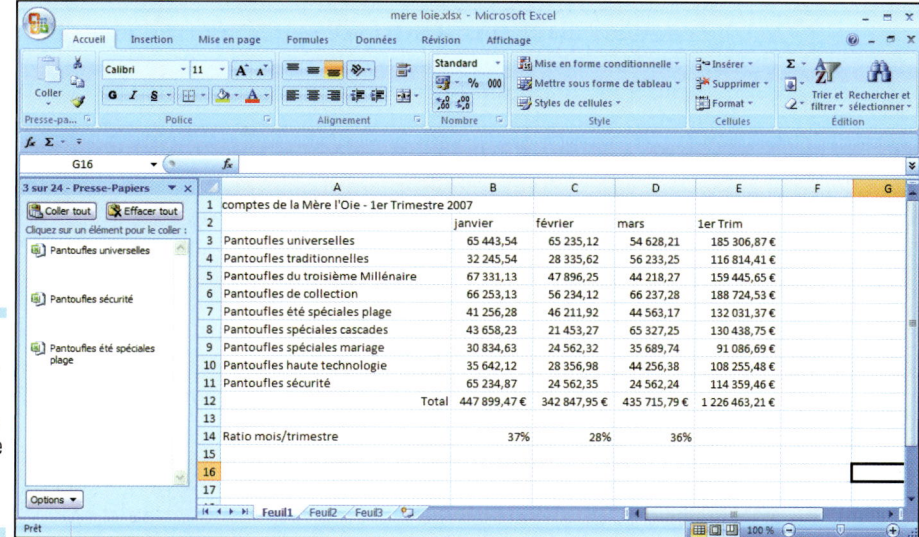

Figure 4.11
Le volet Presse-
papiers Office
apparaît dans la
partie gauche de
la fenêtre
d'Excel.

bas qui apparaît dans la partie inférieure du bouton Coller du groupe Presse-
papiers de l'onglet Accueil, puis sélectionnez Collage spécial dans le menu qui
s'affiche. La boîte de dialogue Collage spécial apparaît, dans laquelle vous
pouvez sélectionner ce que vous voulez coller en cliquant sur le bouton radio
correspondant :

- **Tout.** Excel choisit cette option pour coller toutes les informations
  (notamment les formules, mises en forme...) dans la sélection de
  cellules.

- **Formules.** Tous les textes, nombres et formules de la sélection courante
  sont collés, mais sans leur mise en forme.

- **Valeurs.** Convertit toutes les formules de la sélection courante aux
  valeurs qu'elles ont calculées.

- **Formats.** Ne colle que les mises en forme de la sélection de cellules
  courante, sans se préoccuper des entrées.

- **Commentaires.** Ne colle que les notes que vous avez attachées aux
  cellules (des sortes de Post-it électroniques que nous étudierons dans le
  Chapitre 6).

- **Validation.** Ne colle que les règles de validation de données dans la
  plage de cellules que vous avez configurée avec la commande Validation

de données. Cette commande permet de définir une valeur ou une plage de valeurs autorisée pour une cellule ou un ensemble de cellules.

- **Tout, avec le thème source.** Colle tout le contenu de la cellule qui a été copiée, y compris le style de cellule avec lequel celle-ci est mise en forme.

- **Tout sauf la bordure.** Colle toutes les informations de la sélection hormis les éventuelles bordures.

- **Largeurs de colonnes.** Applique la largeur des colonnes des cellules copiées aux cellules de la plage de destination.

- **Formules et formats des nombres.** Reproduit les formats de nombre appliqués aux nombres et aux formules.

- **Valeurs et formats des nombres.** Convertit les formats aux valeurs qu'ils ont produites et recopie les formats de nombre affectés aux valeurs copiées.

- **Aucune.** Normalement, Excel active ce bouton, indiquant qu'aucune opération ne sera appliquée entre les données que vous avez coupées ou copiées dans le Presse-papiers et celles qui seront collées dans la plage de cellules.

- **Addition :** Ajoute les données copiées dans le Presse-papiers aux entrées figurant dans les cellules de destination.

- **Soustraction :** Retranche les données copiées dans le Presse-papiers de celles des cellules de destination.

- **Multiplication :** Multiplie les données copiées dans le Presse-papiers avec les entrées des cellules de destination.

- **Division :** Divise les données copiées dans le Presse-papiers par les entrées des cellules de destination.

- **Blancs non compris :** Cochez cette case afin qu'Excel ne copie aucune cellule vide. De cette manière, une cellule vide ne pourra pas se substituer à une cellule contenant des données.

- **Transposé :** Lorsque cette case est cochée, Excel change l'orientation des cellules collées. Cette option est précieuse lorsque les données d'origine sont par exemple disposées sur une seule ligne, et que vous préférez les disposer sur une colonne.

Enfin, le menu du bouton Coller contient aussi l'option Coller avec liaison, qui était dans la boîte de dialogue Collage spécial dans Excel 2003 mais qui n'y est plus dans Excel 2007. Sélectionnez cette option lorsque vous désirez établir une liaison entre les cellules dans lesquelles vous copiez les données et les données originales. En procédant ainsi, toute modification dans les cellules d'origine met automatiquement les copies collées à jour.

Faire de la place avec la commande Insérer

Pour ces cas inévitables où vous devrez glisser de nouvelles entrées dans une région déjà bien remplie de la feuille de calcul, vous aurez intérêt à insérer les nouvelles cellules plutôt que de vous lancer dans les délicats déplacements et réorganisations de plusieurs plages de cellules. Pour insérer une nouvelle ligne, sélectionnez les cellules – dont beaucoup sont d'ores et déjà occupées – près desquelles les nouvelles cellules doivent être placées, puis cliquez sur le triangle pointant vers le bas dans le bouton Insérer du groupe Cellules de l'onglet Accueil, et sélectionnez Insérer des cellules dans le menu qui apparaît. La boîte de dialogue Insertion de cellules s'affiche, vous proposant les options suivantes :

- ✔ **Décaler les cellules vers la droite :** Quand vous cliquez sur le bouton OK ou appuyez sur la touche Entrée, les cellules existantes sont décalées vers la droite afin de libérer de la place pour les cellules qui seront créées.

- ✔ **Décaler les cellules vers le bas :** C'est l'option par défaut. Elle demande à Excel de décaler les cellules vers le bas au moment où vous cliquez sur le bouton OK ou appuyez sur la touche Entrée.

- ✔ **Ligne entière** et **Colonne entière :** Insertion de lignes ou de colonnes entières. Il est inséré autant de lignes ou de colonnes qu'il y a de lignes ou de colonnes sélectionnées au moment de cliquer sur le bouton OK ou d'appuyer sur la touche Entrée.

Si vous savez que vous voulez déplacer les cellules existantes vers la droite pour faire de la place aux nouvelles cellules insérées, vous pouvez cliquer simplement sur le bouton Insérer du groupe Cellules de l'onglet Accueil. Il en résulte exactement le même effet que de sélectionner la première des trois options ci-dessus dans la boîte de dialogue Insertion de cellules.

Vous pouvez aussi faire apparaître la boîte de dialogue Insertion de cellules en cliquant du bouton droit sur la sélection et en sélectionnant Insérer dans le menu qui s'affiche.

Eradiquer les fautes d'orthographe

Si l'orthographe n'est pas votre fort, vous serez sans doute content d'apprendre qu'Excel 2007 est doté d'un correcteur orthographique capable de repérer et d'éliminer ces embarrassantes petites fautes de frappe. Vos titres, en-têtes et textes de tout acabit ne s'en porteront que mieux...

Pour vérifier l'orthographe dans une feuille de calcul, vous pouvez :

- Cliquer sur le bouton Orthographe dans le groupe Vérification de l'onglet Révision.

- Appuyer sur Alt+RS1.

- Appuyer sur F7.

Quelle que soit votre façon de faire, Excel démarre la correction orthographique de toutes les entrées textuelles. Lorsque le logiciel rencontre un mot inconnu, il affiche la boîte de dialogue de la Figure 4.12.

Figure 4.12
Le correcteur orthographique traque les fautes.

Excel suggère un terme de remplacement chaque fois qu'il s'arrête sur un mot absent de son dictionnaire. Si ce terme ne vous convient pas, vous pouvez en choisir un autre dans la liste Suggestions. Voici les possibilités que vous offre la boîte de dialogue Orthographe :

- **Ignorer** et **Ignorer tout :** Quand Excel rencontre un mot qui lui semble erroné, mais que vous savez correct, cliquez sur le bouton Ignorer. Si vous ne voulez pas que le correcteur vous ennuie avec ce mot chaque fois qu'il le rencontre, cliquez sur le bouton Ignorer tout.

✔ **Ajouter au dictionnaire :** Cliquez sur ce bouton pour ajouter un mot inconnu d'Excel – comme un nom propre, par exemple, ou un terme très technique – dans un dictionnaire personnel. Par la suite, Excel le reconnaîtra automatiquement.

✔ **Remplacer :** Cliquez sur ce bouton pour remplacer le mot présent dans la zone de texte Absent du dictionnaire par celui proposé dans la fenêtre Suggestions.

✔ **Remplacer tout :** Cliquer sur ce bouton entraîne le remplacement de toutes les occurrences de ce mot erroné dans la feuille de calcul.

✔ **Correction automatique :** Cliquer sur ce bouton autorise Excel à remplacer automatiquement un terme erroné par celui proposé dans la fenêtre Suggestions.

✔ **Langue du dictionnaire :** Pour activer un autre dictionnaire, comme le dictionnaire d'anglais des Etats-Unis ou l'anglais du Royaume-Uni, déroulez la liste des langues disponibles en cliquant sur le bouton fléché situé à droite de la langue courante, et choisissez-en une.

Chapitre 5

Imprimer le chef-d'œuvre

D ans ce chapitre, vous découvrirez combien il est facile d'imprimer des rapports avec Excel 2007. Quelques règles simples vous permettront d'obtenir une présentation irréprochable des documents, dès la première fois que vous les envoyez à l'imprimante (et pas la deuxième ou la troisième).

Un coup d'œil à la page en mode Mise en page

Le nouveau mode d'affichage Mise en page d'Excel 2007 vous donne une visibilité immédiate sur la mise en page de votre feuille de calcul. Pour activer ce mode d'affichage, cliquez simplement sur le bouton Mode Mise en page dans la Barre d'état (c'est l'icône du milieu parmi les trois qui se trouvent juste à gauche du zoom). Vous pouvez aussi cliquer sur le bouton Mode Mise en page dans l'onglet Affichage du Ruban. Lorsque vous passez en mode Mise en page, comme le montre la Figure 5.1, Excel affiche une règle horizontale et une règle verticale, respectivement au-dessus et à gauche des lettres de colonne et des numéros de ligne. Dans la zone d'affichage de la feuille de calcul, vous voyez également apparaître les marges de la page, telles qu'elles seront sur le papier, avec les en-têtes et les pieds de page si vous en avez défini, et naturellement les sauts de page. Vous pouvez utiliser le zoom pour voir apparaître plusieurs pages à la fois sur votre écran.

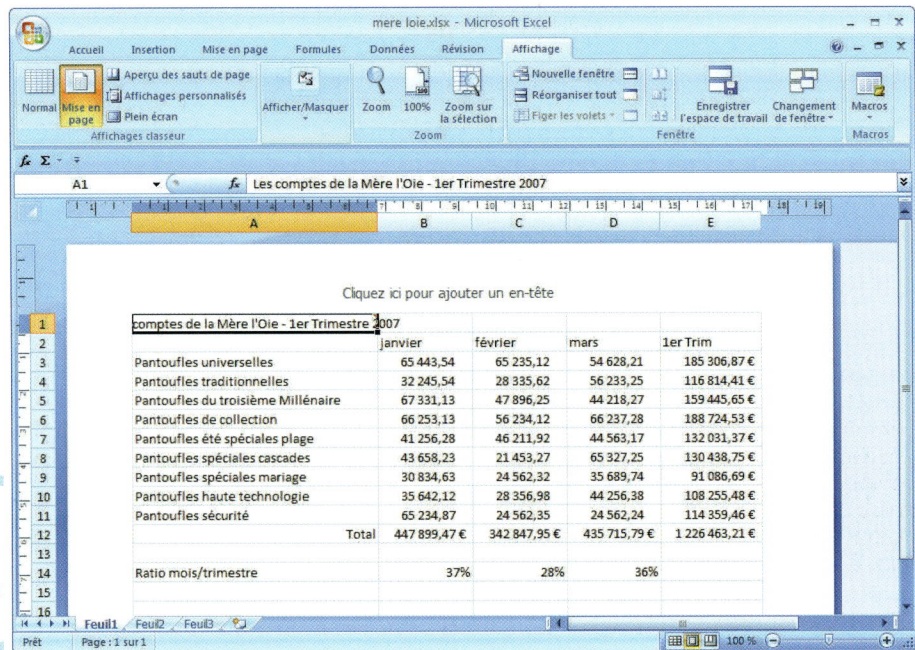

Figure 5.1
Afficher une feuille de calcul en mode Mise en page.

Vous êtes libre de masquer ou d'afficher les règles dans le mode Mise en page. Pour cela, cliquez sur le bouton Afficher/Masquer dans l'onglet Affichage du Ruban, et cliquez sur la case Règle pour en ôter ou y mettre la coche.

Voir l'Aperçu avant impression

Pour afficher l'Aperçu avant impression, cliquez sur le Bouton Office, placez le pointeur sur le triangle pointant vers la droite qui accompagne l'option Imprimer, et sélectionnez Aperçu avant impression dans le sous-menu qui apparaît. Excel affiche l'Aperçu avant impression dans une fenêtre spéciale, dans laquelle le Ruban ne comporte que l'onglet Aperçu avant impression. Lorsque vous placez le pointeur de la souris sur la page, celui-ci prend la forme d'une loupe, signifiant que l'affichage s'agrandit si vous cliquez (il reprend sa taille initiale si vous cliquez à nouveau). La Figure 5.2 montre la première page d'un rapport de cinq pages dans l'Aperçu avant impression.

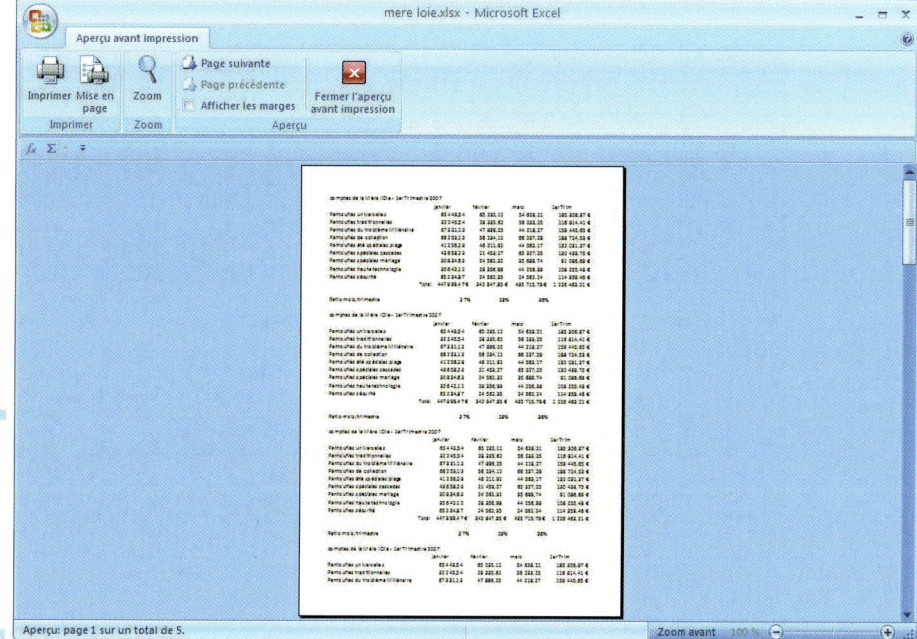

Figure 5.2
La première page d'un rapport de cinq pages dans l'Aperçu avant impression.

Quand Excel affiche une page entière dans la fenêtre de l'Aperçu avant impression, le contenu en est à peine lisible parce qu'il est trop petit. Pour l'agrandir, cliquez simplement avec le pointeur en forme de loupe quand il est placé sur la page (le curseur de zoom dans la Barre d'état est inactif en mode Aperçu avant impression). La Figure 5.3 montre la même page que la Figure 5.2 dans l'Aperçu avant impression, simplement après avoir cliqué avec la loupe.

Comme une page agrandie de cette façon dans l'Aperçu avant impression ne tient pas tout entière sur l'écran (à moins que vous ayez un très grand écran), utilisez les barres de défilement horizontal et vertical pour faire apparaître la zone de la page que vous voulez voir. L'affichage initial de l'Aperçu avant impression (Figure 5.2) est fait pour vous montrer l'ensemble de la page. Vous pouvez aussi utiliser les touches de curseur pour faire défiler le contenu de la page.

Pour revenir à l'affichage initial (celui de la page entière), cliquez à nouveau dans la page avec la loupe. Remarquez que le bouton Zoom dans l'unique

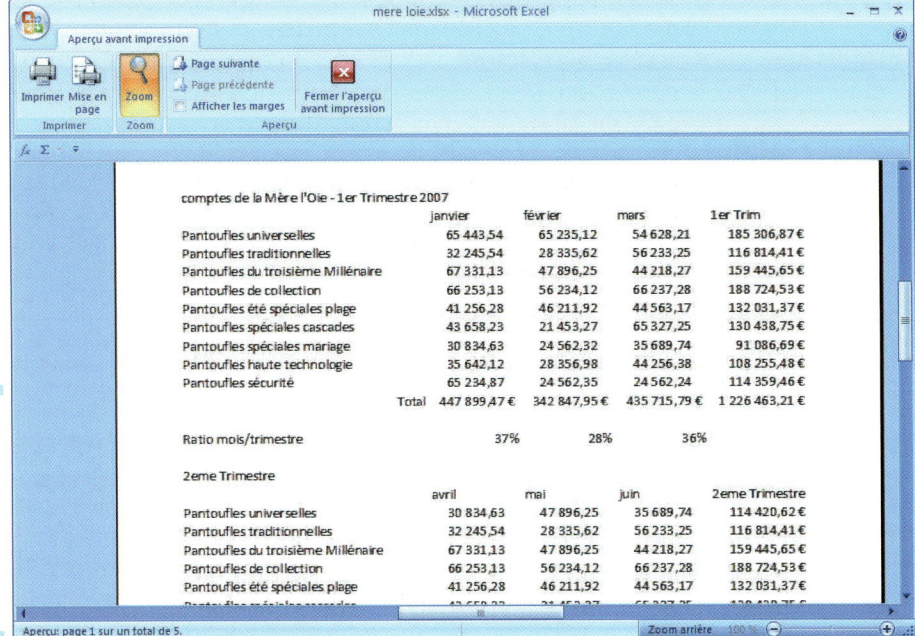

Figure 5.3
La même page
que la figure
précédente,
après avoir
cliqué avec la
loupe pour
l'agrandir.

onglet Aperçu avant impression du Ruban produit exactement le même effet que de cliquer dans la page avec la loupe.

Dans l'Aperçu avant impression, Excel affiche à l'extrémité gauche de la Barre d'état le nombre de pages que comporte le rapport. Si votre rapport comporte plusieurs pages, cliquez sur les boutons Page suivante et Page précédente dans l'onglet Aperçu avant impression pour passer d'une page à l'autre. Attention ! L'Aperçu avant impression n'affiche qu'une page à la fois, et la barre de défilement vertical ne permet de faire défiler que le contenu de cette page, tout comme les boutons PgSuiv et PgPréc de votre clavier. Pour afficher la page suivante ou la page précédente, vous devez cliquer sur les boutons Page suivante et Page précédente dans l'onglet Aperçu avant impression.

Une fois que vous avez vu tout ce que vous aviez besoin de voir, l'onglet Aperçu avant impression met à votre disposition les boutons et cases suivants :

- **Imprimer**, dans le groupe Imprimer de l'onglet, affiche la boîte de dialogue Imprimer pour imprimer le document, tout en revenant à l'affichage antérieur de la feuille de calcul.

🖝 **Mise en page**, dans le groupe Imprimer de l'onglet, ouvre la boîte de dialogue Mise en page, dans laquelle vous pouvez modifier les paramè-tres de pagination en spécifiant la taille de papier, l'ordre des pages, l'orientation, les marges, l'en-tête et le pied de page (le texte qui se répète en haut ou en bas de chaque page).

🖝 **La case Afficher les marges**, dans le groupe Aperçu de l'onglet, affiche non seulement les repères des marges, mais aussi les repères de l'en-tête et du pied de page, ainsi que ceux des colonnes, qu'il vous suffit de faire glisser si vous voulez les modifier.

🖝 **Fermer l'Aperçu avant impression**, dans le groupe Aperçu de l'onglet, ferme l'Aperçu avant impression en vous faisant revenir à l'affichage antérieur de la feuille de calcul.

Imprimer la feuille de calcul

Aussi longtemps que vous allez utiliser les paramètres d'impression par défaut d'Excel pour imprimer votre feuille de calcul, l'impression dans Excel 2007 sera pour vous un jeu d'enfant. Pour commencer, ajoutez le bouton Impression rapide dans la barre d'outils Accès rapide : Cliquez sur le triangle pointant vers le bas à l'extrémité droite de celle-ci, et sélectionnez Impression rapide dans le menu qui apparaît.

Une fois que le bouton Impression rapide apparaît dans la barre d'outils Accès rapide, vous pouvez cliquer dessus pour imprimer directement la feuille de calcul affichée, y compris les images et les graphiques (mais sans les commen-taires que vous avez pu ajouter aux cellules), sans passer par la boîte de dialogue Imprimer.

Lorsque vous cliquez sur le bouton Impression rapide, Excel envoie directe-ment la tâche d'impression correspondante dans la file d'attente de l'impri-mante par défaut, qui est en quelque sorte le messager qui envoie les tâches d'impression à l'imprimante. Excel affiche alors (très fugitivement, à moins que vous ayez vraiment un très gros fichier) une boîte de dialogue Impression pour vous informer de la progression de l'envoi de cette tâche d'impression à la file d'attente de l'imprimante (en affichant un message du genre *Impression de la page 2/3 "Nom du fichier" en cours sur Nom de l'imprimante*). Une fois que cette boîte de dialogue a disparu, c'est-à-dire dans la plupart des cas avant que vous ayez eu le temps de lire ce message, vous pouvez vous remettre au travail dans Excel.

Au cas où vous voudriez annuler l'impression, la boîte de dialogue Impression contient un bouton Annuler. Si vous êtes Lucky Luke, cliquez sur ce bouton.

Dans le cas contraire, vous devez faire comme tout le monde, c'est-à-dire ouvrir la boîte de dialogue de l'imprimante pour y annuler la tâche d'impression :

1. **Cliquez du bouton droit sur l'icône d'imprimante qui apparaît dans la Zone de notification de la Barre des tâches de Windows (juste à gauche de l'affichage de l'heure) lorsqu'une tâche d'impression se trouve dans la file d'attente, et sélectionnez le nom de l'imprimante utilisée pour l'impression de votre document dans le menu qui apparaît.**

2. **Cliquez du bouton droit sur la tâche que vous voulez annuler, et sélectionnez Annuler (ou équivalent) dans le menu qui apparaît.**

   Selon les particularités de la boîte de dialogue de votre imprimante, vous pouvez aussi sélectionner la tâche d'impression dans la liste et sélectionner Annuler dans un menu ou en cliquant sur un bouton.

3. **Attendez que la tâche d'impression disparaisse de la liste, puis cliquez sur le bouton de fermeture de la boîte de dialogue et revenez à Excel.**

Imprimer la feuille de calcul à partir de la boîte de dialogue Imprimer

L'impression immédiate avec le bouton Impression rapide de la barre d'outils Accès rapide convient très bien tant que vous n'avez besoin que d'un exemplaire de votre document et que tous les autres paramètres d'impression par défaut vous conviennent. Si vous avez besoin de plusieurs exemplaires ou d'imprimer autre chose que toute la feuille de calcul affichée (par exemple, toutes les feuilles de calcul du classeur ou simplement les cellules sélectionnées), alors vous devez ouvrir la boîte de dialogue Imprimer, montrée par la Figure 5.4, pour y spécifier les paramètres correspondants.

Vous disposez de plusieurs manières d'ouvrir la boîte de dialogue Imprimer :

✔ Appuyer sur Ctrl+P.

✔ Cliquer sur Bouton Office/Imprimer.

✔ Appuyer sur Alt+FP, puis sur la touche Entrée.

✔ Appuyer sur Ctrl+Maj+F12.

Imprimer seulement certaines parties du classeur

La boîte de dialogue Imprimer comporte entre autres les sections Étendue et Impression, qui vous permettent de spécifier ce que vous voulez imprimer du classeur, et la section Copies, dans laquelle vous pouvez spécifier le nombre d'exemplaires que vous voulez imprimer. Voici ce que contiennent ces sections, et comment les utiliser :

- **Tout :** Lorsque ce bouton (dans la section Étendue) est sélectionné, toutes les pages du document sont imprimées. Cette option est sélectionnée par défaut.

- **Page(s) :** Normalement, Excel imprime toutes les pages contenant des informations dans le classeur que vous imprimez. Toutefois, vous aurez parfois besoin d'imprimer uniquement une page ou quelques pages dans lesquelles vous avez fait des modifications. Pour imprimer seulement une page, entrez son numéro dans les champs De et À (vous pouvez aussi utiliser les boutons de ces champs). Pour imprimer une étendue de pages, entrez le numéro de la première dans le champ De et le numéro de la dernière dans le champ À. Excel désélectionne automatiquement l'option Tout et sélectionne l'option Page(s) aussitôt que vous entrez une valeur dans l'un ou l'autre de ces champs.

- **Sélection :** Sélectionnez cette option (dans la section Impression) pour qu'Excel n'imprime que les cellules sélectionnées dans le classeur.

- **Feuilles sélectionnées :** C'est l'option par défaut dans la section Impression. Excel imprime les feuilles de calcul sélectionnées dans le classeur. Normalement, c'est uniquement la feuille affichée. Pour imprimer plusieurs feuilles du classeur en utilisant cette option, c'est-à-dire pour sélectionner plusieurs feuilles du classeur, maintenez enfoncée la touche Ctrl tout en cliquant sur l'onglet de chacune d'elles. Pour sélectionner plusieurs feuilles consécutives, cliquez sur l'onglet de la première, puis maintenez enfoncée la touche Maj en cliquant sur l'onglet de la dernière.

- **Classeur entier :** Avec cette option, Excel imprime tout simplement toutes les pages contenant des données dans toutes les feuilles du classeur.

- **Tableau :** Sélectionnez cette option si vous voulez qu'Excel imprime uniquement les données mises en forme en tant que tableau (reportez-vous au Chapitre 3 pour en savoir plus à ce sujet). Notez que ce bouton est estompé (non disponible) si votre feuille de calcul ne contient aucun tableau.

- **Ignorer les zones d'impression :** Cochez cette case si vous voulez que les autres options de la section Impression (Sélection, Feuilles sélectionnées et Classeur entier) soient prises en compte pour l'impression, quelles que soient les zones d'impression que vous avez pu définir.

- **Nombre de copies :** Pour imprimer plusieurs exemplaires de votre rapport, entrez le nombre d'exemplaires voulus dans le champ Nombre de copies dans la section Copies de la boîte de dialogue Imprimer (vous pouvez aussi utiliser les boutons qui sont dans ce champ pour y faire apparaître le nombre voulu).

- **Copies assemblées :** Cochez cette case si vous voulez que les exemplaires de votre rapport soient triés à l'impression (ce que montre l'illustration schématique à gauche de cette case selon qu'elle est ou non cochée). Lorsque cette case n'est pas cochée, vous aurez le nombre de fois spécifié la page 1, puis le même nombre de fois la page 2, et ainsi de suite.

Une fois que vous avez spécifié toutes vos options d'impression, vous pouvez cliquer sur OK (ou appuyer sur Entrée) pour lancer l'impression.

Définir et annuler une zone d'impression

Excel dispose d'une fonction appelée *zone d'impression*. Pour définir en tant que zone d'impression une étendue de cellules préalablement sélectionnées dans une feuille de calcul, cliquez sur Zone d'impression/Définir dans le groupe Mise en page de l'onglet Mise en page. Une fois définie une zone d'impression, celle-ci sera la seule à être imprimée chaque fois que vous lancerez l'impression de la feuille de calcul dans laquelle elle se trouve, à moins que vous ayez sélectionné l'option Sélection dans la section Impression de la boîte de dialogue Imprimer (seules les cellules sélectionnées seront alors imprimées) ou que vous ayez coché la case Ignorer les zones d'impression dans la boîte de dialogue Imprimer après avoir sélectionné l'option Feuilles sélectionnées ou l'option Classeur entier dans la section Impression de la boîte de dialogue Imprimer (c'est alors tout le contenu des feuilles sélectionnées ou tout le contenu du classeur qui sera imprimé).

Lorsque vous définissez une zone d'impression, vous devez garder à l'esprit que c'est la seule chose qui sera imprimée, quelles que soient les options que vous aurez sélectionnées dans la boîte de dialogue Imprimer (à moins que vous n'ayez coché la case Ignorer les zones d'impression dans celle-ci), aussi longtemps que vous n'aurez pas annulé cette zone d'impression.

Pour annuler une zone d'impression, et par conséquent revenir aux options par défaut de la boîte de dialogue Imprimer d'Excel (voyez à ce sujet la section précédente, "Imprimer seulement certaines parties du classeur"), cliquez simplement sur Zone d'impression/Annuler dans le groupe Mise en page de l'onglet Mise en page.

Mettons en page la feuille de calcul

La seule chose un peu compliquée dans l'impression d'une feuille de calcul est la détermination de la disposition des pages. Heureusement, les boutons de commande du groupe Mise en page de l'onglet Mise en page du Ruban vous offrent un contrôle presque total de la disposition de vos pages.

Les trois groupes de boutons de l'onglet Mise en page vous permettent de définir la disposition de vos pages exactement comme vous le voulez : le groupe Mise en page, le groupe Mise à l'échelle et le groupe Options de la feuille de calcul, que nous allons décrire dans les sections qui suivent.

Pour visualiser l'effet des modifications que vous apportez aux paramètres de mise en page, cliquez sur le bouton Mise en page de la Barre d'état pour afficher la feuille de calcul en mode Mise en page. Vous pourrez ainsi vous rendre compte immédiatement de l'effet produit par votre utilisation des boutons de l'onglet Mise en page.

Utiliser les boutons du groupe Mise en page

Le groupe Mise en page de l'onglet Mise en page contient des boutons importants :

- **Marges :** Ce bouton permet de sélectionner l'une des trois configurations de marges prédéfinies, ainsi que d'ouvrir la boîte de dialogue Mise en page avec l'onglet Marges au premier plan pour définir des marges personnalisées.

- **Orientation :** Ce bouton permet de basculer entre le mode Portrait et le mode Paysage pour définir les pages de documents dans la feuille de calcul.

- **Taille :** Ce bouton permet de sélectionner l'une des tailles de papier prédéfinies, ainsi que de faire apparaître la boîte de dialogue Mise en page avec l'onglet Pages au premier plan pour spécifier une taille de papier personnalisée et d'autres paramètres de page.

- **Zone d'impression :** Ce bouton permet de définir et d'annuler une zone d'impression (voyez à ce sujet la section "Définir et annuler une zone d'impression", plus haut dans ce chapitre).

- **Sauts de page :** Ce bouton permet d'insérer ou de supprimer des sauts de page.

- **Arrière-plan :** Ce bouton ouvre la boîte de dialogue Feuille d'arrière-plan, dans laquelle vous pouvez sélectionner le fichier graphique d'une image ou d'une photo qui sera utilisée comme arrière-plan pour toutes les feuilles de calcul du classeur (notez que ce bouton devient Supprimer l'arrière-plan lorsqu'une image d'arrière-plan a déjà été sélectionnée).

- **Imprimer les titres :** Ce bouton ouvre la boîte de dialogue Mise en page avec l'onglet Feuille au premier plan, dans lequel vous pouvez définir des lignes de la feuille de calcul comme devant être imprimées en haut de chaque page, et des colonnes comme devant être imprimées à gauche de chaque page, en tant que titres pour le rapport.

Soigner les marges

En dehors des paramètres de marges Normales, Excel vous permet de sélectionner directement deux autres configurations de marges standard à partir du menu du bouton Marges de l'onglet Mise en page :

- **Larges** (Haut et Bas : 2,54 cm ; Gauche et Droite : 2,54 cm ; En tête et Pied de page : à 1,27 cm du bord de la page).

- **Étroites** (Haut et Bas : 1,91 cm ; Gauche et Droite : 0,64 cm ; En tête et Pied de page : à 0,76 cm du bord de la page).

Il vous arrivera souvent d'avoir un rapport qui occupe juste un peu plus que la surface d'une page à l'impression, de telle sorte qu'une ou deux colonnes ou un petit nombre de lignes se retrouvent sur une autre page. Avec un peu de chance, il vous suffira de sélectionner les marges standard Étroites pour que l'ensemble tienne sur une seule page.

Si ça ne suffit pas, vous pouvez essayer de définir des marges personnalisées, que ce soit dans l'onglet Marges de la boîte de dialogue Mise en page ou en faisant glisser avec la souris les repères des marges dans l'affichage Aperçu avant impression. Pour faire tenir plus de colonnes sur une page, réduisez les marges droite et gauche. Pour faire tenir plus de lignes, réduisez les marges du haut et du bas.

Pour ouvrir la boîte de dialogue Mise en page avec l'onglet Marges au premier plan (Figure 5.5), cliquez sur Marges personnalisées tout en bas du menu du bouton Marges de l'onglet Mise en page, et entrez les paramètres voulus dans les champs correspondants (vous pouvez aussi utiliser les boutons qui se trouvent dans ces champs pour augmenter ou réduire la valeur).

Si vous voulez que les données de la page soient automatiquement centrées sur la page à l'impression, cochez la case Horizontalement, ou la case Verticalement, dans la section Centrer sur la page de cet onglet, ou les deux. Les données seront alors centrées à l'impression entre les marges spécifiées.

Lorsque vous cochez la case Afficher les marges dans l'onglet Aperçu avant impression de l'affichage Aperçu avant impression pour pouvoir ajuster manuellement les marges, les repères des colonnes apparaissent également, ce qui vous permet d'ajuster également la largeur des colonnes (ce que montre la Figure 5.6). Pour modifier une marge, placez le pointeur de la souris sur le repère correspondant (le pointeur prend la forme d'une flèche à double pointe), et faites-le glisser dans la direction voulue. Lorsque vous relâchez le bouton de la souris, Excel affiche la page avec la nouvelle marge que vous venez de définir. Selon que vous réduisez ou que vous augmentez une marge, la

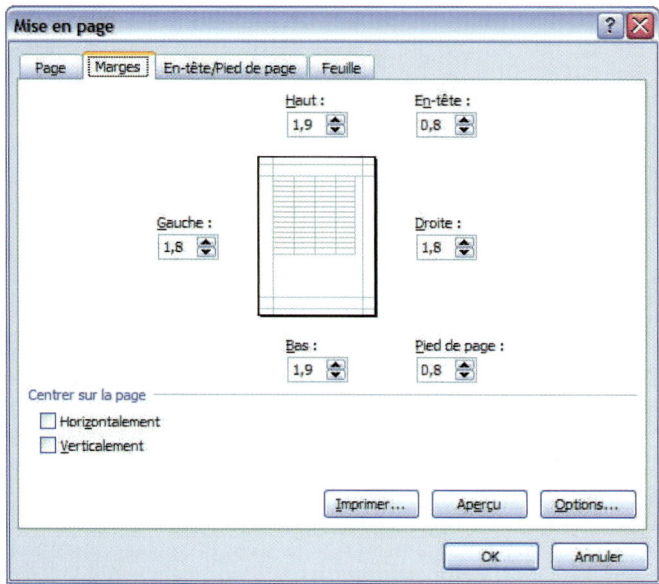

page peut gagner ou perdre des lignes ou des colonnes. Utilisez la même méthode pour ajuster la largeur des colonnes : faites glisser les repères correspondants.

Portrait ou paysage ?

Le menu du bouton Orientation du groupe Mise en page de l'onglet Mise en page contient les deux options suivantes :

- **Portrait :** C'est l'option par défaut, qui correspond à l'usage habituel d'une feuille de papier. La page est plus haute que large.

- **Paysage :** C'est l'inverse, quand on fait tourner la page de 90 degrés. La page est plus large que haute.

Comme il est courant qu'un tableau soit assez large et comme les tableaux sont l'usage principal des feuilles de calcul, l'orientation Paysage, qui permet de faire tenir un plus grand nombre de colonnes sur la feuille, vous sera souvent plus pratique que l'orientation Portrait pour imprimer vos feuilles de calcul.

Dans la Figure 5.7, vous pouvez voir la première page d'un rapport en mode Paysage affichée dans le mode Mise en page. Pour ce rapport, Excel peut faire tenir quatre colonnes de plus sur la page en mode Paysage qu'en mode

Marge du haut

Marqueurs de colonnes

Marge droite

Marge gauche

Marge d'en-tête

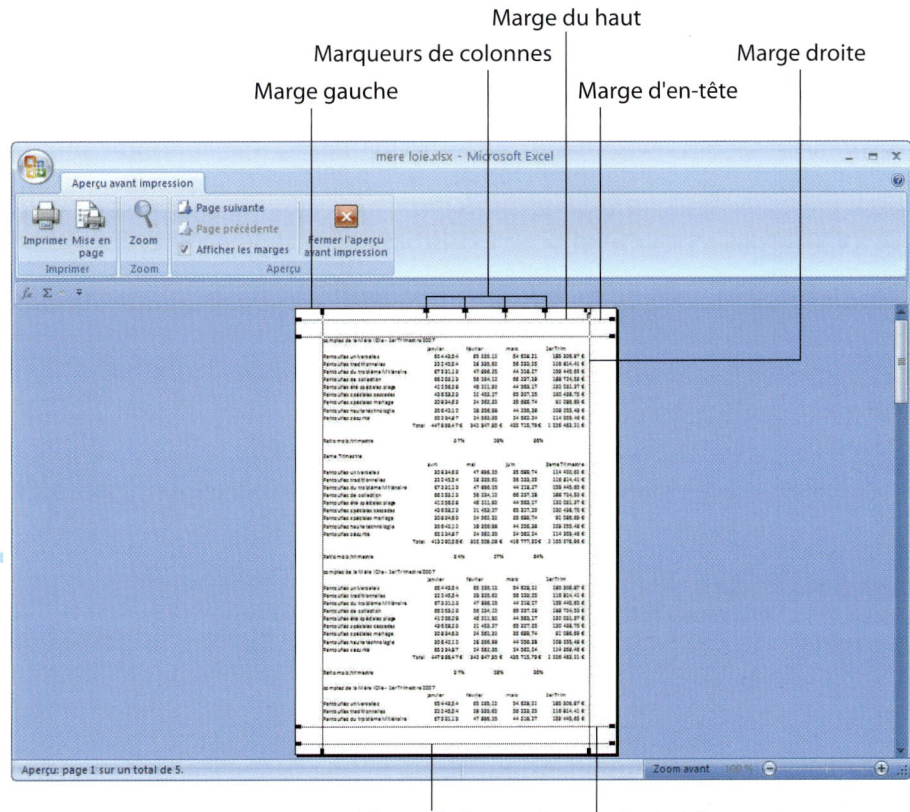

Figure 5.6
Après avoir
coché la case
Afficher les
marges, faites
glisser les
repères pour
ajuster les
marges.

Marge du bas

Marge de pied de page

Portrait. Mais comme il y a corrélativement moins de lignes sur une page, celles-ci s'étendent sur un plus grand nombre de pages qu'en mode Portrait.

Définir les titres à imprimer

Pour définir des lignes et des colonnes comme titres à imprimer pour un rapport, suivez ces étapes :

1. **Dans l'onglet Mise en page du Ruban, cliquez sur le bouton Imprimer les titres.**

   La boîte de dialogue Mise en page apparaît, avec l'onglet Feuille au premier plan (Figure 5.8).

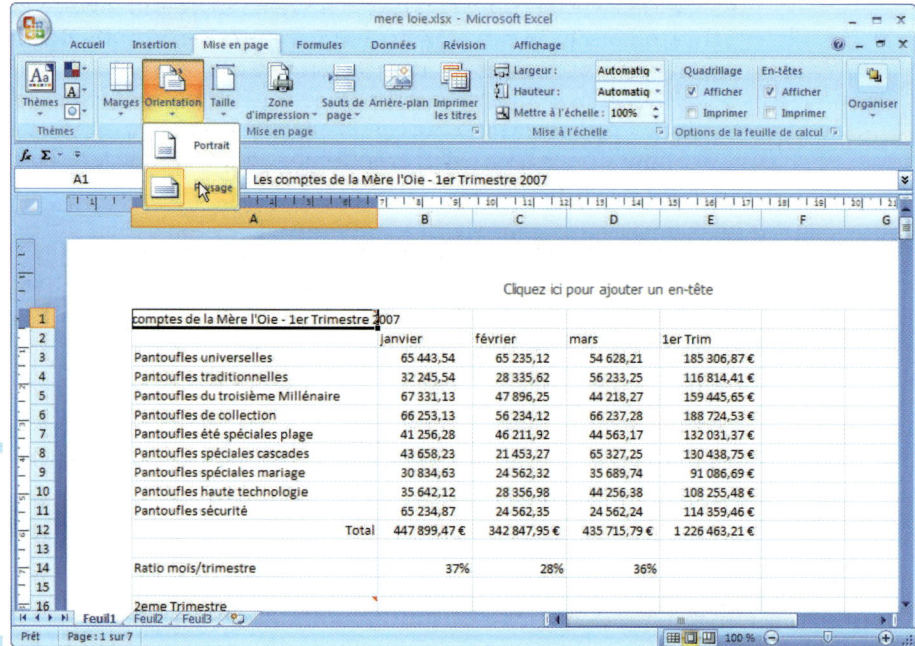

Pour définir des lignes comme titres à imprimer, allez à l'Étape 2a. Pour définir des colonnes comme titres à imprimer, allez à l'Étape 2b.

2a. Cliquez sur le bouton qui se trouve à l'extrémité droite du champ Lignes à répéter en haut pour minimiser la boîte de dialogue Mise en page, sélectionnez avec la souris dans la feuille de calcul les lignes que vous voulez voir se répéter en haut de chaque page dans le rapport imprimé, puis cliquez à nouveau sur le bouton du champ Lignes à répéter en haut pour rétablir la boîte de dialogue Mise en page.

Dans l'exemple de la Figure 5.8, j'ai cliqué sur le bouton de minimisation du champ Lignes à répéter en haut pour minimiser la boîte de dialogue Mise en page, et j'ai sélectionné les lignes 1 et 2 dans la feuille de calcul. Excel a donc affiché l'indication $1:$2 dans le champ Lignes à répéter en haut.

Remarquez qu'Excel met en évidence les lignes des titres à répéter en haut en plaçant un trait en pointillé animé entre ces titres et les autres informations du rapport.

2b. **Cliquez sur le bouton qui se trouve à l'extrémité droite du champ Colonnes à répéter à gauche pour minimiser la boîte de dialogue Mise en page, sélectionnez avec la souris dans la feuille de calcul les colonnes que vous voulez voir se répéter à gauche de chaque page dans le rapport imprimé, puis cliquez à nouveau sur le bouton du champ Colonnes à répéter à gauche pour rétablir la boîte de dialogue Mise en page.**

Remarquez qu'Excel met en évidence les colonnes des titres à répéter à gauche en plaçant un trait en pointillé animé entre ces titres et les autres informations du rapport.

3. **Cliquez sur OK ou appuyez sur Entrée pour fermer la boîte de dialogue Mise en page.**

Les traits en pointillé indiquant les limites des lignes et des colonnes à répéter disparaissent de la feuille de calcul.

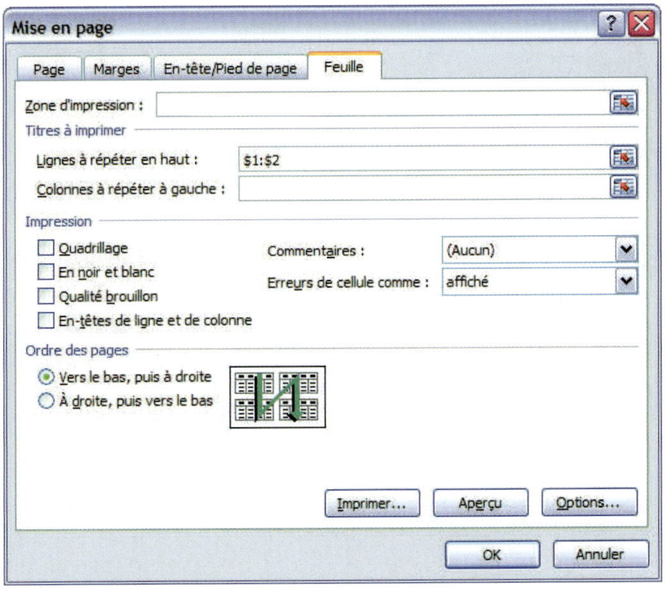

Figure 5.8
Spécifiez dans l'onglet Feuille de la boîte de dialogue Mise en page les lignes et les colonnes à utiliser comme titres à imprimer.

Dans la Figure 5.8, les lignes 1 et 2 contiennent le titre de la feuille et les en-têtes de colonnes du rapport. Dans la Figure 5.9, la deuxième page de ce rapport est affichée dans le mode Mise en page. Les deux premières lignes que vous voyez sur cette page sont en fait les lignes 1 et 2 de la feuille (si vous en doutez, regardez les numéros des lignes).

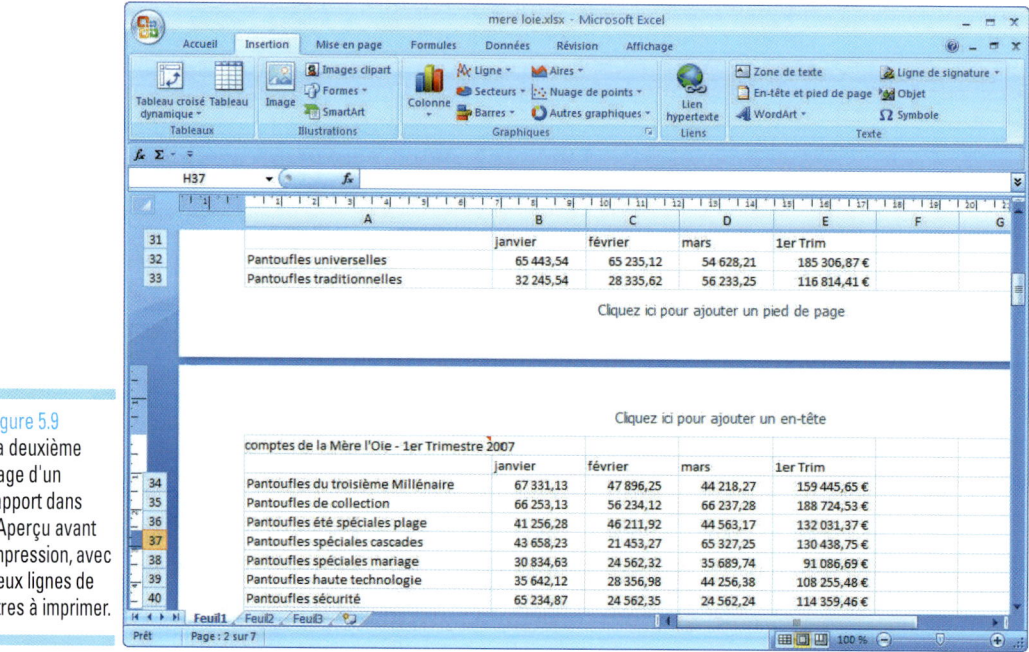

Figure 5.9
La deuxième page d'un rapport dans l'Aperçu avant impression, avec deux lignes de titres à imprimer.

Pour désactiver les titres à imprimer d'un rapport lorsque vous n'en avez plus besoin, ouvrez la boîte de dialogue Mise en page avec l'onglet Feuille au premier plan, supprimez le contenu des champs Lignes à répéter en haut et Colonnes à répéter à gauche, puis cliquez sur OK ou appuyez sur Entrée.

Chapitre 6

L'art subtil des graphiques

C omme le disait Confucius, "une image vaut mille mots" (ou, dans notre cas, mille chiffres). Dans un tableur, les graphiques augmentent non seulement l'intérêt pour des chiffres dont la lecture serait autrement fort ennuyeuse, mais ils mettent aussi en évidence des anomalies qui passeraient inaperçues si l'on ne regardait que des séries de valeurs. La création de graphiques est si facile dans Excel 2007 que vous pourrez aisément en essayer plusieurs et choisir celui qui illustre le plus efficacement vos données (en d'autres termes, l'image qui raconte le mieux votre histoire singulière).

Créer des graphiques d'aspect professionnel

Eh bien, nous y voilà ! Il est vrai qu'Excel automatise la quasi-totalité du processus de création des graphiques. Mais vous ne pouvez vous dispenser de savoir ce qui différencie un axe *x* d'un axe *y*, ne serait-ce qu'au cas où Excel n'orienterait pas le graphique comme prévu. Afin de rafraîchir votre mémoire et de faire plaisir à votre vieux prof de maths, sachez que l'axe *x* est horizontal, et usuellement situé en bas du graphique, alors que l'axe *y* est vertical et ordinairement situé à gauche du graphique.

Dans la plupart des graphiques basés sur ces deux axes, Excel place les catégories le long de l'axe *x*, en bas du tracé, et leurs valeurs relatives le long de l'axe *y*, à gauche. L'axe *x* est parfois appelé *axe de temps*, car il est souvent utilisé pour indiquer des durées comme les mois, les trimestres, les années, etc.

Créer un nouveau graphique

Excel simplifie autant que faire se peut le processus de création d'un nouveau graphique dans une feuille de calcul :

1. **Cliquez sur une des cellules de la table de données à représenter graphiquement. Si vous voulez ne prendre en compte qu'une partie de la table, sélectionnez uniquement la plage de données qui vous intéresse (sans oublier les en-têtes).**

2. **Dans l'onglet Insertion du Ruban, cliquez dans le groupe Graphiques sur le bouton qui correspond au type de diagramme que vous voulez réaliser : Colonne, Ligne, Secteurs, Barres, Aires, Nuages de points ou Autres graphiques (Stock, Surface, Anneaux, Bulles ou encore Radar).**

   Excel va afficher une liste déroulante dans laquelle des vignettes illustrent chaque style disponible pour le type de graphique sélectionné.

3. **Cliquez sur la vignette qui correspond à ce que vous voulez obtenir.**

Dès que vous cliquez sur l'une des vignettes proposées dans la galerie de styles, Excel crée un diagramme flottant (ou incorporé) sur la même feuille de calcul que les données qu'il représente graphiquement.

La Figure 6.1 montre un très classique histogramme en deux dimensions. Je l'ai obtenu en suivant la procédure qui vient d'être indiquée. Comme mon but est de représenter graphiquement les ventes du premier trimestre de l'année 2008 (sans les totaux), j'ai d'abord sélectionné la plage A2:D11. J'ai ensuite cliqué sur Insertion, puis Colonne, et enfin sur Histogramme 2D groupé (le premier choix proposé dans la galerie).

Déplacer et redimensionner un graphique incorporé dans une feuille

Un graphique qui vient tout juste d'être créé peut facilement être déplacé ou redimensionné, car il est encore sélectionné. Vous pouvez toujours savoir si un objet (qu'il s'agisse d'un diagramme ou encore d'un autre graphisme) est sélectionné, car, dans ce cas, il est entouré d'un cadre pourvu de *poignées* (il s'agit

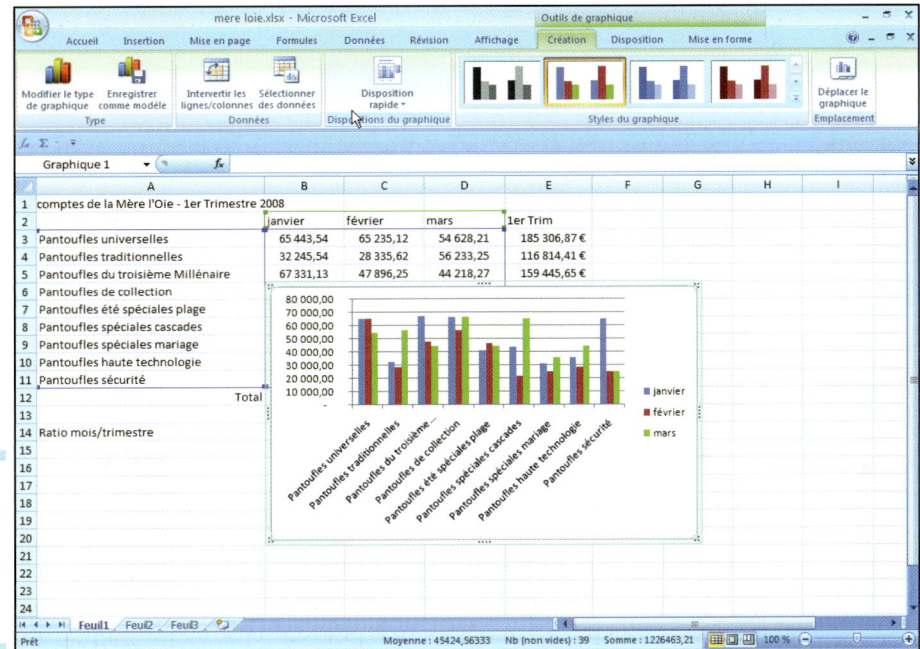

Figure 6.1
Un histogramme
2D groupé vient
d'être créé dans
la feuille de
calcul.

d'un groupe de trois points situés dans les coins et au milieu des côtés de l'objet). Pour sélectionner un élément, il suffit de cliquer quelque part dessus.

Votre graphique étant sélectionné (actif), vous pouvez voir en haut de la fenêtre un onglet intitulé Outils de graphique. Il comprend trois sous-onglets : Création, Disposition et Mise en forme. Vous remarquerez également que les valeurs sources des éléments du graphique sont signalées dans la feuille de calcul par un ensemble de cadres colorés comportant de petits carrés dans leurs coins.

Lorsqu'un graphique incorporé est actif; vous pouvez facilement le déplacer ou le redimensionner :

- Pour déplacer le graphique, placez le pointeur de la souris quelque part au-dessus du fond (là où apparaît une croix) et faites glisser l'objet vers un nouvel emplacement.

- Pour redimensionner le graphique (par exemple parce qu'il semble déformé), placez le pointeur de la souris au-dessus de l'une de ses poignées (il doit alors afficher une flèche à deux têtes). Cliquez et faites glisser afin d'agrandir ou rétrécir le graphique. Le résultat dépend bien sûr de la poignée active et du sens de votre mouvement.

Si vous appuyez en même temps sur la touche Majuscule, les proportions du graphique sont conservées. En appuyant sur la touche Ctrl, le changement d'échelle s'opère autour du centre du graphique. Avec la touche Alt, vous le forcez à s'ajuster aux cellules environnantes. L'effet de ces trois touches est cumulatif.

Une fois le graphique bien en place et bien dimensionné, il vous suffit de cliquer sur une cellule quelconque de la feuille pour annuler sa sélection. A cet instant, l'onglet contextuel Outils de graphique disparaît du Ruban.

Pour sélectionner à nouveau votre graphique, cliquez n'importe où sur sa surface. L'onglet contextuel Outils de graphique et toutes ses options réapparaît.

Déplacer un graphique incorporé vers sa propre feuille

Par défaut, Excel incorpore un nouveau graphique sur la même feuille que les données représentées (à moins d'appuyer sur la touche F11). Mais il est souvent plus facile de travailler avec un graphique autonome, c'est-à-dire placé dans sa propre feuille. Voyons comment obtenir ce résultat :

1. **Cliquez sur le bouton Déplacer le graphique, à droite de l'onglet Création des outils graphiques. La boîte de dialogue Déplacer le graphique apparaît.**

   Si le Ruban n'affiche pas la bonne série de commandes, cliquez quelque part sur le fond du graphique pour le sélectionner et faire apparaître les onglets correspondants.

2. **Cliquez sur l'option Nouvelle feuille de la boîte de dialogue Déplacer le graphique.**

3. **(Facultatif) Changez dans le champ Nouvelle feuille le nom générique (Graph2) en un intitulé plus compréhensible.**

4. **Cliquez sur OK pour refermer la boîte de dialogue et afficher le graphique dans sa propre feuille.**

Lorsque vous avez fini de personnaliser un graphique placé dans une feuille spécifique, vous pouvez décider de le renvoyer vers la série de données qu'il représente. Dans ce cas, cliquez à nouveau sur le bouton Déplacer le graphique. Activez cette fois l'option Objet dans. Sélectionnez alors le nom de la feuille de destination dans la liste déroulante associée. Validez.

Personnaliser le type et le style du graphique

Vous pouvez utiliser les boutons de l'onglet Création (sous l'onglet contextuel Outils de graphique) pour personnaliser à l'envie l'aspect de votre nouveau graphique. Cet onglet contient plusieurs groupes de commandes :

- **Type :** La commande Modifier le type de graphique affiche une boîte de dialogue qui propose tous les types disponibles sous Excel. Le bouton Enregistrer comme modèle permet de sauvegarder dans un fichier tous les paramètres définissant le style du graphique. De cette manière, vous aurez par la suite la possibilité de reproduire directement l'aspect que vous avez donné à un graphique afin par exemple d'uniformiser vos présentations.

- **Données :** Le bouton Intervertir les lignes/colonnes échange immédiatement les données utilisées dans le graphique pour représenter respectivement les séries (légendes) et les catégories (axe x). Avec la commande Sélectionner les données, vous pouvez non seulement redéfinir totalement les séries et les catégories, mais aussi les intervertir ou encore spécifier une autre plage de données.

- **Dispositions du graphique :** Cliquez sur le bouton Disposition rapide pour afficher une galerie de mises en forme prédéfinies pour le type de graphique actuel. Cliquez simplement sur une vignette pour appliquer aussitôt cette mise en forme.

- **Styles du graphique :** Ce groupe affiche une liste de styles de présentation pour le type de graphique actif. Vous disposez sur la droite de la galerie de deux flèches de défilement, ainsi que d'un bouton Autres qui donne accès à l'ensemble des styles. Comme d'habitude, il suffit de cliquer sur une vignette pour appliquer immédiatement les réglages auxquels elle est associée.

Vous remarquerez que ni la disposition rapide ni les styles n'utilisent la fonction d'aperçu rapide (sans doute pour cause de charge de travail trop lourde). Vous devrez donc cliquer sur une vignette pour juger du résultat. Et donc ensuite sur le bouton Annuler si la modification ne vous convient pas.

Partant du graphique illustré sur la Figure 6.2, j'ai choisi dans la liste Disposition rapide la vignette Mise en forme 9, puis la vignette Style 42 dans la galerie

Styles du graphique. La première ajoute notamment des titres génériques au graphique, tandis que la seconde lui donne un aspect très contrasté. Le résultat est illustré Figure 6.2.

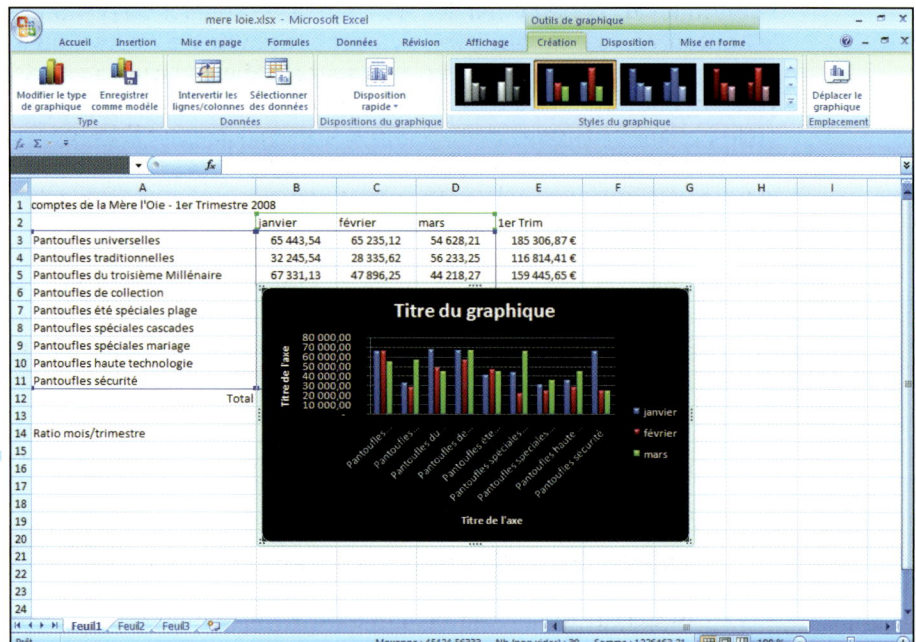

Figure 6.2
Un histogramme groupé après personnalisation du style et de la mise en forme.

Personnaliser les éléments du graphique avec l'onglet Disposition

Les boutons de commandes de l'onglet Disposition (dans les outils du graphique) simplifient la personnalisation des éléments qui constituent votre graphique. Vous pouvez notamment :

✔ Repositionner des objets individuels, y compris la légende et les axes *x* et *y*, de même que les étiquettes de données. Il est aussi possible d'inclure ces données sous forme de tableau dans le graphique lui-même.

✔ Ajouter, supprimer et déplacer les divers titres, dont ceux qui sont associés aux axes.

✔ Modifier l'affichage de l'arrière-plan, y compris la zone de traçage pour les représentations 2D (c'est-à-dire la représentation graphique proprement dite) ou encore les parois, le plancher et la vue pour les graphiques en 3D.

Pour éditer un élément particulier à partir de l'onglet Disposition, cliquez sur le bouton voulu, puis sur l'option à appliquer dans le ou les menus déroulants correspondants. Si aucune des options prédéfinies ne vous convient, servez-vous du bouton Autres options de la liste déroulante afin d'ouvrir une boîte de dialogue qui vous donne accès à tous les réglages possibles de l'objet actif. Cette boîte de dialogue propose une série d'options parmi lesquelles vous trouverez Remplissage, Couleur de la bordure, Styles de bordure, Ombre, Format 3D ou encore Alignement.

Supposons par exemple que le style de graphique que vous avez choisi ne comporte pas de titre. Vous souhaitez en ajouter un (ou encore personnaliser voire déplacer un titre existant). Votre diagramme étant actif, il vous suffit de cliquer sur le bouton Titre du graphique de l'onglet Disposition pour afficher les options suivantes :

✔ **Aucun :** Supprimer le titre courant dans le graphique.

✔ **Titre de graphique superposé centré :** Ajoute ou repositionne le titre de manière qu'il apparaisse en haut et au centre de la zone de traçage.

✔ **Au-dessus du graphique :** Ajoute ou repositionne le titre de manière qu'il soit centré au-dessus de la zone de traçage.

✔ **Autres options de titre :** Ouvre la boîte de dialogue Mettre en forme le titre du graphique. Vous pouvez alors personnaliser totalement l'apparence de votre titre en vous servant des options Remplissage, Couleur de la bordure, Styles de bordure, Ombre, Format 3D et Alignement.

Le groupe Propriétés, à droite du Ruban Disposition, contient simplement un champ dans lequel vous trouvez le nom qu'Excel attribue par défaut à votre graphique (Graphique 1, Graphique 2, et ainsi de suite). Vous pouvez le remplacer par un intitulé plus descriptif. Si votre feuille ou votre classeur contient plusieurs graphiques, il semble évident que donner des noms explicites aux graphiques facilitera aussi bien leur compréhension que leur sélection.

Ajouter des étiquettes aux séries de données

Les étiquettes de données affichent les valeurs des données tracées dans le graphique (sur notre exemple, il s'agirait des chiffres de vente). Pour ajouter ces valeurs au graphique actif, cliquez sur le bouton Etiquettes de données du groupe Etiquettes. Choisissez ensuite l'une de ces options dans le menu déroulant :

- ✔ **Aucun :** Supprime l'affichage des étiquettes de données.

- ✔ **Centrer :** Place les étiquettes au centre de chaque *point* de donnée.

- ✔ **Bord intérieur :** Place les étiquettes près de l'extrémité de chaque point de donnée et à l'intérieur de celui-ci.

- ✔ **Intérieur base :** Place les étiquettes en bas de chaque point de donnée.

- ✔ **Bord extérieur :** Place les étiquettes près de l'extrémité de chaque point de donnée, et à l'extérieur de celui-ci.

- ✔ **Autres options d'étiquettes de données :** Ouvre la boîte de dialogue Format des étiquettes de données. Vous pouvez alors personnaliser totalement l'apparence des étiquettes en vous servant des options Nombre, Remplissage, Couleur de la bordure, Styles de bordure, Ombre, Format 3D et Alignement.

Les étiquettes sont intéressantes pour afficher des valeurs absolues, et non pas simplement relatives, dans un graphique. Cependant, elles risquent de brouiller le message si elles prennent trop de place. Dans ce cas, sachez vous en passer en choisissant dans le menu l'option Aucun.

Ajouter une table de données

A la place d'étiquettes qui risquent de surcharger le graphique, il peut être intéressant d'insérer en bas de celui-ci une table qui montre la valeur de toutes les données que vous tracez. Pour obtenir ce résultat, il vous suffit de cliquer sur le bouton Table de données et d'appliquer une des options proposées par Excel :

- ✔ **Afficher la table de données :** Demande à Excel de dessiner la table de données en bas du graphique.

- ✔ **Afficher la table de données avec les symboles de légendes :** Comme ci-dessus, mais en ajoutant à gauche du nom des séries un petit carré (le même que dans la légende) rappelant la couleur utilisée dans le graphique.

- ✔ **Autres options d'étiquettes de données :** Ouvre la boîte de dialogue Format de table de données. Vous pouvez alors personnaliser totalement l'apparence de la table en vous servant des options Remplissage,

Couleur de la bordure, Styles de bordure, Ombre, Format 3D et Alignement.

La Figure 6.3 reprend notre exemple de graphique en illustrant ce qu'il peut produire si l'on y insère une table de données. En regardant bien, vous constaterez la présence des symboles de légendes.

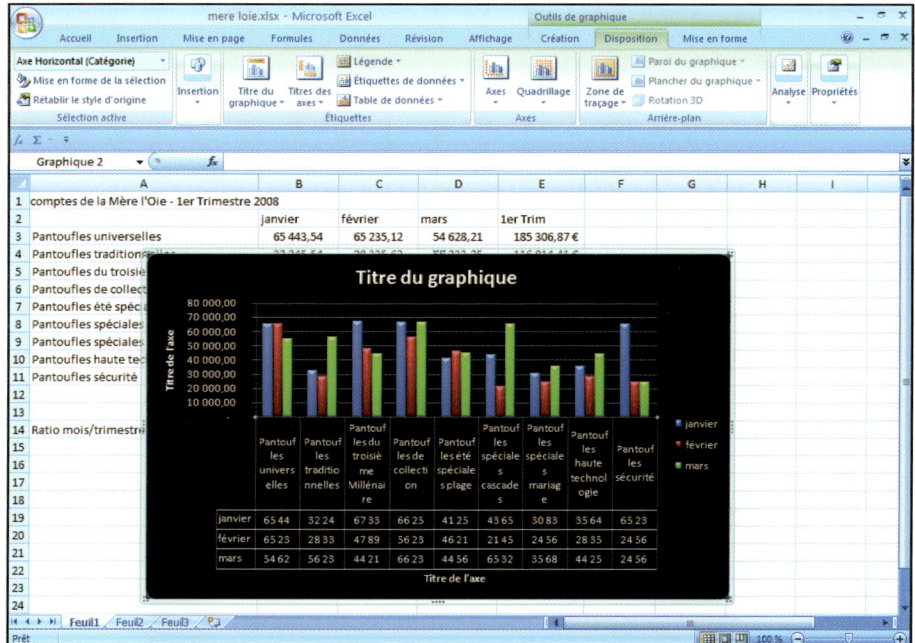

Figure 6.3
Histogramme incorporé dans une feuille, avec table de données et symboles de légendes.

Editer les titres d'un graphique

Lorsque Excel ajoute des titres à un nouveau graphique, il leur donne un nom générique comme Titre du graphique ou Titre de l'axe (aussi bien pour les abscisses que pour les ordonnées). Pour remplacer ces intitulés peu parlants, cliquez à l'intérieur du graphique sur le titre voulu. Vous pouvez également, à partir de l'onglet contextuel Outils de graphique, choisir l'onglet Mise en forme, puis sélectionner dans la liste déroulante qui se trouve à la gauche du Ruban (dans le groupe Sélection active) l'un des objets Titre du graphique, Titre de l'axe horizontal (Catégorie) ou encore Titre de l'axe vertical (Valeur). Comme pour tout autre élément, Excel vous signale qu'un titre est sélectionné en l'entourant d'un cadre pourvu de poignées de redimensionnement.

Une fois le titre activé, vous n'avez plus qu'à cliquer dedans et à l'éditer comme vous le feriez pour une cellule quelconque. Il est aussi possible de remplacer totalement le texte en faisant un triple clic. Pour insérer une nouvelle ligne dans le titre, cliquez simplement à l'endroit où le saut doit intervenir, puis appuyez sur la touche Entrée.

Une fois le titre édité, cliquez n'importe où sur le graphique pour annuler la sélection (ou sur la feuille de calcul si vous voulez revenir à vos données).

Formater les éléments du graphique à partir de l'onglet Mise en forme

L'onglet Mise en forme des outils de graphique contient de nombreux boutons de commandes destinés à faciliter le formatage des éléments sélectionnés.

Excel vous propose plusieurs méthodes pour sélectionner des éléments individuels dans le graphique :

- Cliquez directement sur un objet (l'info-bulle qui apparaît à côté du pointeur de la souris vous renseigne sur sa nature : n'hésitez pas à vous en servir !).

- Sélectionnez le nom de l'objet dans la liste déroulante qui se trouve en haut du groupe Sélection active, à gauche du Ruban.

Une fois un objet activé, vous pouvez passer à l'élément précédent ou suivant du graphique en appuyant sur les touches Haut et Bas (groupe d'éléments suivant/précédent) ou bien sur Gauche et Droite (élément précédent/suivant à l'intérieur d'un groupe).

Vous pouvez reconnaître l'élément sélectionné à la présence des poignées qui l'entourent. De plus, son nom apparaît dans la liste qui se trouve en haut et à gauche du Ruban, sous l'onglet Mise en forme.

Une fois un élément du graphique activé, vous disposez de diverses options de mise en forme. Vous pouvez ainsi :

- Sélectionner le bouton de commande approprié dans le groupe Styles de formes, ou encore cliquer dans le groupe Sélection active sur le bouton Mise en forme de la sélection. Cette méthode ouvre la boîte de dialogue Mise en forme associée au type de l'objet. Elle regroupe tous les réglages possibles. Choisissez vos options de mise en forme et validez.

- Déplacer l'élément dans le graphique en plaçant le pointeur de la souris dans le cadre correspondant. Lorsque l'icône à quatre branches apparaît, cliquez et faites glisser vers la destination voulue. Certains objets peuvent aussi être redimensionnés ou réorientés en faisant glisser leurs poignées.

- Effacer l'élément courant en appuyant sur la touche Suppr.

Formater les titres

Utilisez l'aperçu dynamique pour juger de l'impact dans le graphique de telle police, ou de telle taille de caractères, avant d'appliquer un formatage. Activez l'onglet Accueil, et servez-vous des listes Police ou Taille de police et placez le pointeur de la souris au-dessus d'une proposition (cela fonctionne également avec la couleur du texte ou du fond).

Si vous avez besoin d'une personnalisation plus poussée pour vos titres, faites appel aux boutons de commandes de l'onglet Mise en forme (sous Outils du graphique). Pour formater globalement le champ de texte qui contient le titre, cliquez sur l'un des boutons suivants dans le groupe Styles de formes :

- **Style de forme :** Vous trouvez ici une galerie de vignettes qui proposent des styles prédéfinis s'appliquant à la fois au texte et à son cadre.

- **Remplissage de forme :** Permet de choisir dans une liste déroulante une nouvelle couleur pour le cadre du titre.

- **Contour de forme :** Choisissez ici une nouvelle couleur pour le contour du cadre de texte.

- **Effets sur la forme :** Cette liste permet d'appliquer un effet au cadre du titre (Ombre, Réflexion, Lumière, Bordure arrondie, et ainsi de suite).

Pour formater uniquement le texte, vous disposez des boutons du groupe Styles WordArt :

- **Styles rapides :** Les vignettes de cette liste déroulante décorent le texte à partir d'un modèle WordArt prédéfini.

- **Remplissage du texte :** Affiche une liste de couleurs et de motifs de remplissage qui s'appliqueront à l'intérieur des caractères du texte WordArt.

- **Contour du texte :** Affiche une liste de couleurs et de styles de trait qui s'appliqueront au contour des caractères du texte WordArt.

> ✔ **Effets du texte :** Choisissez dans cette liste un effet (ombrage, réflexion ou encore lumière) qui finira de donner à votre titre un aspect dynamique et professionnel.

Pour appliquer la mise en forme illustrée Figure 6.4, j'ai choisi le style de forme Contour coloré – Accent 6, puis appliqué un des styles rapides WordArt (en l'occurrence, Dégradé – Accent 1) et enfin ajouté une ombre extérieure.

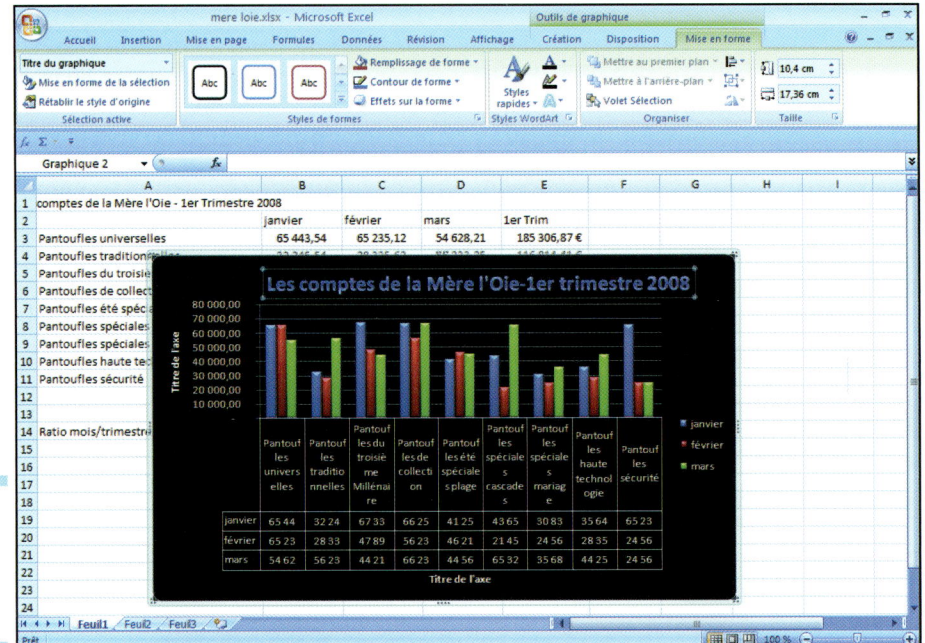

Figure 6.4
L'histogramme après mise en forme du titre principal.

Formater l'axe des catégories (x) et l'axe des valeurs (y)

Lorsqu'il doit représenter un grand nombre de données, Excel fait un minimum d'efforts pour mettre en forme les valeurs qui apparaissent sur l'axe y (ou sur l'axe x pour certains types de graphiques comme les histogrammes empilés 3D ou les nuages de points).

Si la présentation par défaut des axes ne vous convient pas, vous pouvez facilement l'adapter à vos souhaits :

1. **Cliquez directement dans le graphique sur l'axe x (ou sur l'axe y). Vous pouvez également vous servir de la liste déroulante située en**

haut et à gauche du groupe Sélection active de l'onglet Mise en forme (dans les Outils du graphique). Choisissez alors l'une des options Axe Horizontal (Catégories) ou Axe Vertical (Valeurs).

Excel active l'objet choisi et fait apparaître ses poignées.

2. **Toujours dans le groupe Sélection active, cliquez maintenant sur le bouton Mise en forme de la sélection.**

Excel affiche la boîte de dialogue Mettre en forme le titre de l'axe. Elle contient les options suivantes : Options d'axe, Nombre, Remplissage, Couleur du trait, Style de trait, Ombre, Format 3D, Alignement.

3. **Pour modifier l'échelle d'un axe, l'apparence de ses graduations et son mode d'intersection avec l'autre axe, définissez les réglages voulus dans la rubrique Options d'axe (c'est elle qui apparaît lors de l'ouverture de la boîte de dialogue).**

Vous disposez ici de nombreux choix vous permettant de fixer la plage des valeurs, d'inverser le sens de celles-ci, d'appliquer une échelle logarithmique, d'afficher des unités (par centaines, milliers, millions, etc.) et de diviser les valeurs par ces unités, de repositionner les graduations sur l'axe, ou encore de modifier le point d'intersection entre l'axe des abscisses (catégories) et l'axe des ordonnées (valeurs).

4. **L'onglet Nombre vous permet de définir le style d'affichage des valeurs numériques sur l'ensemble de l'axe. Il vous suffit de sélectionner une catégorie dans la liste de gauche, puis de préciser les options associées à ce format.**

Pour afficher par exemple les nombres avec un espace entre unités et milliers et sans partie décimale, choisissez la catégorie Nombre, cochez la case Utiliser le séparateur de milliers, et entrez **0** dans le champ Décimales.

5. **Pour changer la disposition et l'orientation des étiquettes sur l'axe sélectionné, activez l'onglet Alignement, puis indiquez la mise en forme voulue à l'aide des listes Alignement vertical et Orientation du texte.**

Cliquez sur Fermer ou appuyez sur Entrée pour valider vos choix et refermer la boîte de dialogue (ou bien sur Echap pour annuler les modifications).

Les autres options de la boîte de dialogue concernent l'aspect des étiquettes. Elles sont identiques à ce qu'Excel vous propose pour les titres.

 Si vous voulez personnaliser la police ou d'autres attributs de texte pour l'axe actif, vous disposez comme à l'habitude des boutons de l'onglet Accueil.

Livre III

PowerPoint 2007

Première partie
Les bases de PowerPoint 2007

Dans cette partie...

Il fut un temps où le terme *présentation* évoquait immanquablement le chevalet à grandes feuilles de papier et les crayons-feutres épais. Microsoft PowerPoint, qui permet de créer de spectaculaires présentations avec son ordinateur, a relégué toute cette papeterie aux oubliettes.

Les chapitres de cette partie sont une introduction à PowerPoint 2007. Vous y apprenez ce qu'est réellement ce logiciel et comment l'utiliser pour créer des présentations simples. Les fonctions avancées du logiciel sont traitées dans les dernières parties de l'ouvrage. Si vous débutez dans PowerPoint, lisez impérativement les pages qui suivent.

Bienvenue dans PowerPoint 2007 !

Ce chapitre est en quelque sorte la cérémonie d'ouverture de PowerPoint 2007, la version revue et largement améliorée du fort connu logiciel de présentation de Microsoft.

On peut le comparer à la cérémonie d'ouverture des jeux Olympiques, dans laquelle tous les athlètes défilent autour du stade tandis que les officiels font des discours en français. Ici, la parade est composée de toutes les fonctions de PowerPoint, pour lesquelles je me permettrai même de faire un petit discours, mais pas en français (sauf si bien sûr vous lisez la traduction française de cet ouvrage).

Qu'est-ce que PowerPoint ?

PowerPoint est un programme livré avec la suite Microsoft Office. La majorité des utilisateurs achètent Office, car ils réalisent une bonne affaire : ils disposent du célèbre logiciel de traitement de texte Word et du fameux tableur Excel, qui coûteraient bien plus cher achetés séparément. En bonus, Microsoft offre, entre autres, Access, Outlook, PowerPoint et Publisher.

Si Word et Excel sont connus de presque tous ceux qui travaillent dans des bureaux, il n'en va pas de même de PowerPoint. Ce dernier est un programme de *présentations*. Si vous avez déjà réalisé des présentations sur des transparents projetés sur un écran, vous adorerez PowerPoint. En quelques clics de souris, vous réaliserez des présentations spectaculaires.

Voici quelques utilisations de PowerPoint :

- **Présentations d'affaires :** PowerPoint fait gagner du temps à tous ceux qui doivent présenter un bilan, un projet, un produit ou des services, que ce soit devant un auditoire de plusieurs centaines de personnes lors d'une assemblée d'actionnaires, des représentants de commerce dans une salle de conférence ou quelques collaborateurs lors d'une rencontre de travail.

- **Sensibilisation :** Si vous vendez des assurances, vous pouvez créer une présentation montrant les risques encourus à ne pas être assuré, et l'installer sur votre ordinateur portable afin d'épouvanter les clients potentiels.

- **Conférences :** PowerPoint est très apprécié des universitaires et des conférenciers désireux de communiquer efficacement.

- **Borne interactive :** PowerPoint peut servir à créer une borne d'information. Elle montrera par exemple certaines pièces exposées dans un musée, l'histoire de la ville ou, dans un salon professionnel, des informations concernant la société.

- **Présentations par Internet :** Une présentation peut être diffusée sur le Web, permettant à votre auditoire de la visionner depuis n'importe où dans le monde.

Introduction aux présentations

PowerPoint est comparable à un traitement de texte comme Word, sauf qu'au lieu de produire des *documents*, il produit des *présentations*. Ces dernières sont comme le panier de diapositives des projecteurs photo, où vous placiez dans l'ordre désiré les diapositives 24 × 36 de vos dernières vacances. La grande différence est que vous n'avez pas à craindre d'en avoir placé une à l'envers ou de les laisser tomber du panier.

Un document Word est constitué d'une ou plusieurs pages, tandis qu'une présentation PowerPoint est constituée d'une ou plusieurs diapositives. Chacune peut contenir du texte, des graphismes et d'autres données. Il est très facile de les placer dans l'ordre que vous voulez, supprimer celles dont vous ne voulez plus, en ajouter de nouvelles ou les modifier.

PowerPoint sert à la fois à créer des présentations, mais aussi à les projeter.

Une présentation peut être diffusée de différentes manières :

- **Écran d'un ordinateur :** A tube cathodique ou à cristaux liquides, tout écran convient pour une présentation vue par une ou deux personnes à la fois.

- **Projecteur informatique :** Cet équipement projette sur un grand écran l'image produite par l'ordinateur, permettant ainsi de la montrer à un vaste auditoire.

- **Rétroprojecteur :** PowerPoint peut produire des transparents pour rétroprojection.

- **Pages imprimées :** Des sorties imprimante permettent de distribuer des exemplaires de la présentation à chacun des membres du public. Il est possible d'imprimer une diapositive par page, mais aussi, pour économiser le papier, plusieurs diapositives par page.

- **Diapositives 24 × 36 :** Un laboratoire photo ou un service de tirage photo sur l'Internet peuvent convertir votre présentation en véritables diapositives sous caches 5 × 5 cm. On en revient ainsi au traditionnel panier de diapositives.

Les fichiers des présentations

Une présentation est à PowerPoint ce qu'un document est à Word ou une feuille de calcul à Excel. En d'autres termes, une _présentation_ est un fichier créé avec PowerPoint. Chacune est enregistrée sur le disque sous la forme d'un fichier informatique séparé.

Les présentations PowerPoint 2007 portent l'extension de fichier `.pptx` à la fin de leur nom. Par exemple, `Conférence.pptx`, `Histoire du jour.pptx` sont des noms de fichiers PowerPoint valides. Il est inutile de saisir l'extension `.pptx` lorsque vous saisissez le nom de fichier d'une présentation PowerPoint, car PowerPoint l'ajoute à votre place. Il arrive souvent que PowerPoint masque les extensions de fichiers affichant ainsi `Conférence.pptx` sous la forme `Conférence`.

Dans les versions précédentes de PowerPoint, les présentations étaient enregistrées avec l'extension .ppt au lieu de .pptx. Le x ajouté à la nouvelle extension indique qu'il s'agit d'un format de fichier basé sur XML, un format de données bien connu qui facilite les échanges entre fichiers d'un logiciel à un autre. PowerPoint 2007 est capable d'enregistrer les présentations dans l'ancien format ppt, mais cette option n'est recommandée que si vous partagez des présentations avec des gens qui ne possèdent pas encore PowerPoint 2007. Vous pouvez télécharger un programme appelé Microsoft Office Compatibility Pack depuis le site www.microsoft.com (NdT : Une version française de ce module de compatibilité est proposée sur la page), permettant à PowerPoint 2002 et 2003 de lire mais aussi d'enregistrer des fichiers au format pptx.

PowerPoint est paramétré par défaut pour enregistrer les présentations dans le dossier Mes Documents. Sachez que vous pouvez stocker les fichiers Power-Point dans n'importe quel dossier de votre disque dur ou sur tout autre support, comme un CD-ROM ou une clé USB...

Qu'est-ce qu'une diapositive ?

Une *présentation* PowerPoint est composée de plusieurs diapositives. Chacune peut contenir du texte, des graphiques et de nombreux autres éléments. Les fonctions de PowerPoint permettent de créer facilement des diapositives attrayantes :

- **Mise en page des diapositives :** Chaque diapositive dispose d'une mise en page qui contrôle l'organisation de l'information. Une *mise en page de diapositive* est une collection de un ou de plusieurs espaces réservés (marques de réserve) qui reposent dans la zone d'affichage de la diapositive pour conserver l'information. En fonction du type de mise en page choisi, les espaces réservés peuvent contenir du texte, des graphiques, des cliparts, du son, des fichiers vidéo, des tableaux, des représentations graphiques, des diagrammes et d'autres sortes de contenus.

- **Arrière-plan :** Chaque diapositive dispose d'un arrière-plan sur lequel repose le contenu. L'arrière-plan peut être une couleur unie, un mélange de deux couleurs, une texture comme du marbre ou du parchemin, un motif telles des lignes diagonales, des briques ou des mosaïques, ou encore une image. Chaque diapositive peut avoir son propre arrière-plan. Cependant, pour une raison de cohérence, il est préférable d'utiliser le même arrière-plan pour toutes les diapositives d'une même présentation.

✔ **Thème :** Les *thèmes* sont des arrangements d'éléments graphiques comme les jeux de couleurs et les polices. Ils permettent d'élaborer des diapositives attrayantes. Vous pouvez vous écarter des thèmes proposés par Microsoft à condition d'avoir un goût sûr et du sens artistique.

✔ **Masque des diapositives :** Le Masque des diapositives contrôle la conception de base et les options de mise en forme des diapos dans votre présentation. Le Masque des diapositives impose la position et la taille du titre, ainsi que les espaces réservés de texte, l'arrière-plan et le jeu de couleurs utilisés pour la présentation, les types de polices, les couleurs et les tailles. Il peut aussi contenir des graphiques ainsi que des objets textuels devant apparaître sur chaque diapositive.

Vous pouvez modifier le Masque des diapositives, afin de changer d'un seul coup l'apparence de toutes les diapositives d'une présentation et d'en assurer ainsi la cohérence visuelle.

Toutes les fonctions décrites dans les précédents paragraphes permettent de contrôler l'aspect de vos diapositives de la même manière que le font une feuille de style et les modèles pour un document Word. Vous pouvez personnaliser l'aspect de chaque diapositive en ajoutant les éléments suivants :

✔ **Titre et texte courant :** La plupart des mises en page comportent des espaces réservés pour les titres et le texte courant. Par défaut, PowerPoint formate le texte en fonction du Masque des diapositives. Il est très facile de remplacer ce format en modifiant la police, la taille, le style ou la couleur du texte.

✔ **Zones de texte :** Du texte peut être ajouté dans n'importe quelle partie d'une diapositive, en dessinant une zone de texte dans laquelle vous saisirez du texte. Les zones de texte permettent de placer du texte qui n'entre pas dans l'espace de réserve des titres ou du texte courant.

✔ **Formes :** Les outils de dessin de PowerPoint permettent d'obtenir des formes automatiques comme des rectangles, des cercles, des étoiles, des flèches et des organigrammes. Il est possible de créer manuellement des formes en utilisant la ligne, le polygone et les outils de dessin à main levée.

✔ **Images :** Illustrez vos diapositives en insérant des cliparts, des photographies ou d'autres éléments graphiques. PowerPoint contient beaucoup de cliparts, et il en existe quantité d'autres sur le site Web de Microsoft.

✔ **Graphiques et diagrammes :** PowerPoint est doté d'une nouvelle fonction de dessin de diagramme nommée SmartArt. Elle permet de créer plusieurs sortes de diagrammes courants (hiérarchiques, cycliques, etc.). Des graphiques à secteurs, à courbes ou à barres sont aussi utilisables.

✔ **Fichiers médias :** Vous pouvez ajouter du son ou de la vidéo à vos diapositives.

Démarrer avec PowerPoint

Voici comment démarrer PowerPoint :

1. **Préparez-vous.**

   Allumez quelques bougies, faites des incantations pour chasser les mauvais démons qui hantent l'unité centrale, versez-vous une tasse de café serré, collez sur l'ordinateur la carte de visite de "Mamadou Cissé, grand marabout de la brousse connu du monde entier" (distribuée tous les jours de 17 à 19 heures au métro Barbès), puis, puis...

2. **Cliquez sur le bouton Démarrer.**

   Il se trouve dans le coin inférieur droit de votre écran.

   Si vous ne trouvez pas le bouton Démarrer, approchez le pointeur de la souris du bord inférieur de l'écran. Avec un peu de chance, le bouton Démarrer apparaîtra. Autrement, parcourez les bords de l'écran, car la barre des tâches où se trouve le bouton Démarrer peut avoir été placée ailleurs qu'en bas.

3. **Pointez sur Tous les Programmes.**

   Le menu Démarrer ouvert, immobilisez le pointeur de la souris sur Tous les programmes. Un autre menu s'ouvre, dévoilant une foule de noms d'éditeurs et de logiciels.

4. **Cliquez sur Microsoft Office puis sur Microsoft Office PowerPoint 2007.**

   Votre ordinateur mouline et PowerPoint apparaît.

   Si vous utilisez fréquemment PowerPoint, il peut apparaître dans la liste des programmes fréquemment utilisés, dans le menu Démarrer. Vous serez ainsi dispensé d'errer dans les menus de Tous les programmes. Pour que PowerPoint apparaisse en permanence en haut à gauche du panneau, choisissez Tous les programmes/Microsoft Office, cliquez du bouton droit sur Microsoft Office PowerPoint 2007, et sélectionnez l'option Ajouter au menu Démarrer.

Se déplacer dans l'interface de PowerPoint

Juste après le démarrage, PowerPoint affiche une telle débauche de commandes et de boutons que vous seriez tenté de regretter le chevalet et les crayons-feutres. Le centre de l'écran est – c'est encore heureux... – entièrement vide. Mais la partie supérieure est bourrée d'icônes, de boutons et de commandes. A quoi peut bien servir tout ce fourbi ?

La Figure 1.1 montre l'écran d'ouverture de PowerPoint dans toute sa splendeur. Les paragraphes suivants mettent l'accent sur ses parties les plus importantes.

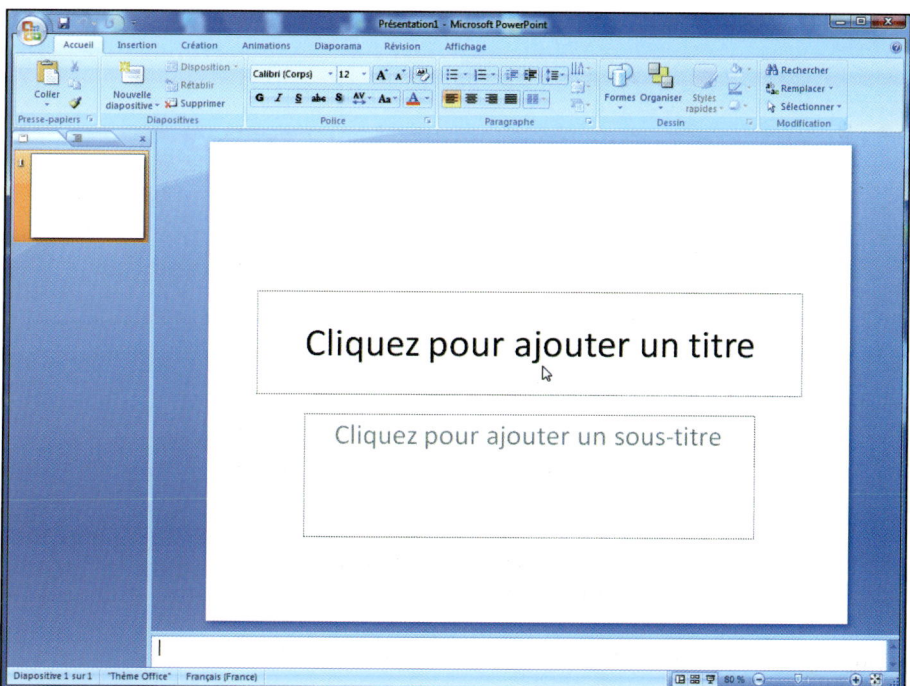

Figure 1.1
L'écran bien rempli de PowerPoint.

✔ **Ruban :** En haut de PowerPoint, juste sous la barre de titre, se trouve l'interface principale appelée *Ruban*. Si vous connaissez les versions précédentes de PowerPoint, vous vous attendez sans doute à voir, à cet emplacement, une barre de menus surmontant une ou deux barres d'outils. Après mûre réflexion, les têtes pensantes de Microsoft ont estimé que menus et barres d'outils n'étaient guère conviviaux. C'est pourquoi ils ont décidé de les remplacer par le Ruban, qui combine leurs fonctions. Le Ruban exige une phase d'adaptation, mais une fois que vous en avez saisi le principe, il s'avère plus agréable et facile à utiliser que les menus et barres d'outils d'antan.

Notez que l'apparence du Ruban varie selon la taille de l'écran. Sur les petits écrans, PowerPoint peut compresser le Ruban, notamment par l'usage de boutons plus petits et une disposition différente. Par exemple, il superposera des boutons au lieu de les juxtaposer.

Pour en savoir plus sur l'utilisation du Ruban, reportez-vous à la section "Dérouler le Ruban", plus loin dans ce chapitre.

Bien que PowerPoint 2007 se soit défait des menus, les raccourcis clavier (appelés aussi *touches d'accès rapide*) de l'ancienne version 2003 fonctionnent encore. À la différence près, toutefois, qu'au lieu d'appuyer sur Alt et la touche du raccourci, vous les enfoncez séparément. Par exemple, pour afficher la boîte de dialogue Ouvrir, appuyez sur Alt, puis sur F, puis sur O (l'ancienne commande Fichier/Ouvrir). Et pour insérer un clipart, appuyez sur Alt, I, I, C (pour l'ancienne commande Insérer/Image/Clipart).

✔ **Bouton Office (ou Menu Fichier) :** Le gros bouton multicolore, en haut à gauche de PowerPoint, remplace l'ancien menu Fichier. Cliquez dessus pour accéder à l'unique menu "à l'ancienne". C'est là que vous cliquerez pour ouvrir ou enregistrer des fichiers, créer de nouvelles présentations, imprimer un document, et autres tâches liées aux fichiers.

✔ **Barre d'outils Accès rapide :** Juste à droite du bouton Office, se trouve la barre d'outils Accès rapide. Elle sert essentiellement à héberger les commandes les plus fréquemment utilisées.

Initialement, la barre d'outils Accès rapide ne contient que quatre boutons : Enregistrer, Annuler, Répéter et Impression rapide. Il est cependant possible d'en ajouter d'autres en cliquant du bouton droit sur un bouton de la barre et en choisissant Personnaliser la barre d'outils Accès rapide. Une boîte de dialogue permet d'ajouter, mais aussi d'ôter des commandes.

- ✔ **La diapositive courante :** Au centre de l'écran, se trouve la diapositive en cours.

- ✔ **Onglets Diapositives et Plan :** A gauche de l'écran, vous pouvez basculer entre deux affichages : _Diapositives_ et _Plan._ Le mode Diaposi- tives, actif sur la Figure 1.1, montre des images miniatures de chacune des diapositives de la présentation. Il suffit de cliquer sur l'une d'elles pour afficher la diapositive au centre de l'écran. Le mode Plan montre l'organisation de votre présentation. Pour basculer d'un mode à l'autre, cliquez sur l'onglet correspondant. Pour plus d'informations sur le plan, lisez le Chapitre 3.

- ✔ **Zone de commentaires :** Sous la diapositive se trouve une petite zone appelée _zone de commentaires._ Pour plus d'informations sur sa fonction, consultez le Chapitre 5.

- ✔ **Volet Office :** A droite de la diapositive, se trouve le _volet Office._ Il permet de réaliser rapidement les tâches les plus communes. Lorsque vous démarrez PowerPoint pour la première fois, le volet affiche le panneau Accueil. Ses options permettent de créer une nouvelle présen- tation ou d'ouvrir une présentation existante. Lorsque vous travaillez dans PowerPoint, d'autres options apparaissent dans ce volet selon ce que vous voulez faire.

- ✔ **Barre d'état :** Tout en bas de l'écran, se trouve la _barre d'état._ Elle indique la diapositive en cours d'édition.

La barre d'état peut être configurée en cliquant dessus du bouton droit. Vous accédez ainsi à une liste d'options que vous pouvez sélectionner ou désélectionner.

Vous n'avancerez jamais si vous estimez que tout doit être immédiatement compris. Ne vous souciez pas de ce qui vous aurait échappé jusqu'à présent. Concentrez-vous sur ce qui est nécessaire pour accomplir telle ou telle tâche, le reste viendra par la suite.

Dérouler le Ruban

Le tout nouveau Ruban n'apparaît pas que dans PowerPoint. Il est aussi utilisé dans Word 2007, Excel 2007 et Access 2007. Il remplace les barres de menus et d'outils des versions précédentes de ces programmes.

Le Ruban est surmonté d'une série d'onglets. Cliquer sur l'eux révèle un ensemble de commandes spécifiques. Par exemple, à la Figure 1.1, c'est l'onglet Accueil qui était sélectionné. La Figure 1.2 montre le contenu de l'onglet Insertion.

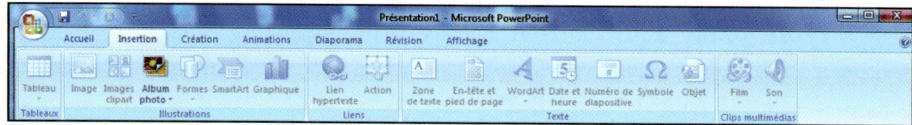

Initialement, le Ruban affiche les sept onglets suivants :

- **Accueil :** Commandes de base pour la création et la mise en forme des diapositives.

- **Insertion :** Permet de placer différents éléments et objets dans une diapositive.

- **Création :** Commande permettant d'améliorer la présentation d'une diapositive.

- **Animations :** Commandes d'ajout et de réglage d'effets animés.

- **Diaporama :** Commandes pour visionner la présentation.

- **Révision :** Commandes de vérification et d'ajout de commentaires.

- **Affichage :** Commande de changement de vue.

En plus de ces onglets de base, d'autres apparaissent de temps en temps. Par exemple, si vous sélectionnez une image, un onglet Format s'ajoute aux autres, plein de commandes permettant de manipuler et régler l'image.

Dans le Ruban, les commandes sont organisées en groupes. Dans chacun de ces groupes, la plupart des commandes sont de simples boutons semblables à ceux des barres d'outils des précédentes versions de PowerPoint.

Comme la vue est belle !

A droite dans la barre d'état, se trouvent trois boutons qui permettent de basculer d'un mode d'affichage à un autre. Le Tableau 1.1 résume la fonction de chacun d'eux.

Tableau 1.1 : Les boutons d'affichage.

Bouton	Fonction
	Enclenche le mode Normal. Il affiche votre diapositive, la mise en page et les commentaires. C'est l'apparence par défaut de PowerPoint.
	Enclenche le mode Trieuse de diapositives. Permet de réorganiser intuitivement les diapositives et de leur ajouter des transitions ou d'autres effets spéciaux.
	Enclenche le mode Diaporama, c'est-à-dire le visionnage des diapositives comme lors d'une présentation publique.

Créer une nouvelle présentation

Lorsque vous lancez PowerPoint, une nouvelle présentation vide est créée.

Une alternative consiste à recourir à la commande Office/Nouveau. Elle ouvre la boîte de dialogue de la Figure 1.3. Vous y trouverez plusieurs manières de créer une nouvelle présentation, au travers des options suivantes :

- **Nouvelle présentation :** Double-cliquez sur Nouvelle présentation pour en démarrer une à partir de zéro.

- **Modèles récemment utilisés :** Cette partie de la boîte de dialogue Nouvelle présentation répertorie les modèles que vous avez récemment utilisés pour créer des présentations. Double-cliquez sur n'importe lequel d'entre eux pour créer une autre présentation du même genre.

- **Modèles installés :** Cliquez sur cette option pour accéder à tous les modèles installés dans l'ordinateur. Quand vous créez une présentation à partir d'un modèle, elle hérite des divers éléments globalement appelés *thèmes*, de même que du texte prédéfini figurant dans le modèle.

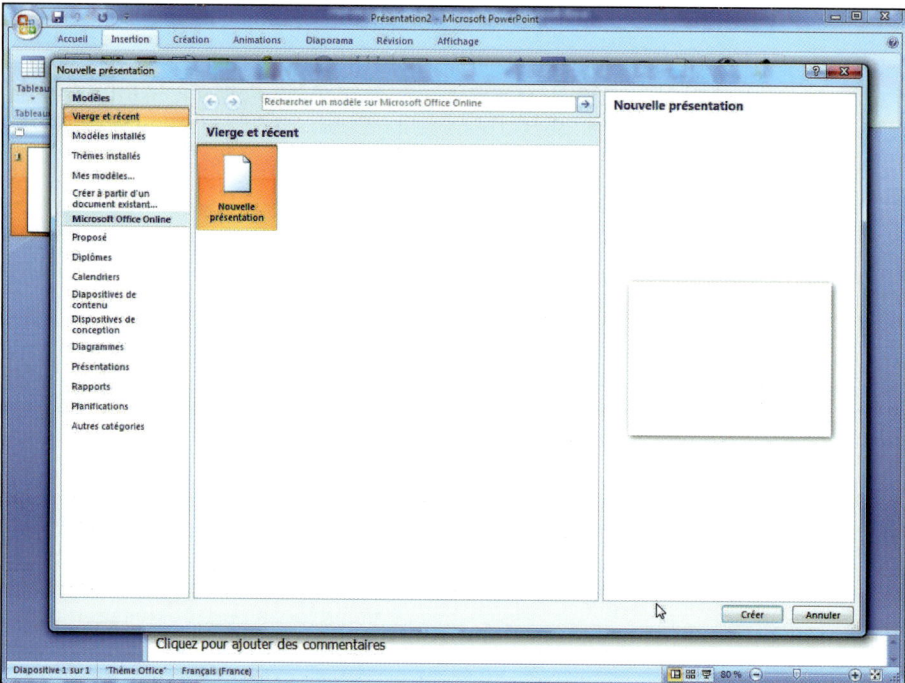

Figure 1.3
La boîte de
dialogue
Nouvelle
présentation.

> **Thèmes installés :** Affiche tous les thèmes présents dans l'ordinateur. La création d'une présentation à partir d'un thème est semblable à la création à partir d'un modèle, sauf que la nouvelle présentation ne contient aucun texte prédéfini.

> **Mes modèles :** Ouvre une boîte de dialogue distincte permettant d'utiliser des modèles que vous aurez préalablement enregistrés.

> **Créer à partir d'un document existant :** Double-cliquez sur cette option pour créer une nouvelle présentation basée sur une présentation existante (par exemple, pour créer une présentation dans le même esprit qu'une autre).

> **Microsoft Office Online :** Cette option sert à choisir des modèles sur le site de Microsoft. Ils sont classés par catégories comme Calendriers, Planifications, Rapports...

Zoom avant

PowerPoint règle automatiquement le facteur du zoom pour que chaque diapositive soit entièrement visible. Le zoom permet notamment de travailler plus précisément sur certaines parties d'une diapositive.

Modifier le texte

Dans PowerPoint, les diapositives sont des zones vides que vous remplissez avec différents objets. Le type d'objet le plus utilisé est le *texte*. Il s'inscrit dans une zone rectangulaire. D'autres types d'objets comprenant des formes comme des cercles ou des triangles, des images importées depuis des fichiers clipart et des graphiques peuvent être insérés dans une diapositive.

La plupart des diapositives contiennent deux objets textuels : un pour le titre et l'autre pour le corps du texte (ou texte courant). Vous pouvez cependant ajouter des objets texte supplémentaires et supprimer du texte courant ou un titre, voire supprimer les deux pour créer une diapositive sans texte.

Dès que vous placez le pointeur de la souris sur une zone de texte, il prend la forme d'un point d'insertion. Il suffit alors de cliquer pour saisir un nouveau texte.

Lorsque vous cliquez sur un objet textuel, une marque de sélection l'entoure, et le point d'insertion apparaît à droite de l'endroit où vous avez cliqué. PowerPoint devient alors une sorte de traitement de texte. Tout caractère saisi est inséré dans le texte au niveau du point d'insertion. Vous pouvez utiliser la touche Suppr ou Retour arrière pour supprimer du texte, et vous déplacer dans cette zone de saisie avec les touches du pavé directionnel (les flèches). Si vous appuyez sur Entrée, une nouvelle ligne de texte apparaît dans l'objet textuel.

Quand une zone de texte n'en contient pas, du texte bidon s'y affiche en permanence : cliquez pour ajouter du véritable texte. Le texte bidon disparaît comme par enchantement.

Si vous commencez à saisir du texte sans avoir cliqué quelque part, il apparaît dans le titre de l'objet textuel s'il n'en contient pas déjà un. Si le titre n'est pas vide, tout texte saisi est purement et simplement ignoré.

Quand vous aurez fini de saisir du texte, appuyez sur la touche Echap ou cliquez sur la souris, hors de la zone de texte.

Au Chapitre 2, vous découvrirez toutes les joies des objets textuels. Mais auparavant, d'autres sujets importants vous attendent.

Ajouter une nouvelle diapositive

Quand vous commencez une nouvelle présentation, elle ne comporte qu'une seule diapositive. C'est mieux que rien et à peine davantage que trois fois rien, mais fort heureusement PowerPoint propose diverses manières d'ajouter des diapositives. Nous nous en tiendrons à trois d'entre elles :

- Sous l'onglet Accueil, dans le groupe Diapositives, cliquez sur le bouton Nouvelle diapositive.

- Appuyez Ctrl+M.

- Cliquez du bouton droit sur les onglets Diapositives ou Plan, dans le volet de gauche, et choisissez Nouvelle diapositive.

Dans les trois cas, PowerPoint affiche une nouvelle diapositive avec une mise en page standard comportant un titre et une zone de contenu, comme l'illustre la Figure 1.4. Pour choisir une autre mise en page, cliquez sur le bouton Disposition, sous l'onglet Accueil, et choisissez-en une dans la palette.

Chaque mise en page de diapositive a un nom. Par exemple, celle nommée *Titre et contenu* propose un objet texte qui s'ajoute à la zone de titre. C'est sans doute celle que vous utiliserez le plus souvent, car cette mise en page est parfaite pour présenter un sujet développé en plusieurs points. La Figure 1.5, elle, montre une classique diapositive à puces, dans laquelle chaque point révèle la dépravation morale de votre gamin, qui file vraiment un mauvais coton.

Une des mises en page proposées dans la section Disposition du contenu est *Vide*. Elle n'inclut aucun objet et est la seule qui permette de créer sa propre diapositive sans aucune prédéfinition.

Se déplacer de diapositive en diapositive

Plusieurs techniques permettent d'avancer ou de reculer dans la masse des diapositives constituant votre présentation :

- **Cliquez sur l'une des doubles flèches en bas de la barre de défilement vertical de la diapositive.** Vous avancez ou reculez alors d'une diapositive à la fois.

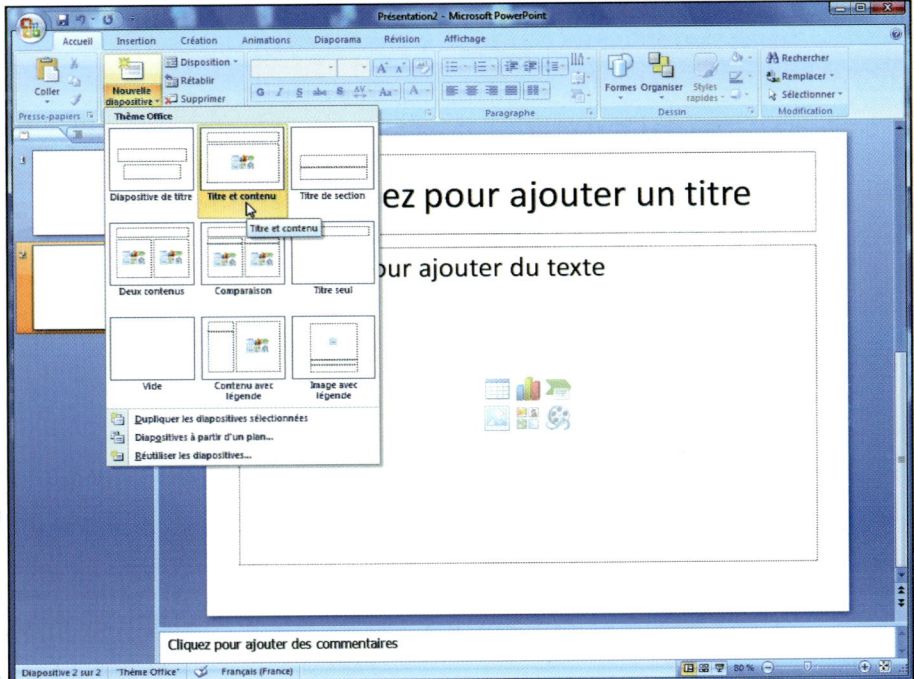

🖛 **Utilisez les touches Page Haut et Page Bas du clavier pour vous déplacer d'une diapositive à la fois.**

🖛 **Faites glisser le curseur de la barre de défilement vers le haut ou vers le bas.** Une infobulle indique le numéro de la diapositive atteinte. Pour afficher cette diapo, relâchez le bouton de la souris. C'est une technique très simple pour atteindre rapidement telle ou telle diapositive de votre présentation.

🖛 **Cliquez sur la miniature de la diapositive à afficher, dans le volet gauche de la fenêtre principale de PowerPoint. Si les miniatures ne sont pas visibles, cliquez sur l'onglet Diapositives, à côté de l'onglet Plan.**

Choisir une création

Dans les deuxième et troisième parties de ce livre, vous découvrirez diverses manières de créer de belles diapositives. Il n'est cependant pas indispensable d'attendre jusque-là pour appliquer quelques styles de base à votre présenta-

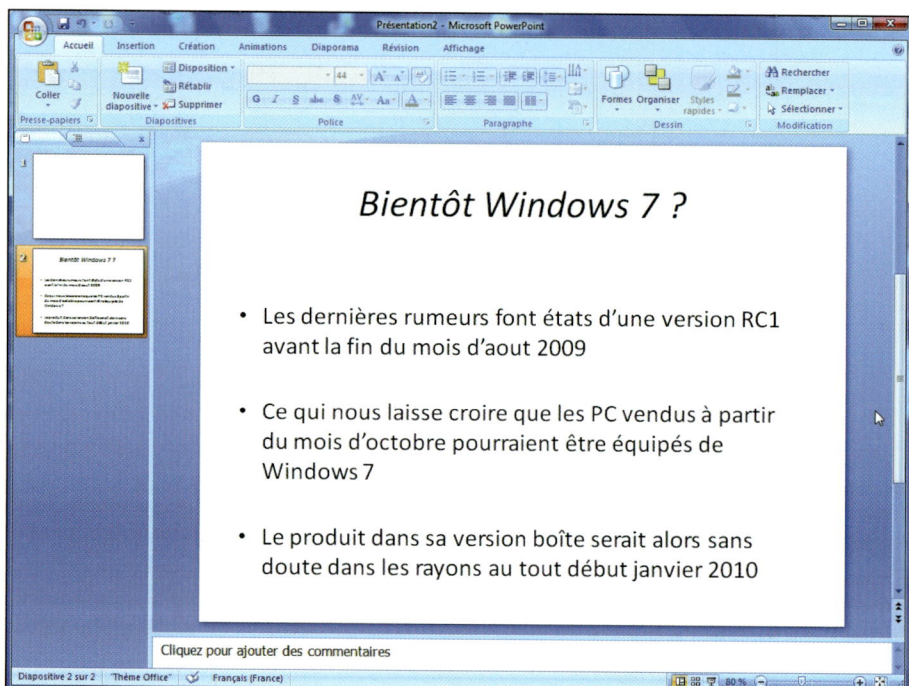

Figure 1.5
Une diapositive
de texte
classique.

tion. J'ai déjà mentionné qu'Office 2007 est livré avec plusieurs thèmes prédéfinis de qualité professionnelle, destinés à créer des présentations soignées d'un seul clic de souris. Pour ce faire, cliquez sur l'onglet Création, dans le Ruban, puis, dans le groupe Thèmes, choisissez un thème qui vous plaît (voir Figure 1.6).

Faute de place, PowerPoint ne peut afficher tous les thèmes. A droite de ceux qui sont visibles, deux boutons de défilement permettent d'accéder au restant de la collection. Celui qui est sous les boutons de défilement affiche une palette contenant la totalité des thèmes livrés avec Office 2007.

Visionnez votre présentation

Votre chef-d'œuvre terminé, affichez-le en suivant ces quelques étapes :

1. **Cliquez sur l'onglet Diaporama, dans le Ruban, puis, dans le groupe Démarrer le diaporama, cliquez sur le bouton A partir du début.**

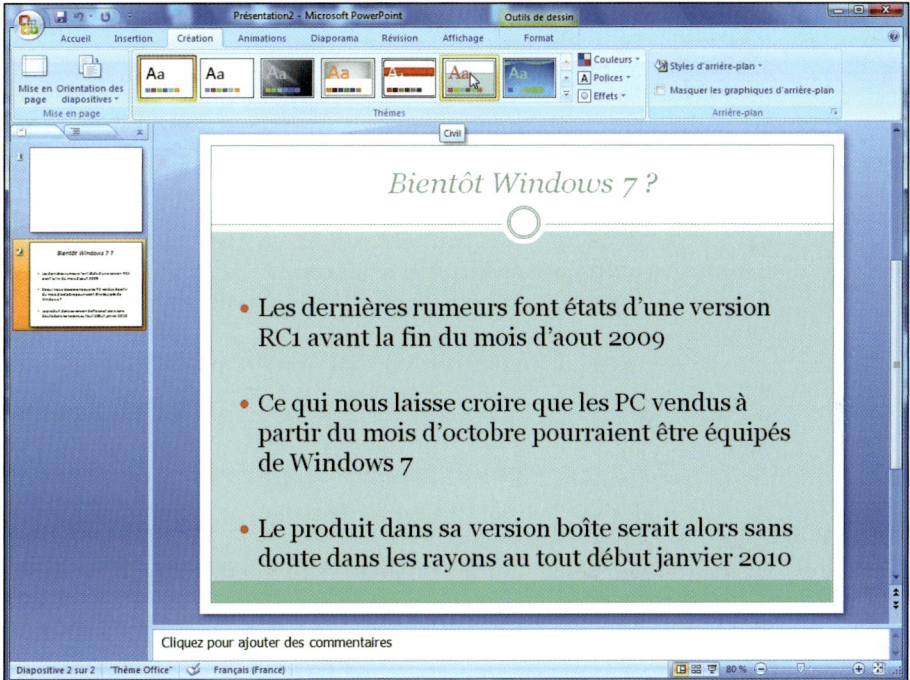

Figure 1.6
Une diapositive
après
l'application d'un
modèle de
conception.

Plusieurs raccourcis clavier exécutent cette commande. Vous pouvez appuyer sur F5 ou cliquer sur le bouton Diaporama, en bas à droite de PowerPoint.

2. **Admirez la première diapositive.**

N'est-elle pas magnifique ?

3. **Appuyez sur la touche Entrée pour passer à la diapositive suivante.**

Cela fonctionne aussi avec la barre d'espace.

Pour revenir sur une diapositive, appuyez sur la touche Page Haut.

4. **Appuyez sur Echap pour fermer le diaporama.**

Inutile d'atteindre la dernière diapositive. Vous pouvez quitter un diaporama en cours d'exécution et revenir à PowerPoint.

Pour des informations complètes sur le visionnement des présentations, consultez le Chapitre 6.

Enregistrer votre travail

Après avoir passé des heures à mettre en place une aussi jolie présentation, il est temps de goûter un repos bien mérité en éteignant votre ordinateur. Erreur ! Ne faites jamais cela ! Vous perdriez tout le fruit d'un travail laborieux. Toute la présentation réside en effet dans la mémoire vive de l'ordinateur, qui se vide dès que vous éteignez votre machine. Vous devez enregistrer votre présentation sur le disque dur ou tout autre support.

PowerPoint propose pas moins de quatre manières d'enregistrer un document :

- Cliquer sur le bouton Enregistrer, dans la barre d'outils Accès rapide.

- Cliquer sur le bouton Office et choisir Enregistrer.

- Appuyer sur Ctrl+S.

- Appuyer sur Maj+F12.

Si vous n'avez jamais enregistré votre travail, la boîte de dialogue Enregistrer sous apparaît. Donnez un nom à votre présentation, puis cliquez sur le bouton Enregistrer. Lorsqu'une présentation a été enregistrée une fois, l'enregistrer de nouveau n'ouvre plus la boîte de dialogue. En d'autres termes, enregistrer de nouveau la présentation au cours de votre travail la sauvegarde automatiquement à l'endroit défini lors du premier enregistrement.

Remarquez aussi qu'après le premier enregistrement du fichier, le nom *Présentation*, dans la barre de titre, est remplacé par le nom que vous avez donné au fichier. C'est un moyen sûr de savoir si l'enregistrement a été fait.

Gardez ceci à l'esprit lorsque vous enregistrez des fichiers :

- Donnez un nom significatif à votre présentation. Le nom de fichier est celui qui permet d'identifier une présentation ; il doit donc en suggérer le contenu.

- Ne travaillez pas pendant des heures sur un projet sans l'enregistrer régulièrement. Le raccourci Ctrl+S doit être un réflexe conditionné. Utilisez-le chaque fois que vous effectuez des travaux qu'il serait bête de perdre par inadvertance ou à cause d'une coupure de courant inattendue. Il est également recommandé d'enregistrer votre travail avant de l'imprimer.

Ouvrir une présentation

Il est très facile d'ouvrir une présentation que vous avez enregistrée sur votre disque dur. Là encore, PowerPoint propose quantité de moyens de le faire. Voici les trois plus courants :

- Cliquer sur le bouton Office et choisir la commande Ouvrir.

- Appuyer sur Ctrl+O.

- Appuyer sur Ctrl+F12.

Ces trois techniques affichent la boîte de dialogue Ouvrir. Elle montre les fichiers parmi lesquels vous opérerez votre choix. Cliquez sur celui qui vous intéresse, puis sur le bouton Ouvrir.

La boîte de dialogue Ouvrir permet de parcourir tous les lecteurs et les dossiers de votre ordinateur. De fait, la boîte de dialogue Ouvrir de PowerPoint fonctionne comme toutes les boîtes de dialogue des applications conçues pour Windows.

Si vous ne trouvez plus un fichier, parcourez les différents dossiers pour voir s'il s'y trouve. Peut-être l'avez-vous placé par mégarde ailleurs que dans le dossier prévu. Ou alors vous ne l'avez pas enregistré sous le nom auquel vous pensiez : le fichier `EscaladeVerdon.pttx` s'appelle en réalité `EscalVerd.pptx`, ce qui ne vous avance guère. Dans ce cas, utilisez la fonction de recherche de Windows. Sous Windows XP, cliquez sur le bouton Démarrer, choisissez Rechercher et suivez les instructions. Sous Vista, tapez tout ou partie du nom du fichier dans le champ Rechercher du menu Démarrer.

Le moyen le plus rapide d'ouvrir un fichier depuis la boîte de dialogue Ouvrir est de double-cliquer dessus.

PowerPoint conserve la trace des neufs derniers fichiers que vous avez ouverts. Il les affiche à droite du menu Fichier. Pour ouvrir l'un d'eux, cliquez sur son nom.

Fermer une présentation

Après une dure journée de labeur dans PowerPoint, vous fermerez votre présentation. Cette opération est comparable au rangement du bureau, lorsque vous placez tous les papiers dans des chemises que vous classez ensuite dans des armoires. La présentation disparaît de votre écran, mais pas de votre ordinateur, puisqu'elle est stockée sur le disque dur.

Pour fermer un fichier, cliquez sur le bouton Fermer, en haut à droite de Power-Point (c'est le moyen le plus rapide). Ou alors cliquez sur le bouton Office et choisissez Fermer. Ou encore choisissez le raccourci Ctrl+W.

Inutile de fermer un fichier avant de quitter PowerPoint, car ce dernier s'en charge. La seule raison de fermer un fichier est l'intention de travailler sur une autre présentation PowerPoint sans que les deux fichiers soient ouverts.

Si vous avez effectué des modifications non enregistrées, PowerPoint vous invite à les sauvegarder avant de fermer la présentation. Cliquez sur Oui pour enregistrer votre travail ou sur Non si vous souhaitez ne pas conserver les changements.

Quand toutes les présentations PowerPoint sont ouvertes, de nombreuses commandes de PowerPoint deviennent indisponibles (elles sont en grisé). Ouvrez une présentation ou créez-en une nouvelle et les commandes reviennent.

Quitter PowerPoint

Vous avez eu assez d'émotions pour la journée ? Alors, quittez PowerPoint par l'une des techniques suivantes :

- Cliquez sur le bouton Office puis sur le bouton Quitter PowerPoint.

- Cliquez sur le bouton de fermeture (x), dans le coin supérieur droit de PowerPoint.

- Appuyez sur Alt+F4.

Et voilà ! PowerPoint, y a plus !

Voici quelques points à connaître concernant la fermeture de PowerPoint (ou de toute autre application) :

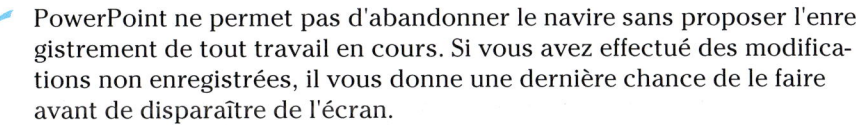

✔ PowerPoint ne permet pas d'abandonner le navire sans proposer l'enregistrement de tout travail en cours. Si vous avez effectué des modifications non enregistrées, il vous donne une dernière chance de le faire avant de disparaître de l'écran.

✔ N'éteignez jamais, jamais, jamais, mais alors *jamais* votre ordinateur tant qu'une application (PowerPoint ou une autre) est ouverte. Quittez PowerPoint et tous les autres programmes avant de procéder à l'arrêt de votre machine.

Chapitre 2

Modifier des diapositives

Ne lisez pas ce chapitre si vous êtes comme Mary Poppins, c'est-à-dire parfait en toutes choses. Les gens parfaits ne commettent jamais d'erreurs, ni dans la vie ni dans PowerPoint. Ils n'ont pas besoin d'appuyer sur la touche Retour arrière pour corriger une erreur, ou d'ajouter une ligne parce qu'ils ont oublié un point important, ou de réorganiser leurs diapositives.

Si vous êtes comme le commun des mortels, vous ne serez jamais à l'abri d'erreurs ou d'omissions. Ce chapitre montre comment corriger ces imperfections.

En jargon informatique, l'intervention sur du texte, des images ou tout autre élément est appelé "édition". Le terme n'est pas très heureux et la tâche pas toujours plaisante, mais c'est ainsi.

Ce chapitre est consacré à la modification des objets textuels. La majorité des techniques décrites ici s'appliquent à d'autres objets comme des cliparts ou des formes dessinées. Pour plus d'informations sur l'édition d'autres objets, consultez la troisième partie.

Se déplacer de diapositive en diapositive

Le moyen le plus rapide pour passer d'une diapositive à l'autre consiste à appuyer sur les touches Page Haut ou Page Bas :

- **Page Haut :** Déplace vers la diapositive précédente de votre présentation.

- **Page Bas :** Déplace vers la diapositive suivante.

Vous pouvez aussi opérer pareils déplacements en cliquant sur les doubles flèches situées en bas de la barre de défilement de la diapositive :

- **Flèches doubles :** Situées aux extrémités de la barre de défilement, elles font avancer ou reculer d'une diapositive à la fois.

- **Flèches simples :** Font défiler les diapositives en continu, en avant ou en arrière. Notez que si le zoom est défini pour n'afficher qu'une seule diapositive à la fois, cliquer sur ces flèches fait avancer ou reculer d'une diapositive.

- **Curseur de défilement :** Appelé aussi "ascenseur", cet élément fait défiler les diapositives en cliquant dessus et en le tirant vers le bas ou vers le haut. Au cours de cette opération, une infobulle mentionne la diapositive qui sera affichée si vous relâchez le bouton à ce moment.

Utiliser des objets

Au début, l'Utilisateur créa une Diapositive. Et la Diapositive resta sans forme et vide, sans contenu. Et l'Utilisateur dit : "Place ici un Objet Textuel." Et l'Objet Textuel fut placé. Puis il y eut une nuit puis le premier matin. Et l'Utilisateur dit : "Place ici une Image." Et il y eut une Image. Et il y eut de nouveau une nuit et un matin, le deuxième jour. Et cela continua pendant quarante jours et quarante nuits, jusqu'à ce qu'il y eut quarante Objets sur l'Unique Diapositive, chacun de sa propre nature. Et tout l'auditoire s'en prit à l'Utilisateur, car cette foutue diapositive était bourrée comme un œuf – et l'utilisateur et présentateur comme un coing – et personne n'y comprenait plus rien.

Tout cela pour vous dire qu'il ne faut jamais surcharger les diapositives d'une présentation.

La plupart des objets de votre diaporama seront du texte. Reportez-vous au Chapitre 8 pour en savoir plus sur les objets textuels.

Chaque diapositive dispose d'un ou plusieurs *espaces réservés*. Il s'agit de zones réservées pour le texte, les cliparts, un graphique et bien d'autres types d'objets. Par exemple, si vous choisissez la mise en page Titre, PowerPoint crée une nouvelle diapositive composée de deux espaces réservés : un pour le titre et l'autre pour le sous-titre. Vous pouvez ajouter d'autres objets à la diapositive ou bien en supprimer, les déplacer ou encore les redimensionner. Reportez-vous au Chapitre 1 pour en savoir plus sur la création d'une diapositive.

Vous pouvez ajouter des objets à votre diapositive, comme des cliparts, des graphiques, des formes et autres éléments, à l'aide des commandes de la barre d'outils Dessin.

Chaque objet occupe une zone rectangulaire que le contenu de l'objet peut ou non remplir en totalité. Mais vous le verrez toujours lorsqu'il est sélectionné (voir la section "Sélectionner des objets", plus loin dans ce chapitre).

Les objets peuvent se chevaucher, au risque de créer des effets étranges. Mais parfois ce chevauchement est voulu, pour placer du texte sur une image, par exemple.

Sélectionner des objets

Avant de modifier le contenu d'une diapositive, vous devez sélectionner l'objet sur lequel vous désirez intervenir. Par exemple, vous ne pouvez pas saisir directement du texte à l'écran. Il faut préalablement sélectionner l'objet texte (ou textuel, à votre convenance) qui contient le texte à modifier. En général, vous devez sélectionner tout objet en vue de le modifier.

Voici quelques points à garder à l'esprit quand vous sélectionnez des objets :

- **Objets textuels :** Pour sélectionner un objet textuel afin de le modifier, placez le pointeur de la souris dessus et cliquez sur le bouton gauche. Une zone rectangulaire apparaît autour de l'objet, et l'arrière-plan situé derrière le texte se transforme en couleur unie pour faciliter la lecture du texte. Un point d'insertion clignote dans la zone de saisie, indiquant l'emplacement où apparaîtra le texte.

- **Objets non textuels :** Les autres types d'objets fonctionnent un peu différemment. Cliquez sur un objet pour le sélectionner. Une zone de sélection rectangulaire entoure l'objet. Vous pouvez alors le déplacer ou le redimensionner, mais certainement pas le modifier. Pour modifier un objet non textuel, double-cliquez dessus. Le sélectionner n'est pas nécessaire. Pointez dessus avec la souris et double-cliquez.

✔ **Cliquer-déplacer :** Une autre manière de sélectionner un objet – ou plusieurs – consiste à utiliser le pointeur pour dessiner un cadre virtuel autour de l'objet à sélectionner. Pointez en haut à gauche de l'objet ou du groupe d'objets à sélectionner. Cliquez et, sans relâcher le bouton de la souris, faites glisser le pointeur dans le coin inférieur droit opposé. Lorsque vous relâchez le bouton de la souris, tous les objets se trouvant dans le rectangle sont sélectionnés.

✔ **Touche Tab :** Appuyez sur Tab pour sélectionner le premier objet de la diapositive. Appuyez de nouveau sur Tab pour sélectionner l'objet suivant. Vous aurez compris qu'il faut appuyer sur la touche jusqu'à ce que l'objet à modifier soit sélectionné.

✔ **Touche Ctrl :** Vous pouvez sélectionner plusieurs objets en cliquant sur le premier puis, touche Ctrl enfoncée, en cliquant sur les autres objets à sélectionner.

Appuyer sur la touche Tab est pratique lorsque vous ne pouvez pas pointer précisément sur un objet. Ce problème survient quand des objets sont empilés et donc difficilement accessibles.

Redimensionner ou déplacer un objet

Quand vous sélectionnez un objet, une zone rectangulaire de sélection (que l'on appelle *cadre* ou *marque de sélection*) l'encadre. Elle est entourée de *poignées* à chaque coin et au milieu de chaque bord. Il suffit de positionner le pointeur de la souris sur un des bords – mais entre deux poignées – pour déplacer l'objet.

Les objets graphiques sont dotés d'une poignée verte appelée *poignée de rotation*. Elle permet de pivoter librement l'objet.

Pour modifier la taille d'un objet, sélectionnez-le. Cliquez ensuite sur une poignée et, bouton de la souris enfoncé, faites glisser le pointeur dans le sens voulu du redimensionnement. Relâchez le bouton de la souris : c'est fait !

Les diverses poignées d'un objet permettent d'agir différemment sur son redimensionnement :

✔ Les poignées situées dans les angles permettent de modifier la hauteur et la largeur de l'objet.

✔ Les poignées situées sur les bords supérieur et inférieur modifient la hauteur.

> ✔ Les poignées situées sur les bords latéraux n'agissent que sur la largeur.

En maintenant la touche Ctrl enfoncée tout en faisant glisser l'une des poignées, l'objet reste centré à sa position en cours sur la diapositive. Essayez de maintenir enfoncée la touche Maj pendant que vous agissez sur des poignées d'angle. Vous constaterez que PowerPoint maintient les proportions de l'objet.

Modifier la taille d'un objet textuel ne modifie pas le texte de l'objet ; seul le cadre contenant le texte subit une modification. Cela équivaut à modifier les marges dans un document Word. Les lignes de texte sont plus ou moins rapprochées, mais la taille du texte reste la même. Pour modifier cette taille, reportezvous au Chapitre 8.

Pour déplacer un objet, cliquez n'importe où sur une bordure du cadre de sélection, mais surtout pas sur une poignée. Faites glisser l'objet jusqu'à l'endroit désiré, puis relâchez le bouton de la souris.

Le cadre de sélection peut être difficile à voir sur des arrière-plans un peu trop chargés. Si vous sélectionnez un objet et que vous distinguez mal son cadre de sélection, cliquez sur l'onglet Affichage, dans le Ruban, puis choisissez l'une des options Couleurs/Nuances de gris suivantes :

> ✔ **Couleur :** Affiche toutes les couleurs des diapositives.

> ✔ **Niveau de gris :** Affiche les couleurs en nuances de gris (l'équivalent du noir et blanc en photographie).

> ✔ **Noir et blanc intégral :** Affiche les diapositives uniquement en noir et uniquement en blanc.

Les modes Niveau de gris et Noir et blanc intégral permettent de mieux voir les poignées. Revenez ensuite à l'affichage Couleur.

Modifier un objet texte

Quand un objet texte est sélectionné, PowerPoint se transforme en petit traitement de texte : le texte revient automatiquement à la ligne. Vous n'appuyez sur la touche Entrée que pour créer un nouveau paragraphe.

Le texte d'une présentation PowerPoint est généralement précédé d'une puce au début de chaque paragraphe. Sa forme par défaut dépend du thème appliqué à la diapositive ; mais rien ne vous empêche d'en changer pour une autre de quasiment n'importe quelle forme. Une puce fait partie intégrante de la mise en forme d'un paragraphe. Il ne s'agit pas d'un caractère que vous devez saisir. Elle apparaît dès que vous appuyez sur la touche Entrée.

Presque tous les logiciels de traitement de texte permettent de choisir entre le *mode insertion* et le *mode refrappe*. Avec le mode insertion, chaque caractère que vous saisissez s'insère à l'endroit du point d'insertion, repoussant éventuellement vers la droite des caractères existants. En mode refrappe, chaque caractère saisi remplace les caractères existants à la position du point d'insertion. PowerPoint travaille toujours en mode insertion. Le texte que vous saisissez apparaît donc au point d'insertion. Appuyer sur la touche Insert n'aura aucun effet ici.

Vous pouvez vous déplacer dans un objet textuel à l'aide des touches fléchées du *pavé directionnel*. Vous pouvez aussi utiliser les touches Fin et Origine pour placer le curseur en fin ou en début de ligne. Les flèches peuvent s'utiliser conjointement avec la touche Ctrl. Par exemple, Ctrl+← et Ctrl+→ permettent de placer respectivement le point d'insertion devant ou derrière le mot.

Pour supprimer du texte, appuyez sur la touche Suppr ou Retour arrière. Appuyez sur Ctrl+Suppr pour effacer la totalité d'un mot, en appuyant d'abord sur Ctrl+Flèche gauche ou Ctrl+Flèche droite afin de déplacer le point d'insertion au début du mot à supprimer. Appuyez ensuite sur Ctrl+Suppr.

Sélectionner du texte

Certaines opérations d'édition exigent une sélection préalable du texte. Voici les techniques à votre disposition :

- **Quand vous utilisez le clavier**, maintenez la touche Maj enfoncée et appuyez sur les touches du pavé directionnel correspondant à la direction dans laquelle se trouve le texte à sélectionner.

- **Avec la souris**, pointez au début du texte à sélectionner, puis cliquez et faites glisser le pointeur sur le texte concerné. Relâchez le bouton quand vous avez atteint le dernier mot à marquer.

PowerPoint est doté d'une option de sélection automatique d'un mot entier. Si vous utilisez la souris pour marquer un bloc de texte, vous observerez que le texte sélectionné inclut toujours les mots en entier, même si vous tentez de vous arrêter à l'intérieur d'un mot. Si cette fonction vous gêne, désactivez-la en cliquant sur le bouton Office puis sur le bouton Options Powerpoint. Cliquez sur Options avancées et décochez la case Lors d'une sélection, sélectionner automatiquement le mot entier.

Voici quelques conseils pour sélectionner du texte :

✔ **Un seul mot :** Pour sélectionner un seul mot, double-cliquez dessus.

✔ **Un paragraphe entier :** Pour sélectionner tout un paragraphe, triple-cliquez dedans.

Après avoir sélectionné du texte, modifiez-le par l'une de ces techniques :

✔ **Supprimer du texte :** Pour supprimer la totalité d'un bloc de texte sélectionné, appuyez sur Suppr ou Retour arrière.

✔ **Remplacer du texte :** Pour remplacer un bloc de texte sélectionné, saisissez le nouveau texte. Le bloc disparaît et votre nouvelle prose le remplace dès que vous appuyez sur une lettre.

✔ **Couper, Copier et Coller :** Vous pouvez utiliser les commandes Couper, Copier et Coller du groupe Presse-papiers. Elles sont détaillées dans la section qui suit.

Couper, Copier et Coller

Comme tout programme Windows qui se respecte, PowerPoint est doté des commandes standard Couper, Copier et Coller. Elles s'appliquent au texte ou à l'objet sélectionné.

Couper, Copier et Coller fonctionnent de concert en un lieu de Windows assez mystérieux : le *Presse-papiers*. Il s'agit d'un espace de stockage temporaire où Windows entrepose tout ce que vous copiez ou coupez afin de pouvoir le coller dans une présentation ou toute autre application.

Dans le Ruban, les commandes exploitant le Presse-papiers se trouvent dans le groupe du même nom, sous l'onglet Accueil. Trois des quatre boutons qui s'y trouvent servent à travailler directement avec le Presse-papiers :

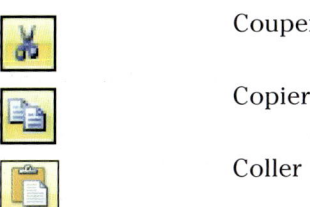

Couper

Copier

Coller

Remarquez la taille plus grande du bouton Coller et la présence d'une flèche qui déroule un menu. En cliquant sur l'icône du Presse-papiers, l'objet qui a été coupé ou copié en dernier est collé. En revanche, si vous cliquez sur la flèche, des options supplémentaires sont proposées.

Les raccourcis clavier des commandes Couper, Copier et Coller sont les mêmes que pour les autres programmes sous Windows : Ctrl+X pour Couper, Ctrl+C pour Copier et Ctrl+V pour Coller. C'est pourquoi je vous recommande de les mémoriser.

Les commandes Copier et Coller sont souvent utilisées conjointement pour dupliquer des données. Pour répéter une phrase entière, par exemple, copiez-la dans le Presse-papiers. Placez ensuite le point d'insertion à l'endroit du texte où vous désirez faire apparaître une copie de la phrase, et utilisez la commande Coller. Ou, si vous désirez créer une diapositive qui contient cinq rectangles identiques, commencez par dessiner un rectangle. Copiez-le dans le Presse-papiers, puis collez-le quatre fois. Vous disposez alors de cinq rectangles identiques.

PowerPoint est doté d'une commande Dupliquer permettant de créer rapidement des copies d'un objet. Pour ce faire, sélectionnez un objet et appuyez sur Ctrl+D. Positionnez ensuite la copie où bon vous semble.

Un moyen encore plus facile de dupliquer un objet consiste à maintenir la touche Ctrl enfoncée, à cliquer sur un objet et à le tirer à un autre emplacement. Dès que vous relâchez le bouton de la souris, une copie de l'objet est créée.

Pour supprimer définitivement un objet, sélectionnez-le puis enfoncez la touche Suppr ou Retour arrière. Cette opération efface l'objet de la diapositive, mais sans le conserver dans le Presse-papiers. Il disparaît une fois pour toutes. Il est certes possible de le récupérer avec la commande Annuler, mais seulement en s'y prenant rapidement. Pour en savoir plus, reportez-vous à la section "Oups ! ce n'est pas ce que je voulais faire...".

Pour placer un même objet dans chacune de vos diapositives, vous devez appliquer une meilleure technique que le copier-coller ; à savoir le placer dans un masque de diapositives qui régit la mise en forme de toutes les diapositives d'une présentation.

Le volet Presse-papiers

Le volet Presse-papiers permet de collecter jusqu'à 24 éléments textuels ou graphiques provenant de n'importe quel programme Office, et de les coller sélectivement dans vos présentations. Pour afficher le volet Presse-papiers, cliquez sur le lanceur de la boîte de dialogue, sous l'onglet Accueil du Ruban, en bas à droite du groupe Presse-papiers. Le volet Presse-papiers apparaît, comme le montre la Figure 2.1. Remarquez les divers objets qu'il contient.

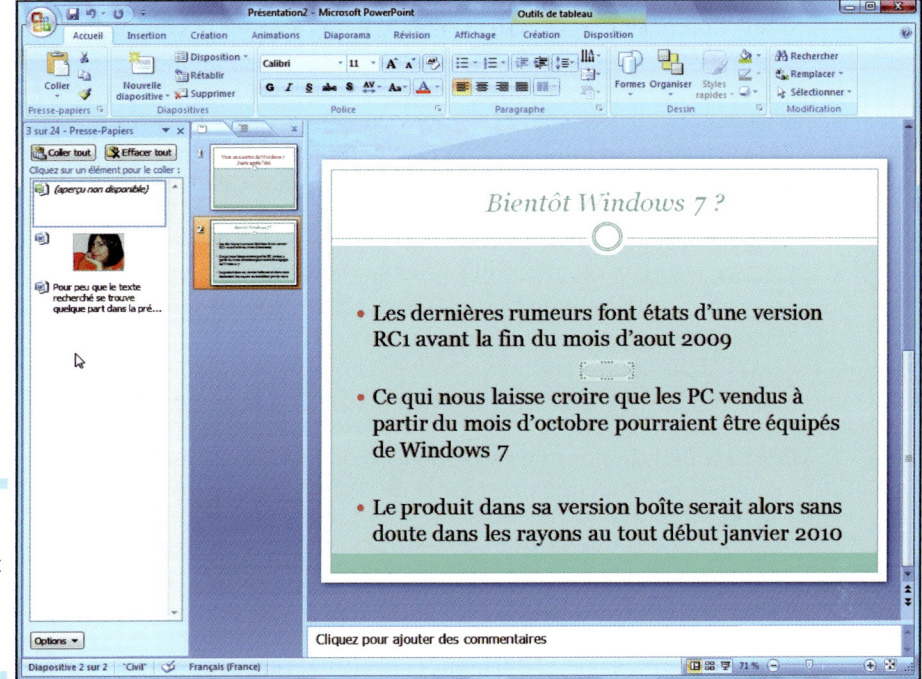

Figure 2.1
Le volet Presse-papiers contient plusieurs objets susceptibles d'être collés.

Pour coller dans une diapositive l'un des divers objets présents dans le volet Presse-papiers, cliquez dessus.

Oups ! ce n'est pas ce que je voulais faire... (la merveilleuse commande Annuler)

Une erreur ? Pas de panique ! Utilisez la commande Annuler. C'est votre bouée de sauvetage, ne l'oubliez jamais.

Une erreur peut être annulée de deux manières :

  ✔ Choisir Edition/Annuler dans la barre Accès rapide.

  ✔ Appuyer sur Ctrl+Z.

Annuler fait revenir sur l'action que vous venez de commettre. Si vous avez déplacé un objet, la commande Annuler le remet à sa place. Vous saisissez le principe ?

Annuler est une commande si utile que je vous encourage à mémoriser ce raccourci clavier pour l'exécuter dès que vous en aurez besoin : Ctrl+Z.

Jusqu'à vingt actions peuvent être annulées dans PowerPoint, soit en répétant la commande, soit en cliquant sur la flèche près de la commande Annuler et en choisissant dans la liste l'action à laquelle il faut remonter. Il est recommandé d'annuler une erreur aussitôt que possible. En effet, l'annulation de plusieurs étapes oblige à refaire celles qui étaient correctes, puisque PowerPoint ne dispose pas d'un historique où l'on puisse annuler une action dans une liste et laisser intactes celles qui suivent. Avec PowerPoint, vous remontez étape par étape dans l'annulation des actions. Pour cette raison, appuyez sur Ctrl+Z dès que vous commettez une erreur.

PowerPoint dispose aussi d'une fonction Refaire. C'est une annulation d'une annulation. Voici deux manières de rétablir une action :

  ✔ Cliquer sur le bouton Refaire, dans la barre d'outils Accès rapide.

  ✔ Appuyer sur Ctrl+Y.

  Notez que si la dernière action effectuée n'était pas une annulation, le bouton Refaire est remplacé par un bouton Répéter. Ce dernier répète la dernière commande.

Supprimer une diapositive

Vous voulez supprimer une diapositive ? Pas de problème ! Affichez-la et appuyez sur le bouton Supprimer, dans le groupe Diapositives de l'onglet Accueil. Plus de diapo !

Une autre technique consiste à cliquer sur la miniature d'une diapositive dans le volet de gauche de PowerPoint, puis d'appuyer sur la touche Suppr ou Retour arrière.

 Vous avez supprimé une diapositive par erreur ? Pas de problème ! Appuyez immédiatement sur Ctrl+Z ou cliquez sur le bouton Annuler pour la récupérer aussitôt.

Dupliquer une diapositive

PowerPoint dispose d'une fonction Dupliquer la diapositive qui permet de faire, en une seule opération, une copie conforme d'une diapositive existante. Ainsi, après avoir passé des heures à mettre une diapositive en page, vous la dupliquerez en moins de temps qu'il n'en faut pour le dire. Elle servira de base pour une autre diapositive de la présentation.

Pour dupliquer une ou plusieurs diapositives, sélectionnez-les puis cliquez sur l'onglet Accueil, dans le Ruban. Dans le groupe Diapositives, cliquez sur la flèche sous Nouvelle diapositive, et choisissez Dupliquer les diapositives sélectionnées.

 Si vous êtes un adepte du raccourci clavier, il suffit de sélectionner la diapositive à dupliquer dans le volet Diapositives, à gauche de la fenêtre de Power-Point, et d'appuyer sur Ctrl+D.

Trouver du texte

Comment savoir quelle est la diapositive affichant un texte particulier dans une présentation qui ne compte pas moins de soixante diapos ? C'est là qu'intervient la fonction Rechercher de PowerPoint.

Grâce à cette commande, vous trouverez n'importe quel texte dans n'importe quelle diapositive. Voici les quelques étapes à suivre :

1. **Déterminez le texte à trouver.**

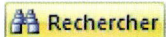 2. **Cliquez sur le bouton Rechercher, dans le groupe Modification de l'onglet Accueil, ou appuyez sur Ctrl+F.**

   La Figure 2.2 montre la boîte de dialogue Rechercher qui apparaît.

3. **Saisissez le texte à trouver.**

   Il doit figurer dans le champ Rechercher.

4. **Appuyez sur la touche Entrée.**

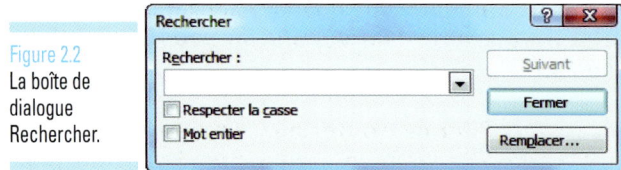

Figure 2.2
La boîte de
dialogue
Rechercher.

Ou cliquez sur le bouton Suivant.

Pour peu que le texte recherché se trouve quelque part dans la présentation, la commande Rechercher vous amène directement à la diapositive en question. Le texte est mis en surbrillance, c'est-à-dire qu'il est sélectionné. Vous pouvez alors le modifier ou rechercher une autre occurrence du texte dans la présentation. Si vous modifiez le texte, la boîte de dialogue Rechercher reste affichée pour vous permettre de poursuivre vos... recherches.

Gardez ces recommandations à l'esprit quand vous utilisez la commande Rechercher :

✔ **Pour trouver la prochaine occurrence :** Appuyez de nouveau sur Entrée ou cliquez sur le bouton Suivant, dans la boîte de dialogue.

✔ **Pour modifier une occurrence :** Cliquez sur l'objet textuel. La boîte de dialogue reste à l'écran. Pour poursuivre la recherche, cliquez de nouveau sur le bouton Suivant.

✔ **Pas besoin d'être au début de la présentation** pour lancer une recherche globale. Dès que PowerPoint atteint la fin du document, il poursuit la recherche au début jusqu'au point où vous avez sollicité la commande Rechercher.

✔ **Cela ne fonctionne pas à tous les coups :** PowerPoint peut afficher le message suivant :

```
PowerPoint a terminé la recherche de la présentation. L'élément recherché est
introuvable.
```

Ce message signifie que PowerPoint rentre bredouille au bercail. Le texte saisi n'existe pas dans le diaporama. Ou alors, vous l'avez peut-être mal orthographié.

✔ **Gare à la casse !** Si l'utilisation des majuscules et des minuscules est un critère déterminant, cochez la case Respecter la casse avant de lancer la recherche. Cette option est fondamentale quand, par exemple, vous cherchez un texte où il est question d'un M. *Pont*, un gros *ponte* qui habite près de *Pontarlier*.

✔ **Utilisez l'option Mot entier :** Pour ne trouver que le texte qui apparaît sous la forme d'un mot entier. Par exemple, si vous cherchez le mot *pont* et que vous ne cochez pas cette case, PowerPoint s'arrêtera sur *Dupont*, *Pontarlier* ou encore *apponter*. Dans ce cas, saisissez *pont* dans le champ Rechercher et cochez Mot entier. PowerPoint ne s'arrêtera que sur les occurrences du terme *pont* (mais pas *ponts*).

✔ **Remplacez, le cas échéant :** Si vous trouvez le texte recherché et souhaitez le remplacer par d'autres termes, cliquez sur le bouton Remplacer. Cette fonction est étudiée à la prochaine section.

✔ Pour faire disparaître la boîte de dialogue Rechercher, cliquez sur le bouton Fermer ou appuyez sur la touche Echap.

Remplacer du texte

Supposons que vous appreniez que le nom "Dupont", dont il est abondamment question dans votre présentation, s'orthographie en réalité "du Pont". Pour éviter un regrettable crime de lèse-narcissisme doublé d'un redoutable incident diplomatique, vous utiliserez la fonction Remplacer :

1. **Cliquez sur le bouton Rechercher – il se trouve lui aussi dans le groupe Modification de l'onglet Accueil – ou appuyez sur Ctrl+H.**

   La boîte de dialogue de la Figure 2.3 apparaît.

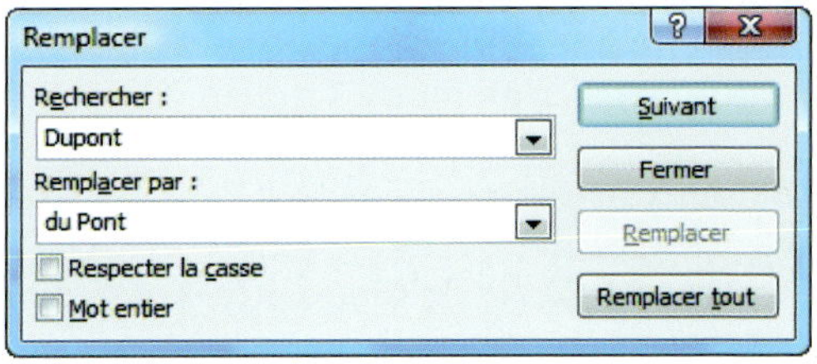

Figure 2.3
La boîte de dialogue Remplacer.

2. **Dans le champ Chercher, saisissez le texte à trouver.**

   Ce sera dans notre exemple le mot **Dupont**.

3. **Dans le champ Remplacer par, saisissez le texte de remplacement.**

   Ce seront les mots **du Pont**.

4. **Cliquez sur le bouton Suivant.**

   PowerPoint s'arrête à la première occurrence.

5. **Cliquez sur Remplacer pour substituer le texte saisi au texte en place.**

   N'oubliez jamais de vérifier la pertinence du remplacement en cours.

6. **Cliquez de nouveau sur Suivant et remplacez toutes les occurrences appropriées.**

Si vous devez remplacer toutes les occurrences du texte dans votre présentation, cliquez directement sur Remplacer tout. Dans ce cas, n'oubliez pas de cocher la case Mot entier, sinon PowerPoint remplacera également les occurrences qui se trouvent dans un mot. Par exemple, si vous remplacez *pont* par *passerelle*, PowerPoint remplacera *Dupont* par *Dupasserelle*. C'est dire combien cette option doit être utilisée avec la plus extrême circonspection.

Si la commande Remplacer tout a semé la pagaille dans votre présentation, recourez à la commande Annuler pour tout remettre en ordre.

Réorganiser vos diapositives en mode Trieuse de diapositives

En mode Normal, l'affichage permet de modifier directement les diapositives en y ajoutant du texte ou des graphiques, etc. Ce mode connaît quelques limitations : vous ne bénéficiez pas d'une vue d'ensemble de votre présentation, et vous ne voyez en détail qu'une seule diapositive. Pour obtenir un affichage global de la présentation, passez en mode Trieuse de diapositives.

Ce mode peut être activé de deux manières :

- Cliquer sur le bouton Mode Trieuse de diapositives, à droite dans la barre d'état.

- Choisir l'onglet Affichage, dans le Ruban, et cliquer sur le bouton Trieuses de diapositives, dans le groupe Affichage des présentations.

La trieuse de diapositives apparaît (Figure 2.4).

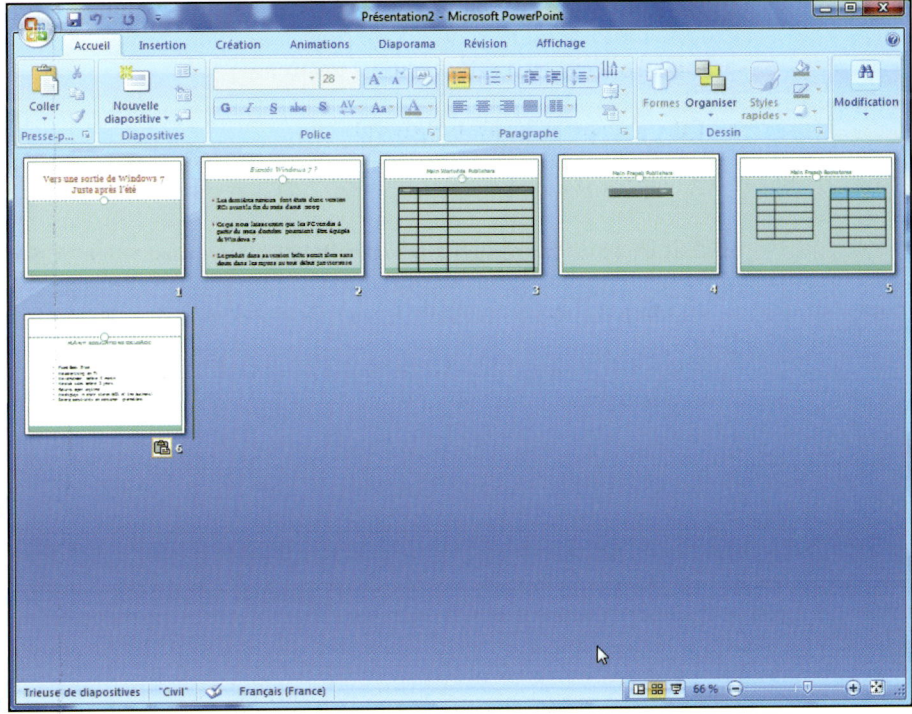

Figure 2.4
La trieuse de
diapositives
montre une vue
générale de la
présentation.

Voici comment réorganiser, ajouter ou supprimer des diapositives dans la trieuse :

✔ **Pour déplacer une diapositive** : Cliquez dessus et faites-la glisser vers un nouvel emplacement. Pointez sur la diapositive, maintenez le bouton gauche de la souris enfoncé, et faites glisser la diapositive. Relâchez le bouton de la souris quand elle se trouve correctement positionnée dans la présentation.

✔ **Pour supprimer une diapositive** : Cliquez dessus pour la sélectionner et appuyez sur la touche Suppr. Cette action n'est possible qu'en mode Trieuse de diapositives.

✔ **Pour ajouter une nouvelle diapositive** : Cliquez sur celle que la nouvelle diapo doit suivre, puis cliquez sur le bouton Nouvelle diapositive : le volet Mise en page des diapositives apparaît. Pour modifier le contenu de cette diapositive (ou d'une autre), revenez à l'affichage Diapositives ou Plan en cliquant sur les boutons de vue situés à droite dans la barre d'état, ou sous l'onglet Affichage du Ruban.

Si votre présentation contient plus de diapositives que ne peut en afficher l'écran, modifiez le facteur de zoom. Réduisez le pourcentage. Vous verrez davantage de diapositives, mais plus petites.

Chapitre 3

Planifier votre présentation

L a plupart des présentations sont faites de diapositives qui répertorient des éléments à l'aide de listes à puces. Elles contiennent aussi quelques représentations graphiques, notamment des cliparts destinés à détendre l'atmosphère d'une présentation autrement fort austère. On est loin du cinéma burlesque, mais c'est sans doute le meilleur moyen de bien faire passer un message.

C'est pourquoi les présentations s'accommodent très bien du mode Plan. Elles semblent souvent limpides dans le discours préliminaire et s'avèrent pesantes dans PowerPoint. L'onglet Plan, juste à gauche de l'onglet Diapositives, permet de se concentrer sur les points principaux et secondaires. Autrement dit, vous vous focalisez sur le contenu sans vous soucier de l'apparence.

Accéder au mode Plan

Deux onglets sont visibles dans le volet de gauche de PowerPoint : Diapositives et Plan. Normalement, c'est l'onglet Diapositives qui est actif, permettant de voir des miniatures de la présentation. Pour basculer en mode Plan, cliquez sur l'onglet du même nom. Le plan de la présentation est alors affiché, avec pour chaque diapositive le titre affiché au premier niveau et le texte affiché au niveau inférieur. La Figure 3.1 montre cet agencement. Notez que si une diapositive est dépourvue de titre, elle apparaîtra néanmoins dans le plan, mais avec bien sûr un niveau supérieur vide.

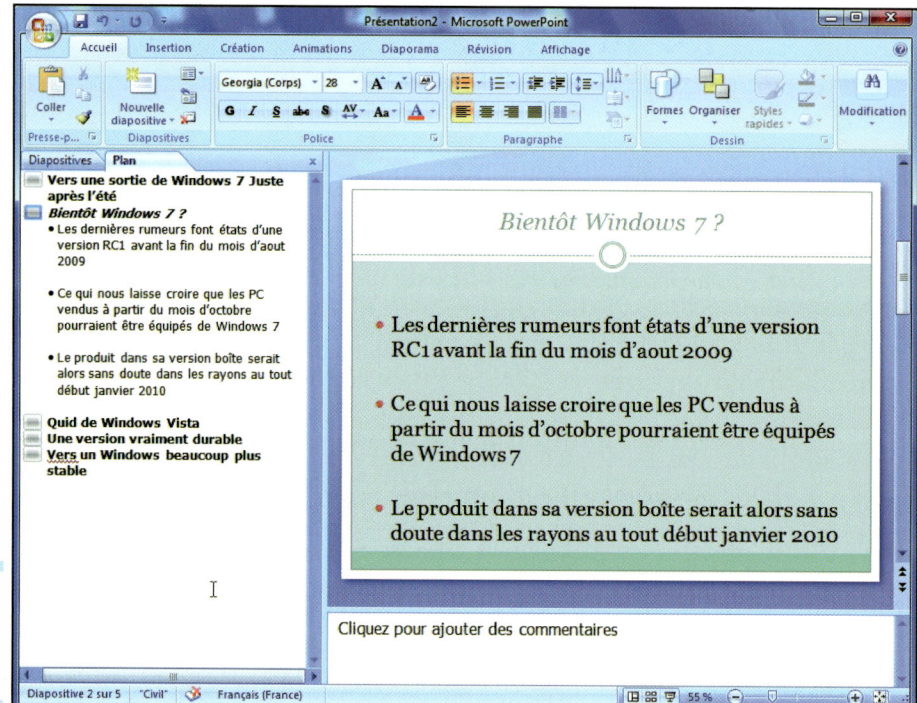

Figure 3.1
L'affichage du plan d'une présentation.

Le volet du plan peut être élargi en tirant sa bordure vers la droite.

Les points suivants attirent votre attention sur quelques éléments importants du plan :

- **Le plan est constitué à partir des titres et du texte courant de chaque diapositive.** Tous les autres éléments de la présentation, comme des images, des graphiques et j'en passe, ne sont pas représentés. Tout objet textuel ajouté manuellement ne sera pas affiché dans le plan.

- **Chaque diapositive est représentée par son titre placé au niveau le plus élevé.** Le texte du titre se trouve à droite de la diapositive. Le numéro de la diapositive est à gauche.

- **Chaque ligne de texte courant d'une diapositive est placée en retrait du titre.** Cette présentation révèle bien la hiérarchie des niveaux.

- **Un plan peut contenir des sous-points subordonnés aux points principaux.** PowerPoint permet de créer jusqu'à cinq niveaux de titre sur chaque diapositive. Au-delà de trois niveaux, une diapositive devient assez difficile à lire. Vous en apprendrez davantage sur les niveaux dans la section "Promouvoir et abaisser des paragraphes", plus loin dans ce chapitre.

Sélectionner et modifier une diapositive

Quand vous travaillez en mode Plan, vous devez souvent sélectionner la totalité d'une diapositive. Il suffit pour cela de cliquer dans son icône. Procéder ainsi sélectionne son titre ainsi que tout le corps du texte. De plus, tous les objets supplémentaires présents dans la diapositive, comme les graphismes, sont également sélectionnés, même s'ils n'apparaissent pas dans le plan.

Vous pouvez supprimer, couper, copier ou dupliquer toute une diapositive :

- **Supprimer :** Pour supprimer la totalité d'une diapositive, sélectionnez-la et appuyez sur Entrée.

- **Couper ou copier :** Pour couper ou copier une diapositive entière en utilisant le Presse-papiers, sélectionnez-la et appuyez sur Ctrl+X (couper), Ctrl+C (copier) ou utilisez les boutons Couper et Copier, sous l'onglet Accueil du Ruban. Placez ensuite le curseur où bon vous semble et appuyez sur Ctrl+V, ou utilisez le bouton Coller, pour coller le contenu du Presse-papiers. Ces opérations sont aussi possibles en cliquant du bouton droit et en choisissant l'option désirée dans le menu contextuel.

- **Dupliquer :** Sélectionnez la diapositive et appuyez sur Ctrl+D. Cette action place une copie de la diapositive juste après l'original. En fait, vous n'avez pas même à sélectionner la totalité de la diapositive pour la dupliquer : cliquez simplement dans son titre ou dans le corps de son texte.

Sélectionner et modifier un paragraphe

Vous pouvez sélectionner et modifier tout un paragraphe. Cliquez sur la puce du paragraphe à sélectionner ou triple-cliquez n'importe où dans le texte. Pour

Première partie : Les bases de PowerPoint 2007

supprimer tout un paragraphe ainsi que ceux qui lui sont subordonnés, sélectionnez-le et appuyez sur la touche Suppr.

Pour couper ou copier tout un paragraphe vers le Presse-papiers avec ses paragraphes subordonnés, sélectionnez-le et appuyez sur Ctrl+X (Couper) ou Ctrl+C (Copier). Vous pouvez ensuite utiliser Ctrl+V pour coller le paragraphe dans n'importe quel endroit de la présentation.

Promouvoir et abaisser des paragraphes

Promouvoir un paragraphe consiste à le placer à un niveau hiérarchique supérieur dans le plan.

Abaisser un paragraphe est l'inverse : le paragraphe descend d'un niveau hiérarchique dans le plan.

Pour promouvoir un paragraphe, placez le curseur n'importe où dans le paragraphe concerné et appuyez sur Maj+Tab, ou cliquez sur Réduire le niveau de liste, dans le groupe Paragraphe. Notez qu'il n'est pas possible de promouvoir un titre, qui occupe d'ores et déjà le niveau le plus élevé. En revanche, si vous l'abaissez, la diapositive tout entière est subsumée.

Pour abaisser un paragraphe, placez le curseur n'importe où dans son texte. Ensuite, appuyez sur la touche Tab ou cliquez sur Augmenter le niveau de liste, dans le groupe Paragraphe.

Des paragraphes peuvent être promus ou abaissés à l'aide de la souris, mais la technique est quelque peu délicate. Quand le pointeur se trouve au-dessus d'un point – ou du bouton Diapositives –, il passe d'une flèche simple à une flèche à quatre pointes ; cette métamorphose indique que vous pouvez cliquer pour sélectionner la totalité du paragraphe, ainsi que tous les paragraphes subordonnés. Vous pourrez ensuite promouvoir ou abaisser le paragraphe et ses subordonnés en le tirant vers la droite ou vers la gauche.

Sachez qu'un paragraphe rabaissé risque de déprimer sérieusement et de porter plainte pour harcèlement moral. En revanche, vous pouvez compter sur la flagornerie d'un paragraphe promu.

Ajouter un nouveau paragraphe

Pour ajouter un nouveau paragraphe à une diapositive en mode Plan, placez le curseur à la fin du paragraphe après lequel vous voulez en insérer un, et appuyez sur la touche Entrée. PowerPoint crée le nouveau paragraphe au même niveau que celui qui le précède.

Notez que si vous placez le point d'insertion à la fin de la ligne et que vous appuyez sur Entrée, PowerPoint créé une nouvelle diapositive. Vous pouvez ensuite appuyer sur la touche Tab pour transformer la nouvelle diapositive en paragraphe, dans la diapo précédente.

Si vous placez le point d'insertion au début du paragraphe et appuyez sur la touche Entrée, le nouveau paragraphe est inséré au-dessus du point d'insertion. Si vous placez le point d'insertion au centre du paragraphe et appuyez sur Entrée, le paragraphe est scindé en deux parties.

Après avoir ajouté un nouveau paragraphe, vous pouvez en modifier le niveau directement dans le plan. Pour cela, haussez ou abaissez le nouveau paragraphe. Pour créer un sous-point dans un point principal, placez le curseur à la fin du point principal et appuyez sur la touche Entrée. Ensuite, abaissez le nouveau paragraphe en appuyant sur la touche Tab.

Ajouter une nouvelle diapositive

En mode Plan, une nouvelle diapositive peut être ajoutée de plusieurs manières :

- **Hausser un texte existant** : Placez-le au niveau le plus élevé. Cette technique scinde une diapositive en deux.

- **Hausser un nouveau texte :** Ajoutez un nouveau paragraphe et haussez-le au niveau le plus élevé.

- **Appuyer sur Entrée :** Placez le pointeur dans le titre d'une diapositive et appuyez sur Entrée. Cette méthode crée une nouvelle diapositive avant la diapositive en cours. En fonction de la position du curseur dans le titre, le texte reste sur la diapositive en cours, apparaît sur la nouvelle diapositive ou est réparti sur les deux diapos.

- **Appuyer sur Ctrl+Entrée :** Placez le point d'insertion dans le texte courant de la diapositive, et appuyez sur la touche Entrée. Cette méthode crée une nouvelle diapositive après la diapo en cours. La position du curseur dans la diapositive existante importe peu ; la nouvelle diapo est toujours créée après celle en cours. Le point d'insertion doit être dans le texte courant pour que cette méthode fonctionne. Si vous placez le point d'insertion dans le titre de la diapositive et appuyez sur

Ctrl+Entrée, le curseur passe au texte courant sans créer de nouvelle diapo.

- **Insérer une nouvelle diapositive :** Placez le point d'insertion n'importe où dans la diapositive et appuyez sur Ctrl+M, ou cliquez sur le bouton Nouvelle diapositive, dans le groupe Diapositives de l'onglet Accueil, dans le Ruban.

- **Dupliquer une diapositive :** Sélectionnez une diapositive en cliquant sur son icône dans le mode Plan ou en triple-cliquant sur son titre, et appuyez ensuite sur Ctrl+D.

Puisque le plan se focalise sur le contenu plutôt que sur la mise en page, les nouvelles diapositives héritent de la mise en forme Liste à puces. Elle comporte un titre et du texte mis en forme avec des puces.

Déplacer du texte de haut en bas

Le plan sert à réorganiser une présentation. Vous pouvez facilement modifier l'ordre de chacun des points d'une diapositive, ou réorganiser les diapositives.

Pour déplacer le texte de haut en bas, cliquez du bouton droit dans le paragraphe à déplacer puis, dans le menu contextuel, choisissez Monter ou Descendre. Le pointeur prend la forme d'une flèche à quatre têtes. Tirez-le vers le haut ou le bas. Une ligne horizontale montre la position exacte de la sélection. Lorsque cette dernière se trouve au bon endroit, relâchez le bouton droit de la souris afin de placer le texte.

Faites attention lorsque vous effectuez un déplacement dans une diapositive à plusieurs niveaux de texte. Observez bien la position de la ligne horizontale lors du glissement de la sélection ; toute la sélection est insérée à cet endroit, ce qui peut entraîner une rupture des sous-points. Si le résultat ne vous satisfait pas, appuyez immédiatement sur Ctrl+Z ou cliquez sur le bouton Annuler.

Développer et réduire le plan

Si votre présentation contient de nombreuses diapositives, la structure de la présentation devient difficile à appréhender, même en mode Plan. Heureusement, PowerPoint permet de *réduire* le plan pour n'afficher que les titres. La réduction d'un plan ne supprime pas le texte courant, mais se contente de le masquer pour que vous puissiez focaliser votre attention sur l'ordre des diapositives.

Développer une présentation restaure le texte courant préalablement masqué par une réduction du plan. Vous pouvez réduire et développer une présentation complète ou simplement quelques diapositives.

Pour réduire la totalité d'une présentation, cliquez du bouton droit n'importe où dans le plan, puis choisissez Réduire/Réduire tout, ou utilisez le raccourci Alt+Maj+I. Pour développer la présentation, cliquez du bouton droit et choisissez Développer/Développer tout, ou utilisez le raccourci Alt+Maj+9.

Pour réduire une seule diapositive, cliquez du bouton droit n'importe où dans le plan, puis choisissez Réduire/Réduire tout. Vous pouvez également passer par le menu contextuel de la diapositive et choisir Réduire. Pour développer une diapositive réduite, cliquez dedans du bouton droit et choisissez Développer/Développer tout.

Chapitre 4

Vérifier vos présentations

N'étant pas un as de l'orthographe, me voici bien content d'utiliser les fonctions de correction orthographique des divers logiciels qui jonglent avec les mots. Le français est inflexible et ses règles grammaticales draconiennes, et j'avoue qu'aujourd'hui nous sommes moins attentifs à l'orthographe qu'hier – à supposer que nous l'ayons jamais été –, puisque nous savons que les traitements de texte gardent un œil vigilant sur notre travail et signalent les erreurs.

Correction en temps réel

Les fautes de frappe ou d'orthographe ne sont pas du meilleur effet, surtout projetées sur un écran géant. Rien n'est plus embarrassant qu'une erreur affichée en caractères de 30 centimètres de haut. De plus, il est bien connu que l'on repère plus volontiers les erreurs d'autrui que les siennes. Fort heureusement, PowerPoint est équipé d'un correcteur orthographique en temps réel.

Le correcteur de PowerPoint n'attend pas que vous ayez terminé un document pour entrer en action. Il surveille tous vos faits et gestes orthographiques. Dès qu'il détecte une faute, il y va de son stylo pour la souligner afin d'attirer votre attention, comme l'illustre la Figure 4.1.

388

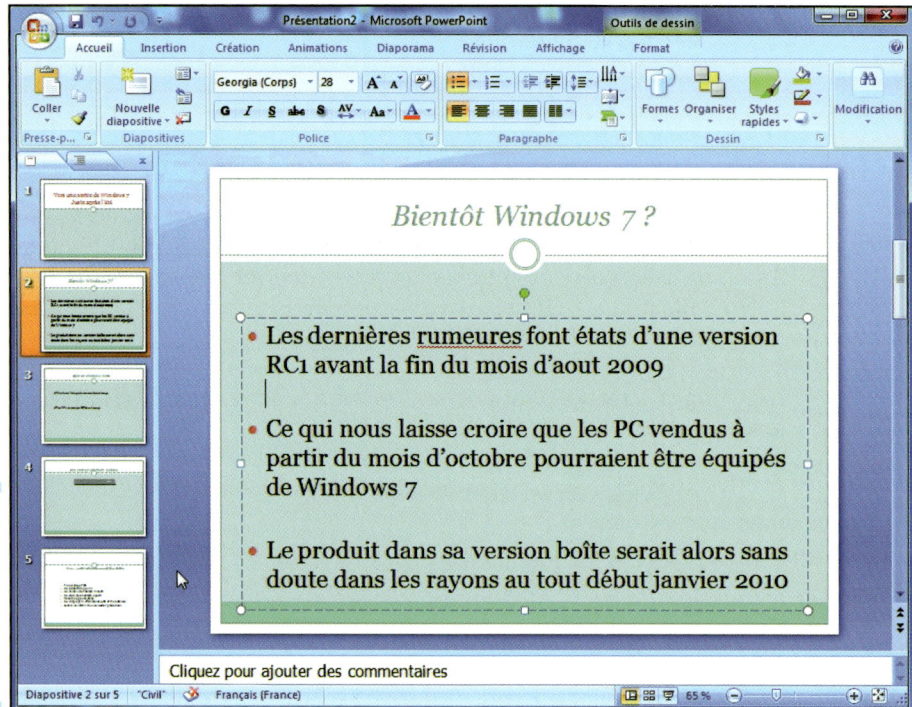

Figure 4.1
PowerPoint
repère les fautes
d'orthographe,
mais pas les
erreurs
grammaticales.

Sur la Figure 4.1, le mot *rumeures* est souligné. Dès lors, trois options s'offrent à vous :

- **Corriger :** Retapez le mot directement dans la zone de texte.

- **Solliciter l'aide de PowerPoint :** Cliquez sur le mot avec le bouton droit de la souris. Dans le menu contextuel qui apparaît, sélectionnez la proposition la plus appropriée au mot à corriger. Si aucune ne correspond, corrigez-le manuellement.

- **Ignorer la faute de frappe :** Parfois les erreurs sont volontaires pour diverses raisons (nom propre, jeu de mots...). Par exemple, le vocabulaire des *Aventures potagères du Concombre masqué* ("le grand patato-seur", "l'imtempestivité à bringuebaduler"...), de même que le nom de leur auteur, Mandryka, sont la hantise des correcteurs orthographiques.

Un correcteur orthographique repère les mots qui n'existent pas dans son dictionnaire, mais ne peut pas détecter des erreurs sur leur sens. Par exemple, si à la troisième ligne le mot *linge* est remplacé par *ligne* (permutation de caractères), voire par *singe* ou *lange,* le correcteur n'y verra que du feu.

Une correction après coup

L'orthographe peut être vérifiée une fois votre document achevé, en lançant la correction *a posteriori*. La recherche s'effectue sur la totalité du texte et une boîte de dialogue s'ouvre ou s'actualise chaque fois qu'une faute est rencontrée. Vous pouvez choisir entre plusieurs propositions de remplacement ou saisir directement le mot correct.

Les étapes suivantes montrent comment vérifier l'orthographe de toute une présentation :

1. **Ouvrez la présentation à vérifier, si ce n'est déjà fait.**

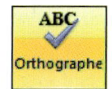

2. **Cliquez sur l'onglet Révision, dans le Ruban, puis, dans le groupe Vérification, cliquez sur le bouton Orthographe.**

3. **Tournez-vous les pouces.**

   PowerPoint cherche les erreurs. Soyez patient !

4. **Ne vous formalisez pas si PowerPoint trouve une faute d'orthographe.**

   Dès qu'une erreur est découverte, PowerPoint la signale en ouvrant la boîte de dialogue Orthographe. Le mot inconnu de PowerPoint s'affiche dans le champ Absent du dictionnaire et des suggestions sont proposées juste en dessous, comme le montre la Figure 4.2.

5. **Choisissez de corriger l'erreur, puis cliquez sur le bouton Remplacer. Ou alors, si ce n'est pas une erreur, snobez le correcteur orthographique en cliquant sur Ignorer.**

   Si vous admettez que le mot est mal orthographié, recherchez dans la liste des propositions le mot qui convient, puis cliquez sur Remplacer.

   Si le mot est correct mais inconnu de PowerPoint et que vous ne souhaitez pas l'entrer dans son dictionnaire, cliquez sur Ignorer.

   Pour que PowerPoint ignore toutes les occurrences du mot qui lui est inconnu, cliquez sur Ignorer tout. Désormais, si PowerPoint rencontre ce même terme dans la présentation, il ne s'y arrêtera plus. Cela ne vaut que pour la session de travail en cours.

Figure 4.2
PowerPoint a
trouvé une faute
d'orthographe.

6. **Répétez les étapes 4 et 5 jusqu'à ce que PowerPoint termine la vérification.**

Ce message indique la fin des opérations :

La vérification de l'orthographe est terminée.

PowerPoint commence toujours une vérification à partir de la première diapositive. Il analyse les titres, le texte courant, les notes et les objets textuels ajoutés aux diapositives. Il ne vérifie pas les objets incorporés, comme les représentations graphiques et les schémas.

Si PowerPoint ne propose aucune suggestion, c'est parce qu'il ne comprend pas ce que vous avez voulu écrire. PowerPoint ne connaît pas tous les mots existants. Il peut donc considérer comme une erreur un terme parfaitement orthographié, mais qui ne figure pas dans son dictionnaire. Dans ce cas, vous pouvez lui indiquer d'ignorer l'erreur ou ajouter le terme à son dictionnaire.

Les boutons de la boîte de dialogue Orthographe sont assez évocateurs à ce sujet.

Pour ajouter un mot au dictionnaire de PowerPoint, cliquez sur Ajouter.

Le dictionnaire personnalisé

Le vérificateur orthographique de PowerPoint s'appuie sur deux dictionnaires : un dictionnaire standard et un dictionnaire personnalisé. Le premier contient des milliers de mots généralement utilisés dans le langage courant ; le second les mots ajoutés par l'utilisateur quand il clique sur le bouton Ajouter de la boîte de dialogue Orthographe.

Le dictionnaire personnalisé est partagé avec d'autres programmes Microsoft comme Word. Ces applications partagent le même dictionnaire que PowerPoint. Par conséquent, si vous ajoutez un mot dans celui de Word, il bénéficiera à PowerPoint.

Que se passe-t-il si vous ajoutez un mot au dictionnaire par mégarde ? Vous avez le choix entre demander à l'Académie d'ajouter votre mot au dictionnaire de la langue française, ou alors supprimer le mot du fichier CUSTOM.DIC. Pour y accéder, cliquez sur le bouton Office, puis sur le bouton Options PowerPoint. Cliquez sur le bouton Vérification puis sur le bouton Dictionnaires personnels. Sélectionnez le fichier CUSTOM.DIC puis cliquez sur le bouton Modifier la liste des mots.

Le dictionnaire des synonymes

Un mot vous échappe ? Vous répétez trop souvent le même terme ? Utilisez le dictionnaire des synonymes :

1. **Cliquez sur un mot avec le bouton droit de la souris. Dans le menu contextuel, choisissez Synonymes.**

   Un menu contextuel propose des mots apparentés. Parfois, PowerPoint propose un antonyme, c'est-à-dire un mot dont le sens est le contraire de celui que vous testez.

2. **Sélectionnez le terme adéquat.**

   PowerPoint effectue la substitution.

Si vous choisissez l'option Dictionnaire des synonymes, dans le menu contextuel, le volet Office l'affiche comme le montre la Figure 4.3. Le dictionnaire des synonymes permet d'aller plus loin dans une recherche. Par exemple, si vous cherchez l'équivalent d'un mot, PowerPoint affiche une liste de synonymes où vous faites tranquillement votre choix. Si un terme se rapproche de ce que vous cherchez, cliquez dessus. PowerPoint affiche ensuite des synonymes de ce mot apparenté.

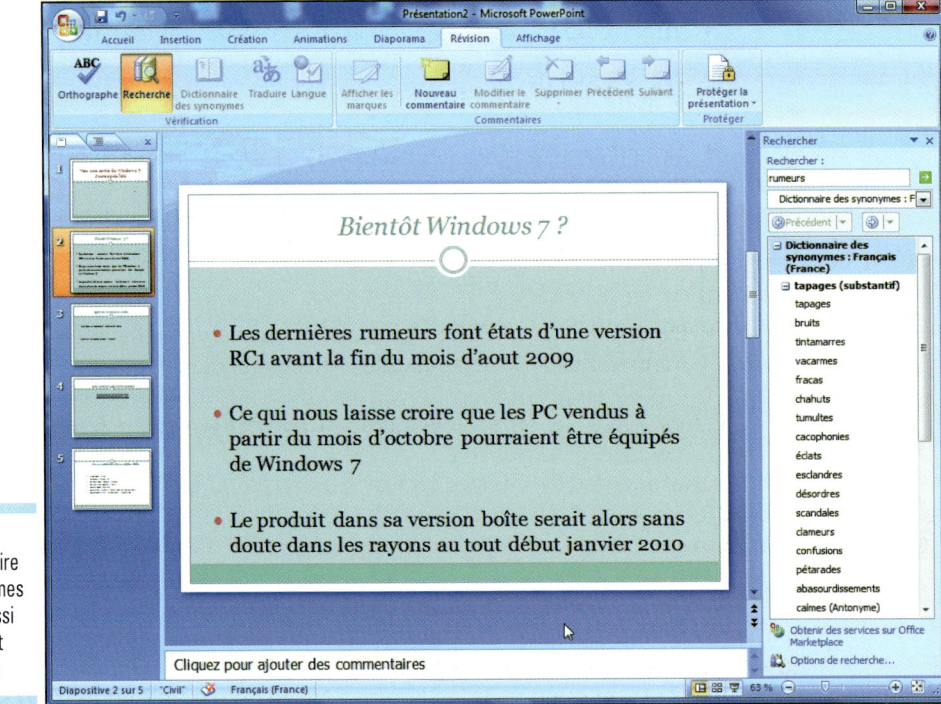

Figure 4.3
Le dictionnaire des synonymes apparaît aussi dans le volet Rechercher.

Du bon usage de la casse

PowerPoint dispose d'une fonction qui permet de placer correctement les majuscules dans le texte des diapositives. Voici comment l'utiliser :

1. **Sélectionnez le texte à mettre en majuscules.**

2. **Sous l'onglet Accueil du Ruban, cliquez sur le bouton Modifier la casse, dans le groupe Polices.**

Une liste de choix s'affiche.

3. **Etudiez les options proposées, puis cliquez sur celle qui répond à vos besoins.**

Les options de casse sont :

- **Majuscule en début de phrase :** La première lettre du premier mot de chaque phrase sera en majuscule.

- **minuscules :** Tous les mots sont écrits en minuscules.

- **MAJUSCULES :** Tous les caractères sont transcrits en majuscules.

- **1re lettre des mots en majuscule :** La première lettre de chaque mot est capitalisée. PowerPoint est assez intelligent pour laisser certains mots comme "à" et "le" en minuscule, mais je vous conseille de vérifier pour être certain qu'il n'a pas été fantaisiste dans son appréciation.

- **iNVERSER lA cASSE :** Cette option transforme les majuscules en minuscules et les minuscules en majuscules.

4. **Cliquez sur OK ou appuyez sur Entrée puis vérifiez le résultat.**

Vérifiez toujours le texte après une modification de casse pour être sûr que le résultat correspond à votre attente. Vérifiez attentivement les noms propres, dont la première lettre en majuscule ne doit pas avoir été convertie en minuscule.

Les titres auront presque toujours la première lettre de leurs mots en majuscule. Le premier niveau de puce d'une diapositive peut recevoir l'option 1re lettre des mots en majuscule ou l'option Majuscule en début de phrase.

Évitez autant que possible les majuscules. Un texte en capitales est pénible à lire et visuellement agressif. EST-CE CLAIR ?

La correction automatique

PowerPoint dispose d'une fonction de correction automatique capable de vérifier l'orthographe en cours de frappe et de corriger immédiatement les erreurs. Par exemple, si vous saisissez *téh* à la place de *thé*, PowerPoint corrige immédiatement l'erreur. Si vous oubliez de mettre en majuscule la première lettre du premier mot d'une phrase, PowerPoint se charge de le faire.

Si PowerPoint effectue une correction inappropriée, appuyez immédiatement sur Ctrl+Z.

Si vous placez le point d'insertion sur le mot qui vient d'être corrigé, une petite ligne apparaît sous la première lettre. Placez-y le pointeur de la souris, un bouton s'affiche. Cliquez sur ce bouton pour afficher un menu local dans lequel vous indiquerez à PowerPoint de ne plus effectuer la correction du mot. Si PowerPoint lui substitue un autre mot que celui désiré, choisissez, dans ce même menu, Contrôler les options de correction automatique. La boîte de dialogue Correction automatique apparaît. Configurez les remplacements nécessaires à vos habitudes linguistiques.

Pour paramétrer la correction automatique, cliquez sur le bouton Office puis sur le bouton Options PowerPoint. Dans la boîte de dialogue qui apparaît, cliquez sur Vérification, dans le volet de gauche. Ensuite, en haut à droite de la boîte de dialogue, cliquez sur le bouton Options de correction automatique. Vous accédez ainsi aux options que montre la Figure 4.4.

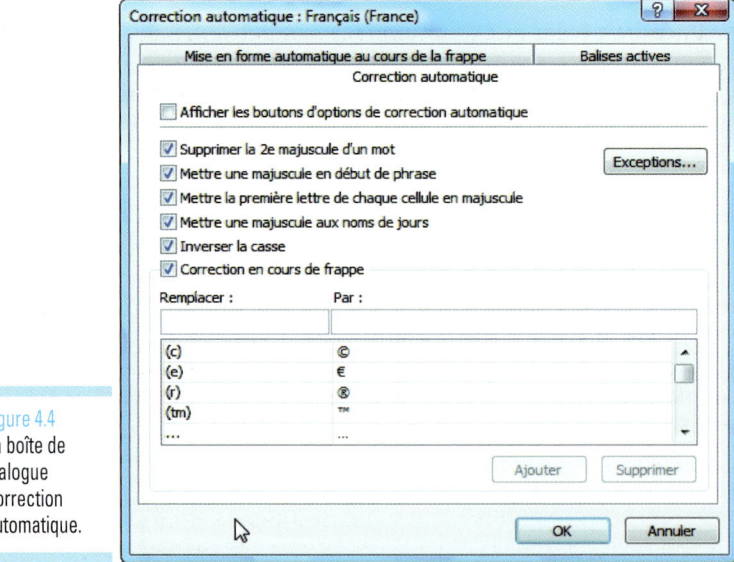

Figure 4.4
La boîte de dialogue Correction automatique.

Comme vous le constatez, la boîte de dialogue Correction automatique contient des cases à cocher qui gèrent le fonctionnement de la correction :

✔ **Afficher les boutons d'options de correction automatique :** Cette option affiche le bouton de correction automatique sous les mots corrigés automatiquement. Il permet d'annuler une modification ou de demander à PowerPoint de cesser tel ou tel type de correction.

- **Supprimer la 2e majuscule d'un mot :** Recherche les mots qui ont deux majuscules initiales, et transforme la seconde en minuscule. Par exemple, si vous saisissez *ENsemble*, PowerPoint corrige automatiquement en *Ensemble*. Cependant, si vous saisissez une troisième majuscule, PowerPoint suppose que c'est un acte volontaire et n'effectue aucune correction.

- **Mettre une majuscule en début de phrase :** Met automatiquement en majuscule la première lettre d'un mot commençant une phrase.

- **Mettre la première lettre de chaque cellule en majuscule :** Met automatiquement en majuscule la première lettre du premier mot d'une cellule d'un tableau.

- **Mettre une majuscule aux noms de jours :** Lundi, Mardi, Mercredi... il y en a sept comme ça.

- **Inverser la casse :** C'est une fonction très sympathique. Si PowerPoint remarque que vous capitalisez à l'envers de la normale, il suppose que vous avez appuyé accidentellement sur la touche de verrouillage des majuscules. Il déverrouille les majuscules et rétablit le bon ordre des choses.

- **Correction en cours de frappe :** Cette option est le cœur de la correction automatique. Elle consiste en une liste de mots fréquemment mal orthographiés. Si vous faites toujours la même faute au même mot, par exemple si vous écrivez systématiquement *vraiement* au lieu de *vraiment*, il suffit de saisir *vraiement* dans le champ Remplacer et *vraiment* dans le champ Par. Cliquez sur Ajouter. A partir de cet instant, PowerPoint remplacera ce mot sans que vous vous doutiez de rien. PowerPoint possède une liste de remplacements prédéfinis que vous pouvez enrichir des vôtres, mais que vous pouvez également modifier.

Ajoutez à la liste tous les mots qui vous posent problème ! Mieux : pour accélérer votre saisie de texte, définissez des abréviations. Par exemple, je trouve que le mot "c'est-à-dire" est long à écrire. J'ai donc défini "c'est-à-dire" comme remplacement de "cad". Ainsi, dès que je tape "cad" et appuie sur la barre d'espace, PowerPoint écrit "c'est-à-dire" à ma place. J'en ai une bonne cinquantaine dans ce genre.

La fonction de correction automatique comporte plusieurs options de mise en forme qui appliquent automatiquement des changements en cours de frappe. Pour définir ces options, cliquez sur l'onglet Mise en forme automatique au cours de la frappe. Les options sont présentées Figure 4.5. Elles contrôlent la présentation d'éléments comme les guillemets, les fractions, les ordinaux et j'en passe.

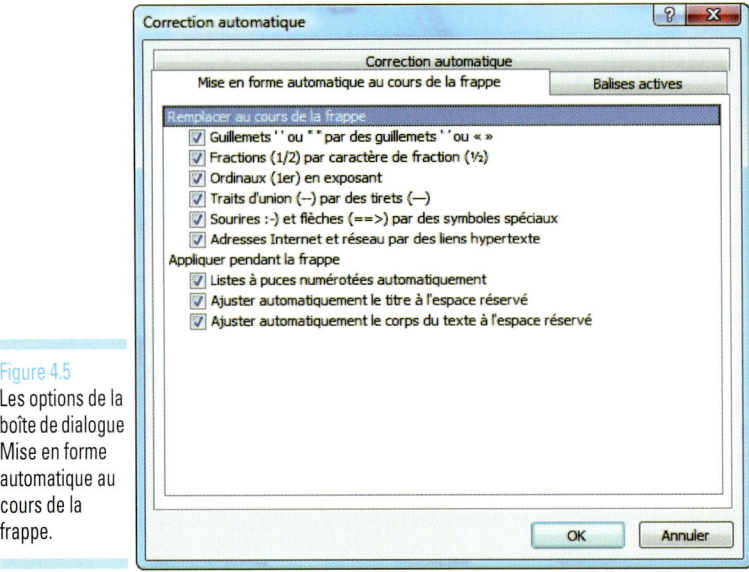

Figure 4.5
Les options de la boîte de dialogue Mise en forme automatique au cours de la frappe.

Chapitre 5

N'oubliez pas vos notes !

*U*ne magnifique diapositive avec un beau texte, un diagramme évocateur, peut-être même des images époustouflantes se trouve au début de votre présentation, mais vous ne savez plus pourquoi. Décontenancé, vous cherchez vos mots, ce qui augure mal de la suite de votre prestation.

PowerPoint est heureusement capable d'afficher des commentaires qui vous aident à bien préparer une présentation et à ne jamais être pris au dépourvu. Ils peuvent être mot pour mot ce que vous direz à l'auditoire, ou seulement quelques notes utilisées comme pense-bête.

Si votre ordinateur possède les connexions adéquates, PowerPoint peut afficher les diapositives sur un écran que regarde le public, et les notes uniquement sur votre moniteur, où vous seul les verrez. Pour plus d'informations, lisez la section "Afficher des commentaires sur un autre moniteur", plus loin dans ce chapitre.

Comprendre la notion de "commentaire"

Les *commentaires* sont des notes liées à vos diapositives. Ils n'apparaissent pas pendant la diffusion du diaporama, car PowerPoint les affiche séparément. Chaque diapositive d'une présentation comporte sa propre page de notes.

En mode d'affichage Normal, les notes sont cachées en bas de l'écran dans un volet indépendant appelé Commentaires. Pour voir les notes en mode Normal, vous devez agrandir la zone de commentaires afin de disposer d'une place suffisante pour la saisie. Pour plus d'informations, consultez la section "Ajouter des commentaires à une diapositive", plus loin dans ce chapitre.

PowerPoint dispose d'un affichage spécial intitulé Pages de commentaires. Pour l'activer, cliquez sur l'onglet Affichage, dans le Ruban, puis, dans le groupe Affichages des présentations, cliquez sur le bouton Pages de commentaires. La Figure 5.1 montre une diapositive affichée dans ce mode. Chaque page montre une version réduite de la diapositive surmontant une zone de commentaires.

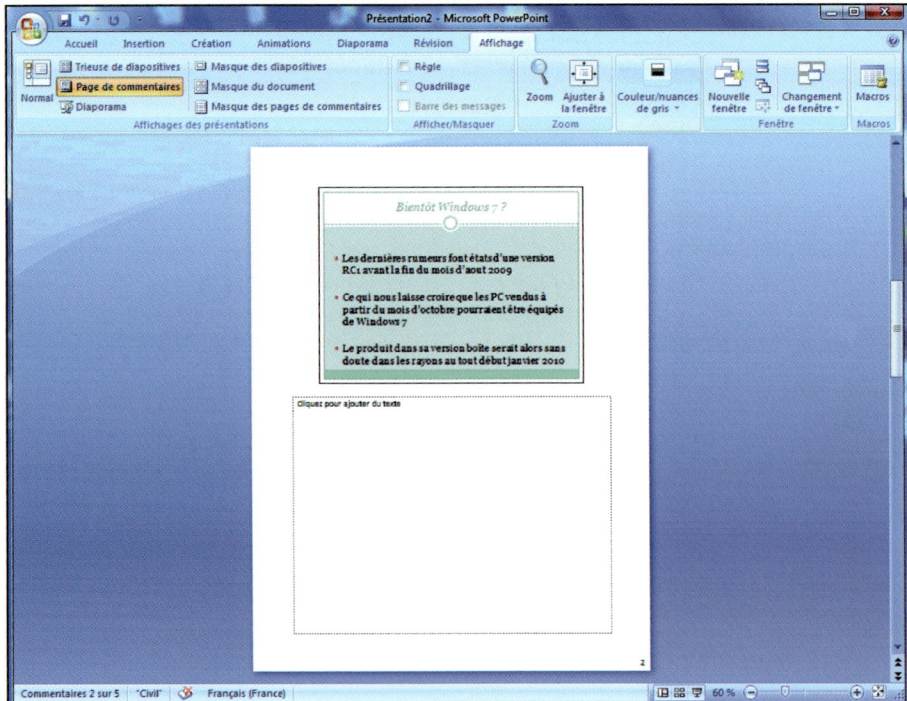

Figure 5.1
L'affichage en mode Page de commentaires permet de voir vos notes personnelles.

Bien sûr, ces notes sont trop petites pour les exploiter en mode Page de commentaires, sauf en augmentant le facteur de zoom.

Aucun raccourci clavier n'est hélas disponible pour basculer directement en mode Page de commentaires. Dans les versions précédentes de PowerPoint, il existait certes un bouton dans le coin inférieur gauche de la fenêtre, mais pour d'obscures raisons, Microsoft a jugé bon de le supprimer dans les versions récentes du programme. Vous devez donc impérativement utiliser la commande du Ruban.

Ajouter des commentaires à une diapositive

Voici comment ajouter des commentaires à une diapositive :

1. **En mode Normal, affichez la diapositive dans laquelle vous désirez ajouter des notes.**

2. **Cliquez et faites glisser la bordure du volet Commentaires pour mieux voir les notes.**

3. **Cliquez dans la zone de saisie où se trouve présentement la phrase Cliquez pour ajouter des commentaires.**

4. **Tapez vos notes.**

Le texte que vous saisissez apparaît dans la zone de commentaires. Lorsque vous créez des notes, vous pouvez utiliser toutes les fonctions standard du traitement de texte de PowerPoint comme Couper, Copier et Coller. Appuyez sur la touche Entrée pour créer de nouveaux paragraphes.

La Figure 5.2 montre une diapositive dont la zone de saisie des commentaires est largement agrandie. Quelques commentaires s'y trouvent.

Ajouter une page de commentaires à une diapositive

PowerPoint ne dispose pas d'une fonction d'ajout de pages de commentaires à une diapositive. L'astuce suivante montre cependant comment y parvenir autrement :

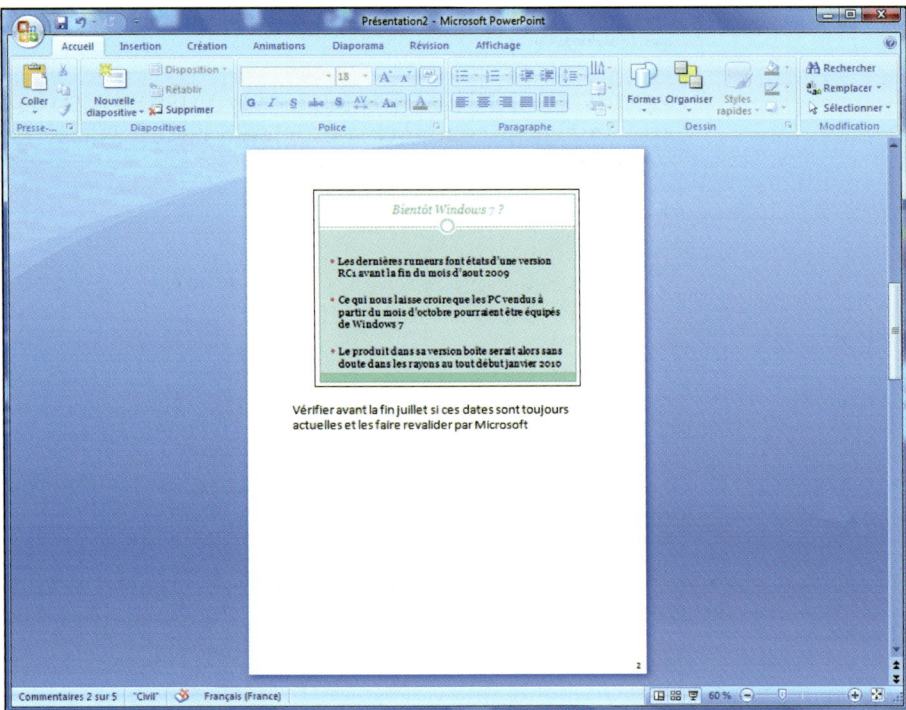

Figure 5.2
Une diapositive
ainsi que des
notes.

1. **Créez une copie de la diapositive juste après celle exigeant deux pages de commentaires.**

   Pour dupliquer la diapositive, affichez-la en mode Normal et appuyez sur Ctrl+D.

2. **Sous l'onglet Affichage, dans le groupe Affichages des présentations, cliquez sur le bouton Page de commentaires.**

   La page de commentaires de la duplication apparaît.

3. **Supprimez la diapositive qui se trouve au-dessus de la zone de commentaires.**

   Cliquez sur la diapositive et appuyez sur la touche Suppr.

4. **Agrandissez la zone de commentaires afin qu'elle remplisse la page.**

   Cliquez sur la zone de commentaires pour la sélectionner. Tirez vers le haut la poignée centrale de la bordure supérieure de la zone.

5. **Saisissez dans cette nouvelle page les notes destinées à la diapositive précédente.**

Ajoutez un en-tête comme "Suite de la diapositive 23", par exemple, en haut de la page pour vous souvenir que cette partie est bien la suite des notes liées à la précédente diapositive.

6. **Repassez en mode Normal.**

Cliquez sur le bouton Mode Normal, dans le groupe Affichages des présentations, sous l'onglet Affichage.

7. **Cliquez sur l'onglet Diaporama, dans le Ruban, et dans le groupe Configurer, choisissez Masquer la diapositive.**

Cette commande cache la diapositive, ce qui signifie qu'elle n'est pas affichée par le diaporama, donc qu'elle ne sera pas vue par votre auditoire.

Le résultat de cette astuce est que vous disposez à présent de deux pages de commentaires pour une seule diapositive. La seconde page n'a pas d'image de diapositive et n'est pas incluse dans le diaporama.

Si vous imprimez votre présentation sur des transparents, vous devez décocher l'option Imprimer les diapositives masquées, dans la boîte de dialogue Imprimer. Elles ne seront ainsi pas imprimées. Veillez à réactiver cette option quand vous souhaiterez imprimer les notes, sinon les commentaires ajoutés par cette technique ne seront pas imprimés. Car, si vous créez des commentaires, c'est bien pour les lire !

Réfléchissez à deux fois avant de créer une seconde page de commentaires. En effet, n'est-il pas plus judicieux de scinder le contenu de la diapositive en deux pour clarifier votre exposé ?

Ajouter une nouvelle diapositive en mode Page de commentaires

Si vous travaillez en mode Page de commentaires et réalisez qu'il est nécessaire d'ajouter une nouvelle diapositive, inutile de retourner en mode Normal : cliquez simplement sur le bouton Nouvelle diapositive dans le groupe Diapositives, sous l'onglet Accueil, ou appuyez sur Ctrl+M.

Réflexions à propos des commentaires

Voici quelques idées qui vous permettront d'utiliser plus efficacement vos pages de notes :

- Si vous montrez une longue présentation à un vaste auditoire, tapez un texte que vous lirez au mot près. Pour des présentations plus informelles, des notes plus succinctes sont sans doute plus appropriées.

- Utilisez les commentaires pour vous souvenir d'un aparté, d'un jeu de mots ou d'autres interventions annexes.

- Si vous préférez les notes manuscrites, imprimez des pages de commentaires vierges. Au lieu de taper les notes dans PowerPoint, vous les griffonnerez sous l'image réduite de chaque diapositive, où l'espace réservé aux notes a été préservé.

- Pensez à donner à votre auditoire de quoi prendre des notes.

Pour modifier le contenu ou l'apparence des diapositives, vous devez revenir en mode Normal. Aucune intervention n'est en effet possible en mode Page de commentaires.

Imprimer des pages de commentaires

Si votre ordinateur ne permet pas de projeter les diapositives sur un écran, vous utiliserez un autre moniteur ou imprimerez vos commentaires sur papier afin de les avoir sous les yeux pendant votre prestation. Voici comment procéder :

1. **Cliquez sur le bouton Office puis sur la commande Imprimer.**

   La boîte de dialogue Imprimer apparaît.

2. **Dans la liste Imprimer, choisissez Pages de commentaires.**

3. **Vérifiez que l'option Imprimer les diapositives masquées est cochée.**

   Cette option est en grisé si la présentation ne comporte aucune diapositive cachée.

4. **Cliquez sur OK ou appuyez sur la touche Entrée.**

Consultez le Chapitre 6 pour en savoir plus sur l'impression.

Afficher des commentaires sur un autre moniteur

Si vous disposez d'un ordinateur capable d'utiliser deux écrans, vous pourrez en utiliser un pour montrer les diapositives et l'autre pour afficher les notes. Le public verra ainsi les diapositives qui lui sont destinées tandis que vous serez le seul à voir vos notes, pense-bêtes et antisèches.

Pour activer cette fonction, choisissez l'onglet Diaporama puis, dans le groupe Configurer, cliquez sur le bouton Configurer le diaporama. La boîte de dialogue Options du diaporama apparaît. Dans la zone Plusieurs moniteurs, choisissez l'écran secondaire. Revenez en mode d'affichage des pages de commentaires, et lancez le diaporama pour constater qu'il s'affiche sur le second moniteur. Si un second écran n'est pas connecté à votre ordinateur, ce paramètre est indisponible (grisé).

Chapitre 6

Imprimer votre présentation

Ce chapitre commence par montrer comment terminer les préparatifs en imprimant des exemplaires des diapositives, des commentaires et des documents. Il se poursuit par l'installation d'un projecteur et la présentation proprement dite de votre prestation.

Imprimer rapidement

Le moyen le plus direct pour imprimer une présentation consiste à cliquer sur le bouton Impression rapide, tout en haut à gauche de PowerPoint. L'impression démarre sans passer par la moindre boîte de dialogue. Vous obtenez en principe une copie de toutes vos diapositives. En revanche, si vous avez modifié les paramètres d'impression dans la boîte de dialogue Imprimer, cliquer sur ce bouton imprimera la présentation avec ces mêmes paramètres.

La boîte de dialogue Imprimer

Pour un contrôle précis de l'impression, vous devez passer par la boîte de dialogue Imprimer que montre la Figure 6.1. Elle contient diverses options d'impression de tout ou partie d'une présentation. Pour l'afficher, cliquez sur le bouton Office et choisissez Imprimer, ou appuyez sur Ctrl+P.

Figure 6.1
La boîte de dialogue Imprimer.

Après avoir défini les options d'impression, cliquez sur OK ou appuyez sur la touche Entrée pour lancer l'impression. Les options permettent notamment de sélectionner un groupe de diapositives à imprimer, d'imprimer plusieurs copies des diapositives ou de la présentation, des éléments du document (c'est-à-dire la présentation sous forme d'un document remis à l'assistance), des commentaires ou un plan.

L'impression peut prendre du temps. Pour ne pas vous laisser dans l'expectative, PowerPoint affiche une barre de progression afin de savoir où en est la préparation de l'impression et l'impression elle-même.

Changer d'imprimante

Peut-être faites-vous partie de ces nantis qui possèdent plusieurs imprimantes ? Vous devez dans ce cas en sélectionner une dans le champ Nom de la section Imprimante. Chaque imprimante doit être connectée à l'ordinateur et allumée. Si vous êtes en délicatesse avec votre imprimante et sa connexion, lisez aussi _Windows XP pour les Nuls_ ou _Windows Vista pour les Nuls_.

Imprimer des parties d'une présentation

Lors d'une première utilisation de la commande Imprimer, l'option Toutes est activée. La totalité de la présentation sera donc imprimée, à raison d'une diapositive par feuille. Les quatre options de la section Étendue permettent de sélectionner des diapositives à imprimer :

- **Diapositive en cours :** Imprime la diapositive actuellement affichée dans PowerPoint. Avant d'appeler cette commande d'impression, vérifiez que la diapositive à imprimer est bien visible dans PowerPoint. Cliquez ensuite sur OK. Cette option est utile lorsque vous avez modifié une ou deux diapositives dans une présentation déjà imprimée en totalité.

- **Sélection :** Imprime la partie de la présentation sélectionnée avant d'exécuter la commande d'impression. Cette option est facile à utiliser en mode Plan ou Trieuse de diapositives. Commencez par sélectionner les diapositives à imprimer. Il suffit pour cela de maintenir le bouton de la souris enfoncé et de faire glisser le pointeur sur les diapositives concernées. Choisissez ensuite la commande Imprimer, activez l'option Sélection et cliquez sur OK. (Notez que si vous ne sélectionnez aucune diapositive avant d'ouvrir la boîte de dialogue Imprimer cette option est indisponible.)

- **Diaporama personnalisé :** Si vous avez défini un ou plusieurs diaporamas personnalisés (ces diaporamas particuliers sont décrits plus loin dans ce chapitre), cette commande vous permettra de sélectionner celui que vous désirez imprimer.

- **Diapositives :** Permet de sélectionner les diapositives à imprimer. Vous pouvez imprimer une plage de diapositives en indiquant les numéros de début et de fin de la plage, séparés par un tiret. Ainsi, en tapant _5-8_, vous demandez à PowerPoint d'imprimer les diapositives 5, 6, 7 et 8. Vous pouvez aussi imprimer des diapositives éparses en séparant leurs numéros par des virgules. En tapant _4,8,11_, vous n'imprimez que ces diapositives. Cerise sur le gâteau : vous pouvez imprimer des plages de diapositives et des diapositives éparses en une seule opération. Si vous saisissez *4,9-11,13*, vous imprimez les diapositives 4, 9 à 11 et 13.

Imprimer plusieurs exemplaires

Le champ Nombre de copies de la boîte de dialogue Imprimer permet d'obtenir plusieurs copies sur papier de votre présentation. Cliquez sur l'une des flèches du champ Nombre de copies pour augmenter ou diminuer le nombre d'exemplaires à imprimer. Il est possible de le saisir directement dans ce champ.

Sous le champ Nombre de copies, figure la case à cocher Copies assemblées. Si vous la cochez, PowerPoint imprime chaque copie de la présentation l'une après l'autre. En d'autres termes, si votre présentation contient dix diapositives et que vous sélectionnez 3 copies dans le champ Nombre de copies, PowerPoint imprime les dix diapositives de la première copie, puis les dix de la deuxième, enfin les dix de la troisième. Si vous ne cochez pas la case Copies assemblées, PowerPoint imprime trois copies de la première diapositive, puis trois de la deuxième, et ainsi de suite jusqu'à la dixième diapo.

L'option Copies assemblées évite de devoir trier manuellement les pages pour réordonner chaque document. Souvent, les présentations sont longues à imprimer à cause des graphiques insérés dans les diapositives. Toutefois, lorsque vous imprimez plusieurs copies, il est conseillé de ne pas cocher cette option. Attitude paradoxale sans doute, mais salutaire car elle fait gagner du temps. Beaucoup d'imprimantes sont plus rapides pour les exemplaires supplémentaires, car les calculs préliminaires à l'impression n'ont à être effectués qu'une seule fois. En revanche, l'option Copies assemblées ralentit le processus, car l'imprimante doit recalculer chaque fois la totalité du document, page après page, et recommencer la même opération pour les copies suivantes.

Que voulez-vous imprimer ?

La liste Imprimer de la boîte de dialogue Imprimer permet de sélectionner le type d'éléments que vous désirez coucher sur le papier. Voici son contenu :

- **Diapositives :** Imprime des diapositives (qui l'eût cru ?).

- **Pages de commentaires :** Imprime les pages contenant les commentaires (voir le Chapitre 5).

- ✔ **Documents (diapositives par page) :** Imprime les documents que vous remettrez à votre auditoire. Sélectionnez le nombre de diapositives à placer sur chaque page du document en cliquant sur la liste Diapositives par page. Vous pouvez également définir l'ordre d'apparition des diapositives, soit Horizontal, soit Vertical.

- ✔ **Plan :** Imprime le plan de la présentation.

Sélectionnez le type de sortie sur papier, puis cliquez sur OK ou appuyez sur Entrée.

Quand vous imprimez des diapositives destinées à des transparents, effectuez un test sur du papier ordinaire. Les transparents sont chers ; il serait bête de les gâcher.

Pour imprimer les diapositives en hauteur ou en largeur, cliquez sur le bouton Orientation des diapositives, dans le groupe Mise en page, sous l'onglet Création, puis choisissez Portrait ou Paysage.

Pour imprimer des documents à deux, trois ou six diapositives par page, PowerPoint est obligé de réduire la taille de chaque diapositive. Puisque ces documents sont remis à l'auditoire, le contenu doit cependant être lisible, malgré la taille réduite.

A quoi servent tous ces autres contrôles ?

La commande Imprimer dispose de contrôles supplémentaires situés en bas de la boîte de dialogue. En voici une liste expliquant leur fonction :

- ✔ **Couleur/Nuances de gris :** Cette liste permet d'imprimer en couleurs, en nuances de gris (le noir et blanc des photographes) ou en noir et blanc intégral (uniquement du blanc et uniquement du noir).

- ✔ **Mettre à l'échelle de la feuille :** Ajuste la taille de sortie en fonction de la dimension du papier d'impression. Évitez d'utiliser cette option, car le résultat est parfois surprenant.

- ✔ **Encadrer les diapositives :** Trace une fine bordure autour des diapositives afin de mieux les délimiter (commode quand il y a du ciel blanc dans une photo).

- ✔ **Imprimer les commentaires et les notes manuscrites :** Si vous avez ajouté des commentaires à vos diapositives, vous pouvez les imprimer sur des pages séparées. Autrement, cette option est en grisé (indisponible).

✔ **Imprimer les diapositives masquées :** Des diapositives peuvent être masquées avec la commande Masquer la diapositive, sous l'onglet Diaporama. Une diapositive masquée ne peut être imprimée que si cette option est active. Elle est en grisé quand la présentation ne comporte aucune diapositive masquée.

La commande Aperçu avant impression

La commande Aperçu avant impression permet de vérifier l'apparence des diapositives avant de les imprimer sur papier ou sur des transparents. Il suffit pour cela de cliquer sur le bouton Office et de choisir Imprimer. La page apparaît, comme sur la Figure 6.2.

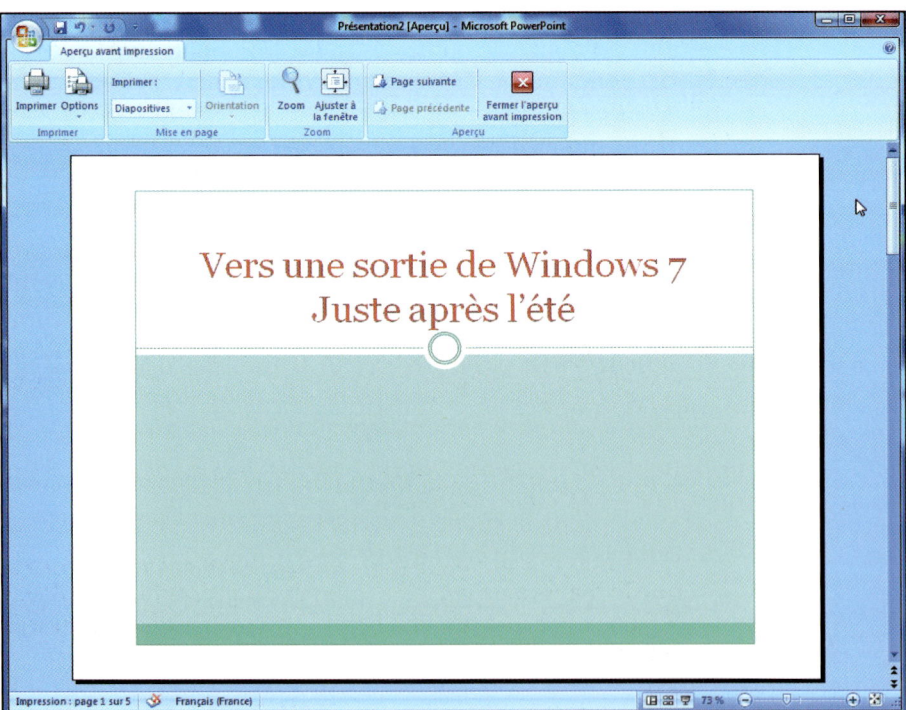

Figure 6.2
La prévisualisation de l'impression.

Il est possible de zoomer, dans la fenêtre d'aperçu avant impression, pour examiner un détail d'une diapositive. Vous pouvez également faire défiler les pages avec la barre de défilement, en utilisant les touches Page Haut et Page Bas ou en cliquant sur les boutons Page précédente et Page suivante, dans le coin supérieur gauche de l'aperçu.

Si vous êtes satisfait du "projet" d'impression, cliquez sur le bouton Imprimer. Si vous découvrez des erreurs, cliquez sur le bouton Fermer l'aperçu avant impression, afin de revenir au mode Normal et corriger les problèmes.

Démarrer un diaporama

Les fonctions d'impression sont appréciables, mais PowerPoint a surtout été conçu pour créer des diapositives qui seront présentées sur un écran plutôt qu'imprimées sur du papier. L'écran peut être celui de votre ordinateur, un vidéoprojecteur ou un écran géant à plasma ou à cristaux liquides.

Pour montrer une présentation à une seule personne ou à un petit groupe réuni autour de l'ordinateur, le démarrage du diaporama se fait d'un seul clic sur le bouton Diaporama. Il se trouve, ainsi que d'autres boutons d'affichage, en bas à droite de PowerPoint. Si vous avez configuré l'affichage en plein écran, la présentation occupe tout l'espace disponible. Pour passer à la diapositive suivante, cliquez ou appuyez sur Entrée, ou sur la touche Flèche Bas, Page Bas ou encore F5.

Si PowerPoint a été configuré pour utiliser deux moniteurs, le diaporama apparaît sur le second. Parfois, cette configuration par défaut doit être modifiée. À cette fin, chargez la présentation puis, sur le Ruban, cliquez sur l'onglet Diaporama et, dans le groupe Configurer, choisissez Configurer le diaporama. La boîte de dialogue de la Figure 6.3 apparaît, où vous réglerez les divers paramètres de la présentation.

Les options de la boîte de dialogue Paramètres du diaporama permettent de configurer les éléments suivants :

- **Configurer la présentation :** Vous choisirez l'option appropriée selon que le diaporama est Présenté par un présentateur (plein écran), Visionné par une personne (fenêtre) ou Visionné sur une borne (plein écran).

- **Exécuter en continu jusqu'à ÉCHAP :** Cochez cette case afin que le diaporama s'exécute en boucle. Arrivé à la dernière diapositive, il reprend à la première jusqu'à ce que quelqu'un appuie sur la touche Échap.

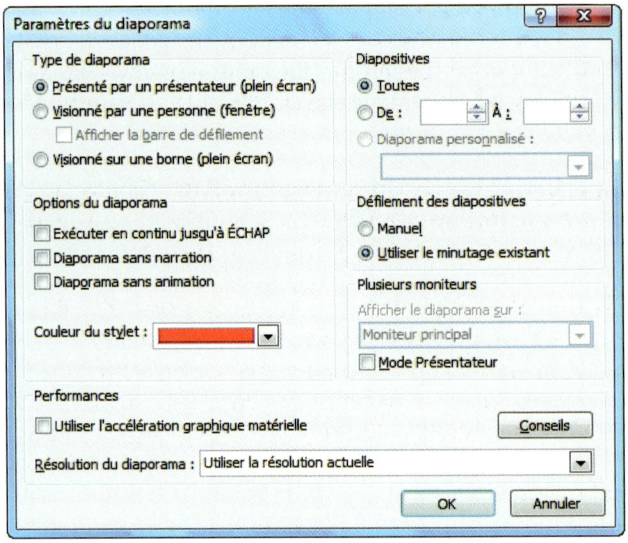

Figure 6.3
La boîte de dialogue servant à configurer le diaporama.

✔ **Diaporama sans narration, Diaporama sans animation :** Décochez ces cases pour simplifier le diaporama.

✔ **Sélectionner la couleur du stylet :** Sélectionnez ici la couleur du stylet permettant d'écrire ou dessiner à même la diapositive. Reportez-vous à la section "Dessiner sur les diapositives", plus loin dans ce chapitre.

✔ **Choisir les diapositives à montrer :** Dans la rubrique Diapositives, choisissez Toutes pour présenter la totalité des diapositives de la présentation, ou indiquez dans les champs De et À la plage de diapositives à inclure.

✔ **Diaporama personnalisé :** Cochez cette case pour choisir un diaporama personnalisé que vous auriez confectionné (nous y reviendrons plus loin dans ce chapitre).

✔ **Choisir de passer manuellement d'une diapositive à une autre :** Dans la rubrique Défilement des diapositives, sélectionnez l'option Manuel pour avancer à la diapositive suivante en appuyant sur la touche Entrée ou sur la barre d'espace, ou en cliquant. Pour que les diapositives défilent automatiquement, choisissez Utiliser le minutage existant.

✔ **Sélectionner un moniteur :** Si votre ordinateur est relié à deux moniteurs, allez dans la rubrique Plusieurs moniteurs et sélectionnez celui qui doit être utilisé pour le diaporama.

✔ **Définir les options de performance :** Vous pouvez activer ou désactiver l'option Utiliser l'accélération graphique matérielle. Cette case doit être cochée, sauf en cas de dysfonctionnement de l'affichage. C'est dans cette rubrique aussi que vous sélectionnez la résolution de la présentation.

✔ **Utiliser la télécommande du projecteur :** Pour ce faire, la télécommande doit pouvoir être branchée au port USB de l'ordinateur. Le câble approprié est généralement livré avec le projecteur.

✔ **Activer le son :** Si votre présentation est sonorisée, l'ordinateur devra être équipé de haut-parleurs ou, mieux, d'enceintes de bonne qualité. Si la présentation est montrée dans une grande salle, vous devrez connecter l'ordinateur au système de sonorisation. Le câble à utiliser peut varier d'une sono à une autre, mais généralement un câble avec un minijack stéréo de 3,5 mm à une extrémité et un jack stéréo de 6,35 mm à l'autre convient.

Le clavier et la souris au service du diaporama

Au cours du diaporama, vous pouvez contrôler la présentation à l'aide du clavier et de la souris. Les Tableaux 6.1 et 6.2 répertorient les touches et les clics à mettre en œuvre.

Si le pointeur de la souris est masqué, bougez votre périphérique de pointage (votre souris, quoi !). Dès que le pointeur redevient visible, un menu apparaît dans le coin inférieur gauche de la diapositive. Il permet d'activer diverses options d'affichage des diapositives.

Tableau 6.1 : Le clavier au service du diaporama.

Fonction	Mise en œuvre
Afficher la diapositive suivante	Entrée, barre d'espace, Page Bas ou S
Afficher la diapositive précédente	Retour arrière, Page Haut ou P
Afficher la première diapositive	Origine
Afficher une diapositive spécifique	Numéro de la diapositive+Entrée (pavé numérique)
Basculer vers un écran noir	N ou . (point)

Tableau 6.1 : Le clavier au service du diaporama. (*suite*)

Fonction	Mise en œuvre
Basculer vers un écran blanc	B ou , (virgule)
Afficher ou masquer le pointeur	F ou =
Effacer le dessin à l'écran	E
Afficher la diapositive suivante même si elle est masquée	M
Afficher une diapositive masquée	Numéro de la diapositive masquée+Entrée (pavé numérique)
Transformer le pointeur en stylet	Ctrl+P
Transformer le stylet en pointeur	Ctrl+A
Arrêter le diaporama	Echap, Ctrl+Pause, - ("moins" du pavé numérique)

Tableau 6.2 : La souris au service du diaporama.

Fonction	Mise en œuvre
Afficher la diapositive suivante	Cliquer
Parcourir les diapositives	Actionner la molette (si la souris en a une)
Afficher le menu des actions	Cliquer du bouton droit
Afficher la première diapositive	Maintenir les deux boutons de la souris enfoncés jusqu'à l'apparition de la diapositive 1
Dessiner	Appuyez sur Ctrl+P pour transformer le pointeur en stylet et dessiner

Dessiner sur les diapositives

Dans une présentation, il est souvent nécessaire de souligner des points importants sur telle ou telle diapositive. Voici comment procéder :

1. **Démarrez le diaporama.**

2. **Pour dessiner sur une diapositive, appuyez sur Ctrl+P.**

   Le pointeur de la souris prend la forme d'un stylo.

3. **Dessinez.**

4. **Pour effacer, appuyez sur E.**

5. **Pour cesser de dessiner appuyez sur Echap**

Dessiner d'une manière précise exige une parfaite maîtrise de la souris. Avec un peu d'expérience, vous serez capable de tracer des lignes à peu près présentables.

Voici quelques conseils lorsque vous gribouillez laborieusement :

- **Masquez temporairement le pointeur de la souris :** Appuyez sur Ctrl+M puis sur le signe = (égal). Procédez de même – ou appuyez sur la touche A – pour faire réapparaître le pointeur.

- **Renforcez votre propos par des interjections :** "Et hop !", "Et voilà !", "Bon ben, c'est pas mal ça...".

- **Changez le type et la couleur du stylet :** Pour choisir une autre couleur, cliquez sur la très diaphane icône en forme de stylo, en bas à gauche du diaporama. Quatre options sont proposées : la Flèche (pas de stylet), le Stylet pointe bille, le Stylet feutre et le Surligneur. Ce dernier trace un épais trait translucide, à la manière des surligneurs à pointe en feutre.

Vous pouvez également appuyer sur le bouton droit de la souris pour accéder à un menu contextuel qui propose diverses commandes. Il risque cependant d'interrompre le diaporama pendant que vous choisissez une commande. Ce menu permet de changer la couleur du stylet et quelques autres fantaisies. Vous pouvez définir la couleur du stylet avant de lancer le diaporama. Il suffit de cliquer sur Configurer le diaporama, dans le groupe Configurer sous l'onglet Diaporama. Si vous avez une souris télécommandée et désirez accéder au clavier pendant la présentation, il est préférable d'utiliser le menu contextuel.

La présentation terminée, PowerPoint vous propose d'enregistrer vos gribouillages sous forme d'annotations. Si vous acceptez, vous ne serez plus obligé de dessiner la prochaine fois.

Vérifier le minutage du diaporama

Les fonctions de minutage de PowerPoint servent à évaluer la durée d'une présentation. Vous pouvez aussi définir une durée totale qui régira la temporisation de l'affichage des diapositives.

Pour temporiser une présentation, cliquez sur l'onglet Diaporama et, dans le groupe Configurer, cliquez sur Vérification du minutage. Le petit chronomètre que montre la Figure 6.4 s'ouvre.

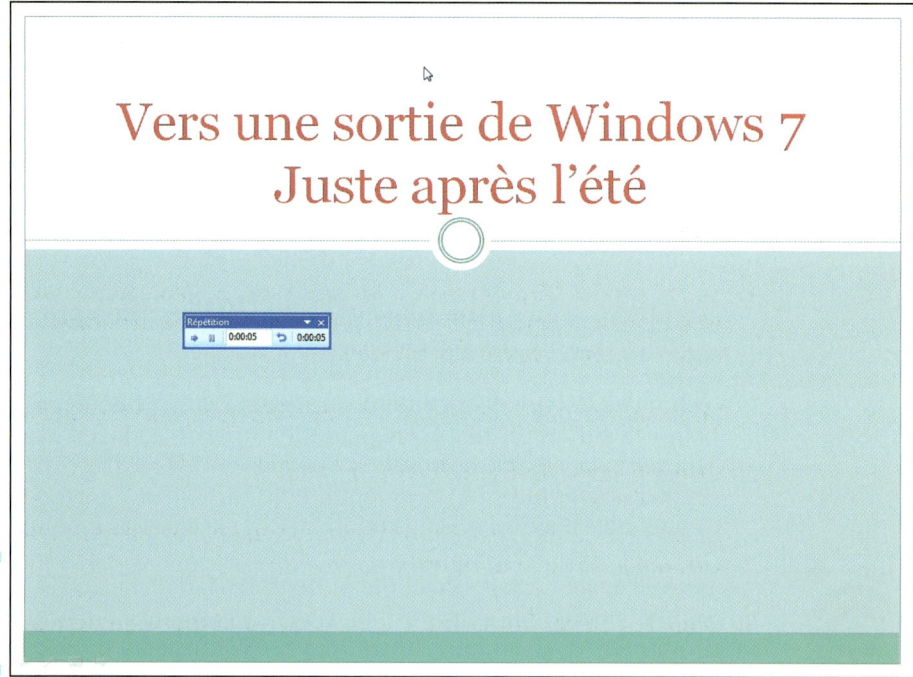

Figure 6.4
Le minutage d'un diaporama.

Minutez votre présentation. Cliquez sur la souris ou utilisez les raccourcis clavier pour avancer dans les diapositives. PowerPoint enregistre le temps d'affichage de chaque diapositive (à gauche), ainsi que la durée écoulée depuis le début de la présentation (à droite).

Après la dernière diapositive, PowerPoint affiche une boîte de dialogue permettant de valider le minutage de votre diaporama. S'il vous convient, cliquez sur Oui.

Si un minutage s'avère complètement inexploitable, cliquez sur le bouton Répéter. Il sera relancé depuis le début de la présentation.

Les diaporamas personnalisés

Cette fonction de PowerPoint permet de créer plusieurs diaporamas sur un même sujet, stockés dans une seule présentation. Supposons que l'on vous demande d'un côté une présentation montrant les bénéfices dégagés par votre société et de l'autre la part de ces bénéfices redistribués aux employés. Vous pouvez créer une présentation ne contenant que les diapositives dégageant les bénéfices de l'entreprise, et ensuite sélectionner les diapositives qui constitueront la présentation des bénéfices destinés aux seuls employés. Vous ne créez à cette fin qu'une seule présentation, mais vous projetez deux diaporamas.

Créer un diaporama personnalisé

Pour créer un diaporama personnalisé :

1. **Sous l'onglet Diaporama du Ruban, dans le groupe Démarrer un diaporama, cliquez sur le bouton Diaporamas personnalisés et choisissez l'unique option proposée.**

   Vous accédez à la boîte de dialogue Diaporamas personnalisés.

2. **Cliquez sur le bouton Nouveau.**

   La boîte de dialogue Définir un diaporama personnalisé apparaît, comme le montre la Figure 6.5.

3. **Dans le champ Nom, donnez un nom au diaporama personnalisé.**

4. **Ajoutez les diapositives à utiliser dans le diaporama personnalisé.**

   Toutes les diapositives utilisables sont répertoriées dans la fenêtre Diapositives de la présentation. Pour en ajouter au diaporama personnalisé, cliquez sur la diapositive puis sur le bouton Ajouter. Elle est aussitôt transférée dans la liste Diapositives du diaporama personnalisé.

Il n'est pas nécessaire de placer les diapositives d'un diaporama personnalisé dans le même ordre qu'à l'origine. De plus, une même diapositive peut figurer plusieurs fois dans le diaporama personnalisé.

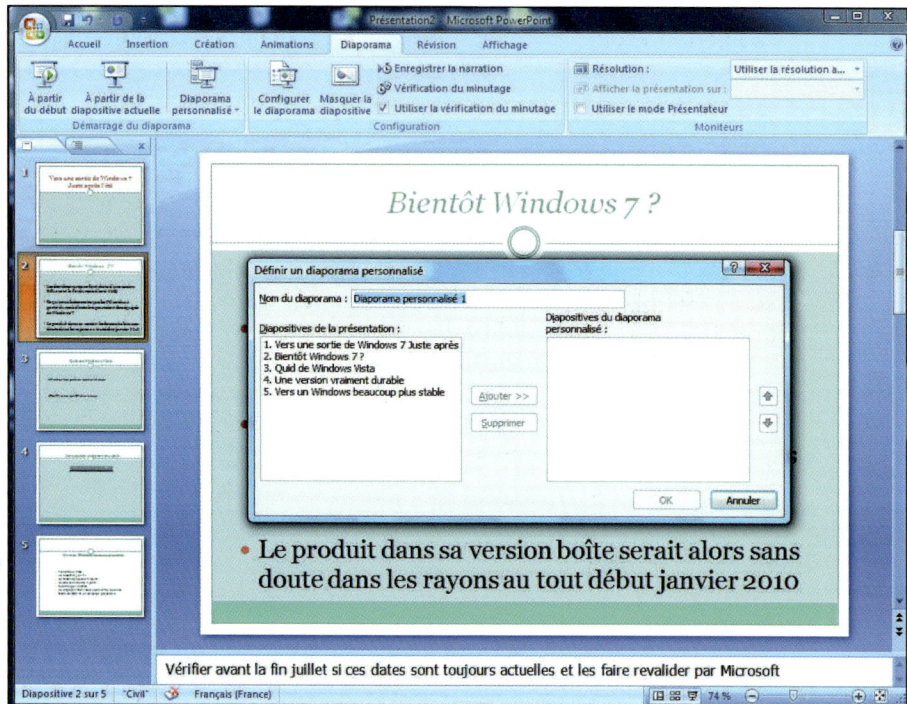

Figure 6.5
Prêt à créer un
diaporama
personnalisé.

Pour ôter une diapositive, cliquez dessus dans la liste Diapositives du
diaporama personnalisé, puis cliquez sur Supprimer.

Les deux flèches pointées vers le haut et le bas, à droite de la boîte de
dialogue Définir un diaporama personnalisé, permettent de hausser ou
d'abaisser une diapositive dans la liste.

5. Cliquez sur OK.

Vous revenez dans la boîte de dialogue Diaporamas personnalisés.

6. Cliquez sur Fermer.

Afficher un diaporama personnalisé

Pour afficher un diaporama personnalisé, commencez par ouvrir la présentation qui contient les diapositives qui ont servi à le définir. Choisissez ensuite

l'onglet Diaporama, cliquez sur le bouton Diaporamas personnalisés, puis sélectionnez le diaporama personnalisé dans la liste déroulante.

Masquer des diapositives

Si vous ne désirez pas utiliser la fonction de diaporama personnalisé, mais souhaitez cependant exclure certaines diapositives de la présentation, masquez-les plutôt que de les supprimer. Pour cela, sélectionnez l'onglet Diaporama puis, dans le groupe Configurer, cliquez sur Masquer la diapositive. Dans le volet Diapositives, à gauche, le numéro des diapositives masquées est encadré et barré.

Pour révéler des diapositives masquées, exécutez de nouveau la commande Diaporama/Masquer la diapositive.

Chapitre 7

A l'aide !

La meilleure méthode pour utiliser PowerPoint est d'avoir un formateur à côté de vous. Vous lui posez toutes les questions qui vous tracassent. Le problème, c'est que faire appel à un professionnel coûte très cher.

PowerPoint est heureusement doté d'une fonction d'aide susceptible de répondre à vos questions.

Plusieurs moyens d'obtenir de l'aide

Comme pour quasiment tout dans Office, PowerPoint propose plusieurs manières d'accéder à l'aide. Le plus simple serait d'envoyer un SOS avec la souris (mais il faut connaître le morse). Autrement, vous disposez des options suivantes :

▬ Appuyez sur la touche F1 chaque fois que vous êtes dans la panade. PowerPoint vous renseignera sur la tâche que vous essayez d'accomplir. Cette fonction très astucieuse est appelée "aide sensitive contextuelle".

▬ Cliquez sur le bouton Aide. C'est le point d'interrogation en haut à droite du Ruban. Cette action active le système d'aide de PowerPoint que montre la Figure 7.1.

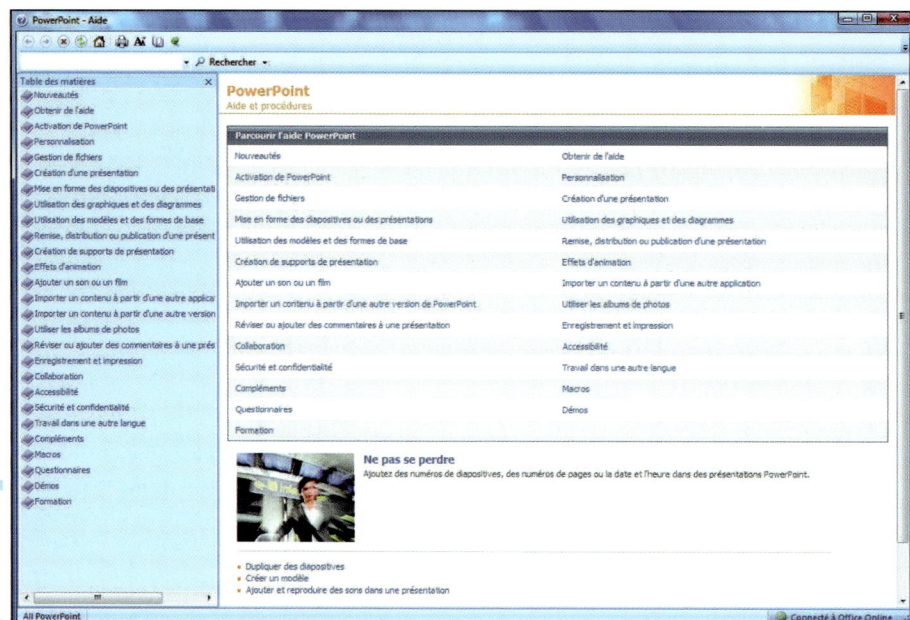

Figure 7.1
Toute l'aide sur
PowerPoint est
réunie ici.

> ✔ Quand une boîte de dialogue est affichée, cliquez sur le bouton orné d'un point d'interrogation, en haut à droite, pour obtenir une aide spécifique à cette boîte.

> ✔ Quand vous immobilisez le pointeur de la souris sur un élément du Ruban, une infobulle explique sa fonction. Bon nombre de ces infobulles comportent une option Appuyez sur F1 pour obtenir de l'aide. Dans ce cas, l'appui sur la touche affiche une aide spécifique à cet élément.

Vous en sortir dans l'Aide

La boîte de dialogue Aide (voir Figure 7.1) propose divers moyens d'accéder à l'aide que vous recherchez :

> ✔ **Les liens de la fenêtre d'aide :** Cliquez sur n'importe lequel des liens de la fenêtre principale pour accéder à un sujet particulier. Par exemple, si vous cliquez sur le lien Nouveautés, vous découvrirez les fonctionnalités propres à PowerPoint 2007.

Mais qu'est-il arrivé à Trombine ?

Don Juan a son Leporello, Batman son Robin, Laurel son Hardy, Hardy son Dutronc et Dutronc plein de chats. Tout le monde a besoin d'un assistant et les utilisateurs d'Office ne font pas exception à cette règle. C'est pourquoi Microsoft leur avait adjoint, dans les versions précédentes d'Office, un petit personnage nommé Trombine, qui aidait inlassablement les utilisateurs.

Trombine était un trombone à papier animé qui prodiguait de judicieux conseils et suggestions. Vous pouviez même lui poser des questions en cas de problème, et si sa tête ne vous revenait pas, vous pouviez remplacer Trombine par le chat Tifauve, le chien Toufou, l'enchanteur Merlin et bien d'autres compagnons.

Ces compagnons n'étaient hélas ! pas aussi efficaces qu'ils auraient dû l'être. Ils étaient même souvent envahissants. Si vous tapiez *Cher* près d'un texte qui ressemblait à une adresse, Trombine surgissait, demandant si vous étiez en train de taper une lettre. Et si vous posiez une question, il répondait souvent à côté.

Microsoft tenta d'améliorer le compagnon dans les versions successives de sa suite, jusqu'à Office 2007, et décida finalement de se défaire de Trombine et de ses compagnons. Trombine a décidé d'abandonner le trombone, car il veut jouer de l'hélicon.

✔ **Le bouton Masquer la table des matières :** Cliquez sur ce bouton (représenté dans la marge) pour faire disparaître la table des matières. Vous bénéficierez ainsi d'une vue plus confortable des divers sujets de l'Aide. Cliquer de nouveau sur le bouton réaffiche la table des matières.

✔ **La fonction Rechercher :** Si vous ne trouvez pas votre bonheur, tapez un mot ou une phrase dans le champ Rechercher – en haut à gauche de la fenêtre Aide –, puis cliquez sur le bouton Rechercher. Vous obtiendrez ainsi une liste de sujets se rapportant au mot ou à la phrase que vous avez tapée.

✔ **L'icône en forme de punaise :** Normalement, la fenêtre de l'Aide est toujours affichée par-dessus toutes les autres. Mais bien souvent elle occulte PowerPoint, empêchant d'y travailler. Pour éviter que la fenêtre d'aide soit toujours au premier plan, cliquez sur le bouton en forme de punaise ; la fenêtre pourra ainsi être placée à l'arrière-plan.

✔ **Le bouton Précédent :** Il permet de remonter dans vos pérégrinations au sein de l'aide.

Trouver de l'aide sur l'Internet

En plus de l'aide intégrée à PowerPoint, vous pouvez obtenir de l'aide depuis le site Web de Microsoft consacré à Office (`www.microsoft.com/france/office/2007/`). Vous y découvrirez de nombreuses informations dignes d'intérêt, un forum aux questions, la possibilité de télécharger des thèmes, etc.

Deuxième partie
De superbes diapositives

"Franchement, je ne pense pas que ce soit la meilleure façon d'améliorer les couleurs de nos graphismes."

Les chapitres qui composent cette partie visent tous à rendre vos diapositives plus attrayantes. Vous y apprendrez à affiner un texte et à le rendre plus lisible grâce à une mise en forme soignée.

Chapitre 8

Polices et mise en forme du texte

Une bonne présentation doit être comme un feu d'artifice : le public doit s'émerveiller à chaque nouvelle diapositive. Mais cet émerveillement ne doit pas se faire au détriment de la lisibilité.

Ce chapitre vous montre comment éblouir votre auditoire par une belle mise en page. Si vous basez vos présentations sur des modèles PowerPoint, le texte sera d'ores et déjà correctement mis en forme. Mais, pour passer au niveau supérieur, vous devrez recourir à quelques petits trucs.

La plupart des fonctions de mise en forme du texte de PowerPoint sont identiques à celles de Microsoft Word. Si vous savez formater du texte sous Word, vous saurez le faire dans PowerPoint.

Modifier l'apparence du texte

L'effet d'une présentation tient pour une grande part à son aspect. Vous le modifierez un peu ou complètement selon le but visé et votre public.

L'apparence des polices typographiques se règle dans le groupe Police, sous l'onglet Accueil du Ruban, comme le montre la Figure 8.1.

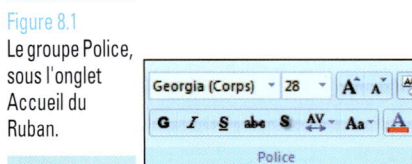

Si vous désirez des options supplémentaires, ouvrez la boîte de dialogue Police (Figure 8.2). Pour ce faire, cliquez sur le lanceur de la boîte de dialogue, en bas à droite du groupe Police.

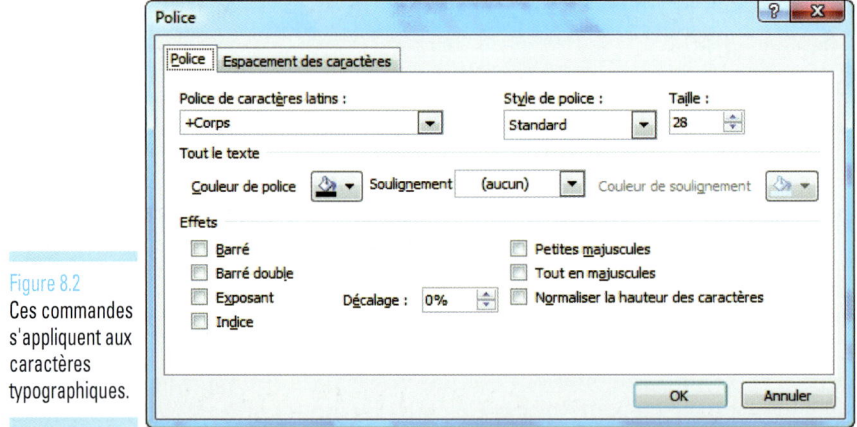

Plusieurs options de mise en forme ont des raccourcis clavier ; ils sont répertoriés dans le Tableau 8.1.

Vous n'êtes pas obligé d'apprendre tous ces raccourcis par cœur. Les plus utilisés sont Gras, Italique, Souligné et l'effacement de la mise en forme. Vous les mémoriserez facilement à l'usage, en les utilisant d'abord sporadiquement, puis de plus en plus souvent.

Tableau 8.1 :   Raccourcis de mise en forme typographique.

Bouton	Raccourci clavier	Mise en forme
Georgia (Corps)	(aucun)	Police
28	(aucun)	Taille
A	Ctrl+Maj+K	Augmente la taille de la police
A	Ctrl+Maj+J	Diminue la taille de la police
Aa	Ctrl+Espace	Efface toutes les mises en forme
G	Ctrl+G	Gras
I	Ctrl+I	Italique
S	Ctrl+U	Souligné
abc	(aucun)	Barré
S	(aucun)	Texte ombré
AV	(aucun)	Espacement des caractères
Aa	Maj+F3	Modification de la casse
A	(aucun)	Couleur de la police

Deux moyens d'appliquer une mise en forme

La mise en forme d'un texte peut être appliquée de deux manières :

> ✔ **Si le texte existe déjà,** sélectionnez-le puis cliquez sur le ou les boutons appropriés, ou utilisez les raccourcis clavier. Par exemple, pour souligner du texte, sélectionnez-le et appuyez sur Ctrl+U.

> ✔ **Pour taper du texte mis en forme,** cliquez d'abord sur un bouton, ou tapez le raccourci clavier, puis tapez le texte. Ce dernier apparaît avec la mise en forme choisie. Pour revenir à une frappe normale, appuyez sur Ctrl+Espace.

NdT : Une boîte d'outils de mise en forme ainsi que plusieurs options de mise en page sont proposées en cliquant du bouton droit dans du texte, qu'il soit sélectionné ou non.

Modifier la taille des caractères

Si le texte est difficile à lire ou si vous désirez attirer l'attention, vous pouvez grossir un mot par rapport au reste du texte. Le plus simple pour modifier la taille de la police consiste à sélectionner une taille prédéfinie dans la liste de la barre d'outils Mise en forme.

Pour augmenter ou diminuer rapidement la taille d'un texte, sélectionnez-le ou placez-y le point d'insertion. Appuyez sur Ctrl+Alt+Maj+K pour augmenter sa taille et sur Ctrl+Alt+J pour la diminuer.

Les polices de caractères

Il est très facile de choisir une autre police et de changer ainsi l'aspect d'un texte. Le moyen le plus rapide de changer de police est de la sélectionner dans le groupe Police, sous l'onglet Accueil. Ou alors, si vous êtes allergique au poil de souris, appuyez sur Ctrl+Maj+F, puis sur Tab, et enfin sur une touche fléchée Bas ou Haut pour sélectionner une police dans la liste.

Voici quelques considérations supplémentaires sur les polices :

> ✔ Bien que vous puissiez sélectionner une police depuis la boîte de dialogue du même nom, la commande Police présente sur le Ruban offre un énorme avantage : le nom de chaque police est affiché tel que la police apparaîtra, ce qui facilite considérablement le choix. En revanche, dans la boîte de dialogue Police, les polices sont simplement répertoriées dans la police standard de Windows.

> ✔ Pour modifier les polices de toutes les diapositives de votre présentation, basculez en mode Masque des diapositives.

- ✔ PowerPoint place automatiquement en haut de la liste les polices les plus utilisées dans votre présentation. Vous pouvez ainsi facilement les appliquer sans les rechercher par ordre alphabétique, une tâche parfois fastidieuse.

- ✔ N'abusez pas des polices ! Ce n'est pas parce que vous en possédez des dizaines, voire des centaines, qu'il faut en faire étalage. Efforcez-vous de vous en tenir à un maximum de deux ou trois polices par diapositive, et n'en changez pas trop souvent au cours de la présentation. En matière de typographie, la lisibilité et la force d'un texte découlent de la parcimonie.

Mettre du texte en couleur

La couleur est un excellent moyen d'attirer l'attention sur un texte. Pour ce faire, sélectionnez-le puis cliquez sur le bouton Couleur de police. Choisissez ensuite la nouvelle couleur à appliquer dans la palette qui apparaît.

Si vous n'aimez pas les couleurs que propose la palette Couleur de police, cliquez sur Autres couleurs. Une boîte de dialogue s'ouvre. Choisissez une couleur ou définissez-en une en cliquant sur l'onglet Personnalisées. .

Pour modifier la couleur du texte d'une présentation entière, effectuez cette modification sur le Masque de diapositives. Reportez-vous aussi au Chapitre 7 pour savoir comment modifier les couleurs au travers d'un thème.

Du texte ombré

Ajouter une ombre à des caractères permet de détacher le texte de l'arrière-plan, ce qui facilite souvent la lecture. C'est pourquoi de nombreux modèles PowerPoint y ont recours.

Une ombre peut être appliquée à n'importe quel type de texte. Sélectionnez-le texte, puis cliquez sur le bouton Ombre du texte, dans le groupe Police sous l'onglet Accueil. Si tous les textes de toutes les diapositives doivent être ombrés, vous aurez intérêt à utiliser un masque de diapositive.

NdT : La fonction Relief, qui permettait de simuler une jolie impression de gaufrage ou d'estampage, a hélas disparu dans PowerPoint 2007.

La mise en forme en long, en large et en travers

Le groupe Paragraphe, sous l'onglet Accueil du Ruban (voir Figure 8.3), contient des commandes s'appliquant à des paragraphes entiers. Elles sont décrites dans les sections qui suivent.

Figure 8.3
Le groupe
Paragraphe,
sous l'onglet
Accueil du
Ruban.

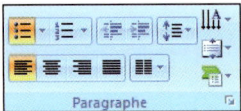

Les listes à puces

Dans la plupart des présentations, les paragraphes sont précédés d'un petit pictogramme appelé "puce", en jargon typographique. Autrefois, vous deviez les ajouter vous-même. Aujourd'hui, les puces apparaissent automatiquement.

PowerPoint permet de créer des puces spéciales basées sur des images, au lieu de simples points, carrés ou coches. Avant de vous lancer dans la création infernale de ces puces à image, apprenez les bases de l'utilisation de ces petites bestioles.

Pour placer des puces en regard d'un ou de plusieurs paragraphes :

1. **Sélectionnez les paragraphes devant recevoir des puces.**

   Pour ajouter des puces à un seul paragraphe, il est inutile de le sélectionner. Placez simplement le point d'insertion dedans.

2. **Cliquez sur le bouton Puces, dans le groupe Paragraphe, sous l'onglet Accueil.**

   PowerPoint place une puce devant chaque paragraphe sélectionné.

Le bouton Puces est une commande dite *à bascule :* vous cliquez dessus pour ajouter des puces et cliquez de nouveau dessus pour les ôter.

Si vous tenez à faire preuve d'originalité, vous pouvez choisir des puces diffé-rentes de celles proposées par PowerPoint. Confectionnez-en à partir d'un caractère typographique, d'un clipart, d'une photo, voire d'une animation.

Si aucune des puces de la liste ne vous plaît, ouvrez la boîte de dialogue Puces et numéros. Pour ce faire, cliquez sur le bouton fléché à droite du bouton Puces et, tout en bas, cliquez sur Puces et numéros. La boîte de dialogue de la Figure 8.4 s'ouvre.

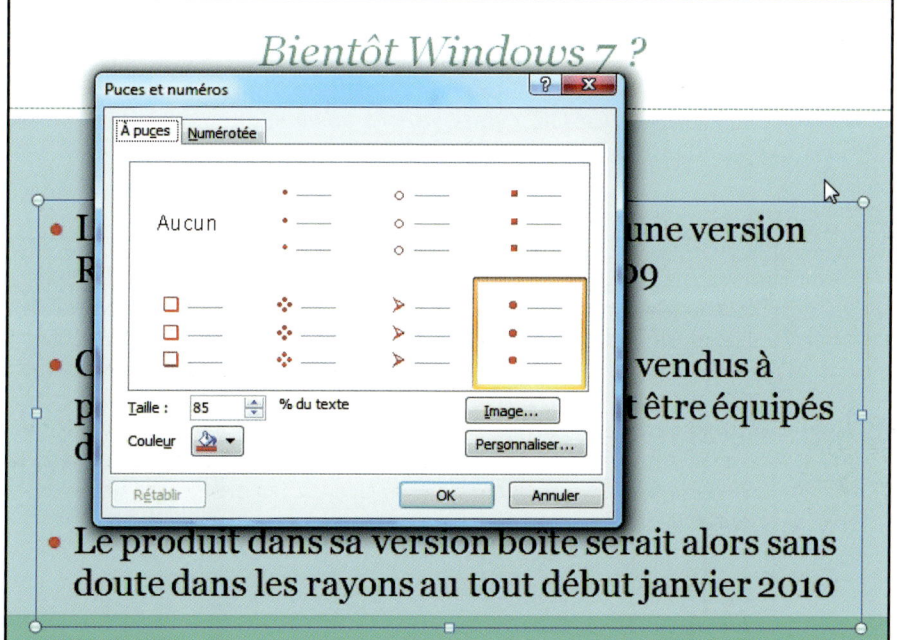

Figure 8.4
La boîte à puces de PowerPoint, où elles font leur numéro.

Voici quelques conseils concernant l'utilisation des puces :

- **Personnalisez la forme de la puce :** Plusieurs types de puces sont proposés. Si aucun ne vous convient, cliquez sur le bouton Personna-lisé, en bas à droite de la boîte de dialogue. Vous ouvrez ainsi une autre boîte de dialogue montrant d'autres caractères spéciaux susceptibles d'être utilisés comme puces. Choisissez celui qui vous plaît et cliquez sur OK. Ou alors choisissez une autre typographie dans la liste dérou-lante Police.

✔ **Modifiez la taille de la puce :** Si les puces sont trop petites – de vraies larves... –, augmentez leur taille dans le champ prévu à cet effet de la boîte de dialogue Puces et numéros. Cette taille est spécifiée en pourcentage de la taille du texte.

✔ **Modifiez la couleur :** Choisissez-la dans la liste Couleur. Sélectionnez une teinte prédéfinie ou personnalisez-la en cliquant sur Autres couleurs ; la boîte de dialogue qui apparaît permet de sélectionner n'importe laquelle des 16 777 216 couleurs qu'offrent la plupart des écrans d'ordinateur.

✔ **Utilisez une image :** Pour utiliser une image (logo, pictogramme...) comme puce, cliquez sur le bouton Image. Vous accédez à la boîte de dialogue de la Figure 8.5. Choisissez l'image à utiliser comme puce, puis cliquez sur OK. (Vous pouvez aussi cliquer sur le bouton Importer afin d'utiliser vos propres images comme puces.)

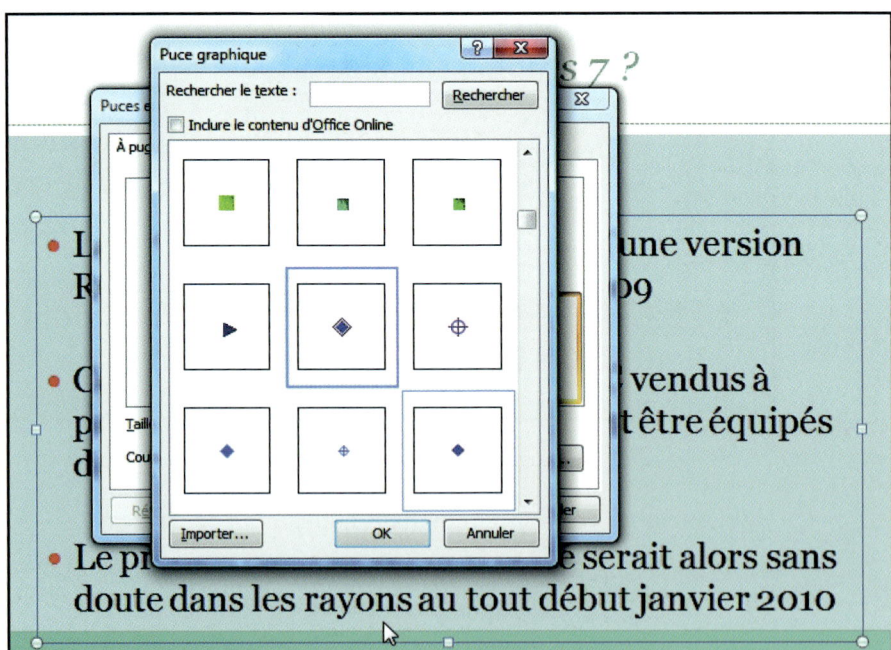

Figure 8.5
Une puce typographique plus vraie que nature.

Soyez créatif, mais prudent. Une puce montrant un vampire utilisée en entreprise risque de froisser quelques susceptibilités en haut lieu (car qui de Dracula, de la puce ou de l'entreprise ne suce pas le sang de ses victimes ?). En revanche, il est souvent judicieux d'utiliser le logo de votre entreprise comme puces d'une liste en présentant les produits et services.

Créer des listes numérotées

Vous pouvez numéroter les listes dans vos présentations. Cliquez simplement sur le bouton Numérotation, dans le groupe Paragraphe, sous l'onglet Accueil.

Pour modifier la mise en forme d'un chiffre, cliquez sur le bouton fléché à droite du bouton Numérotation, afin d'accéder à différents styles de numérotation. Choisissez ensuite celui qui vous plaît.

Si aucune des numérotations ne vous convient, choisissez Puces et numéros afin d'ouvrir la boîte de dialogue de la Figure 8.6.

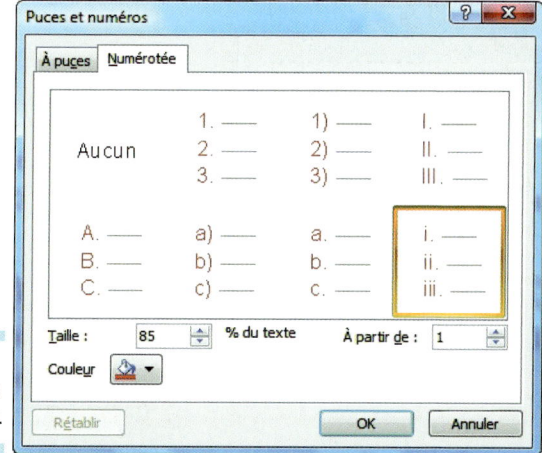

Figure 8.6
D'autres options
de numérotation.

La numérotation commence à 1 à chaque diapositive. Mais comment faire si elle doit se poursuivre sur la diapositive suivante ? Dans ce cas, vous tapez la première partie de la liste dans une diapositive, et la seconde dans l'autre. Ensuite, cliquez du bouton droit sur le premier élément de la deuxième diapositive et, dans le menu contextuel, choisissez Puces et numéros. Mettez ensuite la valeur du champ À partir de, en bas à droite de la boîte de dialogue, au numéro du premier élément de la liste. Par exemple, si la première liste comporte cinq éléments, la valeur de À partir de sera 6.

Tabulations et retraits

PowerPoint permet de définir des taquets de tabulation pour contrôler la position du texte dans l'objet qui le contient. Dans une présentation, chaque paragraphe est mis en retrait selon son niveau dans le plan. Aussi, les modèles intègrent-ils des tabulations par défaut pour hiérarchiser comme il se doit les divers éléments des diapositives.

La manipulation et la littérature qui suivent expliquent comment exploiter les tabulations, un savoir-faire précieux pour peaufiner une présentation :

1. **Passez en mode d'affichage Normal.**

   Il est impossible de régler les tabulations en affichage Commentaires ou Trieuse de diapositives.

2. **Si la règle n'est pas visible, choisissez l'onglet Affichage, dans le Ruban, et, dans le groupe Afficher/Masquer, cliquez sur le bouton Règle.**

   Des règles apparaissent en haut et à gauche de la fenêtre de la présentation, prêtes à recevoir les taquets de tabulation.

3. **Sélectionnez l'objet textuel dont vous désirez modifier les tabulations ou les mises en retrait.**

   Chaque objet textuel dispose de ses propres paramètres de tabulation et de retrait. Dès que vous cliquez sur l'objet, les symboles appropriés apparaissent sur la règle.

4. **Cliquez sur la règle pour placer un taquet de tabulation.**

   Cliquez à l'emplacement exact dans la règle où le taquet de tabulation doit être placé. Son symbole apparaît.

5. **Déplacez éventuellement le taquet avec la souris pour modifier la mise en retrait.**

   En réalité, le taquet de tabulation est composé de trois parties : un triangle supérieur, qui définit le retrait ou le débord de la première ligne ; un triangle inférieur, qui définit le retrait ou le débord des lignes restantes du paragraphe ; et un rectangle, tout en bas, qui définit le retrait ou les débords de l'ensemble du paragraphe. Choisissez un texte de trois ou quatre lignes et essayez chacun de ces éléments.

Les types de tabulations

Il existe quatre types de tabulations : gauche, droite, centrée et décimale. Le bouton carré visible dans le coin supérieur gauche de la règle indique le type de tabulation en cours. Cliquez dessus pour passer d'un type de tabulation à un autre :

- **Tabulation gauche.** Appuyer sur la touche Tab décale le texte jusqu'au prochain taquet de tabulation.

- **Tabulation droite.** Le texte est aligné du côté droit du taquet de tabulation.

- **Tabulation centrale.** Le texte est disposé de part et d'autre de la tabulation.

- **Tabulation décimale.** Les chiffres sont disposés de part et d'autre de la tabulation, la virgule décimale se trouvant exactement sous le taquet (cette option est très commode pour créer des tableaux de chiffres parfaitement alignés).

Les tabulations et les retraits sont parfois assez rétifs, mais, pour la plupart des présentations, vous n'aurez sans doute pas à les utiliser. Voici cependant quelques recommandations :

- **Chaque objet textuel a ses propres paramètres de tabulation.** Ces paramètres s'appliquent à tous les paragraphes de l'objet. Par conséquent, si vous modifiez les paramètres de tabulation d'un paragraphe, cela se répercute sur tous les autres (c'est différent de ce qui se passe dans Word, où chaque paragraphe peut avoir ses propres tabulations).

- **La règle affiche cinq niveaux de retrait, un par niveau du plan.** Seuls les niveaux utilisés dans l'objet textuel sont affichés. Pour voir les autres, abaissez le texte dans l'objet en appuyant sur la touche Tab.

Chaque objet textuel a des taquets de tabulation définis par défaut. Lorsque vous en ajoutez un, tous les taquets par défaut situés à gauche du nouveau taquet disparaissent.

Pour supprimer un taquet de tabulation, faites-le glisser en dehors de la règle et relâchez le bouton de la souris.

Espacer le texte

Vous manquez de place ? Les lignes sont serrées les unes contre les autres comme dans un métro à l'heure de pointe ? Donnez-leur de l'air en procédant comme suit :

1. **Sélectionnez le ou les paragraphes dont il faut espacer les lignes.**

2. **Cliquez sur le bouton Interligne et réglez l'espacement.**

   Le bouton Interligne affiche les espacements les plus couramment utilisés : 1,0 ; 1,5 ; 2,5 et 3,0 lignes. Si l'espacement désiré n'y figure pas, sélectionnez Options d'interligne afin d'accéder à la boîte de dialogue de la Figure 8.7.

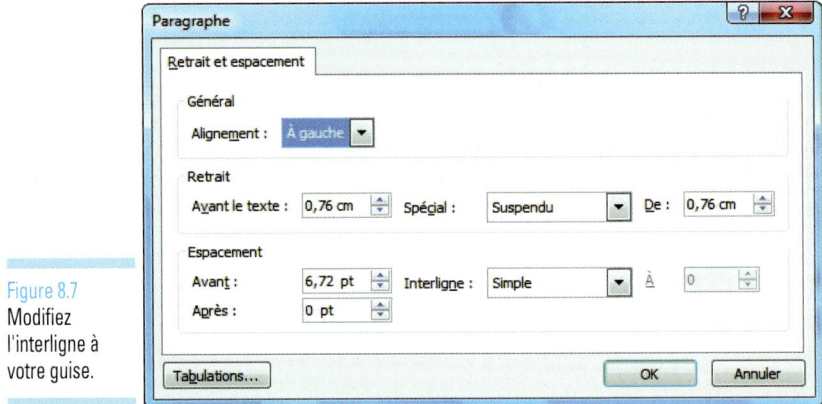

Figure 8.7
Modifiez l'interligne à votre guise.

Aligner le texte

PowerPoint permet de contrôler l'alignement des lignes de texte dans une diapositive. Il peut être centré, aligné à gauche ou aligné à droite, ou encore justifié. Utilisez pour cela les boutons d'alignement du groupe Paragraphe, sous l'onglet Accueil, ou utilisez les raccourcis clavier du Tableau 8.2.

Tableau 8.2 : Les raccourcis pour aligner du texte.

Bouton	Raccourci	Alignement
	Ctrl+J	Justifié
	Ctrl+Maj+G	Aligné à gauche
	Ctrl+E	Centré
	Ctrl+Maj+D	Aligné à droite

Créer des colonnes

Dans la plupart des diapositives, le texte est placé sur une seule colonne. Il est toutefois très facile d'en créer d'autres avec le bouton Colonnes, présent dans le groupe Paragraphe, sous l'onglet Accueil. Il suffit de cliquer dessus et de choisir, dans le menu déroulant, l'option Une colonne, Deux colonnes ou Trois colonnes. L'option Autres colonnes permet d'en ajouter d'autres.

Une touche d'originalité avec des textes WordArt

Les précédentes versions de PowerPoint comportaient une fonctionnalité nommée WordArt, permettant de déformer du texte et de lui appliquer des effets graphiques comme des dégradés ou l'écriture inclinée ou le long de courbes. WordArt a été encore mieux intégré dans PowerPoint 2007, où les effets spéciaux peuvent être appliqués à n'importe que texte préalablement sélectionné. La Figure 8.8 montre ce que l'on peut faire avec WordArt en trois coups de cuillère à pot (ou de préférence avec la souris).

Procédez comme suit pour transformer la banale typographie d'un texte en œuvre d'art :

1. **Sélectionnez le texte à mettre en forme avec WordArt.**

   Ce texte peut se trouver n'importe où dans la présentation, et peut être un titre ou le corps du texte.

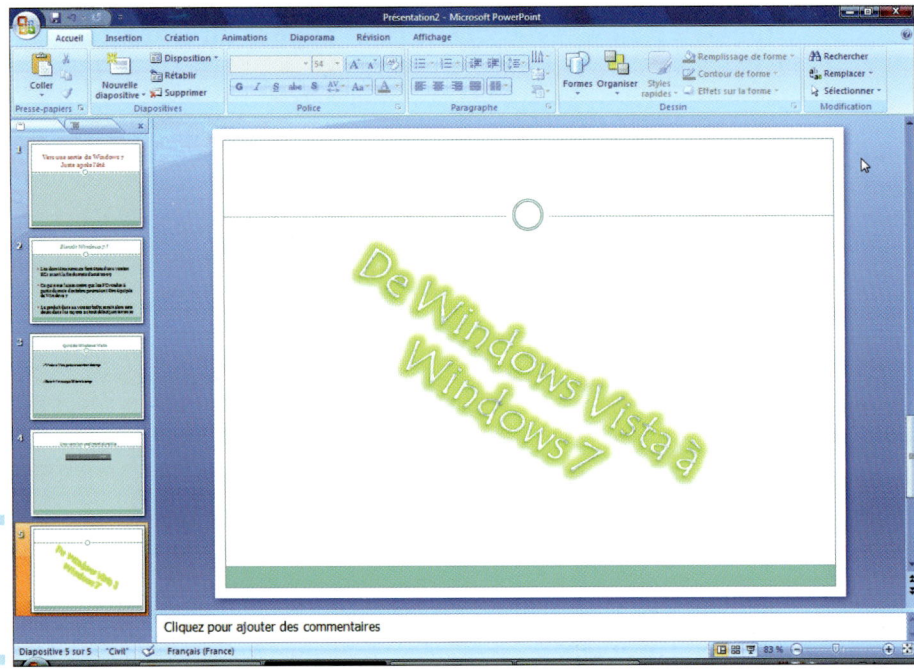

Figure 8.8
Quelques effets
de texte créés
avec WordArt.

2. **Cliquez sur l'onglet Format.**

   L'un des groupes de cet onglet s'appelle Styles WordArt (Figure 8.9).

3. **Cliquez sur le bouton flèché bas à doite de la liste contenant trois A majuscule.**

   La galerie de styles WordArt apparaît, comme le montre la Figure 8.10.

4. **Sélectionnez le style WordArt qui se rapproche le plus de la mise en forme que vous désirez appliquer.**

   Ne vous en faites pas si l'effet n'est pas exactement celui que vous recherchez. Vous modifierez son apparence par la suite.

5. **Essayez les diverses commandes WordArt des autres boutons présents dans le groupe Styles WordArt, sous l'onglet Outils de dessin.**

   Le Tableau 8.3 décrit les autres commandes du groupe Styles WordArt. Faites des essais jusqu'à ce que vous obteniez l'effet désiré.

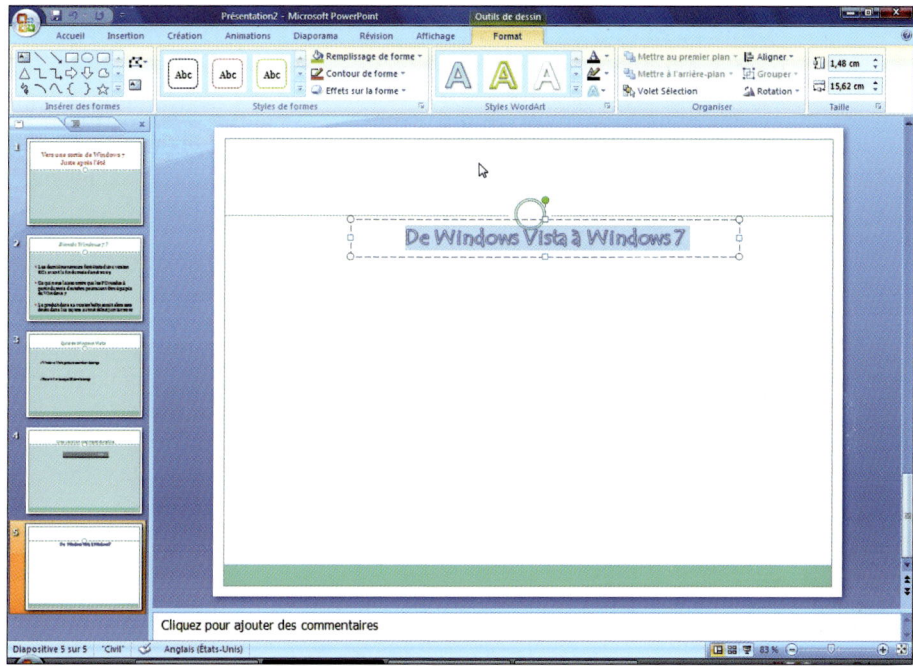

Figure 8.9
Les styles
WordArt se
trouvent sous
l'onglet Outils de
dessin.

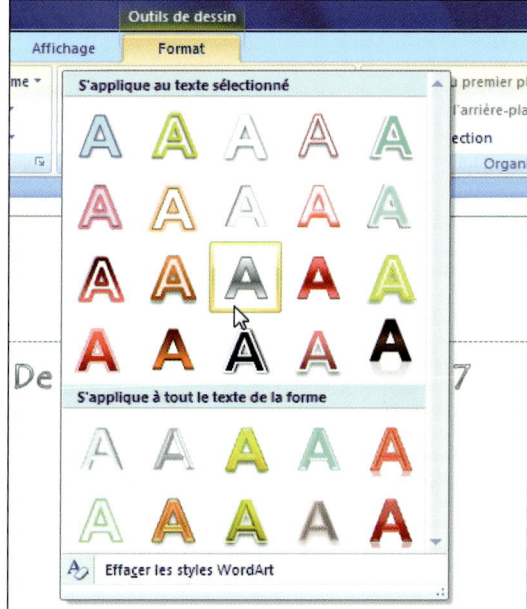

Figure 8.10
La galerie des
styles rapides de
WordArt.

Tableau 8.3 : Les boutons des outils de dessin WordArt.

Commande	Action	Effet
	Remplissage du texte	Applique une couleur de fond. Elle peut être uniforme ou dégradée. Possibilité de choisir une image, un motif ou une texture.
	Contour du texte	Définit le contour des lettres (épaisseur, couleur, motif...).
	Effets du texte	Permet d'appliquer des effets sophistiqués et paramétrables comme des ombres, des reflets, des lueurs, des rotations en 3D et des transformations.

Le bouton Effets du texte est la commande de choix pour créer des logos, notamment du texte placé autour d'un cercle ou en relief. Ne manquez pas d'essayer chacune de ses options.

Chapitre 9

De toutes les couleurs

L'une des tâches les plus ardues lors de la création d'une présentation PowerPoint est d'en soigner l'apparence. Dans les précédentes versions du logiciel, vous deviez laborieusement peaufiner tous les aspects d'une diapositive afin qu'elle ne paraisse pas trop austère. PowerPoint 2007 est doté d'une nouvelle fonctionnalité – les thèmes –, qui permet d'obtenir de belles diapositives en un rien de temps.

L'accès principal aux thèmes s'effectue sous l'onglet Création, dans le Ruban. Ce chapitre lui est entièrement consacré. Pour faire simple, nous étudierons ses commandes de la droite vers la gauche, bien que ce ne soit sans doute pas dans cet ordre que vous les utiliserez.

Un coup d'œil à l'onglet Création

La Figure 9.1 montre l'onglet Création. Comme vous le constatez, il contient plusieurs groupes de commandes permettant de définir les divers aspects des diapositives d'une présentation. L'onglet Création peut être activé en cliquant dessus dans le Ruban, ou par le raccourci clavier Alt+G.

Voici à quoi servent les groupes de l'onglet Création :

> ✔ **Mise en page :** Permet de changer l'orientation de la diapositive de Paysage (en largeur) à Portrait (en hauteur), et de définir d'autres options de mise en page.

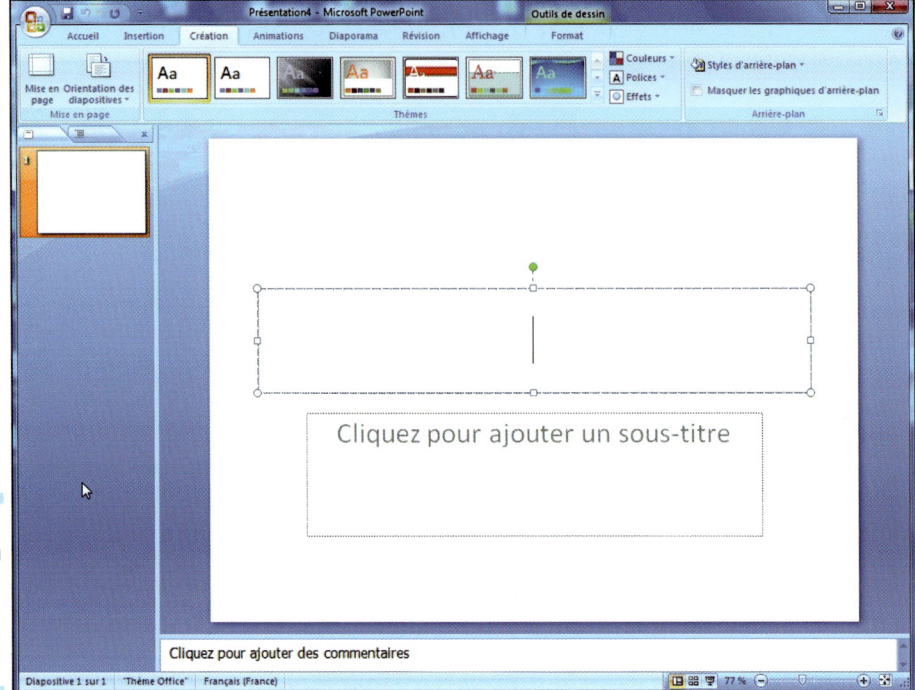

Figure 9.1
L'onglet Création
sert à définir
l'aspect
graphique des
diapositives.

- ✔ **Thèmes :** Permet d'appliquer un thème à une présentation. C'est le groupe que vous utiliserez le plus souvent lors de la conception de vos diapositives.

- ✔ **Arrière-plan :** Permet d'appliquer un effet de couleur ou une image utilisés comme arrière-plan.

Concevoir la mise en page

Le groupe Mise en page contient une commande Orientation des diapositives qui permet de choisir entre une présentation en mode Paysage (proposée par défaut) ou Portrait. L'orientation Portrait, en hauteur, ne doit être utilisée que si vous comptez imprimer des transparents que vous projetterez avec un rétro-projecteur, ou si la présentation sera visionnée avec un ordinateur de type "tablette" dont l'écran est en hauteur.

Cliquer sur le bouton Mise en page, dans le groupe éponyme, affiche la boîte de dialogue de la Figure 9.2. Elle permet de contrôler plus étroitement encore la mise en page.

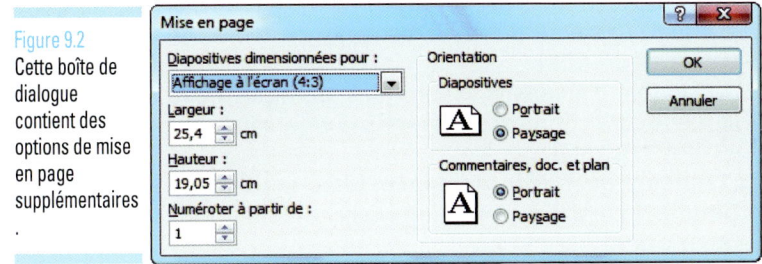

Figure 9.2
Cette boîte de dialogue contient des options de mise en page supplémentaires.

Voici les commandes que contient la boîte de dialogue Mise en page :

🖝 **Diapositives dimensionnées pour :** Cette liste déroulante permet de définir la dimension des diapositives selon la manière dont vous les présenterez. La plus courante est l'affichage sur un écran d'ordinateur, dont le rapport est de 4:3. Cela dit, le rapport d'écran de nombreux ordinateurs portables récents et des écrans de bureau panoramiques est différent. Vous les trouverez sans doute dans le menu déroulant, parmi d'autres formats d'affichage comme le papier A4 ou A3, les transparents et même les diapositives 24 × 36. Une option Personnalisé permet de définir des proportions atypiques.

🖝 **Largeur :** Sert à définir la largeur de la diapositive.

🖝 **Hauteur :** Sert à définir la hauteur de la diapositive.

🖝 **Numéroter à partir de :** Si vous avez choisi de numéroter les diapositives, cette option permet de fixer le numéro de la première. Par défaut, il est de 1.

🖝 **Orientation :** Permet de définir le sens de la présentation : Paysage – appelée "à l'italienne" par les graphistes – ou Portrait, "à la française". Ce paramètre peut être défini séparément pour les diapositives et pour les documents, notes et plan. En règle générale, les diapositives sont en mode Paysage, les documents en mode Portrait.

Utiliser les thèmes

Le groupe Thèmes, sous l'onglet Création, permet de sélectionner le thème qui sera appliqué aux diapositives. PowerPoint 2007 est livré avec une kyrielle de thèmes joliment conçus qui donneront un aspect professionnel à vos présentations. Si vous avez quelque talent d'artiste, vous pourrez créer les vôtres.

Un *thème* est un ensemble d'éléments graphiques appliqué à une ou plusieurs diapositives. Chaque thème comporte plusieurs composants de base :

- Un **jeu de couleurs** qui s'accordent bien. Chaque thème compte quatre couleurs pour le texte et l'arrière-plan, et six couleurs pour mettre tel ou tel élément en valeur.

- Un **ensemble de polices** qui cohabitent esthétiquement. Chaque thème utilise une police pour le titre, une autre pour le corps du texte.

- Des **styles d'arrière-plan,** qui sont en fait un appariement de couleurs d'arrière-plan et d'effets comme des motifs ou des remplissages en dégradé.

- Des **effets typographiques** comme des styles de puces ou de traits.

Office contient 20 thèmes prédéfinis identifiables par leur nom quelque peu sibyllin, comme le révèle ce tableau :

Thème Office	Débit	Opulent	Rotonde
Apex	Fonderie	Oriel	Solstice
Aspect	Médian	Origine	Technique
Capitaux	Métro	Papier	Urbain
Civil	Module	Promenade	Verve

Appliquer des thèmes

Pour appliquer un thème à la totalité d'une présentation, cliquez sur celui qui vous intéresse, dans le groupe Thèmes de l'onglet Création. Si le thème en question n'est pas visible dans le Ruban, cliquez sur les boutons de défilement, à droite du groupe Thèmes, pour accéder aux thèmes supplémentaires.

Cliquez sur le bouton fléché, sous les flèches de défilement du groupe Thèmes, pour afficher l'ensemble des thèmes disponibles, comme le montre la Figure 9.3. En bas de la palette, des liens permettent de rechercher des thèmes

supplémentaires sur l'Internet. Celui tout en bas sert à enregistrer un thème
que vous auriez modifié ou créé de toutes pièces.

Figure 9.3
Tous les thèmes
disponibles sont
affichés.

Toutes les diapositives d'une présentation ne doivent pas forcément avoir le
même thème. Pour en appliquer un à une seule diapositive ou à un ensemble
de diapositives, sélectionnez-les, cliquez du bouton droit sur le thème à leur
affecter et, dans le menu contextuel, choisissez Appliquer aux diapositives
sélectionnées.

Utiliser des jeux de couleurs

Les thèmes de PowerPoint sont fournis avec des jeux de couleurs conçus par
des professionnels de la couleur. Microsoft les paie une fortune pour disserter
sur l'intérêt d'afficher un texte mauve sur un fond couleur sarcelle. Vous vous
contenterez d'utiliser ces thèmes concoctés par des infographistes, ou créerez
les vôtres si vous estimez mieux faire que les spécialistes de chez Microsoft.

Les jeux de couleurs de PowerPoint sont la plus grande invention depuis
l'époisses, un fromage pas fait pour les mauviettes qui se déguste à la petite
cuillère quand il est bien fait. Sans les jeux de couleurs, vous n'auriez que
l'embarras du choix entre les 16 777 216 couleurs (pas une de moins !) à votre
disposition. Si les couleurs d'une présentation étaient mal choisies, l'auditoire
pousserait les mêmes cris d'horreur qu'à la vue du papier peint à fleurs choisi
par tante Berthe pour sa chambre à coucher.

Chaque jeu de couleurs est basé douze teintes qui ont chacune un usage bien précis :

- **Quatre couleurs pour les textes et l'arrière-plan :** Elles sont censées être les couleurs principales de la présentation. Dans chaque appariement de couleurs, l'une est utilisée pour le texte, l'autre pour le fond.

- **Six couleurs contrastantes :** Aussi appelées "accent", elles sont appliquées à divers éléments de la diapositive afin de les mettre en valeur par rapport au texte et à l'arrière-plan.

- **Deux couleurs de liens hypertextes :** Elles ne sont bien sûr utilisées que si des liens ont été définis dans la présentation.

Quand vous appliquez un thème, son jeu de couleurs est également appliqué, au même titre que tous ses autres éléments. PowerPoint vous permet cependant de modifier le jeu de couleurs. Vous pouvez par exemple appliquer un thème Opulent, mais utiliser le jeu de couleurs du thème Verve.

Appliquer un jeu de couleurs

Pour appliquer un jeu de couleurs sans recourir à un autre thème, cliquez sur le bouton Couleurs, en haut à droite du groupe Thèmes. La palette de la Figure 9.4 se déploie ; vous pouvez y choisir le jeu de couleurs à appliquer.

Créer votre propre jeu de couleurs

Si aucun jeu de couleurs prédéfini ne vous plaît, créez les vôtres en procédant comme suit :

1. **Sélectionnez un jeu de couleurs proche de celui que vous aimeriez.**

   Il est préférable que vous ayez un sens affirmé des couleurs si vous choisissez de dévier des couleurs prédéfinies. Si vous ne savez pas faire la différence entre un bleu outremer et un bleu de Prusse, mieux vaut laisser cela aux professionnels.

2. **Cliquez sur le bouton Couleurs et, en bas de la boîte de dialogue, choisissez Nouvelles couleurs de thème.**

   La boîte de dialogue Créer de nouvelles couleurs de thème apparaît (Figure 9.5).

3. **Cliquez sur le bouton de la couleur à changer.**

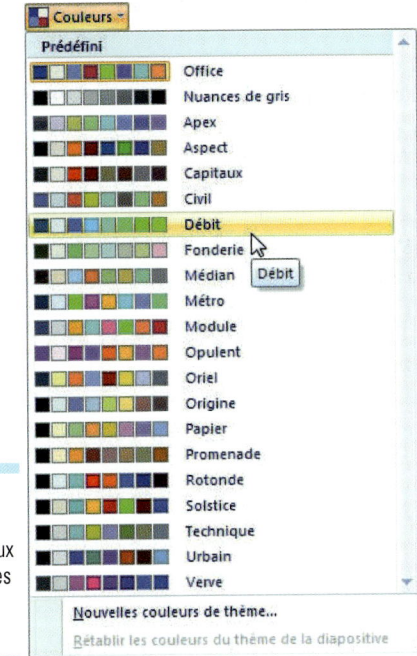

Figure 9.4
Cette palette
contient les jeux
de couleurs des
différents
thèmes.

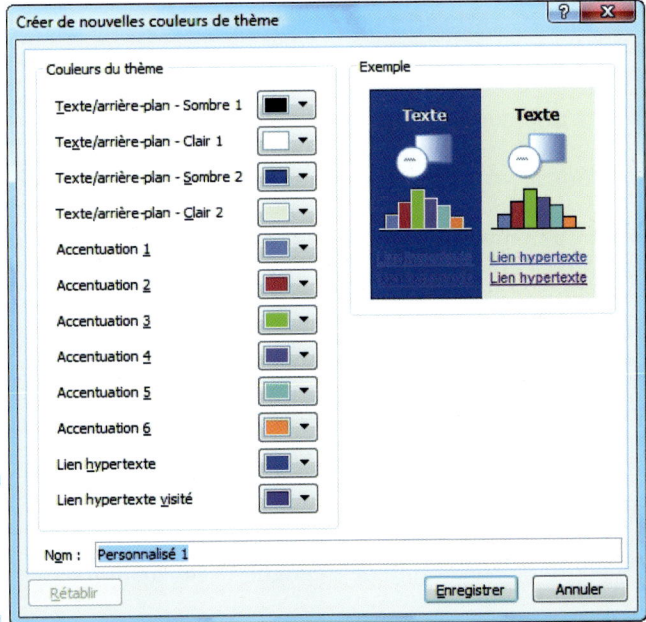

Figure 9.5
Création d'un
nouveau jeu de
couleurs.

Par exemple, pour changer la première couleur contrastante, cliquez sur le bouton Accent 1 (notez que le nom de ce bouton peut varier légèrement). Cette action ouvre la palette de la Figure 9.6.

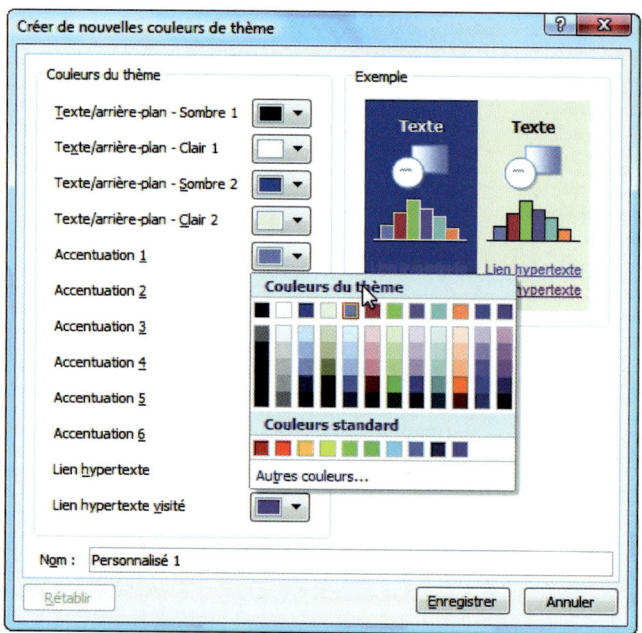

Figure 9.6
Choisissez les couleurs du thème.

4. **Choisissez une couleur que vous aimez.**

   Comme vous le voyez, le choix ne manque pas.

5. **Si néanmoins vous ne trouvez pas ce que vous désirez, cliquez sur le bouton Autres couleurs.**

   Cette fois, c'est le nuancier de la Figure 9.7 qui apparaît. Il montre un espace colorimétrique hexagonal comportant, en opposition, les couleurs primaires et leur couleur complémentaire. Notez que, par défaut, c'est l'onglet Standard qui est affiché. L'onglet Personnalisées permet de doser exactement la couleur.

6. **Sélectionnez la couleur désirée puis cliquez sur OK.**

   Cela vous ramène à la boîte de dialogue Créer de nouvelles couleurs de thème.

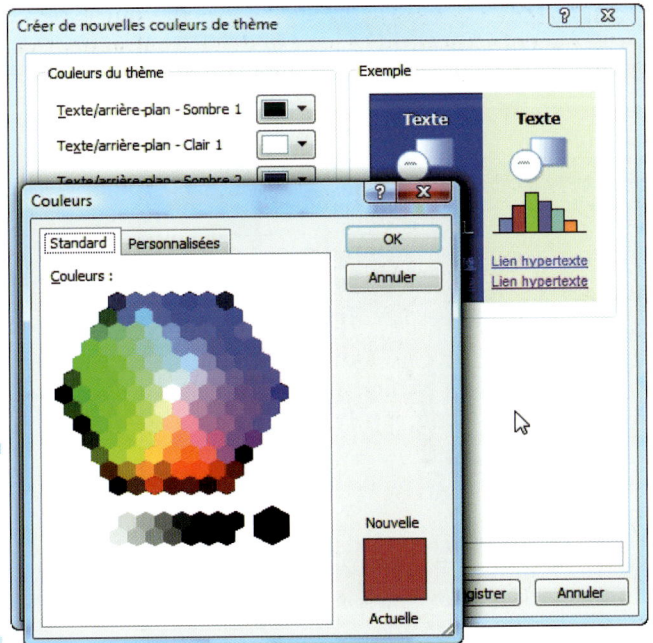

Figure 9.7
L'onglet
Standard offre
un choix de
couleurs plus
étendu.

7. **(Facultatif) Répétez les Étapes 3 à 6 pour toutes les autres couleurs à changer.**

8. **Cliquez sur Enregistrer.**

Le nouveau jeu de couleurs est enregistré.

L'onglet Standard, dans la Figure 9.7, montre 127 couleurs auxquelles s'ajoutent le noir, le blanc et des nuances de gris. Pour obtenir une couleur ne figurant pas dans ce nuancier, vous devez cliquer sur l'onglet Personnalisées. Vous accédez ainsi à la boîte de dialogue de la Figure 9.8, où vous pourrez doser chacun des trois canaux chromatiques rouge, vert et bleu permettant d'obtenir plus de 16,7 millions de teintes. Si vous avez des notions d'infographie, l'espace chromatique et les paramètres vous sont peut-être familiers. Sinon, rien ne vous empêche de faire des essais en cliquant dans la couleur.

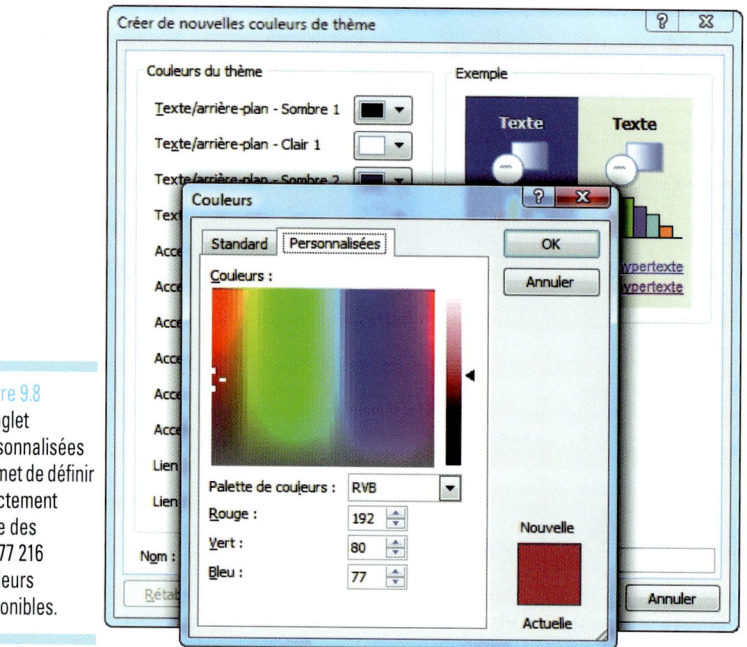

Figure 9.8
L'onglet
Personnalisées
permet de définir
exactement
l'une des
16 777 216
couleurs
disponibles.

Utiliser les polices des thèmes

Un thème comporte bien moins de polices que de couleurs. Alors que les
polices sont au nombre de douze, les couleurs ne sont que deux : une pour les
titres, l'autre pour le corps du texte.

Si vous ne tenez pas à utiliser les polices imposées par le thème que vous avez
choisi, cliquez sur le bouton Polices, à droite du groupe Thèmes. Celle que
vous choisirez dans le menu déroulant sera appliquée dans toute la présentation.

Notez bien que changer la police d'un thème est différent de changer de police
à l'aide de la commande Police du groupe du même nom sous l'onglet Accueil.
Quand vous mettez une police en forme à partir de l'onglet Accueil, vous effectuez une *mise en forme directe*, qui supplante provisoirement les paramètres de
police définis par le thème. En règle générale, vous ne devrez modifier les
polices du thème que si elles s'appliquent à toute la présentation. Utilisez
parcimonieusement la mise en forme directe ; ne l'appliquez qu'à un mot ou
deux que vous désirez faire ressortir.

La police utilisée par un thème peut être changée en cliquant sur le bouton Polices et en choisissant Nouvelles polices de thème. La boîte de dialogue de la Figure 9.9 apparaît ; elle permet de changer la police des titres et du corps du texte.

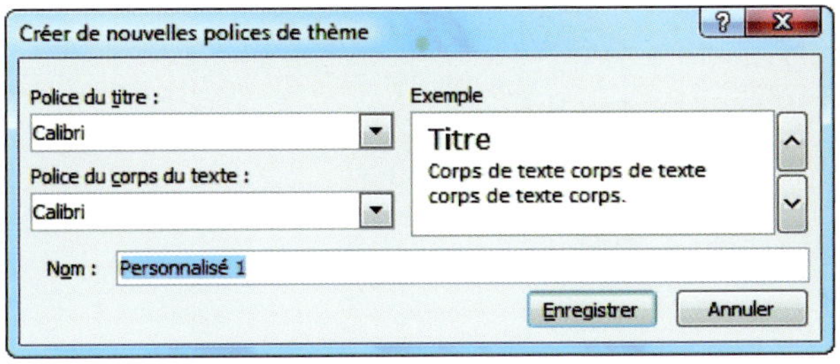

Figure 9.9
Le choix des nouvelles polices d'un thème.

Appliquer des effets de thème

Les *effets de thème*, qui appliquent de subtiles variations graphiques à une présentation, sont un autre élément majeur d'un thème de PowerPoint. Ils sont appliqués automatiquement chaque fois que vous utilisez un thème. Il est toutefois possible d'appliquer des effets issus d'un autre thème en cliquant sur le bouton Thèmes, à droite du groupe Thèmes de l'onglet Création. Vous accédez ainsi à la galerie d'effets que montre la Figure 9.10, où vous ferez votre choix.

Utiliser des styles d'arrière-plan

Un *style d'arrière-plan* est la combinaison d'une couleur d'arrière-plan choisie dans le jeu de couleurs d'un thème et d'un effet de remplissage de l'arrière-plan. Un jeu de couleurs comporte toujours quatre couleurs utilisables pour le fond : deux claires et deux foncées. De plus, vous avez le choix entre trois effets de remplissage de l'arrière-plan : subtil, modéré ou intense. Par exemple, le remplissage subtil pourra être une couleur unie, le remplissage modéré un délicat motif appliqué à la couleur, et le remplissage intense un dégradé très marqué.

Chaque combinaison des quatre couleurs d'arrière-plan et des trois remplissages d'arrière-plan est un *style d'arrière-plan*. De ce fait, chaque thème propose douze styles d'arrière-plan.

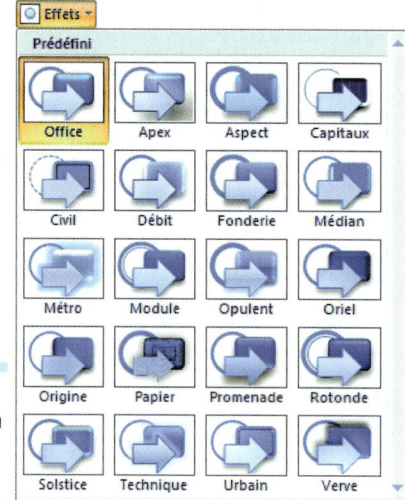

Figure 9.10
Choisissez ici un
autre effet de
thème.

Pour appliquer des styles d'arrière-plan à un thème de la présentation, cliquez sur le bouton Styles d'arrière-plan, dans le groupe Arrière-plan de l'onglet Création. La palette de la Figure 9.11 s'ouvre.

Appliquer un dégradé

Vous avez sans doute remarqué que la couleur de bon nombre des arrière-plans de diapositives n'est pas uniforme. Elle présente au contraire un changement de nuance ou de couleur progressif. Cet effet, appelé *dégradé*, est visuellement attrayant. Examinez la diapositive de la Figure 9.12 : elle est basée sur le thème Office standard de PowerPoint 2007. L'arrière-plan est d'un bleu foncé en haut, qui s'atténue progressivement jusqu'à devenir presque blanc en bas.

Voici comment créer un remplissage en dégradé personnalisé :

1. **Choisissez la diapositive devant recevoir le dégradé.**

   Cette étape n'est pas nécessaire si vous désirez appliquer le dégradé à toutes les diapositives de la présentation.

2. **Dans le groupe Arrière-plan de l'onglet Création, cliquez sur le bouton Styles d'arrière-plan.**

   La galerie des styles d'arrière-plan apparaît.

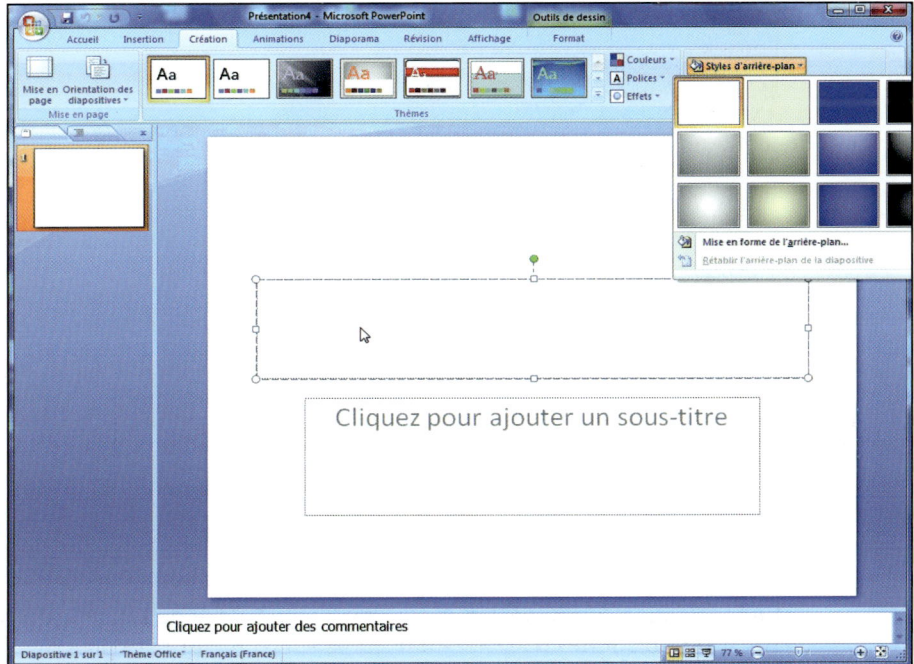

3. **Cliquez sur Mise en forme de l'arrière-plan.**

   La boîte de dialogue Mise en forme de l'arrière-plan apparaît
   (Figure 9.13).

4. **Dans le volet de gauche, sélectionnez Remplissage, si ce n'est déjà fait.**

5. **Sélectionnez le bouton d'option Remplissage dégradé, si ce n'est déjà
   fait.**

6. **Paramétrez les options de dégradé à votre guise.**

   Vous devrez faire des essais pour comprendre le principe. Commencez
   par sélectionner les couleurs prédéfinies, où vous trouverez plusieurs
   dégradés prêts à l'emploi. Jouez ensuite avec les commandes jusqu'à ce
   que vous obteniez l'effet désiré. Les points de dégradé (déroulez le
   menu) permettent de définir la couleur de départ (Point 1) et la couleur
   d'arrivée (Point 4, par défaut). Les points 2 et 3 définissent des couleurs
   intermédiaires. Réglez aussi la transparence et l'orientation.

7. **Cliquez sur OK.**

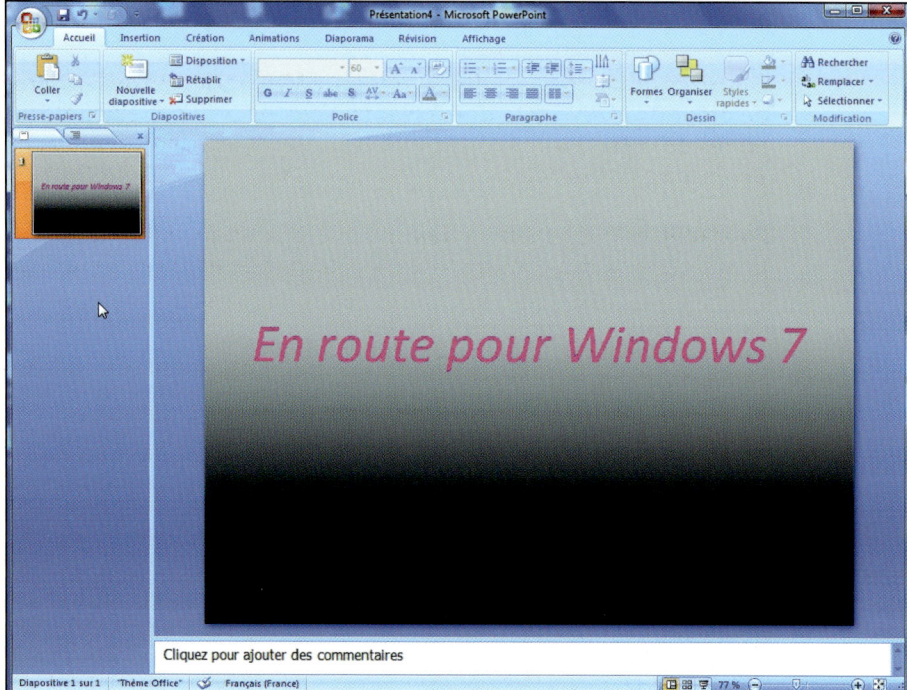

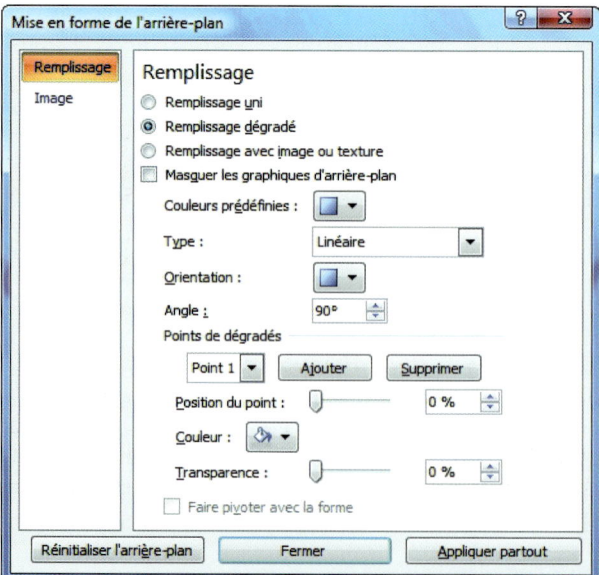

Les autres effets d'arrière-plan

Outre les dégradés, la boîte de dialogue Mise en forme de l'arrière-plan permet de créer d'autres effets intéressants. Vous pouvez par exemple utiliser une photo de votre choix comme fond, ou employer l'un des motifs prédéfinis livrés avec PowerPoint.

Pour utiliser une texture, cliquez sur le bouton d'option Remplissage avec image ou texture : vous accédez à la galerie de textures de la Figure 9.14.

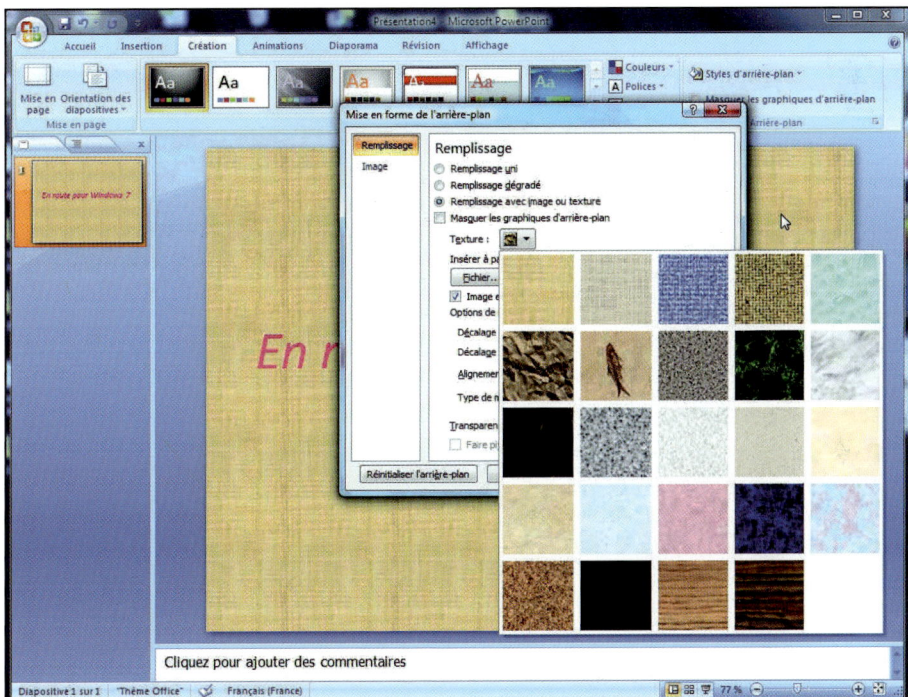

Figure 9.14
Ces textures sont utilisables comme arrière-plan pour vos diapositives.

Vous pouvez aussi utiliser l'option Remplissage avec image ou texture pour sélectionner un fichier d'image de votre cru. Cliquez sur le bouton Fichier puis sélectionnez le fichier désiré. Ou alors vous pouvez importer une image du Presse-papiers ou sélectionner une image clipart. Les autres commandes de cette boîte de dialogue permettent d'améliorer l'apparence de l'image ou du texte sélectionné.

Les Dix Commandements

"Oh ! Regardez le sergent Rodriguez a réalisé un nouvel avis de recherche avec PowerPoint 2007 !"

Dans cette partie...

Vous voici enfin arrivé à la partie amusante de ce livre, faite d'astuces et de conseils. Vous trouverez dans cette partie dix trucs sympas à faire avec Word 2007 et le Top 10 des nouvelles fonctionnalités d'Excel 2007 sans oublier le Top 10 de PowerPoint 2007

Chapitre 10

Dix trucs sympa avec Word 2007

*D*écider de ce qui est ou pas un truc sympa est une question purement subjective. Je suis sûr que les gens qui avaient jusqu'ici l'habitude de numéroter leurs pages manuellement trouvent que la commande Numéros de page est un truc sympa. Personnellement, je trouve que la correction automatique est un truc extrêmement sympa, mais il y en a d'autres.

Ce chapitre présente certaines des fonctions les plus pratiques et les plus sympathiques de Word. Certaines sont très simples, d'autres nécessitent un peu plus d'efforts pour être comprises.

Enregistrer automatiquement votre document

Lorsque l'option d'enregistrement automatique est validée, votre document est automatiquement enregistré sur le disque à intervalles réguliers, sans que vous ayez besoin pour cela d'appuyer sur Ctrl+S. En cas d'incident (plantage système, coupure secteur ou autre), même si vous n'avez pas pensé à enregistrer régulièrement votre document, vous le retrouverez dans l'état de la dernière sauvegarde automatique.

Pour activer l'enregistrement automatique, cliquez sur le bouton Office, puis sur Options Word. Dans le volet gauche, cliquez sur Enregistrement. Cochez la case Enregistrer les informations de récupération automatique, puis entrez l'intervalle entre deux enregistrements automatiques dans le champ qui suit. Par exemple, 10 pour que Word enregistre votre document toutes les dix minutes. Si vous ne voulez pas risquer de perdre dix minutes de travail, choisissez un intervalle inférieur. Cliquez sur OK pour revenir à votre document.

L'enregistrement automatique n'est pas une garantie absolue contre tous les incidents, mais c'est une sécurité très appréciable.

✔ Le meilleur moyen de se mettre à l'abri de la perte de vos modifications est d'enregistrer très régulièrement votre document. Ayez le réflexe Ctrl+S que diable !

Utiliser des raccourcis clavier

Windows et ses programmes vivent dans le monde merveilleux des interfaces graphiques. Donc, pour intervenir dans Word, votre premier réflexe est de sauter sur la souris. Il serait cependant dommage d'oublier le clavier. Il est capable de faire les mêmes choses que la souris, à quelques exceptions près.

Chaque onglet du ruban a son raccourci d'activation. Pour le voir, appuyez sur la touche Alt ou F10. Un petit bouton contenant une lettre s'affiche sous les onglets. Appuyez sur la lettre indiquée pour accéder au contenu de l'onglet.

Une fois que vous êtes dans l'onglet, d'autres lettres apparaissent à la base des groupes et des commandes. Parfois il n'y en a qu'une, parfois deux. Pour activer une commande, il suffit d'appuyer sur les lettres affichées.

Par exemple, pour changer l'orientation de votre page, c'est-à-dire passer du mode Portrait au mode Paysage, appuyez sur Alt, P, O. Cette succession de touche affiche le menu Orientation. Choisissez l'option Paysage en appuyant sur la touche directionnelle Bas (Flèche dirigée vers la bas).

Après avoir appuyé sur Alt ou F10, le clavier ne contrôle plus qu'une seule chose : le ruban. Pour revenir en mode de saisie du texte, appuyez sur Échap.

Créer des fractions

La boîte de dialogue Caractères spéciaux contient de nombreux symboles représentant des fractions d'usage courant que vous pouvez insérer dans vos documents (voyez la section précédente). Et si vous avez activé la fonction Correction automatique, Word convertit automatiquement pour vous ces fractions en caractères spéciaux lorsque vous les tapez. Pour obtenir le même résultat sans les caractères spéciaux, vous devez utiliser les commandes Exposant et Indice. Voici comment procéder :

1. **Appuyez sur Ctrl+Maj+= (le signe égal).**

   C'est le raccourci clavier de la commande Exposant.

2. **Tapez le numérateur (la partie supérieure de la fraction).**

   Par exemple, 4 pour 4/5.

3. **Appuyez sur Ctrl+Maj+= pour quitter le mode Exposant.**

4. **Tapez la barre oblique /.**

5. **Appuyez sur Ctrl+= pour passer en mode Indice.**

6. **Tapez le dénominateur (la partie inférieure de la fraction).**

   Par exemple, 5 pour 4/5.

7. **Appuyez sur Ctrl+= pour quitter le mode Indice.**

Voilà votre fraction.

Insérer des signets

Word permet d'insérer des signets dans votre document. Ils vous aident à marquer des emplacements que vous pourrez très rapidement atteindre via la fonction Signet de l'onglet Atteindre situé dans la boîte de dialogue Rechercher.

Voici comment insérer un signet dans un document :

1. **Placez le point d'insertion où vous désirez insérer un signet.**

2. **Cliquez sur l'onglet Insertion.**

3. **Dans le groupe Liens, cliquez sur Signet.**

    La boîte de dialogue Signet apparaît.

4. **Donnez un nom au signet.**

    Faites preuve de logique ! Le nom doit évoquer les raisons pour lesquelles vous avez placé un signet. Attention, car ce nom ne doit pas comporter d'espaces. Si vous avez besoin d'espacer les mots qui le composent, utiliser le signe de soulignement.

5. **Appuyez sur Entrée, ou cliquez sur le bouton Ajouter.**

    Rien ne se passe à l'écran. Pourtant, le signet est bien là, dans votre document.

Bien entendu, un signet ne sert à rien si vous ne pouvez pas l'atteindre. C'est ce que permet justement la bien nommée commande Atteindre.

Pour atteindre un signet, appuyez sur la touche F5. Cela ouvre l'onglet Atteindre de la boîte de dialogue Rechercher et remplacer. Dans la liste Atteindre, cliquez sur Signet. Ensuite, dans la liste Nom du signet, choisissez le signet à atteindre et cliquez sur le bouton... Atteindre (Ouf !). Le point d'insertion se positionne à l'endroit précis du signet. Fermez la boîte de dialogue Rechercher et remplacer.

Vérifier la sécurité de votre document

Ces dernières années, les médias se sont fait fort de raconter qu'un document Word ne contiendrait pas uniquement le texte que vous saisissez, mais également des informations personnelles. Beaucoup d'utilisateurs considèrent cela comme un viol de leur vie privée. Je suis d'accord avec eux !

Pour protéger votre document contre des yeux indiscrets, vous pouvez l'inspecter. Voici la procédure :

1. **Enregistrez votre document sur le disque dur.**

Effectuez cette opération juste avant de lancer l'inspection du document, c'est-à-dire quand vous êtes certain que vous ne reviendrez pas sur ce qui est tapé.

2. **Dans le bouton Office, cliquez sur Préparer/Inspecter le document.**

    La fenêtre Inspecteur de document apparaît. Il liste ce qui lui parait suspicieux.

3. **Cliquez sur le bouton Inspecter.**

    Tout élément suspect est alors identifié dans la boîte de dialogue sous forme d'un point d'exclamation. Pour corriger les problèmes, il suffit de cliquer sur le bouton Supprimer tout affiché à droite de l'élément suspecté.

4. **Cliquez sur Réinspecter.**

    Recommencez l'étape 3 si des éléments ont de nouveau été identifiés comme suspects.

5. **Cliquez sur le bouton Fermer.**

Créer une lettrine

Une *lettrine* est un caractère qui commence un article, un rapport, un chapitre, ou un roman et qui s'étend sur plusieurs lignes.

Voici comment ajouter une lettrine :

1. **Sélectionnez le premier caractère du premier mot de votre texte.**

2. **Cliquez sur l'onglet Insertion.**

3. **Dans le groupe Texte, déroulez le menu Lettrine.**

    La première option est Aucun, c'est-à-dire qu'aucune lettrine n'est insérée. La seconde option est Dans le texte, et la troisième Dans la marge. Pour appliquer une lettrine, il suffit de cliquer sur un de ces styles.

    Options de lettrine ouvre la boîte de dialogue Lettrine. Elle permet de choisir la police, et d'ajuster sa hauteur et sa distance par rapport au texte.

Pour annuler une lettrine, choisissez Lettrine/Aucun.

 Les lettrines, comme beaucoup d'éléments fantaisistes, sont plus faciles à apprécier en mode Page.

Explorer le document

L'explorateur de document permet d'afficher une sorte de plan du document basé sur les titres et les en-têtes. Cliquez sur l'onglet Affichage, et cochez l'option Explorateur de documents. Un volet s'ouvre sur la droite. Il liste les titres et sous-titres du document.

Je trouve cet explorateur très utile pour obtenir une vue d'ensemble de la structure d'un document. Si vous cliquez sur un titre, Word affiche le contenu correspondant dans la fenêtre du document. Il est donc très facile et très rapide de parcourir le document d'un titre à l'autre.

Pour fermer l'Explorateur de documents et faire en sorte qu'il ne s'ouvre pas chaque fois que vous affichez un document, décochez l'option éponyme dans l'onglet Affichage.

Créer et imprimer des enveloppes

 La méthode la plus simple pour imprimer une enveloppe avec chaque lettre que vous écrivez et d'y attacher ladite enveloppe à la fin du document. Une fois votre lettre tapée, cliquez sur l'onglet Publipostage, puis sur le bouton Créer/ Enveloppes. Quand votre document a déjà une adresse, par exemple en-tête de lettre, Word remplit magiquement, avec ces éléments le champ Destinataire. Sinon, saisissez l'adresse. Cliquez sur Ajouter au document, et le tour est joué.

Désormais, la première page de votre document est une enveloppe. Dès que vous êtes prêt à imprimer la lettre, sachez que l'enveloppe sera imprimée en premier. Tout ce que vous avez à faire est d'insérer une enveloppe dans l'imprimante.

- ✔ La majorité des imprimantes demande l'insertion manuelle de l'enveloppe. Exécutez-vous ! Il se peut que vous soyez obligé d'appuyer sur un bouton de l'imprimante pour lancer l'impression de l'enveloppe.

- ✔ Vérifiez la bonne insertion de l'enveloppe. Il serait dommage que l'adresse s'inscrive sur son verso plutôt que sur son recto.

Si vous oubliez systématiquement dans quel sens insérer l'enveloppe dans l'imprimante, créez-vous un petit dessin que vous collerez sur son couvercle.

Trier des paragraphes

Dès que vous aurez compris comment fonctionne le tri dans Word, je suis certain que vous trouverez de multiples occasions de vous en servir. Vous l'emploierez notamment pour trier une liste par ordre alphabétique croissant ou décroissant. Ainsi, sur un principe identique, vous triez des paragraphes, des lignes et des colonnes de tableau.

Avant de trier, enregistrez votre document.

Le tri n'est pas chose complexe. Commencez par saisir, ligne par ligne, les éléments à trier comme :

```
Arthur
Richard
Martin
Pat
Isaac
Tanya
```

Dans le groupe Paragraphe de l'onglet Accueil, cliquez sur le bouton Trier. Vous accédez à une boîte de dialogue dans laquelle vous définissez l'ordre du tri, en l'occurrence Paragraphes, Texte, Croissant. Cliquez sur OK.

Masquer votre texte

Le style *masqué* est l'un des plus étrange qui soit. Vous le percevez comme tel jusqu'au moment où vous en comprenez l'utilité. Ainsi, plutôt que de couper un élément du document, masquez-le de manière à le récupérer ultérieurement.

Pour masquer un texte, vous devez le sélectionner. Ensuite, ouvrez la boîte de dialogue Police (par un clic sur le bouton situé dans le coin inférieur droit du groupe Police de l'onglet Accueil), et cochez l'option Masqué. Validez par un clic sur OK.

Le texte masqué est invisible dans votre document. Vous avez l'impression que le texte n'a jamais été écrit. Pourtant, il est possible de le faire réapparaître :

1. **Dans le bouton Office, cliquez sur Options Word.**

2. **Activez la catégorie Affichage.**

3. **Dans la section de droite, cochez Texte masqué.**

Dès cet instant, le texte masqué apparaît dans votre document sous la forme d'un texte souligné de pointillés.

Le texte masqué ne s'imprime pas. Toutefois, vous pouvez en demander l'impression à Word. Répétez les mêmes étapes que pour afficher le texte masqué. À l'étape 3, dans la section Options d'impression de la boîte de dialogue Options Word, cochez la case Imprimer le texte masqué.

Chapitre 11

Le Top 10 des nouvelles fonctions d'Excel 2007

Si vous voulez savoir très vite ce qu'il y a de neuf et de sympathique dans Excel 2007, ne cherchez pas plus loin ! Voici ma liste officielle des dix nouvelles fonctionnalités. Un simple coup d'œil sur cette liste suffira sans aucun doute à vous en convaincre : dans tout cela, le maître mot est bel et bien *graphique, graphique, graphique* !

Au cas où la brève description de chacune de ces fonctions ne vous suffirait pas, vous trouverez une référence croisée qui renvoie aux chapitres où ces fonctions sont expliquées plus en détail.

10. **Mise en forme conditionnelle :** C'est vrai. Je sais que, d'un point de vue strictement technique, la mise en forme conditionnelle existe depuis des années dans Excel. Mais le passé est déjà oublié et l'avenir s'ouvre devant vous. Vous avez la possibilité assez classique de définir une mise en forme lorsque les cellules vérifient certaines conditions. Mais, en supplément, il est maintenant possible d'appliquer instantanément à un groupe de cellules l'un des multiples choix proposés par les options Barres de données, Nuances de couleurs et Jeux d'icônes. Cliquez simplement sur Accueil, puis Style (dans le Ruban) et enfin sur Mise en forme conditionnelle. Vous n'avez plus qu'à choisir vos nouveaux jouets ! Lorsque vous appliquez un style Barres de données à une plage, la longueur de chaque barre représente la valeur de la cellule courante comparée aux autres. Si vous choisissez Nuances de couleurs, c'est la teinte du fond qui figure cette échelle relative. Et si vous sélectionnez Jeux d'icônes, ce sont des symboles qui matérialisent ces rapports mutuels. Voyez le Chapitre 3 pour plus de détails sur l'application de mises en forme conditionnelles à vos feuilles de calcul.

9. **Styles de cellules :** Entre les six pauvres styles de cellules offerts dans les versions précédentes d'Excel et la bonne quarantaine de styles colorés, prêts à l'emploi, dont vous disposez dans Excel 2007, il y a un monde ! Avec Excel 2007, vous avez vraiment du style ! De surcroît, le mode d'aperçu dynamique vous permet de prévisualiser la mise en forme de vos données avant même de l'appliquer. Il vous suffit pour cela de choisir un thème dans le Ruban associé à l'onglet Mise en page. Vous faites glisser le pointeur de la souris sur un style, et le résultat s'affiche immédiatement dans la fenêtre (voyez un peu plus loin le point numéro 3). Elle est pas belle, la vie ? Reportez-vous au Chapitre 3 pour plus d'informations sur les styles prédéfinis et la création de mises en forme personnalisées.

8. **Formatage et édition depuis l'onglet Accueil :** L'onglet Accueil du nouveau Ruban d'Excel (voyez plus loin le point numéro 2) vous apporte sur un plateau doré toutes les fonctionnalités courantes de mise en forme et d'édition. Il est bien fini le temps où vous deviez jouer du bouton droit de la souris, plisser les yeux pour repérer le bon bouton dans une barre d'outils ou encore la bonne option dans un menu déroulant partiellement déployé. Avec Excel 2007, il vous suffit de trouver le groupe qui contient la commande voulue et de cliquer sur le bouton qui convient. Quoi de plus facile ? Le Chapitre 3 vous dit tout ce que vous avez besoin de savoir sur les groupes Police, Alignement, Nombre ou encore Style de l'onglet Accueil. Le Chapitre 4 traite des groupes Presse-papiers, Cellules et Edition de ce même onglet.

7. **Des graphiques directement depuis l'onglet Insertion :** Aussi loin que remonte ma mémoire (disons qu'elle va jusqu'à la version 4, et c'était en 1993), les graphiques ont été de bons compagnons d'Excel. Mais avec Excel 2007, ils prennent enfin leur envol, si ce n'est leur autonomie. C'en est terminé du traditionnel assistant. Vous pouvez maintenant accéder directement à tous les principaux types de graphiques depuis l'onglet Insertion du Ruban. Sélectionnez simplement vos données, cliquez sur le bouton Diagrammes du Ruban et choisissez le style de votre graphique. Et avec l'aide des nombreuses options des onglets Créer, Disposition et Mise en forme, vous allez rapidement obtenir un diagramme totalement professionnel qui sera tout prêt à être imprimé ou projeté. Reportez-vous au Chapitre 10 pour en apprendre plus sur la création de graphiques avec Excel 2007.

6. **Mettre sous forme de tableau :** Cette toute nouvelle fonctionnalité est une vraie petite fée. En formatant un tableau de données avec l'un des nombreux styles offerts dans la liste déroulante de même nom, vous vous assurez que toutes les nouvelles entrées insérées plus tard dans ce tableau auront la même mise en forme que les éléments correspondants.

Mieux, ces nouvelles entrées seront automatiquement considérées comme faisant partie du tableau lorsqu'il faudra discuter de formatage, de tri ou de filtrage. D'ailleurs, les tris et les filtres sont rendus vraiment faciles grâce à l'ajout automatique de boutons dans les cellules de la ligne d'en-tête. Voyez le Chapitre 3 pour ce qui concerne le formatage d'une plage sous forme de tableau, et le Chapitre 11 pour plus d'informations sur les opérations de tri et de filtrage.

5. **Le curseur de Zoom :** Mais comment avons-nous réussi à vivre sans le nouveau curseur de Zoom qui est désormais, et pour l'éternité, à portée de souris, là-bas, sur la droite de la Barre d'état ? Au lieu de devoir sélectionner un facteur d'agrandissement pour la feuille de calcul dans le menu déroulant de quelque obscur outil (en fait, vous pouvez le retrouver, si vous en avez véritablement envie, sous l'onglet Affichage), il vous suffit de faire glisser le curseur vers la gauche ou vers la droite pour changer le grossissement de l'affichage en un clin d'œil (en fait, c'est encore plus rapide). Reportez-vous au Chapitre 5 pour plus d'informations sur ce sympathique outil. N'hésitez pas à vous servir tant que vous le voulez : vos yeux vous diront merci.

4. **Aperçu de la mise en page :** L'aperçu de la mise en page, c'est exactement ce que le docteur vous a prescrit quand il a vu vos états. Lorsque vous activez ce mode en cliquant sur le bouton qui se trouve à gauche du curseur de zoom, Excel ne se contente pas, comme dans les précédentes versions, d'afficher les sauts de page sous la forme de lignes en pointillé (d'accord, il est quand même possible de le faire avec le bouton d'à côté), il montre aussi les marges, y compris les en-têtes et les pieds de page (que vous pouvez définir et éditer directement tant que cette vue est active). Et, cerise sur le gâteau, vous disposez aussi, comme dans un traitement de texte, d'une règle horizontale et d'une règle verticale en plus des intitulés de lignes et de colonnes. Si vous couplez tout cela avec le curseur de Zoom (voyez le point numéro 5 ci-dessus) et l'aperçu des sauts de page, vous finirez par aimer préparer des rapports tout prêts à être imprimés. Pour en savoir plus sur ces sujets, reportez-vous au Chapitre 5.

3. **Galeries de styles :** Excel 2007 déborde de galeries de styles très variées, qui permettent en un tournemain d'appliquer des formatages sophistiqués (et souvent pleins de couleurs) à vos tableaux, vos listes de données, vos diagrammes ainsi qu'aux graphismes divers et variés susceptibles de peupler vos feuilles de calcul. Couplées avec l'aperçu dynamique (voyez le point numéro 1), ces galeries de styles constituent un vif encouragement (et une contribution décisive) à créer des classeurs mieux présentés, plus colorés et plus intéressants.

2. **Le Ruban :** Le Ruban est au cœur de la nouvelle interface utilisateur d'Excel 2007. Il est basé sur un noyau d'onglets standard auquel d'autres onglets, dits contextuels, sont ajoutés selon les besoins spécifiques de formatage et d'édition (comme les tableaux, les diagrammes, les tableaux croisés dynamiques, les objets graphiques, et ainsi de suite). Le Ruban rassemble pratiquement toutes les commandes dont vous pouvez avoir besoin pour effectuer des tâches particulières sous Excel. Voyez le Chapitre 1 pour une découverte du Ruban.

1. **L'aperçu dynamique :** Jamais nous ne remercierons assez les inventeurs de cet aperçu *live* qui rend tellement plus facile la mise en forme des feuilles de calcul. Il fonctionne avec les galeries de styles (voyez le point numéro 3) ainsi qu'avec les listes Police, Taille de police ou encore Couleur (vous les trouvez dans le groupe Police de l'onglet Accueil). Il vous permet de voir à quoi ressembleront les cellules de votre sélection courante si vous leur appliquez une mise en forme particulière. Tout ce que vous avez à faire est de promener votre souris au-dessus des vignettes du menu ou de la galerie. Le style correspondant à la position de votre pointeur est instantanément affecté à la plage de cellules. Et un bonheur ne venant jamais seul, certaines de ces listes sont accompagnées de boutons de défilement qui affichent de nouvelles rangées de vignettes sans obscurcir davantage votre sélection (comme ce serait le cas si vous deviez cliquer sur un bouton Plus ou quelque chose de ce genre). Lorsque vous avez repéré le formatage qui va à vos données comme une chaussure à son pied, vous n'avez plus qu'à cliquer sur la vignette pour l'appliquer immédiatement à la plage de cellules.

Chapitre 12

Les dix commandements de PowerPoint

*E*t le sage utilisateur de Windows s'exclama : "Mais qui suis-je pour créer des présentations ? Je manque d'éloquence, je parle lentement, mes couleurs sont fades et mes graphiques tristounets." Et Microsoft répondit : "Ne crains rien, je vais te donner un logiciel qui s'appellera PowerPoint, et avec PowerPoint tes diapositives seront lumineuses, leurs titres éclatants et les puces... graphiques."

– Présentations 1:1

Ces dix commandements de PowerPoint ont été transmis de génération en génération. Obéissez-leur et vous vous soumettrez, confiant, à la rude épreuve de la présentation en public.

I. Ton travail tu enregistreras régulièrement.

Toutes les deux ou trois minutes, ayez le réflexe Ctrl+S. Cela n'exige pas plus d'une seconde. Et qu'est-ce qu'une seconde face au sentiment d'éternité qui vous submerge en cas de coupure de courant, de blocage de l'ordinateur ou d'un disque dur qui rend l'âme ?

II. Tes présentations dans un dossier spécifique tu stockeras.

Chaque fois que vous enregistrez un fichier, vérifiez plutôt deux fois qu'une dans quel dossier vous le stockez. Il est très facile d'enregistrer une présentation dans un mauvais dossier et de perdre des heures à essayer de la retrouver.

III. Des fonctions de mise en forme tu n'abuseras point.

Oui, PowerPoint permet d'attribuer quantité de polices à vos textes, d'utiliser des millions de couleurs et de remplir le moindre espace vide avec des cliparts. La surcharge est à éviter de toute urgence. Restez simple.

IV. De matériel protégé par la loi tu n'utiliseras point.

Un moteur de recherche comme Google permet de trouver rapidement l'image indispensable ou un accompagnement sonore agréable. Ne les utilisez pas sans le consentement de l'auteur, ce qui serait non seulement illégal, mais aussi de la spoliation.

V. Les jeux de couleurs tu utiliseras ; les motifs et les mises en forme automatiques tu accepteras ; les modèles tu vénéreras.

Microsoft a fait appel à des artistes pour définir des jeux de couleurs cohérents, organiser les éléments des diapositives, et créer de magnifiques arrière-plans pour les thèmes et modèles. Faites-leur plaisir. Utilisez leur travail.

VI. Des animations tu n'abuseras point.

Grande est la tentation de truffer les diapositives d'animations. Il est vrai qu'elles donnent de la vie et du relief aux diapositives, mais comme en toutes choses, trop c'est trop. L'abus d'animations risque de distraire votre auditoire, et de lui faire perdre le fil de la présentation, vous laissant parler dans le vide.

VII. Les passionnés d'informatique tu solliciteras.

Soyez toujours en bons termes avec un ami ou des collègues qui s'y connaissent mieux que vous en informatique. Invitez-les à déjeuner dans des restaurants chics, offrez-leur des cadeaux somptueux... Tout ça vaut bien la révélation d'un raccourci non documenté.

VIII. Tes fichiers tu sauvegarderas quotidiennement.

Oui, chaque jour ! Votre dur labeur sera ainsi protégé. Sauvegarder votre travail sur un système de stockage indépendant (second disque dur, disquettes, CD-R, unités de sauvegarde sur bande) permettra de le récupérer en cas de problème.

IX. Avec Ctrl+Z le malin tu éloigneras.

Vivez dangereusement. Vous ne connaissez pas les effets d'un bouton ? Cliquez dessus ! Et hop ! encore une fois rien que pour rigoler. La présentation n'est plus présentable ? Appuyez immédiatement sur Ctrl+Z – avec un "Z", comme Zéro – pour remettre la présentation dans l'état qui était le sien avant vos déplorables interventions.

X. Tu ne paniqueras point.

Vous êtes le seul à connaître votre nervosité. Imaginez alors que votre auditoire est tout nu, cela vous décontractera (NdT : On fantasme ferme de l'autre côté de la Grande Bleue...). Évidemment, si vous faites une présentation dans un camp de nudistes, imaginez qu'ils sont habillés.

Index Word

Index Excel

Index PowerPoint

Word, Excel et PowerPoint 2007 Pour les Nuls

Mon opinion sur ce livre :

❏ Excellent   ❏ Moyen

❏ Satisfaisant ❏ Insuffisant

Ce que j'aime dans ce livre :

_____

_____

_____

_____

_____

_____

_____

_____

Mes suggestions pour l'améliorer :

_____

_____

_____

_____

_____

_____

_____

_____

En informatique, je me considère comme :

❏ Débutant   ❏ Expérimenté

❏ Initié   ❏ Professionnel

Mon équipement :

- Matériel : _____

- Système d'exploitation : _____

J'utilise mon ordinateur :

❏ Au bureau   ❏ À l'école

❏ À la maison   ❏ Autre : _____

Lieu d'achat du livre :

- Pays : _____

- Ville : _____

❏ Grande librairie   ❏ Petite librairie

❏ Grande surface   ❏ Hypermarché

❏ Magasin spécialisé ❏ Autre : _____

Mon adresse :

Nom : _____

Prénom : _____

Adresse : _____

_____

Code postal : _____

Ville : _____

Pays : _____

J'ai vraiment adoré ce livre !

Vous pouvez citer mon témoignage dans vos documents promotionnels. Voici mon numéro de téléphone en journée :

Fiche lecteur à découper ou à photocopier, et à nous retourner à :

FIRST
> Interactive

60 rue Mazarine 75006
F-75005 Paris - France
Tél. : 01 45 49 60 00 – Fax : 01 45 49 60 01

Découvrez en exclusivité nos prochaines parutions sur internet :
http://www.pourlesnuls.fr